진래 교수의 유학과 현대사회

연구총서 43

진래 교수의 유학과 현대사회

지은이   陳來
옮긴이   강진석
펴낸이   오정혜
펴낸곳   예문서원

편집   유미희
인쇄 및 제본   주) 상지사 P&B

초판 1쇄   2016년 4월 28일

출판등록   1993년 1월 7일(제307-2010-51호)
주소   서울시 성북구 안암로 9길 13, 4층(안암동 4가)
전화   925-5914 ｜ 팩스   929-2285
홈페이지   http://www.yemoon.com
전자우편   yemoonsw@empas.com

ISBN 978-89-7646-346-3   93150
YEMOONSEOWON #4 Gun-yang B,D 41-10 Anamdong 4-Ga Seongbuk-Gu Seoul KOREA 136-074
Tel) 02-925-5914 Fax) 02-929-2285

값 35,000원

연구총서 43

진래 교수의 유학과 현대사회

陳來 지음
강진석 옮김

예문서원

　　유가문화는 유구한 역사를 지녔다. 공자와 초기 유가사상은 삼대 문명을 전승하고 하·상·주의 정치와 사상의 주도적 가치를 계승하여, 기축시대에 천지인을 관통하는 사상문화체계를 수립하였다. 중국문화의 역사는 유학이 중국문화의 주요 부분이고, 중국문화의 핵심 가치를 다졌으며, 역사상 중화문명을 계승·발전시키는 데 있어서 적극적인 작용을 하였음을 잘 보여 주었다. 이천여 년의 중국역사의 발전 속에서 수많은 유가의 정치인, 사상가, 지식인들은 자신의 심신과 성명을 다하여 이 위대한 전통을 구축하고 전승하고 발전시키는 데 참여하였고, 중화문명과 그 품격을 빚어내는 데 있어서 독보적인 역할을 하였다. 유가와 공자는 이미 높은 수준에서 중화문명의 정신적 표상이 되었다.

　　근대 이래로 유가문화와 그 가치는 부국강병과 진보를 추구하는 진보적 지식인들에 의해 전면적으로 비판을 받았고, 유학은 가장 엄중한 역사문화적 시련을 겪었다. 그러나 이와 동시에 유가의 사상문화에 새로운 발아의 생기가 피어나기 시작했다. 전후 동아시아 지역발전의 역사 그리고 중국대륙의 30년 개혁개방의 역사 속에서 유가는 현대화와 서양문화의 충격을 견디고 창조적 전화를 거치면서, 오늘날에 이르러 생기를 발산하고 새로운 발전의 미래를 맞이하고 있다. 특히 1990년대 후반부터 중국의 현대화 진척

4

은 심화되고 속도를 더하였으며, 2008년 베이징 올림픽은 중국 현대화의 초급 단계 달성의 상징이 되었다. 세계 속에서 중국의 새로운 굴기崛起는 이미 분명한 사실이 되었다. 중국의 현대화가 심화 발전함에 따라 중화문명의 위대한 부흥도 더 이상 요원한 꿈이 아니게 되었다. 오늘날 중화민족은 국학열의 신드롬 속에서 새롭게 자신의 문화를 품에 안고 자신의 문화, 가치, 자긍심을 짊어 메고 세계를 향해 힘차게 달려가고 있다. 이러한 배경과 형세 속에서 유가의 사상문화를 심도 있게 연구하는 것은 두말할 나위 없이 중요한 의의를 지닌다.

20세기 중엽 이래로 유가사상의 발전은 현대문화와 상호 작용하는 중에 실현되었다. 현대문화와 관련된 각종 사상은 유가철학과 사상문화에 자극과 도전을 주었고, 현대유학은 이 도전들에 대해 반드시 대응하고 사유해야 했으니, 이 과정 속에서 한편으로는 현실적인 문화적 책임에 주목하게 되었고, 다른 한편으로는 유학의 현대적 사유를 발전시키게 되었다.

본서 각 장의 내용은 비록 사상적으로는 내재적 일치성을 띠지만, 서로 다른 구체적인 요구에 따라 각각 다른 시기에 집필되었다. 여기서 이 문장들의 초고가 저술된 상황을 독자들에게 소개한다.

「공자와 당대중국」은 2007년 여름 '중국문화포럼 제3차 논단'에서 집행위원장을 맡았을 때 제출했던 기조 논설이고, 그해 『독서』 제11기에 실렸다.

「누구의 정의인가, 어떠한 윤리인가 ― 유가윤리와 세계윤리」는 1998년 여름, 한스 큉(Hans Küng) 등이 작성한 「세계윤리선언」에 대해 유가윤리의 시각에서 작성한 답변으로서, 그해 『독서』 제10기에 실렸다.

「유가사상과 인권담론」은 1995년 미국 하와이와 1996년 북경 향산에서 개최된 중미 '유가와 인권' 세미나에서 발표한 논문을 종합하여 완성한 것으로서, 2001년 출판된 『대화2: 유불도와 기독교』에 수록되었다.

「유가전통과 공공지식인」은 2002년 화동사범대학에서 주최한 '공공지식인과 현대중국' 세미나에 참가하여 발표한 논문으로서, 허기림許紀林이 주편하여 2003년에 출판된 『공공성과 공공지식인』에 실렸다.

「유가 인설仁說의 생태生態적 지향과 현대적 해석」은 1998년 겨울 홍콩중문대학에서 주최한 '제4차 유가와 예수의 대화 국제회의'에 참가하여 발표한 논문으로서, 『중국철학사』 1999년 제2기에 실렸다.

「유가 예학과 현대사회」는 1999년 한국 전남대학교에서 주최한 '국제유가예학회의'에 참가하여 발표한 논문으로서, 『공자연구』 2001년 제1기에 실렸다.

「공자와 예수의 대화로 본 유가 ― 본체와 본근」은 1998년 출판된 하광호何光滬, 허지위許志偉 주편의 『대화: 유불도와 기독교』에 실렸다.

「유가사상과 현대 동아시아 세계」는 1994년 일본 후쿠오카에서 거행된 '동아시아 전통사상 국제토론회'에서 발표한 논문으로서, 같은 해 『동방』 제3기에 실렸다.

「유가윤리와 중국의 현대화」는 '제4차 중국문화와 현대화 회의'에 참가하여 발표한 논문을 기초로 한 수정본으로서, 『21세기』 1994년 2월호에 일부분이 수록되었다.

「현대 중국문화와 유학의 곤경」은 대만 중앙연구원 '제2기 한학국제회의'에 참가하여 발표한 논문으로서, 1997년 유술선劉述先이 주편한 『유가사상과 현대세계』에 실렸다.

「중국 초기 정치철학의 3대 주제」는 2006년 9월 수도사범대학에서 주최한 '정치철학 세미나'에서 발표한 논문으로서, 『천진사회과학』 2007년 제2기에 실렸다.

「도덕정치를 논함 ― 유가 정치철학의 특징」은 2009년 대만 보인대학에서 주최한 '국제중국철학대회'에서 발표한 논문으로서, 『천진사회과학』 2010년 제1기에 실렸다.

「유가의 교육사상」(논문 원제: 「유가 교육사상의 기본 이념을 논함」)은 2005년 하와이대학에서 주관한 '제9기 동서양철학자회의'에서 발표한 논문으로서, 같은 해 『북경대학학보』 제5기에 실렸다.

「현대신유가의 '철학' 관념 — 웅십력熊十力을 중심으로」는 2000년 무한대학에서 주최한 '웅십력과 중국 전통문화 국제학술대회'에 참가하여 발표한 논문으로서, 『인문논총』 2002년에 실렸다.

「서로 상대방을 중시하다' — 양수명梁漱溟의 유가윤리관」은 2004년 항주에서 개최된 '중국철학사학회 연차총회'에 제출한 논문으로서, 『절강학간』 2005년 제1기에 실렸다.

「'문화열' 운동의 유가호법 — 장대년張岱年 선생의 유학관」은 2004년에 쓰였고, 『중국철학사』 2004년 제3기에 실렸다.

「20세기의 유학 연구와 유학의 발전」은 2010년 홍콩중문대학 '유학: 학술, 신앙과 수양 국제학술 세미나'에 참가하여 발표한 논문이다.

「진정한 세계문화를 향하여 — 세계화 시대의 다원보편성」은 2005년 북경대학에서 주관한 '하버드엔칭교우회 연차 총회'에서 발표한 논문으로서, 『문사철』 2006년 제2기에 실렸다.

이 책을 집필하는 과정에서 많은 벗들의 논박, 계발, 도움을 받았으며, 이로부터 글의 전개와 관련된 사유를 더욱 진작할 수 있었다. 본서의 부분적 장절의 저술 그리고 각 장이 본서에 수록될 때 진행된 개작, 수정과 편집 등의 과정에서 개풍공익기금회凱風公益基金會의 도움을 받았음을 밝혀 두며, 이에 진심으로 감사드리는 바이다.

2011년 1월 8일

진래陳來

본서 『진래 교수의 유학과 현대사회』는 중국 대륙에서 대표적인 현대신유학자인 저자가 본격적으로 현대 철학사상을 설파하고 있다는 점에서 커다란 의의를 지닌다. 중국 현대사의 굴절 속에서 유학사상은 지속적으로 핍박을 받아왔다. 1919년 5·4 신문화운동을 기점으로 중국 대륙에서는 전반서화와 공산주의 운동이 득세하게 되었고, 유학은 봉건의 잔재로 매도되면서 존폐의 위기에 내몰리게 되었다. 서세동점과 근대화의 구호 속에서 현대신유학의 사상적 계보는 대륙에 남은 자들과 대륙을 떠난 자들로 갈라서게 되었다. 남은 자들을 대표했던 웅십력熊十力, 양수명梁漱溟, 풍우란馮友蘭 등은 대륙에서 꾸준히 유학사상을 주장했으며, 그 중에 모택동의 사회주의 건설시기와 맞물리게 되었던 풍우란은 당시의 시대 분위기 속에서 유물론에 입각해 중국철학사를 새로 기술하기도 하였다.

1950년대 이후 현대신유학의 중심축은 대륙을 떠난 자들 쪽으로 이동했다. 홍콩, 대만 등지에서 활약했던 모종삼牟宗三, 당군의唐君毅, 서복관徐復觀 등은 1958년 홍콩에서 「중국문화선언」을 발표하면서 당대신유학 사상의 서막을 열었다. 당시 이들의 사상은 동아시아 자본주의의 호황 속에서 '동아시아 가치', '유교 자본주의' 사조와 맞물리면서 한 시대를 풍미하게 되었다. 반면 중국 대륙에서는 1950년대와 60년대 대약진운동과 문화대혁명을 거치

면서 현대신유학이 활동할 수 있는 공간이 매우 축소될 수밖에 없었다. 본
서의 저자인 진래陳來 교수는 문혁의 상흔이 상존하고 개혁개방의 서곡이
울려 퍼졌던 70년대와 80년대에 북경대학에서 중국철학을 공부했다. 그는
대륙의 1세대 신유학자인 풍우란에게서 중국철학사의 엄밀한 훈련을 받았
고, 장대년張岱年으로부터 중국철학의 사유와 체계를 배우면서, 2세대 신유
학자로서의 실력을 고루 다졌다. 2000년대 이전까지 그의 사상체계는 주로
중국철학 자체에 대한 연구와 해석, 그리고 중국 전통문화에 대한 옹호와
5·4시기 반전통사조에 대한 반성 등의 영역에 집중되어 있었다.

그러나 2011년 출간된 그의 저서 『공자와 현대세계』는 기존의 영역을
넘어서 대륙의 현대신유학이 새롭게 개척한 현대 담론의 지평이 잘 드러나
고 있다. 이러한 시도와 논의는 기존의 중국철학 연구와 전통문화 옹호의
수준을 벗어나 2세대 대륙 신유학자의 면모를 세간에 알리기에 충분한 자
료들을 제공한다. 저자는 본서에서 '세계윤리', '인권담론', '공공지식인', '생
태윤리', '근대화', '정치철학', '문화열', '현대신유학', '국학열' 등의 현대 담
론을 대륙 신유학 관점에서 상세히 조명하고 있다. 이를 위해 저자는 동서
철학의 비교, 유가의 현대적 재해석, 서구 중심적 담론의 비판, 유가의 새로
운 영역 발굴, 전통문화의 복원 등의 다양한 스펙트럼을 활용하면서 현대신

유학을 21세기 현장의 지평 속으로 끌어들이고 있다.

대륙 2세대 현대신유학은 새로운 지평을 개척하고 있다. 홍콩, 대만 신유학자들이 송대유학의 철학적 틀 속에서 현대적 해석의 돌파구를 찾고자 힘썼고, 대륙 1세대 신유학자들이 마르크시즘과의 화해 속에서 유학의 공간을 지키고자 노력했다면, 2세대인 진래 교수의 철학적 시도는 반전통의 비판과 전통의 복원을 넘어서 단도직입적으로 현대 담론으로서의 유학사상을 말하고 있다. 그는 2009년에 설립된 청화대 국학연구원의 초대 원장으로 부임하면서, 1920년대 중국사상계를 주름잡았던 청화국학당의 정신을 다시 세우겠다고 천명하였다. 당시 왕국유, 강유위, 양계초, 진인각 등의 국학대사가 함께 모여 있었던 청화의 학술전통은 망국의 현실 속에서 국학을 고수하고 현대를 조명하는 것이었다. 그렇다면 우리는 오늘날 바야흐로 21세기 G2로 부상하고 있는 중국의 현실 앞에서 청화정신의 복원을 주창한 진래 교수의 사상적 행보를 다시금 주목할 필요가 있다.

번역을 하는 과정 중에 외대 안효성 선생님과 여창기 선생님이 큰 도움을 주셨다. 안효성 선생님은 고전의 원문 번역에 힘써 주셨고, 여창기 선생님은 번역의 전반적인 작업 과정에서 처음부터 끝까지 역자와 동고동락을 같이했다. 이 자리를 빌려 다시 한 번 감사의 말씀을 드린다. 또한 여러모로 바쁜 출판 일정 중에도 본서의 출판을 흔쾌히 허락해 주신 예문서원 오정혜 사장님께도 깊은 감사의 뜻을 표한다.

2016년 3월
강진석

제1장 공자와 당대중국

　지난 한 세기 동안 중국인들의 자신의 문화전통에 대한 전면적이고 심도 있는 비판은 세계역사에서 사람들의 주목을 끌었다. 바로 이러한 이유 때문인지 최근에 등장한 전통문화의 부흥이라는 여러 현상들도 꽤나 폭넓은 관심을 불러일으키고 있다. 이는 근대 이래로 중국의 사회, 역사, 문화의 변천이 줄곧 '전통'의 문제와 뗄 수 없는 인연을 맺고 있음을 분명하게 보여주는 듯하다.

　중국의 지난 이천여 년의 역사 속에서 유가는 사람들이 공자와 유가를 좋아하든지 아니든지 간에 사실상 가장 두드러진 지위를 차지했으며, 중국문화의 형성에 주요한 작용을 하였다. 사람들은 종종 유가전통을 중국문화의 대표로 간주하고 공자를 문화정체성의 상징으로 여긴다. 또 하나의 사실은 20세기의 혁명운동과 현대화의 변혁이 공자와 유학의 운명에 근본적인 변화를 가져왔다는 것으로, 20세기의 문화운동 과정 중 공자와 유가사상에 대한 반성과 비판은 주도적인 지위를 차지했다. 새로운 세기에 진입하면서 중국경제가 빠르게 성장하고 중국이 정치, 경제 면에서 세계적 위상이 높아짐에 따라, 공자와 유가의 사상문화에 대한 새로운 인식을 요구하는 목소리도 끊임없이 등장하고 있다. 이렇듯 '문화의 자각'을 부르짖는 시대에, 우리는 공자와 유가의 문제를 장구한 중국문명의 현대적 발전이라는 통시적 시야에 넣어 세계화라는 현실상황에 두고 이론적 사고와 실천적 관심을 서로 결합한 태도로써 이 문제에 대한 사유를 더욱 깊이 있는 수준으로 끌어가기를 희망한다.

여기서는 먼저 '공자와 당대중국'의 주제와 관련된 세 종류의 사상사적 해석 방법을 소개하고, 다음으로 '공자와 당대중국'의 주제와 관련된 현실적 상황을 기술하고자 한다.

1.

'공자와 당대중국', 이 제목은 우리에게 조지프 레벤슨(Joseph R. Levenson, 1920~1969)의 40여 년 전의 명저 『유교 중국과 그 현대적 운명』[1]을 쉽사리 떠올리게 한다. 특히 이 책에는 공교롭게도 「공자의 공산주의 중국 내에서의 지위」라는 장이 있는데, 이 장의 맨 끝부분에서 레벤슨은 이렇게 말했다. "20세기의 제1차 혁명의 물결은 확실하게 공자를 타도하였다. 소중한 역사의 연속성과 역사적 정체성은 이에 따라 단절되고 매몰되어 버렸다. 수많은 학파들이 다시금 공자와 역사의 연속성 및 정체성을 통일시키려고 시도하고 있다. 공산주의자들은 과거를 발굴하던 중에 자기 역할을 발휘했으며, 역사의 본래적 면목을 회복하고, 공자의 진상을 돌려놓으며, 공자를 역사 속에 던져 놓는 면에서 자신들만의 똑똑한 책략과 방법을 지니고 있었다."[2]

---

1) 옮긴이 주: Joseph R. Levenson, *Confucian China and Its Modern Fate*(전3권: 1958 · 1964 · 1965년 각권 출간).
2) 列文森(J. R. Levenson), 『儒教中國及其現代命運』(中國社會科學出版社, 2000), p.343.

그렇다면 '공자를 역사 속에 던져 놓는다'는 말은 무엇인가? 레벤슨의 이 저서에는 '역사 속에 들어가다'(走入歷史)라고 명명한 부분이 있는데, 레벤슨에 따르면 이는 유가의 사상과 문화가 1950~60년대의 중국에서는 이미 모든 현실적인 존재감과 기능을 상실하여 '과거'가 되어 버렸기에, 역사 속으로 들어가 버린 것을 의미한다. 그는 당시의 중국의 문화정책을 논평하면서 다음과 같이 말한 바 있다. "공산주의자들은 공자를 민족화하여 그를 현실 사회와의 관계에서 유리시키고 오늘의 역사에서 이탈시킴으로써 그를 과거로 회귀시키고 단지 그를 과거의 한 인물로 대하였다."[3] 이후 전개된 '문혁'과는 달리, 1960년대 초엽 무렵 공자에 대한 비교적 담담한 분위기의 학술 토론이 잠시 출현한 적이 있었는데, 레벤슨은 이에 대해 다음과 같이 평가했다. "이러한 역사적 유물과 마찬가지로, 공산당도 정신적으로 공자를 철저히 버려야 할 필요가 없었기 때문에, 공자도 어느 정도의 보호를 받을 수 있었고 존재적 가치도 있게 되었다. 공산당은 공자의 존재적 의미를 박탈하려 한 것이 아니라 공자의 문화적 역할을 대체하고자 하였다. 간단히 말하면, 공자를 보호한다는 것은 결코 공산당 관방이 유학을 부흥시키려는 것이 아니라 공자를 박물관의 역사소장품으로 만들려는 것으로, 그 목적은 바로 그를 현실문화 속에서 축출해 버리려는 것이었다."[4]

공자는 당연히 과거의 한 인물이지만, 여기에서 이른바 공자를 과거로 회귀시킨다는 것은 공자를 단지 '하나의 과거 속의 인물'로 치부하려는 것이며, 이것의 실제 의미는 공자의 사상을 과거의 것으로 만들어 공자의 사상이 오늘날 아무런 영향도 끼칠 수 없게 하고, 공자와 그의 사상을 박물관

---

3) 列文森(J. R. Levenson), 『儒敎中國及其現代命運』, p.336.
4) 列文森(J. R. Levenson), 『儒敎中國及其現代命運』, p.338.

에 보존된 역사유물이 되게 하여 현대사회에서 아무런 역할도 하지 못하게 하는 것이었다. 이렇듯 이른바 공자를 역사에 던져 놓는다는 것은 바로 "공자를 박물관의 진열대에 적절히 가두어 둔다는 것이다." 인정할 만한 점은, 레벤슨이 1960년대 당시 중국의 문화정책을 논평할 때에 그의 평론은 냉전 이데올로기의 영향을 받은 어떠한 흔적도 없었고, 심지어 중국이 당시에 채택한 문화의 정책과 방법에 대해 동정적인 이해를 가지고 있었으며, 역사학자로서 꾸밈없고 냉정한 태도와 풍모를 드러내고 있었다는 것이다.

이로써 알 수 있듯이, 레벤슨의 '박물관 진열대'라는 유명한 비유는 기실 그 자신의 문화적 주장이 아니라, 첫째는 1950~60년대 중국의 문화정책에 대한 일종의 방관적인 개괄이고, 둘째는 이러한 개괄 속에는 그의 중국 사회의 현실에 대한 인식과 비판, 즉 유가는 이미 '역사 속으로 들어가 버렸다'는 이해가 담겨 있다. 따라서 역사 속에 파묻혀 버린 공자는 당연히 숭배되거나 폄하되어지는 존재가 아니며, 이미 더 이상 공격해야 할 목표가 아닌 것이다.

2.

레벤슨은 1969년에 사망했기 때문에 1970년대 초기에 등장한 공자비판운동을 보지 못했지만, '문화대혁명'은 전통사상과 문화를 타파하자는 구호를 고양함으로써 '박물관 진열대'설에 충격과 곤혹스러움을 확실히 안겨 주었다. 이미 역사 속으로 파묻힌 박물관의 수장품에 설마 천지 요란한 '지속혁명'이 필요했을까?

하지만 이러한 곤혹스러움은 이택후李澤厚에게 있어서는 문제가 되지 않았다. 1980년, 이택후는 1970년대 말에 쓴 『공자를 다시 평가함』이란 글을 발표했는데, 그의 사상적 특징은 공자와 유가사상을 '중국 민족에 심대한 영향을 끼친 문화—심리 구조'로 파악하여, 이를 공자를 해석하는 방법으로 삼는 것이었다. 이러한 해석 속에서 공자는 결코 '역사 속으로 들어가 버린' 것이 아니라 한결같이 역사와 현실 속에서 작용하고 있다. 그는 이렇게 말한다. "공자가 수립한 문화사상 체계는 이미 수많은 사람들의 관념, 행위, 습속, 신앙, 사유방식, 감정상태 등 어디에나 구석구석 스며들어 있어서, 자각하든 그렇지 않든 간에 각종 업무, 인간관계, 생활 속의 지도 원칙과 기본 방침이 되었으며, 중국민족의 어떤 공통적인 심리상태와 성격적 특징으로 틀 지어졌다. 우리가 중시해야 할 점은 공자의 문화사상 이론은 이미 일종의 문화—심리 구조로 전환되었으며, 좋아하든 좋아하지 않든 간에 이미 역사적이고 현실적인 존재가 되었다는 것이다."5)

이택후가 보기에 이러한 심리 구조는 민족의 지혜로 전환되었는데, "그것은 중국민족이 이로써 생존 발전하면서 축적한 내재적 존재이자 문명으로서 매우 강력한 계승의 역량과 지속적 작용 그리고 독립적인 성격을 갖추고 있기에, 직·간접적으로 그리고 의식·무의식적으로 내용에서 형식까지 그리고 도덕기준·진리 관념에서 사유양식·심미취향에 이르기까지 오늘날의 사람들에게 영향을 주고 지배하며 심지어는 주재하고 있다."6) 문화심리와 민족의 지혜는 결코 초시공적이고 초역사적인 선험적 존재물은 아니지만, 20세기에 그것은 분명히 역사 속에 파묻힌 죽은 미라나 의탁할 곳이 없

---

5) 李澤厚, 『中國古代思想史論』(人民出版社, 1985), p.34.
6) 李澤厚, 『中國古代思想史論』, p.297.

는 유령이 아니며, 여전히 지속되고 연속하며 살아 있는 심층적 존재이다.

이택후에 따르면, 유학이 역사적으로 의지해 온 전통적인 교육제도, 정치제도, 가족제도 등은 20세기에 이미 전면적으로 해체되어 역사 속으로 들어갔지만, 유학은 결코 이로 인해 완전히 역사 속에 파묻히지는 않았다. 그것은 이미 민족적 성격으로 전환되었기 때문이다. 이런 의미에서 공자와 유학사상은 박물관의 수장품이 아니라, 당대 현실생활 속에서 대중, 지식인, 정치가의 마음속에 살아 숨 쉬고 작용하는 실물이다. 오늘날에도 이택후의 이러한 견해를 부인할 만한 사람은 없을 것이다. 그러므로 유가가 중국인의 행위와 심리에 미치는 영향은 중국의 현실이고, 당대중국을 연구하는 모든 사회과학 학자들이 직시하고 진지하게 다루어야 할 기본적인 국정 國情이란 점을 반드시 인정해야 한다.

3.

마찬가지로 분명한 것은, 유가사상은 역사 속에 묻힌 과거의 유물이 될 수도 없고, 역사를 초월하는 의미 역시 한갓 문화심리구조적 존재에 갇힐 수도 없으니, 유가사상은 훨씬 광범위한 문화전통과 문화자원의 의미를 지닌다. 벤저민 슈워츠(Benjamin Schwartz)는 일찍이 레벤슨의 '박물관' 비유에 대해 '도서관' 비유를 제시하여, 사상사는 박물관이 아니라 도서관이라고 주장하면서 유가사상의 이러한 면을 밝혔다. 사상사적 전통과 자원의 시각에서 볼 때, 이는 매우 중요하다. 헤겔은 일찍이 이렇게 말했다. "사상의 활동은 최초에는 역사적 사실로 나타나며, 과거의 것은 우리의 현실 밖에 존재하는 듯하다. 하지만 사실상 우리가 우리인 까닭은 곧 우리가 역사를 지니기 때문이다. 더 정확히 말하면, 사상사의 영역과 마찬가지로 과거의 것은 하나의 측면일 뿐이며, 따라서 우리의 현재를 구성하는 것은 그 공통성과 영구성을 지닌 요소와 우리의 역사성이 불가분하게 결합되어 있다."[7] 바꾸어 말하면, 사상사에서 '과거'의 것은 동시에 우리의 '현실' 속에 존재한다. 본체론적으로 말하면, '과거'는 곧 지금의 우리가 우리일 수 있도록 규정하는 존재이다. 이러한 우리는 개인, 집단, 국가일 수 있다. 이러한 의미에서 도서관의 비유는 매우 부실하다. 사상사적으로 말하자면, 헤겔이 볼 때 사상사의 생명은 바로 활동이다. "그것의 활동은 이미 만들어진 재료를 전제로 하여 이 재료들을 다루면서 활동하는데, 그것은 결코 부스러기 재료들을 보태는 것에 그치지 않고 주로 이를 가공하고 개조한다."[8] 과거의 전통은 앞 세대의 성과를 우리에게 전해 주며, 각 세대의 문화적 성취는 인류정신의 과거 유산에 대한 계승과 전화이다. 따라서 전통은 각 시대의 정신활동의 전제가 된다. 레비스트로스(Lévi-Strauss) 역시 고대의 위대한 철학자들의 학설은 중요한 역사적 의미를 가질 뿐만 아니라 중요한 현실적 의미도 지니고 있으므로, 고금의 사회를 이해하려면 이러한 학설을 잘 이해해야 할 뿐만 아니라 이 학설들을 거울로 삼아야 하는데, 왜냐하면 그들이 제기한 문제들은 우리가 사는 오늘날에도 여전히 존재하고 있기 때문이라는 점을 강조하였다.[9] 그는 심지어 고대사상가들의 지혜가 현대의 지혜보다 훨씬 뛰어날 것이라고 단언하였는데, 이는 보는 이에 따라 견해가 다를 것이다. 유

---

7) 黑格爾(Hegel), 『哲學史講演錄』 第1卷, p.7.
8) 黑格爾(Hegel), 『哲學史講演錄』 第1卷, p.9.
9) 施特勞斯(Claude Lévi-Strauss), 「第1版序」, 『政治哲學史』 上(河北人民出版社, 1993), p.1.

가의 문화적 자원 혹은 사상사로서의 의미는 곧 유가의 도덕, 정치, 인성에 관한 사유가 당대의 관련된 사유에 참여함으로써 여전히 그 의미를 지닌다는 것을 말한다.

4.

　문화전통을 논할 때 우리는 에드워드 실스(Edward Shils)의 유명한 저서 『전통』(Tradition)을 자연스럽게 거론하게 된다. 이 책의 서론에 '전통에 대한 사회과학의 무시'라는 한 절을 전문적으로 배열했다는 점에 주의할 필요가 있다. 그는 현대 사회과학이 계몽주의의 영향을 받아 전통에 대한 회의적 태도와 전통을 용납하지 않는 '사회'적 관념을 수용했다고 생각한다. 이에 대해 그는 다음과 같이 설명하고 있다. "현대 사회과학자들이 특정상황 속에서 발생한 일에 대해 분석한 것을 읽어 보면, 우리는 그들이 상황 참여자들의 금전적 이익, 비이성적 공포와 권력욕을 언급하고, 비이성적 유대나 이해관계로써 집단 내부의 단결을 설명하며, 또한 집단 지도자의 책략 등에 관해서는 언급하면서도, 전통과 중대한 일의 밀접한 관계에 대해서는 거의 언급하지 않고 있음을 발견하게 된다. 현실주의적 사회과학자들은 전통을 말하지 않는다."[10] 그는 사회과학이 '이 현장에서 지금'의 연구를 견지하면서 시간의 '역사적 차원'은 간과했다고 생각했다. 그러므로 "행동의 목적과 규율, 그런 목적과 규율을 받아들이는 근거와 동기, 그리고 그에 대한 전통적이라 불리는 신념, 실천 그리고 제도를 다시 한 번 상기시켜 주는 것은

---

10) 希爾斯(Edward Shils), 『論傳統』(上海人民出版社, 1991), p.9.

모두 별 문제가 되지 않는 것으로 간주된다. 사회과학의 분야가 이론적으로 세련되면 될수록 사회의 전통 요소에는 주의를 덜 두는 것이다."11) 실스의 분석에 따르면, 사회과학이 전통을 무시하는 데는 다양한 원인이 있는데 그 중에서 가장 근본적인 원인은 사회과학자들이 진보주의의 관점을 받아들인 것이다. 그리하여 그들은 전통을 혐오하고 전통을 낙후된 것 심지어는 반동으로 간주하며, 현대사회는 전통이 없는 도상에서 전진하며 '이해관계'와 '권력'이 인간의 행위를 지배하게 된다고 생각한다. 그는 예를 들어 설명한다. "가장 위대한 사회학자인 막스 베버(Max Weber, 1864~1920)는 진보에 몰두한 사람은 아니었지만, 하나의 보편적인 관점을 가지고 있었다. 그에 따르면 결국 두 유형의 사회가 존재하는데, 하나는 전통에 매인 사회이고, 다른 하나는 행위의 선택 기준이 이성적 계산과 그에 따른 최대의 이익 만족에 도달하려는 사회라고 생각했다.⋯⋯ 이 관점을 따라 추론하면, 현대사회는 전통이 없는 상태를 향해 나아가고 있으며, 이러한 상태에서의 행동의 주요 근거는 이성의 도움을 빌려 이익을 추구하는 것이고, 전통은 이러한 현대사회의 양식과는 어울릴 수 없는 찌꺼기일 뿐이다. 막스 베버는 현대사회에 관해 논의하면서 전통에 대해 비록 특유의 비극조의 웅변을 드러내었지만, 이에 뚜렷하게 어떠한 위상을 부여하지는 않았다."12) 실스의 현대 사회과학에 대한 비평은 지나치게 단호한 감이 있는 듯하다. 중국은 사회학, 법학, 심리학 등 사회과학 분야에서 줄곧 유학전통과 관련된 연구에 힘써왔으며, 특히 홍콩의 사회과학자들이 이 방면을 먼저 개척하였다. 그러나 실스의 비평은 분명한 표적이 있었으니, 곧 경제학, 정치학의 학술적 관습

---

11) 希爾斯(Edward Shils), 『論傳統』, p.10.
12) 希爾斯(Edward Shils), 『論傳統』, p.12.

과 '이성적 경제인 가설' 등의 새로운 사회과학의 도그마 그리고 당대 중국 사회과학의 대다수 학자들의 심리태도를 겨냥한 것이다. 사실상 인문학자와 사회과학자는 모두 전통의 문제를 포함한 사회문화의 문제와 기타 공공 영역의 문제에 관심을 갖고 사고해야 한다.

한편, 실스 역시 20세기 사람들이 이미 현대문명이 과학적, 이성적, 개인 주의적이고 '향락주의'적이라는 점에 대해 반성하고 있음을 지적했다. "자 산계급사회에 대한 비난 중의 하나는 자산계급사회가 인류로 하여금 존재의 의미를 부여하는 질서로부터 이탈하게 한다는 것이다." 전통은 바로 이러한 의미질서의 구성요소로서, 이런 질서의 보증이자 의미의 원천이며, 문명 수준의 보증이다. 현대사회는 이성화되고 미신적인 것을 제거하면서 동시에 위대한 종교가 제공하는 의미를 상실하였다. 이로부터 실스는 베버가 전통의 권위와 그 권위가 체현하는 양식과 제도가 현대사회의 발전에 끼치는 저항적 역량을 간과했다고 비판하였다. 그가 보기에, 분층화된 현대사회의 각종 역량과 상대되어 말해지는 실질적 전통에 대한 존경, 기존 사물에 대한 존중, 종교적 신앙, 카리스마의 관례화된 제도, 축적된 실천경험의 지혜, 가계와 혈연의 정감, 지연과 민족의 귀속감 등은 현대사회에서도 여전히 역량을 지닌다. 실스는 또 실질적 전통은 이미 이전과 같이 사회의 중심을 독점하지는 못하지만, "실질적 전통은 계속 존재하며, 이는 그러한 전통들이 아직 멸절되지 않은 습관이나 미신의 외부적 표현이기 때문이 아니라, 대다수의 사람들이 태생적으로 그것들을 필요로 하며, 이것들이 결핍되면 살아갈 수 없기 때문이다"[13]라고 하였다. 이러한 시각에서 볼 때, 유학은

---

13) 希爾斯(Edward Shils), 『論傳統』, p.406.

당연히 그가 말한 '실질적 전통'에 속한다. 시장경제의 시대에 도덕의 재건
과 사회정의에 대한 요구가 날로 대두되는 오늘날, 우리는 전통이 현대사회
에서 끼치는 작용과 의미에 대해 좀 더 진지하게 숙고할 필요가 있다.

5.

　21세기에 접어들면서 전통문화의 보급은 나날이 확대되고 있으며, 유학
을 포함한 전통문화에 대한 민중의 열정은 지속적으로 증가하고 있다. 국제
유학연맹의 한 보고서에 따르면, 전국 각지의 유치원과 초중등학교에 개설
된 독경학습과 사서四書를 주요 내용으로 하는 보급운동이 활발하게 일어나
대략 1,000만 명의 아동이 참가하고 있으며, 그 저변에는 적어도 2,000만 명
의 학부모와 교사가 있는 것으로 추산된다. 이러한 운동들은 대부분 민간의
힘에 의해 파급되고 자발적으로 조직되어 전개되었다. 이러한 전통문화의
보급운동은 사회적 가치관과 전통미덕을 양성하는 것을 중심으로 하고, 도
덕수립과 인격성장에 주안점을 두며, 적극적인 삶을 추구함으로써 사회의
긍정적인 호응을 얻게 되었다. 그 중에서 북경의 일탐학당一耽學堂, 천진의
명덕국학관明德國學館 등 유학을 보급하는 민간단체는 '공익성'을 종지로 삼
고 지원자들이 몸소 실천하는 것을 이끌어 냄으로써 꽤나 호평을 받았다.
이와 같은 풀뿌리적인 유학 보급운동은 새로운 국학열 속에서 중요한 위치
를 차지한다. 교육문화계에서는 이데올로기의 견지를 우선하는 것으로 유
명한 인민대학이 앞장서서 2002년에 공자연구원을 설립하였고, 이후 대학
의 유학센터가 곳곳에서 설립되면서 『논어』 등의 유가경전을 현대인이 해

설하는 것이 더욱 흔한 광경이 되었다. 통계에 따르면, 2007년에 100여 종이 넘는 『논어』 해설서가 출간되었으며, 인쇄량은 새로운 기록을 세울 것으로 예상된다. 대기업의 인재들이 전통문화를 배우고 이해하려는 열정은 계속 확산일로에 있으며, 대학에서 기업경영자를 대상으로 개설한 국학반國學班이 각처에서 흥성하고 있는데, 이러한 추세는 나날이 흥성하는 중국의 민영경제와 잘 어울리고 있다. 이와 함께 기업계 인사들이 전통문화를 배우려는 목적으로 출자하여 설립한 비영리성 학당과 서원도 등장하였다. 유학을 주요 주제로 한 웹사이트도 이미 수십 개이고, 인터넷 블로그의 출현은 더욱이 민간 전통문화 애호가와 연구자들의 축제의 장이 되었으며, 나아가 민간 기층의 모든 문화적 역량을 촉발시켰으니,[14] 이는 분명 1990년대 중반 이래로 중국경제의 비약적인 발전과 이른바 '중국굴기中國崛起'가 가져온 전 국민의 민족적 자신감과 문화적 자긍심의 신장을 반영하고 있다. 다른 한편으로 민중의 전통문화에 대한 열정이 가져온 인간정신에 대한 절실한 요구는 과거 이데올로기가 사람들의 마음에서 점차 사라지면서 생겨난 커다란 공허감에서 기인하는데, 이러한 공백에 대한 보완의 요구 속에서 특히 민족정신 및 윤리도덕의 재정립은 사회대중의 강력한 요청이 되었다.

전통문화 특히 유가문화에 대한 민간 기층의 열정은 이러한 중국 국학열의 거대한 추동력이 되었다. 이것의 출현과 규모는 엘리트 지식인들의 예상을 훨씬 뛰어넘었으며, 그 역량도 대학 강단의 지식인들이 감히 비교할 수 없을 정도이다. 그 중의 어떤 것들은 비록 맹목적인 요소도 있지만, '문화의 장'이 더 이상 학자들만의 천하가 아니며, 따라서 사회와 민간의 문화

---

14) 『國際儒聯工作通報』, 2007年 6期를 참조할 것.

적 가치성향은 엘리트 지식인이 반드시 중시해야 할 요소가 되었음은 분명한 사실이다. 민간의 대중은 서양교조와 토착교조의 속박을 가장 적게 받고, 자신의 사회문화적 경험에 근거하여 자신만의 문화적 선호를 표출하며, 문화민주의 시대에 자기 목소리를 내고 있다. 국민적 심리에 발생한 이러한 변화는 일시적인 것이 아니라 장차 계속될 것이지만, 유감스럽게도 우리는 이러한 문화현상에 대한 심층적인 사회학적 연구가 부족하다는 것을 잘 살펴야 한다.

오늘날 '공자학원'[15]은 공자라는 상징을 내세워 세계 각지로 뻗어 나가고 있다. 어떤 의미에서는 중국문화의 상징으로서의 공자의 지위가 회복되었다고 할 수 있는데, 이는 포스트-문혁 시대 이래로 공자와 그 사상에 대한 복권과정(平反進程)이 새로운 단계로 접어들었음을 의미한다. 이것은 유가의 입장에서는 기뻐할 만한 변화로 보이겠지만, 내가 보기에는 또 다른 도전이기도 하다. 내가 이렇게 말하는 것은, 일부 인사들이 저마다 다른 동기에서 이러한 변화를 이용한다는 것이 아니라, 근 수십 년간 이에 대한 불합리한 비판에 저항하기 위해 유가학자들이 대부분의 정력을 문화 방면에서의 자기변호와 철학 방면에서의 자기발굴에 소모해 버렸다는 것이다. 하지만 지금은 주요 역량을 더 이상 문화 방면에서의 자기변호에 써야 할 필요가 없는 시대이므로, 유가의 사회적 실천은 문화교육, 도덕수립 및 정신문명상의 노력을 일관되게 고수하는 것 외에도, 민주, 사회정의, 공공복지 등의 확대를 포함한 현대세계와 현대사회의 현실상황을 마주하여 어떻

---

15) 옮긴이 주: 孔子學院(Confucius Institute). 한국에서는 '공자아카데미'로 호칭됨. 중국 정부가 전 세계를 대상으로 중국어와 중국문화를 전파하기 위해 설립한 교육기관으로, 2004년 6월 우즈베키스탄에 처음 설립되었다. 2014년 현재, 전 세계 약 126개 국가에서 475개소의 공자아카데미가 설립되어 있다.

게 자신의 목소리를 내고 자신의 태도를 표출할 것인지가 새로운 시험대가
되고 있다.

6.

　20세기 후반의 중국에 대해 말하자면, 대체적으로 두 단계로 나누어 볼
수 있는데, 전반부는 혁명의 연속이고, 후반부는 개혁의 흥기이다. 세기의
교체기 문턱에서 중국의 사회, 경제, 정치, 문화는 20세기와 견주어 보면
거대한 변화가 일어났다. 문화적으로나 경제적으로나 오늘날 중국은 이미
5·4시기, 국내혁명의 전쟁 시기, 문화대혁명 시기, 개혁개방의 초엽 시기와
는 완전히 다른 시대에 처해 있다. 혁명은 일찍이 과거가 되었고, 경제개혁
은 이미 기본적으로 완성되었으므로, 이 시대의 주제는 더 이상 '혁명-투
쟁'이 아니며, 심지어는 '개혁-발전'도 아니다. 전통적 표현을 빌린다면, 나
라를 잘 다스리고 방읍을 안정시키는 '치국안방治國安邦'의 시대로 접어들었
다. 문화적으로는 지난 세기의 '비판과 계몽'으로부터 새로운 세기의 '창조
와 진흥'을 향해 나아가고 있다.

　유학은 혁명을 고취시키는 이데올로기나 개혁을 추동하는 정신적 동력
도 아니었으므로, 유학이 20세기에 냉대를 당한 것은 필연적인 것이었다.
단기적인 혁명과 개혁과는 상대적으로, 유학은 '치국안방'과 '장치구안長治久
安'을 탐구하는 사상체계이다. 시대의 이와 같은 변화는 영도당領導黨의 관념
에서도 이미 표출되고 있는데, '집권당'이란 개념을 근래에 보편적으로 사
용하는 것은 영도당이 '혁명당'에서 '집권당'으로 자기의식이 전환되고 있음

을 잘 보여 준다. 이 점은 당연히 긍정되어야 한다. 집권당의 임무는 바로 주의력을 담담하게 '치국안방'이라는 주제에 집중하는 것이다. 이와 더불어 집권당의 정치문화에도 뚜렷한 변화가 생겼으니, 장쩌민(江澤民)의 하버드대 강연에서 후진타오(胡錦濤)의 예일대 강연과 원자바오(溫家寶)의 하버드대 강연에 이르기까지, 이는 의심할 바 없이 집권당 정치문화의 '재중국화再中國化' 경향을 보여 주었다. 21세기 중국 지도자들의 강연은 자강불식, 백성을 근본으로 삼음, 조화를 귀하게 여김, 만방과 협력하고 화해함을 핵심으로 삼고 있으니, 이것들은 하나같이 중국문명으로써 중국의 성격을 선포한 것이며, 이로써 중국정책의 문화적 배경을 해석하고, 중국의 미래 방향을 제시한 것이다. '조화'(和諧)를 중심으로 하는 집권당의 국내정치의 이념과 구호도 이와 유사한 노력을 노정하였으니, 곧 중국문화를 기초로 하여 공통 가치관을 수립하고 국가의 응집력을 다지며, 사회의 정신문명을 건설하는 것 등을 모색하는 것이다. 이렇듯 중국의 문화자원을 적극적으로 운용하여 정치적 합법성을 재구축하고 공고히 하는 것은 21세기 초 집권당의 특색이 되었다. 미래를 조망하고 시대에 순응하는 이러한 발전은 단지 강화될 뿐 약화되지 않을 것이다. 이는 바로 1990년대 이래 대만 당국의 '탈중국화'(去中國化) 노력과 대조를 이룬다.

이른바 '재중국화'란 결코 과거와 20세기 후반의 중국 정치와 문화가 중국의 성격을 누락시켰던 것을 뜻하는 것이 아니라, 자각적으로 중국문화의 주류적 가치자원을 흡수하고 정식으로 중국문명의 계승을 공표하며 더욱 충실한 중국화를 이룸으로써, 대내외 현실의 복잡한 도전에 대응하는 것을 말한다. 이러한 재중국화는 외부세계의 여러 '좋은 것'(好東西)들을 결코 거절하지 않는데, 왜냐하면 그것은 당대중국의 정치문화가 전통과 맞물려서 생겨난 한 부분일 뿐 전부가 아니기 때문이다. 그것은 '전통과의 결별'과는 다른 태도를 표명하고, 현대중국이 반드시 중화문명 고유의 토대에 뿌리를 두고 발전해야 함을 긍정하며, 중국문명을 부흥시키고 중국문명을 발전시키자는 문화의식을 드러내는 데에 중점을 둔다. 이러한 것들은 모두 우리가 오늘날 '공자와 당대중국'을 논의하는 데 있어서 소홀히 할 수 없는 배경이다. 세계화의 물결 속에서 문화의 다양성과 자주성 문제가 부각되는 점에 관해서는 여기서 논의하지 않기로 한다.

전통의 부흥은 결코 과거로 회귀하는 것이 아님은 의심의 여지가 없다. 만일 신문화운동 시기의 '복고' 비판이 당시 정치의 목적을 지니고 있었다고 말한다면, 오늘날 전통에 대한 어떠한 관심도 모두 현실에 대한 일종의 치료와 보완을 의미할 뿐, 어느 누구도 정치, 경제, 문화상의 고대로 회귀해야 한다고 말하지 않는다. 기실 역사적으로 이른바 복고라는 것도 대부분 변혁의 한 형식으로서, 사람들은 줄곧 '옛것을 오늘에 맞게 적용'(古爲今用)하여 왔다. 어쨌든 전통은 없어서는 안 될 것이지만 또한 완전한 것이 아니며, 연속적인 것이지만 또한 고정불변한 것도 아니며, 수용을 거쳐야 하고 또한 수정을 거쳐야 한다. 발전, 변화, 전환은 전통의 전승과정에서 늘 충만하였다. 게다가 전통의 전승은 해석에 의존하고, 해석은 언제나 시대의 새로운 변화를 반영하며, 새로운 발전을 포함한다. 우리가 기대하는 것은 인문학자와 사회과학자들이 긴밀히 교류하고, 이성적 태도와 열린 마음으로 이론상에서 유학과 당대중국의 여러 과제를 깊이 논의함으로써, 당대중국의 사회문화가 더 나은 발전을 하도록 촉진하는 것이다.

20세기에 유가사상문화에 대한 계몽과 현대화의 시각에서 진행된 비판은 이미 충분히 논의되었고, 가장 심도 있고 전면적인 수준에 도달했다고 말할 수 있다. 마찬가지로 이러한 비판에 대한 답변도 20세기에 심도 있고 전면적으로 제시되었다. 그러므로 중요한 것은 20세기의 유가문화 논변과 관련된 기존의 논의와 관점을 단순하게 되풀이하거나 더욱 얄팍하게 문화의 쟁점을 좇아가는 것이 아니라, 시대의 변화에 발맞추고 당대중국의 사회현실을 결합하며 문화, 가치, 질서의 재구축을 직시하여 새로운 문제의식을 발전시키고 새로운 해답을 모색하는 것이다. 이 점에서 우리는 인문학자와 사회과학자들의 긴밀한 소통과 전면적인 협력을 기대한다.

제2장 누구의 정의인가, 어떠한 윤리인가?
— 유가윤리와 세계윤리

1990년대에는 '세계윤리를 향하여'라는 구호와 「세계윤리선언」을 고무하는 운동이 줄기차게 일어났다. 그러나 우리는 왜 「세계윤리선언」을 체결해야 하는가? 이 선언과 「인권선언」의 관계는 무엇인가? 지금까지 제기된 여러 논의들은 이 문제들에 대해 명확한 답변을 내놓지 못하고 있다.

오늘날에 이르기까지 '세계윤리를 향하여'라는 운동은 줄곧 '세계 각 종교들의 윤리 방면에서 현존하는 최소한도의 공통분모'를 추구하고 모색하였다. 분명한 것은, 백여 종의 종교 속에서 찾을 수 있는 공통점은 그들 간의 차이점보다 훨씬 적을 것이다. 이는 '최소주의最少主義'라는 공허한 형식윤리를 도출할 뿐만 아니라, 더 심각한 것은 설령 어떤 공통점을 찾아내고 또한 장래에 더 많은 공통점들을 확대시킨다고 하더라도, 그래서 어쨌단 말이냐? 라는 문제를 상존하게 한다. 잊지 말자. 기독교와 이슬람교는 같은 근원을 지니고, 이들의 공통점은 위의 선언 중의 각 종교 간의 공통점보다 많지만, 이 둘 간의 충돌이 설마 기독교와 불교 간의 충돌보다 더 심하지 않다는 말인가? 두 차례의 세계대전은 모두 유럽에서 기독교 신앙전통의 국가 사이에 발생하지 않았는가? 이는 문명 내의 충돌이 아니란 말인가?

그러므로 중요한 것은 종교신앙과 종교윤리 간에 공통점이 얼마나 있는 가가 아니라, 각 종교 중의 평화주의와 관용정신을 드높이는 데 힘쓰고, 각 종교 내에서의 타 종교에 대한 배척 감정을 없앰으로써, 세속세계에서 다원 적인 공존을 이끌어 내는 것이다. 공통분모를 찾는다는 것은 기실 일종의 일원론적 사유방식인데, 설마 우리는 중국식의 '화이부동和而不同'의 사유방 식을 상상할 수 없단 말인가? 모든 종교를 종국적으로 동일화하고 이로써 세계의 충돌을 해결하려는 것을 기대할 필요가 없으니, 이러한 기대는 단지 다원문화를 부정하는 것일 뿐이다. 신앙과 윤리 상의 공통점이 평화공존을 보장할 수는 없고, 공통분모가 많음은 공존의 수월함과 동일하지 않다.

우리가 「세계윤리선언」의 의미가 무엇인가를 물을 때는 이와 같은 뜻이 내포되어 있다. "이 「윤리선언」이 대응하고자 하는 것은 결국 어떤 범위의 문제인가? 각 종교 내부와 민족국가 내부의 도덕적 위기와 행위규범의 상 실인가? 아니면 국가 간, 민족 간의 충돌과 억압인가? 바꾸어 말하면, 「인간 책임선언」이 마주 대해야 할 책임의 주체는 누구인가?"

1995년, 브란트(Willy brandt)의 주도하에 '세계시민윤리'를 제창하여 "각 국 가와 문화 간의 협력을 통해 전 지구적인 문제를 해결하는 기초로 삼았다." 이 논법에 따르면, 이 선언은 국가 간 문화 간의 관계준칙에 주안점을 두었 고, 이 윤리의 주체는 곧 충돌의 주체로서, 즉 '국가'와 '문화'(헌팅턴이 말한 문명이다)를 말한다. 한스 큉(Hans Küng) 박사가 발기한 세계윤리운동의 최초 의 동인도 "종교 간의 평화가 없으면, 민족 간의 평화도 없다"는 이러한 신념에 기초한 것이다. 그 후에 "세계윤리가 없다면, 아름다운 세계질서도 있을 수 없다"는 것으로 바뀌었다. 이는 '세계윤리'는 '세계질서'에 대응하 며, 여기서 '세계'는 각 민족국가로 구성된 세계를 말하고, 따라서 세계질서는 곧 국가 간의 질서이므로 세계윤리는 바로 민족-국가 간의 행동의 윤리 준칙이라는 것을 말하고 있다.

　도덕은 국제사무와 외교활동에 대해 확실히 규제기능이 있다. 그러나 현대국가의 행위는 더 이상 개인의 양심과 명예에 의존하지 않고, 당파와 유권자의 제약을 받으며, 보편윤리와 민족국가의 이익이 충돌할 시에는 종종 민족국가가 우세를 점한다. 근대역사는 국제법, 국제적 도덕준칙, 세계 여론 등의 규범체계가 주권국가의 권력의지에서 비롯된 행동을 효과적으로 규제하기 매우 어렵다는 점을 잘 보여 준다. 이는 '국제사회'가 현실 속의 민족국가사회와 다르기 때문에, 오늘의 세계는 여전히 세계정부와 세계사회가 없는 세계이며, 규범은 자연히 제대로 작용하기 어렵다. 모든 도덕은 현존실체의 욕망적 기도와 권력의지에 대해 제한을 가하지만, 국제영역에서는 항상 도덕적 언사가 참된 이익 동기를 은폐하는 장식품으로 전락하여 실제적인 작용을 하지 못한다. 풍우란馮友蘭은 일찍이 하나의 집단이나 사회의 행위도덕은 이 집단이나 사회보다 더 상위의 집단이나 사회가 규정한 기본적 요구에 의거하지만, 국가 위에는 더 상위의 사회가 없으므로 국가의 행위는 국가 내부의 행위처럼 도덕적 규제를 받기가 쉽지 않다는 것을 지적한 바 있다.

　따라서 「윤리선언」이나 「책임선언」은 국가 간 행동의 윤리준칙을 주요한 착안점으로 삼을 필요가 없으며, 각 주요 종교윤리의 전통에 기초하여 오늘날 세계도덕의 상황에 대한 불만과 인간의 심리상태를 개조시키는 방안을 천명하고, 도덕적 위기의 원인을 밝혀내어, 근본적으로 인류의 정신생활을 변화시킬 것을 모색해야 한다.

　「책임선언」과 「세계윤리선언」 중에는 인권담론에 대한 매우 세심하고 신중한 태도가 담겨 있다. "우리들, 세계 각 민족의 사람들은 이러한 방식으로 여기서 「인권선언」 중에 이미 선포했던 여러 약속들을 강화하고자 한다. 즉, 모든 인간은 존엄성을 지니고 있음을 인정하고, 그들의 박탈할 수 없는 자유와 평등 및 상호 간의 연대를 인정한다. 이 세계의 모든 이들은 배움을 통해 이러한 책임에 대한 의식을 각성하고, 아울러 이에 대한 긍정의 태도를 드높여야 한다."[1] 이것은 무엇을 의미하는가? 이는 「인간책임선언」이 바로 「인권선언」 중에서 긍정한 인간의 자유, 존엄 및 권리에 재차 동의하는 것을 뜻하는가?

또 하나의 예는, 1997년 3월에 파리회의에서 "회의 참석자들은 현존하는 보편권리, 가치 및 기준과 관련된 문건들, 예를 들어 「인권선언」과 기타 관련 조약 등이 반드시 이번에 보편윤리를 모색하는 출발점이 되어야 한다는 데 동의하였으며, 「인권선언」은 이미 나날이 더 많은 문화에 의해 받아들여지고 있는데, 이것은 중요한 의미에서 이미 보편윤리의 선구가 되었다." "보편윤리의 요지는 글로벌 사회의 기본적인 윤리와 원칙을 인정하는 데 있으며, 인권문건 중에 거론된 이러한 인간의 권리와 책임은 이 과정에서 중요한 역할을 담당할 것이다." 만일 「인권선언」이 「윤리선언」의 출발점이자 핵심 내용이 되어야 한다고 말한다면, 「책임선언」의 필요성과 특수성은 또한 어디에 있는가?

---

1) 옮긴이 주: 「인간책임선언」(A Universal Declaration of Human Responsibilities). "We, the peoples of the world thus renew and reinforce commitments already proclaimed in the Universal Declaration of Human Rights: namely, the full acceptance of the dignity of all people; their inalienable freedom and equality, and their solidarity with one another. Awareness and acceptance of these responsibilities should be taught and promoted throughout the world."

더 나아간 주장으로는, "아마도 언젠가는, 심지어 유엔의 「세계윤리선언」을 제정할 수 있을 것이다. 그것은 수시로 홀대를 받고 난폭하게 훼손당하는 「인권선언」에 대해 도덕적 지지를 제공할 것이다."[2] 설마 '「인권선언」에 도덕적 지지를 제공한다는 것', 이것이 「세계윤리선언」의 목적과 본질의 전부인가? 아니면 설마 「인권선언」 자체에 도덕이념이 포함되지 않았기 때문에 별도로 도덕이념을 찾아내어 그것을 지지해야 하는 것인가?

　　끝으로, "우리는 1948년 유엔의 「세계인권선언」을 떠올리게 되는데, 그것은 권리라는 측면에서 정식으로 선언된 것으로, 우리는 여기서 윤리적 시각에서 동의하고 심화되기를 희망한다. 이것은 곧 인간의 고유한 존엄성을 충분히 실현하고, 모든 인간은 본질적으로 양도할 수 없는 자유와 평등을 지니므로, 모두가 일치단결하고 상호 공존해야 한다."[3] 그렇다면 「윤리선언」은 곧 윤리적 시각에서 「인권선언」의 내용에 동의하는가?

　　기실, 책임과 권리는 이처럼 확연히 다른 것이며, 한스 큉도 이 점을 인정했다. "부정적인 측면으로 말한다면 「세계윤리선언」은 무엇이 아니어야 하는가? 개괄적으로 말해서 「인권선언」의 중복은 아니어야 한다. 만일 각 종교의 견해가 기본적으로 단지 유엔 「인권선언」에서 언급한 여러 내용의 중복이라면, 사람들은 이 선언을 거부해도 될 것이다. 그러나 윤리는 권리보다 훨씬 많은 것들을 의미하며, 또한 이러한 「윤리선언」이 '그것은 하나의 전형적인 서양의 문건이다'라는 지적을 피해갈 수는 없다."[4] 실제로

---

2) 孔漢思(Hans Küng), 「全球倫理序」, 『全球倫理—世界宗教會議宣言』(孔漢思, K. 庫舍爾 編, 何光滬 譯, 四川人民出版社, 1997)에 실림.
3) 孔漢思, 庫舍爾 編, 「世界宗教會議走向全球倫理宣言·全球倫理的原則」, 『全球倫理』, p.11에 실림.
4) 孔漢思, 庫舍爾 編, 「走向全球倫理的歷史, 意義與方法」, 『全球倫理』, p.56에 실림.

제2장 누구의 정의인가, 어떠한 윤리인가?　｜　41

윤리는 권리보다 훨씬 많은 것들을 의미할 뿐만 아니라, 심지어 권리와는 다른 것을 의미한다.

나는 한 장의 「세계윤리선언」을 가지는 것에 대해 찬성한다. 내가 보기에, 이 「윤리선언」은 「인권선언」을 위해 봉사하는 것이 아니라, 바로 「인권선언」에 대한 보완과 권리담론에 대한 교정이며, 현대성에 대한 도덕적 반성이고, 계몽주의에 대한 지혜로운 응답이자 모든 종교의 전통과 가치에 대한 이성적 긍정이다. 「윤리선언」은 「인권선언」에서 이미 언급한 것들에 대해 중복되는 논증이어서는 안 되며, 「인권선언」에서 언급하지 않았거나 간과한 도덕적 태도를 제의하는 데 역점을 두어야 한다.

자유주의 도덕의 중심 원칙은 개인의 권리를 우선시하고, 사람마다 자신의 가치관에 바탕하여 살아갈 권리가 있으며, 어떤 공동선의 관념으로써 모든 공민에게 요구하는 것은 기본적인 개인의 자유에 위배된다고 여기는 것이다. 반면에 유가와 세계 각 종교의 윤리는 모두 사회 공동의 선, 사회적 책임, 공익에 유익한 미덕을 강조한다. '책임'과 '권리'는 서로 다른 두 개의 윤리학적 언어로서, 서로 다른 윤리학적 입장을 반영하며, 해당 가치의 영역에 적용된다. 「윤리선언」이나 「책임선언」은 자신의 입장을 명확히 해야 하는데, 바로 선언은 도대체 책임을 기초로 하는가 아니면 권리를 기초로 하는가에 대한 것이다. 그것은 「인권선언」의 조항을 고수한다는 것과 동시에, 권리담론의 윤리적 입장에 찬성하지 않는다는 것을 명확히 밝혀야 한다.

우리가 「인권선언」 중의 모든 요구를 견지하고 수호하며 또한 그것의 실현을 위해 노력해야 함은 의심할 바가 없다. 그러나 이것은 「윤리선언」이 단지 「인권선언」에 지지를 보냄을 의미하는 것은 아니다. 선언은 윤리문제에 있어서 권리담론과 권리사유가 제한적이고 매우 불충분하며, 권리 중심적인 사유의 일반화는 심지어 당대의 수많은 문제의 근원 중의 하나라는 점을 지적해야 한다. 권리담론은 종종 개인주의와 연계된다. 개인주의의 권리 우선적인 태도는 그 기본 가정으로서 개인의 권리를 맨 앞에 두어, 개인의 권리가 집단의 목표나 사회적 공동선보다 우선되어야 한다고 여긴다. 이러한 입장에서는 개인의 의무, 책임, 미덕이 수립되기가 매우 어렵다. 권리 우선적 유형의 주장은 단지 인간의 소극적 자유를 보장할 뿐이며, 개인의 사회적 공익에 대한 중시를 촉진할 수 없고, 사회공익과 개인이익의 충돌을 제대로 간파할 수 없다. 「책임선언」이 추진하려는 것은 적극적인 의미의 가치태도를 수립하는 것이다.

서양문화의 주류적 이해 속에서 볼 때, 인권은 개인이 국가를 상대로 요구하는 일종의 권리이다. 그것은 모든 인간이 필요로 하는 것으로서, 정부에 대해 제기하는 도덕적이고 정치적인 요구이다. 여기에서 개인의 권리 요구는 곧 정부의 책임과 의무이므로, 인권 관념은 정부의 책임과 당위에만 관련될 뿐, 개인의 사회, 가정 및 타인에 대한 의무와 책임을 범주로 설정할 수는 없다. 이러한 권리 관념은 근대 이래의 서양자유주의 철학의 핵심으로서, 근대의 시장경제와 정치민주화 진전의 산물이다. 하지만 초점을 개인의 사회에 대한 요구와 개인의 자기권리에 대한 보호에 집중하였기 때문에 개인의 사회에 대한 책임과 개인이 반드시 지녀야 할 타인의 권리에 대한 책임도 등한시하였다.

유가윤리의 가치는 간단한 방식으로 설명하자면 아시아적 가치(Asian value)라는 논법을 빌려 참고할 수 있을 듯하다. 아시아적 가치의 논법은 비록 서아시아 및 남아시아 문화와 관련되었다는 의심을 받을 수도 있겠지만, 발안자의 해석에 따르면 아시아적 가치란 주로 유가문화의 영향을 받은 동아시아 가치의 구현을 의미한다. 아시아적 가치는 아시아의 전통성과 현대성의 시계視界가 융합되어 발전되어 온 가치태도와 원칙이다. 이러한 원칙은 아시아의 문화, 종교, 정신적 전통의 역사적 발전에 뿌리를 두며, 또한 아시아가 현대화의 과정 속에서 세계의 도전에 대응하면서 전통 중의 불합리한 요소를 걷어내고 현대성의 경험에 조응하면서 형성된 것이다. 아시아적 가치는 5대 원칙으로 개괄된다. ① 사회와 국가는 개인보다 중요하다. ② 국가의 근본은 가정에 있다. ③ 국가는 개인을 존중해야 한다. ④ 조화는 충돌보다 질서유지에 유리하다. ⑤ 종교 간에 상호 보완하며 평화공존해야 한다. 이러한 원칙들은 유가윤리 속에서 모두 충족된다.

이 5항의 원칙은 당대의 동아시아 문화 속에 적용되는 가치라고 할 수 있다. 따라서 이 원칙 중에는 아시아의 전통적 가치뿐만 아니라 백여 년간 서양문명을 흡수하고 시장경제와 민주정치를 실현하는 과정 속에서 자라난 새로운 가치, 예컨대 개인에 대한 존중 등도 있다. 그러므로 이른바 '아시아적 가치'란 결코 그 가치체계 중의 모든 요소가 아시아적이라는 것을 말하지 않는다. 현대 아시아적 가치와 현대 서양적 가치의 차이는, 모든 요소가 다르다는 것이 아니라, 가치의 구조와 서열이 다르고 가치의 중점이 다른 것이다. 제대로 말하자면, 이는 비개인주의적 가치체계이면서도 아시아의 현대적인 가치관이다. 이것은 또한 새롭고 현대적인 유가문명의 가치관이다. 그 핵심은 개인의 자유와 권리의 우선이 아닌, 집단과 사회의 이익을 우선시한다. 이렇게 사회 공공집단의 이익을 우선시하는 가치태도는 인권을 억압하는 구실이 될 수 없으며, 민주적 제도와 개인을 존중하는 가치에 의거하여 인권의 보호를 실현한다. 현대 서양의 가치와 다른 점은, 이러한 가치태도는 개인에게 타인과 공공집단에 대한 의무와 책임감을 요구하며, 이러한 의무와 책임감이 공공집단의 기본적인 공통 인식과 가치공유와 일치한다는 데에 있다. 이와 같은 가치태도는 전통적 미덕을 지켜 갈 것을 요구하며, 이러한 미덕은 인성의 체현이자 사회 보편적 이익의 승화이다.

제3장 유가사상과 인권담론

근대 유럽에서 발전하기 시작한 현대성 방안은 몇 세기 동안의 확장을 거쳐 이미 상당한 정도로 전 지구적인 모델이 되었다. 그러나 역사의 발전은 오히려 헌팅턴이 지적한 바와 같이, 세계는 더욱 현대화되고 있지만 서구화는 감소하고 있음을 보여 주고 있다. 그 기본 원인은 각 국가들이 현대화를 추구해야 할 목표로 삼기는 하지만, 비서구사회는 결코 서양의 현대성 모델의 관념과 제도를 모방하는 것이 아니라 실행 과정 중에 끊임없이 사회 문화적인 현실에 대응하기 때문에, 이로부터 서양의 현대성과는 다른 현대적 문화방안과 정치방안, 즉 각기 다른 이데올로기의 모델과 제도를 만들어 가고 있다는 것이다. 사회학자인 아이젠슈타트(S. N. Eisenstadt)는 이러한 발전을 다원적 현대성의 형성이라고 불렀다. 하지만 세계성과 토착성, 보편성과 특수성은 항상 변증법적 관계에 놓여 있다. 따라서 비서구사회에 대해 말하자면, 문제는 결코 서양의 현대성을 단순히 거부하거나 서양의 현대성 속에 내포된 보편적 요소를 근본적으로 부정하는 것이 아니라, 어떻게 자신들의 문화 속에서 서양이 발전시킨 개념과 제도를 다시 해석하고, 이러한 개념 및 제도와 자기 전통의 개념 및 제도 간의 상호 관계를 새롭게 구축하는가에 있다.

인권의 관념은 다원적 현대성을 드러내는 하나의 예이다. 인권 관념이 현대사회에서 보편적인 의의를 지님을 부인할 수 없지만, 인권 관념과 그 지위가 문명의 배경이 다른 사회 속에서는 선택이 달라짐을 어떻게 이해해야 하는가? 서양 인권이론의 관념 형식과 그 실제적 요구 사이에는 문화적 간극이 없는 것인가? 서양식의 인권 관념은 그 실제적 요구를 넘어선 특수한 철학적 가설은 없는가? 유가전통 중에는 서양의 인권사상과 유사한 내용은 없는가? 만일 있다면, 그 주안점과 강조점은 무엇인가? 그것과 현대 인권사상과의 상호 수용성은 어떠한가? 유가는 인권을 긍정하지만 서양과는 다른 현대성의 방안에 동의할 것인가? 이러한 것들이 본문에서 더 논의하고자 하는 문제들이다.

1.

이른바 '인권'이라는 개념은 근대 서양문화에서 발전한 것이다. '인권'이란 관념은 본질적으로 일종의 권리 성향의 문화적 구현이다. 그러므로 의무나 책임 성향의 중국 전통문화에서 '인권' 관념과 유사한 개념을 찾기 어렵다는 것은 이상한 일이 아니다. 그러나 근대의 '인권'사상이 주로 관심을 갖는 사상적 내포('개념'이 아닌) 측면에서 말하면, 중국 고대문화 특히 유가문화 속에 그 대응물이나 유사한 관심이 전혀 없었던 것은 아니고, 다만 유가문화의 그러한 관심은 대개 다른 방식으로 표현되었으며 서양과는 다른 중점과 방향을 취하고 있었을 뿐이었다. 이러한 것을 이해한다면 중서문화 및 가치성향의 차이를 이해하는 데 도움이 될 뿐만 아니라, 또한 그로부터 어떻게 고대 유가사상을 바탕으로 하여 서양세계의 인권 관념을 받아들이고 확장할 것인지를 사유할 수도 있다. 그러므로 고대 중국문화 중에 비록 '권리'라는 개념이 없었다 하더라도, 본문에서는 여전히 '인권' 논의라는 틀 안에서 이 글이 처음부터 제기했던 이러한 문제들을 살펴보고자 한다.

우리는 '인권'이라는 개념에는 수많은 정의가 있으며 그 중에는 이 글의 유가사상과 관련된 논의에 비교적 적합한 몇몇 관점들이 있음을 알고 있다. 예를 들어, "인권은 개인의 국가에 대한 인간으로서의 일종의 윤리적 권리이다"(미국의 웰먼[Carl Wellman]), 또한 "인권이란 우리 개개인이 자신의 사회와 정부에 대해 제기해야 하거나 혹은 마땅히 제기해야 하는 것으로 여겨지는 그러한 도덕적이며 정치적인 요구이다"(미국의 헨킨[Louis Henkin]) 등의 견해이다. 동시에, 인권은 일반적으로 '공민으로서의 권리와 정치적 권리' 및 '경제적 권리와 사회적 권리'로 구분된다. 서양 근대 이래의 문헌에서는, 공민으로서의 권리와 정치적 권리에 관해서는 '개인이 향유하는 권리'라는 표현을 흔히 사용하며, 경제적 권리와 사회적 권리에 관해서는 국가 행위이면서 비개인적 권리라는 어휘를 흔히 사용하고 있다.[1] 이 두 측면은 사실 상호 보완적인 것인데, 국가에 대한 개인의 권리라는 것은 바꾸어 말하면 국가의 개인에 대한 의무이기 때문이다.

만일 '인권'을 '정부가 국민이 누려야 할 최소의 권리를 보장하는 것'이라고 이해한다면, 인권은 비록 그 밑바탕에 어느 정도의 도덕관념을 기초로 하고 있더라도 본질적으로는 정치학적인 것이지 윤리학적인 개념은 아니다. 그러므로 우리가 고대 유가사상에서 '인권'과 유사한 개념의 표현을 찾

---

1) 이에 대해서는 沈宗靈, 「第二次世界大戰後西方人權學說的演變」, 『當代人權論』(當代中國出版社, 1993), pp.126 · 127 · 131을 참조할 것.

을 수는 없다 하더라도, 만일 위에서 파악한 중점을 정부 혹은 통치자가 국민에 대해 책임져야 할 의무로 환치해 본다면 이와 유사한 관심을 유가의 정치사상에서 얼마든지 찾을 수 있다. 고전 유가사상에서는 '개인의 권리'가 아닌 '정부의 의무'로 근대 인권 관념의 몇몇 요구들을 표현하고 있으며, 이러한 요구들은 또한 기본적 생존권리 방면에 비교적 집중되어 있다.

2.

초기 중국의 정치문화에서 통치자─피통치자의 이상적인 모델은 '부모와 갓난아기'의 관계였다. 『상서尙書』의 「홍범」편에서 "천자는 백성의 부모이다"2), 「강고康誥」편에서는 "갓난아기를 보호하듯 한다면 백성들이 평안할 것이다"3)라고 말한 것은 전형적으로 이 모델을 반영한다. 그러므로 익히 알듯이 주대 정치사상의 핵심 중 하나는 '백성을 보호하는 것'(保民)으로서, 이는 『상서』 전편에 걸쳐 끊임없이 제기되는 주제이다. 예를 들어, "정치는 백성을 기르는 데 있다"4), "백성을 편안하게 하면 은혜를 안다"5), "관대함으로 백성을 돌본다"6), "자자손손 영원히 백성을 보호하라"7) 등의 언급이다. 이와 대조적으로 '백성을 학대함'에 대해서는 강력하게 고발하고 있다. 바로 이러한 정치문화의 정신적 풍조 속에서 "백성이 나라의 근본이다"8)라

---

2) 『尙書』, 「洪範」, "天子作民父母."
3) 『尙書』, 「康誥」, "若保赤子, 惟民其康乂."
4) 『尙書』, 「大禹謨」, "政在養民."
5) 『尙書』, 「皐陶謨」, "安民則惠."
6) 『尙書』, 「微子之命」, "撫民以寬."
7) 『尙書』, 「召誥」, "子子孫孫永保民."
8) 『尙書』, 「大禹謨」, "民爲邦本."

는 사상이 형성되었다. 백성을 기르고 백성을 편안하게 함을 통치자의 최대 책임이자 기본 의무로 삼는 것은 상고의 정치문화의 변천을 거치면서 점차 중국유가의 정치사상적 기조로 강화되었다. 본문에서 논의하려는 언어로 바꾸어 보면, 이러한 기조는 바로 정부 혹은 정치가는 국민생활의 부유와 안녕을 보장하는 것을 근본 의무로 삼는다는 것이다. '백성을 보호함'(保民)의 주된 내용은 '기름'(養)과 '평안함'(安)으로서, '기름'은 백성의 생활에 필요한 것을 만족시키는 것이고, '평안함'은 백성의 평화에 대한 요구를 만족시키는 것이다. 이러한 정치사상은 백성의 '욕구'를 인정하는 기초 위에서 세워지는 것이므로, "하늘이 백성을 내심에 백성마다 바라는 바가 있다", "백성이 바라는 바를 하늘은 반드시 따른다"라고 말한 것이다.

　　『상서』 중의 천민합일론天民合一論은 하늘이 민의의 최종적 지지자이고 최고의 대표자임을 밝히고 있다. 민중의 염원은 하늘의 뜻을 구현하는 강력한 도덕적 기초와 궁극적 신학의 기초를 가지고 있으므로, 이론적으로 민의가 군주보다 더 우선성을 갖는데, 왜냐하면 하늘이 군주에게 천명을 내리는 목적이 하늘의 뜻을 대신하여 백성을 잘 보살피고 보호하는 것이기 때문이다. 이러한 사상과 신념 속에서, 하늘 앞에서 백성과 군주는 평등한 존재는 아니지만, 백성은 군주에 대해 우선성과 중요성을 갖는다. 백성은 군주에 대해 결코 무조건적인 복종과 억압을 참아야 할 의무가 없다. 도리어 하늘을 최후의 지지자로 삼아, 백성은 군주에게 덕정을 베풀 것을 요구할 권리가 있으며, 만일 군주가 덕정을 베풀지 않고 '백성을 학대'한다면, 백성들이 군주를 원수로 대하는 것은 정당할 것이다.

3.

　공자는 일찍이 "먼저 부유하게 하고, 나중에 교화한다"라고 말하면서, 통치자의 제일 의무를 '백성을 부유하게 하는 것'이라고 규정하였다. 그러나 『상서』의 정치사상을 전면적으로 계승한 이는 맹자였다. 「세계인권선언」이 2차 세계대전 이후에 등장한 것과 마찬가지로, 맹자의 사상도 전국시대의 전쟁을 직접 겨냥했던 인도주의적 호소였으며, 그는 군주에게 백성이 전쟁이나 굶주림을 당하지 않도록 보장할 것을 요구하였다.

　　개와 돼지가 사람의 양식을 먹어도 단속할 줄 모르고, 길에는 굶주려 죽은 시체가 뒹굴어도 창고를 열 줄 모르면서, 사람이 죽으면 "나 때문이 아니라 흉년 때문이다"라고 말합니다. 이 어찌 사람을 찔러 죽이고도 "나 때문이 아니라 병기 때문이다"라고 말하는 것과 다르겠습니까? 왕께서 흉년을 탓하지 아니하시면, 이에 천하의 백성이 모여들 것입니다.[9]

　그러므로 맹자가 이상理想으로 여긴 사회는 굶주림과 추위에서 벗어나는 생존 보장이 최우선되었다. 맹자는 유명한 말을 남겼다.

　　5무畝의 집 가장자리에 뽕나무를 심으면 쉰 살 된 자가 비단옷을 입을 수 있고, 닭과 돼지, 개 등을 기르면서 그 (새끼 칠) 때를 놓치지 않으면 일흔 된 자가 고기를 먹을 수 있을 것입니다. 100무의 밭에 그 (농사) 시기를 빼앗지 않으면 여러 가구가 굶주림이 없을 것입니다.…… 일흔 된 자가 비단옷을 입고 고기를 먹으며, 뭇 백성이 굶주리지 않고 추위에 떨지 않게 하고서

---

9) 『孟子』, 「梁惠王上」, "狗彘食人食而不知檢, 塗有餓莩而不知發, 人死則曰: '非我也, 歲也.' 是何異於刺人而殺之, 曰: '非我也, 兵也.' 王無罪歲, 斯天下之民至焉."

도, 왕 노릇 못하는 자는 일찍이 없었습니다.[10]

이는 군주 통치의 합법성과 통치의 현실적 가능성이 전적으로 백성의
기본적인 물질생활의 조건을 보장하는가의 여부에 달려 있음을 말하고 있
다. 그러므로 또한 "백성을 보호하면서 왕 노릇하면 이를 막을 수 없다"[11]
라고 말한 것이다.

『맹자』에는 맹자와 제선왕의 대화가 실려 있다.

맹자가 제선왕께 말하기를, "왕의 신하 중에 처자를 친구에게 맡기고 초나
라에 가서 놀던 이가 있었는데, 돌아와 보니 (친구가) 처자를 추위에 떨게
하고 굶주리게 하였다면 어찌 하시겠습니까?" 왕이 말하기를, "절교하겠습
니다." 맹자가 말하길, "간수가 부하를 다스리지 못하면 어떻게 하시겠습니
까?" 왕이 말하기를, "그만두게 하겠습니다." (맹자가) 이르기를, "나라 안이
다스려지지 않으면 어찌 하시겠습니까?" 왕이 좌우를 둘러보며 다른 것을
말했다.[12]

이 대화 내용은 사람들이 어떤 일을 누군가에게 맡겼을 때, 그에게는
마땅히 실천해야 할 수탁 의무가 있다는 것을 잘 보여 준다. 마찬가지로
어떤 직무를 맡은 관리는 반드시 맡은 직책과 책임을 이행해야 한다. 통치

---

10) 『孟子』, 「梁惠王上」, "五畝之宅, 樹之以桑, 五十者可以衣帛矣. 鷄豚狗彘之畜, 無失其時, 七十
者可以食肉矣. 百畝之田, 勿奪其時, 數口之家可以無飢矣. ……七十者衣帛食肉, 黎民不飢不寒,
然而不王者, 未之有也."

11) 『孟子』, 「梁惠王上」, "保民而王, 莫之能御也."

12) 『孟子』, 「梁惠王下」, "子謂齊宣王曰: '王之臣有託其妻子於其友而之楚遊者, 比其反也, 則凍餒其
妻子, 則如之何?' 王曰: '棄之.' 曰: '士師不能治士, 則如之何?' 王曰: '已之.' 曰: '四境之內不治,
則如之何?' 王顧左右而言他."

자도 역시 다른 수탁자와 마찬가지로, 자신의 책임과 의무를 이행하지 못한다면 당연히 버려져야 한다.

『맹자』에는 또 다른 유사한 이야기가 있다. 맹자가 한 관리에게 비판을 가하고 있다.

> 지금 남의 소와 양을 맡아 기르는 자가 있다면, 반드시 목장과 꼴을 구할 것이오. 목장과 꼴을 구하다가 얻지 못하면, 그 주인에게 되돌려 주어야겠소? 아니면 서서 죽어 가는 것을 보고만 있겠소?[13]

맹자는 이 비유를 들어 제나라의 왕에게 간언하였으니, 그가 보기에 왕과 정부 관리들은 위탁 받은 관리자이므로 반드시 그 관리의 의무와 책임을 충실히 수행해야 하며, 직분을 감당하지 못하는 자는 마땅히 그 권리를 백성에게 돌려주어야 한다.

따라서 유가의 정치사상 중에 '백성의 부모가 된다'는 것은 무조건적인 것이 아니다. 맹자는 이렇게 말한다.

> 백성의 부모가 되어, 백성으로 하여금 한탄스럽게 일 년 내내 힘들게 일하고도 부모를 봉양하지 못하고, 빚을 내어 (납세를) 채우게 하며, 늙은이와 어린아이로 하여금 구렁에서 뒹굴게 둔다면, 어찌 백성의 부모가 될 수 있겠는가?[14]

---

13) 『孟子』, 「公孫丑下」, "今有受人之牛羊而爲之牧之者, 則必爲之求牧與芻矣, 求牧與芻而不得, 則反諸其人乎? 抑亦立而視其死與?"
14) 『孟子』, 「滕文公上」, "爲民父母, 使民盼盼然, 將終歲勤動, 不得以養其父母, 又稱貸而益之, 使老稚轉乎溝壑, 惡在其爲民父母也?"

그러므로 군주로서 가장 중요하고 가장 기본적인 책무는 '백성의 생업을 마련하는 것'이다. 당연히 맹자가 말하는 것은 '인仁으로 백성을 풍족하게 하는 것'이었으므로, '인정仁政을 행하지 않고서 풍족하게 하는 것'에 반대했다.

4.

맹자는 정치적 합법성에 관하여 두 가지를 언급했는데, 이는 모두 『상서』의 정치사상을 계승 발전시킨 것이다. 그 하나는 민심에 합치되는 것을 정치적 합법성의 근원으로 보는 것이다.

천하를 얻음에 길이 있으니, 백성을 얻으면 천하를 얻을 것이요, 백성을 얻음에 길이 있으니, 마음을 얻으면 백성을 얻을 것이다. 마음을 얻음에 길이 있으니, 바라는 것을 주어서 모이게 하고 싫어하는 것을 베풀지 말아야 한다.[15]

또 하나는 도덕적 원칙을 정치적 합법성의 근거로 보는 것이다.

인仁을 해치는 자를 도적이라 부르고, 의義를 해치는 자를 잔악이라 부릅니다. 잔악한 자와 도적질한 자를 일컬어 필부라고 하니, 한 필부인 주紂를 주살했다는 말은 들었어도, 군주를 시해했다는 말은 듣지 못했습니다.[16]

---

15) 『孟子』, 「離婁上」, "得天下有道, 得其民, 斯得天下矣. 得其民有道, 得其心, 斯得民矣. 得其心有道, 所欲與之聚之, 所惡勿施爾也."
16) 『孟子』, 「梁惠王下」, "賊仁者謂之賊, 賊義者謂之殘, 殘賊之人謂之一夫, 聞誅一夫紂矣, 未聞弑

어쨌든 민심과 도덕적 원칙을 위배하는 통치자에 대해 백성은 반항하고 혁명할 수 있는 정당한 권리가 있는데, 이 점을 인정하는지의 여부는 중국 유학과 일본 유학의 중대한 차이점 중의 하나이다. 일본의 유학은 백성의 혁명이 지닌 정당한 권리를 부정하고 군주에 대한 충성을 가장 우선시하여 이로써 중국의 유학과 다른 특색을 지니게 되었다.

비록 맹자는 언론과 신앙의 자유를 반대하지 않으며 또한 인격의 존엄성을 매우 중시하였지만, 총체적으로 볼 때 통치자의 백성에 대한 가장 중요한 책임과 의무는 자유와 평등을 보장하는 것이 아닌 백성의 기본 생활의 풍족함과 안녕을 보장하는 것이라고 여겼다. 고대 중국에서는 현대의 인권 사상이 언술하는 요구가 결코 개인이 정부에 요구하는 권리로 언술되지 않았으며, 이는 위정자가 반드시 백성을 위해 감당해야 할 기본 의무이자 책임으로 언술되었다. 또한 근대와 비교하면, 전통 유학의 정치사상은 통치자의 '백성'(民)에 대한 보장을 주장하는데, 그 '백성'은 개체로서의 개인을 가리키는 것이 아닌 일반적으로 백성이라는 집단을 의미하는 것이다.

『대학大學』은 『시경詩經』을 인용하여 말하기를, "즐겁도다! 군자여, 백성의 부모로세", "백성이 좋아하는 바를 좋아하고, 백성이 싫어하는 바를 싫어하니, 이를 일컬어 백성의 부모라고 한다"라고 하였다. 맹자가 말한 민심은 바로 『대학』에서 말했던 백성의 좋아하고 싫어함이다. 고대유가의 정치사상에서 말하는 백성의 부모는, 마치 부모가 자녀를 보호하는 의무를 지듯이 통치자가 반드시 백성의 권리를 보장하는 책임을 짊어져야 함을 의미한다. 그 기본 원칙은 "백성의 이로움을 좇아 이롭게 하고", "백성이 좋아하고

君也."

싫어하는 것을 좇아 이를 좋아하고 싫어하는" 것이다. 이런 '이로움'과 '좋아함과 싫어함'은 직접적인 의미에서 백성의 생존, 평화, 안녕에 대한 요구이다. 이러한 사상을 현대적인 인권 용어로 표현하여 말하자면, 유가가 중점을 두어 강조한 것은 '국민'의 경제권, 생존권 즉 기본 인권이었고, 참정권과 문화권은 언급되지 않았다. 맹자의 논술에서는 한결같이 '백성의 생업을 마련해 주는' 것을 인정仁政의 최우선, 즉 정부 책임의 최상위에 두었다. 이는 경제권의 우선을 중시하는 입장이다.

이상의 논의를 통해 알 수 있듯이, 만약 '인권'이 본질적으로 개인이 국가에 대해 요구하는 권리를 말한다면, 유가사상에는 인권의 관념이 결코 존재하지 않았다. 그러나 '인권'의 요구는 국가 혹은 정부의 의무로 상응하여 언명될 수 있다. 따라서 '인권'의 내용을 정부가 보장해야 할 국민권리라는 측면에서 말한다면, 중국의 유가사상 중에서 어떤 유사한 내용을 발견할 수 있다. 「세계인권선언」과 대조하여 본다면, 고대시기의 유가는 백성의 사회경제적인 권리는 중시했지만 참정의 권리는 생각해 본 적이 없었으며, 유가가 구상했던 정치적 권리도 단지 혁명적 권리에 국한되었다. 혁명권은 자연법과 천도와 천리에 속하는 것으로서, 사회가 정상적인 상태에서는 국가가 인정하는 권리가 아니었다. 문화사상적인 권리 역시 유가는 언급하지 않았다. 유가가 요구하는 정부와 통치자의 국민 보장에 대한 의무는 기본 생존권의 충족을 강조하는 데에 초점을 두었다.

5.

기실 고대와 중세의 서양에서도 인권의 개념이 없었고, 노예와 농민에게는 인권이 부재했다. 17세기에서 18세기에 이르는 시기에 인권사상이 유럽에서 등장하였는데, 그 취지는 교회의 전제專制와 봉건의 특권에 항거하는 것이었다. 그 후 로크와 루소의 영향을 받아 유럽과 미국에서는 인권에 관한 선언 형식의 문서들이 잇달아 등장했는데, 이는 자산계급이 증가하는 시기의 추이와 맞물려 있었다. 하지만 인권의 이상理想은 그것이 제기된 이래 더 이상 어떤 특정 계급에 속하는 것이 아닌 민족과 계급이 각자의 이익을 보호하는 보편적인 구호가 되었다. 더욱 분명한 사실은 역사의 발전 속에서 인권은 하나의 보편적 기치일 뿐만 아니라, 제1세대 인권에서 제3세대 인권에 이르는 발전, 사회주의의 이상과 요구 또한 인권체계의 주요 내용이 되었다는 점이다.

그러나 인권은 일종의 가치적 이상이며, 바로 이 이상적인 이유로 인해 인권의 실현은 운명적으로 길고도 험난한 길을 걸어야 했다. 혹자는 인류생활이 인권이념에 배리되는 영구적인 현실 때문에 인권의 이상이 비로소 의의를 드러내는 것이라고 말한다. 유럽은 인권사상의 발원지이기는 하나, 프랑스대혁명 이후 200년 동안 아시아, 아프리카, 라틴아메리카에 대한 장기간의 식민통치를 실시했을 뿐 아니라, 파시즘과 반유대주의가 유럽에서 자행한 박해 그리고 이로부터 발발한 세계대전은 유사 이래 일어난 인권에 대한 가장 막대한 파괴였다. 미국은 세계대전 이후 경제가 가장 발달한 민주국가이지만, 1960년대의 흑인운동과 베트남전쟁에서 드러난 미국의 인권상황은 인권 진보의 행보가 얼마나 어려운지를 잘 보여 준다. 인권을 가장 잘 지킨다고 자부하는 미국은 지금까지도 유엔 회의에서 통과된 두 개의 중요한 인권공약 및 인종과 여성에 관한 국제인권공약에 참여하지 않고 있다. 미국처럼 발달되고 민주적인 국가도 아직 이러한 실정이므로, 인권 이상의 전 세계적인 실현을 단기간 내에 기대하는 것은 매우 요원하다고 할 수 있다.

이러한 현실에 기초하여 전 세계적으로 인권의 개선을 추진함은 이상주의적이기보다는 현실주의적이어야 한다. 인권운동의 가장 중요한 목표는, 모든 집단과 개인이 윤리와 이념상에서 인권이 문화적 구체성을 넘어서는 보편적 가치이상임에 동의하도록 하는 것이지, 주안점을 과도하게 구체적 행위에 집중시키려는 것은 아니다. 왜냐하면 어떠한 국가에서도 인권에 위배되는 현상을 완전히 없애는 것은 불가능하기 때문이다.

6.

유가문명과 인권의 관계를 논의할 때, 지금까지는 이론상의 논의가 항상 '유가전통에는 인권 관념 혹은 그 맹아가 있는가?'라는 문제에 집중되었다.

시각을 '유가전통에 인권 관념이 있는가'에 집중하는 것은 대체로 다음과 같은 생각에서 연유한다. 만일 유가전통에 인권 관념이나 그 맹아가 있다면 유가문명은 현대의 인권이론을 비교적 쉽게 받아들일 수 있을 것이고, 만약 유가전통 중에 인권 관념이나 그 맹아가 없다면 유가문명은 인권이론을 받아들이기 어려울 것이다. 이것은 이론적으로 그럴듯해 보인다. 그러나 어떤 하나의 전통을 말할 때, 어떤 것은 그것이 본래부터 없는 것이고 미래에도 받아들일 수 없는 것이 있고, 반면 어떤 것은 그것이 본래 없던 것이지만 미래에는 받아들일 수 있는 것도 있다. 그러므로 '본래 없는 것'이 결코 '후에 생겨남'을 배척하지 않는다. 유가사상은 역사의 발전 속에서 애초에는 없었지만 훗날 다른 자원에서 취한 여러 사상적 요소들을 끊임없이 수용하고 흡수했다. 유가는 도가와 불가의 사상문화적 요소를 수용하였는데, 이것은 적어도 당송唐宋 이후로 추세가 되었다. 또 한 예로는, 유가 자체에는 '과학'이란 관념이 없었지만, 19세기 말엽에 중국인이 과학 관념을 받아들이는 데 아무런 장애가 되지 않았다. 이러한 측면에서 보면, 문제는 아마도 유가전통 중에 인권 관념이 존재했는가의 여부가 아니라, 유가가 인권 관념을 받아들여 자신의 새로운 발전의 한 부분이 되게끔 하는지의 여부에 달려 있다고 하겠다.

한편 인권담론은 권리적 언어이며, 권리적 언어는 서양문화적 언어이다. 그러므로 개념으로만 말한다면, 유가전통에는 '인권'이라는 개념이 없었을 뿐 아니라 '권리'라는 개념조차 없었다. 이러한 차원에서 볼 때, '인권' 관념이 비록 서양의 근대시기에 이르러 형성되었고 시민사회와 민주적 의식에서 발전되어 온 산물이라 하더라도, 이것은 전형적인 서양문화적 언어 환경에서 생겨난 개념이다. 그러나 개념에만 얽매이지 않고, '인권' 관념의 형식에서 표현된 내용과 요구, 특히 1960년대 이래 형성된 인권이론과 국제 문서에 주의를 기울이고, 이러한 측면에서 유가전통이 이 내용과 요구에 동의하는지를 고찰한다면, 유가문화와 인권담론의 상호 관계를 제대로 이해할 수 있을 것이다. 그리고 이것은 우리에게 우선 인권담론을 제자리로 돌려놓고, 아울러 각종 '권리' 관념의 형식으로부터 그 구체적인 주장과 요구를 원상 회복시켜, 이로써 유가가 인권의 주장과 요구를 받아들일 수 있는지의 여부를 파악할 것을 요청하고 있다.

7.

「세계인권선언」의 '서언' 중에서 인권가치에 대한 강조는 언론과 신앙의 자유, 공포와 빈곤의 해방, 인격의 존엄과 가치, 남녀평등이라는 4개 원칙으로 귀납된다. 이 4가지는 인권이 요구하는 여러 측면, 즉 공민의 정치적 권리, 경제적 권리, 법률적 권리, 사회적 권리를 포함한다. 이 네 조항중에서 중간의 두 조항은 바로 이 글의 앞에서 서술한 것처럼 명백히 유가정신이 동의하는 가치이며, 이는 현재의 인권문서와 유가사상이 서로 저촉된다고 하는 것이 부정확함을 잘 보여 준다. 남녀평등에 관해서 우리는, 유가문화가 비록 부부 관계 및 음양의 이치를 중시하였지만 유가전통은 기본적으로 남존여비의 관념과 질서를 인정하고 있기에, 이러한 의미에서 유가전통 중에는 남녀평등과 관련된 요소가 적다는 것을 알고 있다. 그러나 과거 수십 년 동안 중국은 이미 세계적으로 (적어도 동아시아에서는) 남녀평등과 여성해방이 가장 진전된 국가가 되었으며, 도시의 대다수 가정에서는 '아내가 남편의 벼리가 된다'(妻爲夫綱)는 생각이 보편적인 현상이 되었다. 이는 유가문화권 내에서 '본래 없던 것'이 '훗날 생겨난 것'이 된 사례이다. 이 점은 사회주의 평등 관념의 도입과 제도적 시행에서만 기인한 것이 아니라, 내 생각에는 중국의 유가전통 중의 '인仁'을 핵심 원칙으로 삼아 길러진 남성의 성격과도 관련이 없지 않아 보인다.

페인(Thomas Paine, 1737~1809)은 프랑스 「인권선언」의 앞의 세 조항을 이

선언의 전체 내용을 개괄한 것으로 보았다. 곧 ① 인간의 권리는 태어나면서부터 평등하다. ② 자유, 재산, 안전 및 억압에 저항하는 것은 천부적 인권이다. ③ 국민은 모든 주권의 근원이다. 이러한 재산권, 안전권, 억압에 대한 저항권 그리고 국민이 주권의 근원이다 등과 관련된 사상은 비록 유가 전통 중의 민본주의가 표방한 형식과는 다르지만, 내용적으로는 상통하는 점이 있다. 「세계인권선언」 중의 인권보호에 대한 규정은 한층 더 구체적인데, 그 중 모든 사람은 생명권, 자유이주권, 혼인권, 재산권, 피교육권, 사회보장권, 노동 및 임금권, 문화생활 참여권, 산모 및 아동 보호권, 병자와 장애인 및 노약자 보장권 등을 누릴 권리가 있다는 이러한 조목의 규정은 확실히 유가가 동의하고 수용할 수 있는 것들이다.

인권공약은 「인권선언」의 이상을 더욱 구분하여 '공포와 빈곤의 해방' 조항을 '경제, 사회, 문화적 권리의 국제협약'으로, '언론과 신앙의 자유' 조항을 '공민과 정치적 권리의 국제협약'으로 발전시켜서 선언의 규정보다 한층 더 면밀해졌다. '경제, 사회, 문화적 권리의 국제협약'의 전체 31개 조항 중에는 유가정신에 입각하여 수용할 수 없는 항목은 없으며, 또한 유가정신이 적극적으로 추진해야 할 것들이다.

8.

서양의 시각에서 본다면, 동양과의 가장 큰 논쟁점은 공민과 정치적 권리에 관한 부분이다. 역사적 요인으로 인해 공민의 권리에 대한 특별한 관심은 미국 건국의 기초가 되었다. 유가는 '언론과 신앙의 자유'의 이념에 대해 과연 어떠한 태도를 지니는가? 법가가 주장했던 백성에 대한 사상통제와 비교하면, 선진유가는 백가쟁명 중에서 자유파에 가깝다. 한대의 동중서董仲舒는 비록 "백가를 축출하고 오로지 유가를 존숭해야 한다"(罷黜百家, 獨尊儒術)라고 주장하였으나, 이는 조정에 하나의 지도사상이 있어야 한다는 주장이었을 뿐으로 백성들의 기타 사상과 신앙을 금지해야 한다는 주장은 아니었다. 이러한 점에서 볼 때, 송대 이후 전개된 삼교합일三敎合—의 추세는 유가 역시 신앙의 자유와 표현의 자유에 반대하지 않았음을 잘 보여 준다. 다만 시대적인 한계 속에서 군주의 권위와 명예를 존중하는 것을 가장 중요한 것으로 여겼으니, 이는 봉건시대에 군주의 권위와 명예는 한 국가의 질서를 대표하는 것이었기 때문이다. 하지만 이는 유가가 군주에 대한 비판에 반대했다는 것을 의미하지 않는다. 이와는 정반대로, 유가는 군주의 악행을 비판하는 것을 도덕적 의무로 여겼으며, 목숨을 담보로 하여 이러한 도덕적 의무를 실천하였다. '공민과 정치적 권리의 국제협약'의 규정과 표현에 따르면, 인간은 사상, 신념 및 종교의 자유가 있고 자신의 종교와 신앙을 표현할 수 있는 자유가 있지만, 이 두 가지 자유는 "국가의 안전, 공공질서, 위생, 풍속 및 타인의 명예와 권리에 대한 존중을 보장하는 측면에서는 제한해야 할" 필요가 있다. 이것은 유가정신의 입장에서 수용할 수 있는 것으로서, 어떠한 장애도 존재하지 않는다.

그러나 유가는 자체로 조직화된 종교가 아니기 때문에, 전통적으로 사상의 자유를 반대하지는 않았더라도 줄곧 통일된 도덕의 선양과 도덕의 교화를 주장하였고 국가를 주체로 하는 교화운동에 찬성함으로써 "하나의 도덕으로써 풍속을 동화시켰다." 그러므로 유가는 현대사회에서 공민과 정치적 권리에 반대하지 않고 정치사상적 자유를 반대하지 않겠지만, 여전히 도덕윤리상의 자유와 상대주의를 분명히 반대할 것이며, 정부의 도덕윤리적 측면(비이데올로기적 측면)의 교화와 지도행위를 찬성할 것이다.

9.

인권담론을 제자리로 돌려놓은 후의 내용을 가지고 유가사상과 대화한다면, 기존 인권의 국제공약 내용 중에 유가정신의 입장에서 수용할 수 없는 것이 하나도 없음을 발견하게 된다. 따라서 유가전통 중에 인권사상이 존재했는가의 여부는 결코 근본적인 문제가 되지 않는다. 기실 비서구문명권 국가에서 인권 관념을 받아들일 수 있는가의 여부는 이미 문제시되지 않는다.

그러나 만일 '인권은 개인이 사회와 정부에 대해 제기하는 요구와 권리'이고, 서양 정치사상의 중심 원칙이 개인의 권리 우선과 자유 우선이며, 어떤 공동선共同善의 관념으로써 모든 공민에게 요구하는 것을 기본적인 개인의 자유를 위배한 것으로 여긴다면, 유가는 결코 이러한 권리 우선적 태도에 동의할 수 없다. 유가와 서양의 각 종교의 윤리는 모두 사회의 공동선, 사회적 책임 및 공익에 유익한 미덕을 강조하고 있다. 그러므로 유가의 정신적 입장은 '경제, 사회, 문화적 권리의 국제협약'과 '공민과 정치적 권리의 국제협약'에 관한 모든 내용을 받아들일 수 있지만, 책임, 의무, 공공집단의 배경과 틀 속에서 그 내용을 인정하는 것이다. 따라서 공민, 정치, 경제, 사회의 각종 권리를 논리적 층차, 역사적 상황과 밀접한 관련이 있는 실현 순서, 책임과 권리의 근본적 관계 등의 측면에서 보면, 유가의 처리방식은 서양문화와는 다르며, 그 입장은 분명히 권리 우선적이지 않고, 개인 우선적이지도 않다.

　인권은 이미 전 세계적으로 보편적인 가치와 이상이 되었다. 그러나 인권의 관념은 서로 다른 문화 속에서 그 가치의 위상이 달라진다. 현대 서구사회 특히 미국의 교육 중에서 인권은 가장 중요한 내용이 되었다. 중국은 종교의 박해를 피해 도피해 본 경험이 없고, 식민통치자와 투쟁하면서 독립을 쟁취한 역사도 없으며, 시민계급이 귀족과 투쟁했던 역사도 없다. 예로부터 중국은 그 중에서 특히 유가전통은 언제나 국가에 대한 개인의 요구와 권리를 최우선 순위에 두지 않았다. 유가사상에도 통치자와 정부가 백성을 보장해야 할 의무를 응당 담당해야 한다고 규정하고 있으나, 그 중점은 경제사회적 권리의 측면에 있었다. 유가사상은 수천 년 동안 사대부의 사상이었고, 사대부는 지식인과 관료들이었다. 이 때문에 유가사상은 줄곧 사회적 책임과 미덕, 공공사무의 관심을 최우선적으로 요구하였다. 유가의 민본주의 역시 사대부들에게 줄곧 민생의 중시를 요구하였다. 이로 인해 '우국우민憂國憂民'은 유가 지식인의 정신적 전통이자 내재적 관심이 되었다. 19세기 중엽 이후로 중국의 역사가 외세의 충격과 억압에 직면하게 되면서 지식인의 이러한 정신은 더욱 강화되었다. 그러므로 유가전통의 영향을 받은 중국 지식인들은 발전 도상에 놓인 현 사회 속에서 기꺼이 인권사상에 동의하기는 하겠지만, 그 수용과 동의는 그들 특유의 우국우민적 사회의식과 책임 우선적 윤리태도를 벗어나지 않을 것이고, 따라서 인권 관념을 무조건적인 제1원칙으로 삼지 않을 것이며, 시종일관 자신의 전통적 문화가치 성향과 복잡한 상호작용을 하도록 할 것이다. 기실 이것은 세계 각 주요 종교의 전통에서도 마찬가지로, 유독 유가만 그런 것이 아니다. 이러한 다원적 문화의 구현은 오늘날 세계윤리와 문명 간의 대화를 추진하는 과정에서 당연히 주목하고 존중해야 할 전제이자 배경이다.

제4장 유가전통과 공공지식인

오늘날 세계에서 어느 국가를 막론하고 '지식인'(知識分子)이라는 의미는 대부분의 경우 '전문적인 지식을 가진 사람'을 뜻한다. 하지만 이러한 통속적이고 대중적인 용법과 함께 다루어야 할 것은, '지식인'의 비전문화라는 의미를 강조하는 사상가들이 줄곧 존재해 왔다는 사실이다. 이전 시기의 사상가들을 거론할 것도 없이, 적어도 러셀 자코비(Russell Jacoby)의 저서 『마지막 지식인』(*The Last Intellectuals*, 1987)이 출간된 이후로 '공공지식인'(Public Intellectuals)이라는 주제가 미국의 공론장에서 점점 중요한 논제가 된 것은 이에 대한 뚜렷한 예증 중의 하나이다. 서양문화계에서의 기타 논의가 중국 본토의 관심사와 일치하지 않는 것과는 달리, '공공지식인'이라는 주제는 중국 당대의 문화논단에서도 흔쾌히 받아들여지고 있는 주제이다. 이는 '지식인'이란 말 자체가 중국의 포스트-문혁 시대에 줄곧 지식인 계층의 '정체성의 불안감'을 벗어버리기 위한 수단이자 탐구방식이었으며, 또한 중국의 현대화 전개 과정에서의 문화적 표상이었기 때문이다.

1.

'반우파' 투쟁 이후 중국의 지식인들은 대체적으로 '사상개조' 대상의 신분에 처해졌으며, 지식인 전체가 혁명의 적극적인 역량으로 인정받지 못하였다. 이들의 일부는 혁명역량의 주변부가 되었고 일부는 혁명의 대립각을 차지하였는데, 이 둘 사이에서 지식인의 위상은 동요되었고 결국엔 후자 쪽으로 밀려나게 되었다. '문혁' 기간에는 지식인의 도덕적 이미지와 사회적 신분이 더할 수 없는 지경으로까지 폄하되어져서 '지주, 부농, 반혁명분자, 불량배, 우파분자, 반역자, 간첩, 주자파走資派'와 같은 부류의 사회반동역량으로 분류되는 처지에 놓이게 되었다. 지식인에 대한 전반적인 억압은 '문혁' 이후에 돌연 자취를 감추었으며, 등소평鄧小平 시대의 초기에는 정부 당국이 그 신분을 '노동자 계급의 일부분'이라고 정의함으로써 다른 사회 계층과 평등한 지위를 회복하게 되었다. 이러한 논법은 비록 보기에 따라서는 매우 반어적인 풍자 같지만, 당시의 이데올로기하에서는 확실히 지식인들에게 부여할 수 있는 최대한의 새롭고 긍정적인 표현이었다. 우리는 또한 그러한 역사적 조건과 시대의 상황 속에서 지식인들이 정부 당국이 매번 자신들에게 부여한 사회적 위치에 대해 매우 민감했음을 기억하고 있다.

만일 1980년 이전의 '지식인' 담론의 중심과 동력이 늘 정부 당국에서 위상을 정해 준 것을 통해 발생한 것이라고 한다면, 그 이후의 '지식인' 담론은 개혁개방의 환경 속에서 지식인 스스로의 끊임없는 반성 가운데 생성되었다고 할 수 있다. 이는 분명히 중국사회의 정치적인 발전과 중국 지식인들의 집단적인 자각을 반영하고 있다. 30여 년 동안 지식인들의 '지식인'에 대한 사유는 시대의 변천에 따라 각 단계에서 주목할 만한 문화적 표상이 되었다. 하지만 개혁개방 초기에 지식인의 '신분' 해방은 지식인들로 하여금 열정적으로 국가 건설 및 전문 업무에 헌신토록 하는 직접적인 결과를 가져오긴 했으나, 그렇다고 해서 곧바로 지식인들 스스로 '지식인'에 대한 인문적 성찰을 불러일으키지는 못했는데, 이 또한 이상한 일은 아니었다. 1980년대의 지식인에 관한 사유는 '문화열文化熱'을 바로 앞두고 일어났는데, 이때는 러시아식의 지식인에 대한 정의가 서양의 학술문화와 이데올로기의 전파를 따라 점차 지식인의 자아정체성에 영향을 주었고, '지식인'에 대한 최초의 사유를 불러일으켰으며, 아울러 '지식인 연구'가 '문화열' 가운데 주요 논제 중의 하나가 되게 하였다. 게다가 이러한 성향의 '지식인'에 대한 이해는 계몽사조와 더불어 1989년의 풍조에 대해 자신의 역할을 하였다. 1980년대 지식인들의 자신에 대한 반성은 '개혁적' 지식인인가 아니면 '보수적' 지식인인가에 집중되었다. 또 한편으로는 현실 정치와의 거리두기 및 비판성을 강조하였으며, '자유주의적 지식인'이라는 용어가 이 시기의 많은 지식인들의 자아정의自我定義가 되었다. 1980년대의 '지식인' 담론에서 '정치화'의 성격이 물씬 풍겼던 것과는 달리, 1990년대 중반의 '지식인' 담론은 '시장화'에 초점을 맞추었고, 이른바 '인문정신' 토론은 이로부터 일어나게 되었다. 하지만 21세기의 첫 10년이 지난 오늘날, '공공지식인'에 관한 논의는 한편으로는 그것이 형성된 서양의 논리에 따라 당연히 '전문화' 및 기술이성技術理性에 초점을 맞추고 있으며, 한편으로는 당대 중국지식인 집단의 생활이 '소자본화小資化'되는 데에도 초점을 맞추고 있는 듯하다. 이러한 것은 모두 중국의 현대화 발전의 깊은 역정을 뚜렷하게 실증하고 있다.

사실, 지식인이라는 영예스러운 호칭은 중국에서 일찍이 '취로구臭老九'[1]라는 곤혹스러운 비난을 받은 적이 있으며, 서양에서도 늘 추앙을 받았던 것은 아니다. 사이드(Edward W. Said)는 심지어 "20세기에 이르기까지 영어의 지식인(intellectuals), 주지주의(intellectualism), 지식인 계층(intelligentsia)이란 용어는 주로 부정적으로 사용되었다"[2]라고 평가하고 있다. 이른바 공공지식인이란 지식인이 자신의 전문적 활동 외에 전문지식을 공중公衆활동에 활용하는 것 혹은 자신의 전문지식을 바탕으로 공중활동에 참여하는 것을 의미한다. 이러한 공중활동은 정치, 사회, 문화 등 각 분야를 포함하며, 이러한 활용과 참여는 대중매체 등의 공공경로를 통해 글이나 의견을 발표하는 것을 주요 방식으로 한다. 공공지식인이라는 관념을 제기하는 것은 전문화된 지식인들이 학술을 자신의 직업으로 삼는 동시에, 공공 문제에 대한 사유 및 그 해결을 위한 참여에 부단히 노력함을 강조하는 것이다.

기존의 지식인 개념이 지닌 직업적인 한계와는 달리, 일부 학자들이 강조하는 것처럼 '공공지식인'의 중요한 특징 중 하나는 그 직업 신분이 매우 다양할 수 있다는 것이다. 만일 '정치에 관심을 가지고, 사회에 참여하며, 문화에 투신하는'(杜維明의 말) 활동 분야에서 보자면, 공공지식인들이 몸담고 생존하는 곳은 자신이 기능을 발휘하는 곳이기도 하다. 그러므로 비록 그들이 학술계, 정관계, 기업계 등 서로 다른 분야 및 각종 사회조직 나아가 사회활동에 몸담고 있더라도, 그리고 각자 관심을 갖는 공공의 문제가 전혀 다르고 또 활동하는 공공의 방식마저 각기 다를 지라도 그들은 공공 영역을 구축하는 공간에 함께 참여하며 공공 업무에 영향력을 발휘한다.

이러한 의미에서의 공공지식인들은 결코 일치된 정치적 입장과 문화적

---

1) 옮긴이 주: 문혁 시기의 지식인을 폄하하는 호칭으로, 역겹고 추악한 9번째 부류의 먹물쟁이라는 뜻.
2) 薩義德(Edward W. Said), 『知識分子論』(三聯書店, 2002), p.2.

관점이 없으므로, 그들을 관점이 일치하는 집단으로 이해할 수는 없다. 공공지식인들은 흔히 각기 다른, 심지어 대립하는 정치적 주장과 사회문화적 주장을 지니는데, 이는 개혁의 시대이든 혁명의 시대이든 모두 마찬가지이다. 지식인은 현실상황에 대한 비판을 주장하는 사람일 수도 있고 전통적 정신가치로 돌아가자고 주장하는 사람일 수도 있으며, 그들은 현행 정치와 일치된 견해를 유지할 필요도 없지만 정치구조와 굳이 거리를 둘 필요도 없다.3)

　　동일한 사회 내의 공공지식인들만 서로 다른 주장과 관점을 보이는 것이 아니라, 다른 문화−사회 전통의 공공지식인들도 흔히 각기 다른 특징을 드러낸다. 문화 방면에서 중국 최초로 공공지식인을 주장한 두유명은, 지식인의 특징이 제정 러시아에서는 항의의 정신으로 집중적으로 드러났지만, 미국에서는 대부분 시민사회를 확장시키려는 노력으로 드러났고, 영국에서는 사회에 대한 비판으로 구현되었으며, 프랑스에서는 문화에 대한 반성으로 나타났고, 중국에서는 유가적 성격의 지식인 집단으로 구현되는 등의 다양한 모습을 보인다고 설명하고 있다.4) 이는 우리로 하여금 다음과 같은 흥미를 갖게 한다. 즉, 현대 공공지식인들의 공공성에 대한 강조점과 다양한 공공적 성격은 고대 중국에 있어서도 그러한 문화적 자산을 가지고 있는가? 또한 중국의 문화전통, 특히 유가사상의 전통은 현대 중국의 공공지식인들에 대해 어떠한 문화적 생성 작용과 영향을 끼치고 있는가? 기술記述적 의미에서 우리는 러시아, 영국, 미국, 프랑스와 대조시켜 중국의 지식인들을 어떤 한 측면에서 돋보이게 개괄시켜 드러낼 수 있는가?

---

3)『杜維明文集』第5卷, p.601을 참조할 것.
4)『杜維明文集』第5卷, p.601을 참조할 것.

2.

　공공지식인에 관한 논의는 현대성에 속하는 문제이지만, 식자층의 공공
성은 결코 현대사회에만 존재하는 것이 아니다. 그람시(Antonio Gramsci)가 말
한 전통적 지식인도 이러한 공공성을 내포하고 있다. 하지만 중국 고대의
'사士', '유儒', '사대부士大夫'는 그 자체가 학자인 동시에 관료 구성원 혹은
후보 구성원이었기에, 이러한 의미에서 고대 중국의 '사'와 '유'는 자연스레
공공성을 지니고 있었다. 비록 행정 직무의 범위와 등급이 다름으로 인한
공공성의 차이는 있을지라도, 총체적으로 볼 때 공공성은 고대의 '사'와 '유'
에 있어서 문제가 되지 않았다. 현대 지식인들의 공공성의 전개와 표출 방
식은 그것의 존재나 기술技術적 의미에서 볼 때 고대의 방식과는 비교할 수
없다. 고대의 '사'와 '유'가 자신의 이익을 초월하여 수행하는 공적 업무는
조정朝廷 정치와 지방 정무에 집중되어 있었다. 그러므로 그들의 정치적 표
현 경로와 방식은 궁정에서 자신의 정치적 견해를 직접 피력하든지 아니면
지방에서 상소문을 올려 간언하거나 정교政敎를 발포하는 것이었는데, 이는
오늘날의 지식인들이 활동의 기반으로 하는 곧 대중매체를 주체로 하는 공
공 영역과는 현격한 차이가 있다. 고대의 '사'나 '유'의 정론政論 문장은 지식
인들 사이에서 유포되는 데 한계가 있었으며, '공개적인 합리적 토론'(하버마
스)도 아니었다. 그러나 또 한편으로 가치성향의 측면에서 볼 때, 현대 중국
의 공공지식인들은 정도의 차이는 있지만 분명히 중국 지식인 집단 전통의
영향을 받고 있다.

　직접적인 의미에서 볼 때, 중국의 고대시기에는 현대의 공공지식인이라
는 문제와 정확히 일치하는 논의는 없었다. 하지만 이것이 오늘날의 공공지

식인을 논의하는 데 있어서 고대사상은 아무런 자산을 제공할 수 없다거나 혹은 고대의 사상전통이 당대의 공공지식인의 가치성향 및 자아정체성에 영향을 끼치지 않는다고 말하는 것은 아니다. 상황은 이와는 정반대일 듯하다. 고전적 자원이 우리에게 던져 주는 의미는 대부분 이에 대한 이해와 해석에 달려 있다. 이러한 시각에서 말하자면, 사실 독특한 문헌자료를 따로 찾을 필요는 없으며, 공공지식인에 대해 말할 때 현존하는 중국 고대지식인의 계층사에 대한 연구를 이해의 각도만 바꾸기만 해도 대부분의 지식인의 공공성 논의와 관련된 자원으로 탈바꿈하게 된다.

1987년, 여영시余英時는 고대지식인 연구논집에 새로 쓴 '자서自序'에서 다음과 같이 밝히고 있다.

> 공자로부터 따져 보면, 중국에서의 '사士'의 전통은 적어도 이미 2,500년이나 지속되었으며, 또한 이러한 유풍의 여운이 지금까지 끊어지지 않고 있다. 이는 세계문화사에서 유일무이한 현상이다. 오늘날 서양인들은 흔히 지식인들을 '사회적 양심'이라고 지칭하면서, 지식인들을 인류의 기본 가치의 수호자라고 여긴다.…… 여기서 사용한 '지식인'이라는 용어는 서양에서는 특수한 함의를 가지고 있으며, 결코 '지식'이 있는 모든 사람을 두루 지칭하는 것이 아니다. 이러한 특수한 함의를 지닌 '지식인'은 우선 어떤 지식이나 기능을 가진 전문가이어야 하며, 이는 교사, 언론인, 변호사, 예술가, 문인, 엔지니어, 과학자 혹은 어떤 기타 직업에 종사하는 정신적 노동자일 것이다. 그러나 만일 그의 모든 관심이 오로지 직업의 범위에만 한정된다면, 그는 아직 '지식인'으로서의 충분조건을 갖춘 것이 아니다. 서양 학술계의 일반적인 인식에 따르자면, 이른바 '지식인'이라는 것은 전문 업무에 몸담는 것 이외에도 동시에 국가, 사회, 그리고 세계의 공공적 이해利害에 관련된 모든 일에 깊은 관심을 가져야 하며, 또한 이러한 관심은 반드시 개인의 사적 이

익을 초월해야 한다.……

서양학자들이 그려낸 '지식인'의 기본 성격은 의외로 중국의 '사士'와 매우 닮아 있다. 공자가 맨 처음 제시한 "사는 도에 뜻을 둔다"[5]라는 말은 이미 '사'가 기본 가치의 수호자임을 규정하고 있다. 증삼曾參은 스승의 가르침을 발양하여 더욱 분명히 말하고 있다. "사는 헤아림이 넓고 뜻이 굳세어야 할지니, 소임은 무겁고 길은 먼 까닭이다. 인을 자신의 소임으로 삼으니 또한 무겁지 않겠는가? 목숨이 다한 뒤에라야 그칠 것이니 어찌 멀지 않겠는가?"[6] 이 원시적 교의는 후세의 '사'에 대해 깊은 영향을 끼쳤으며, '천하에 도가 없는' 시대일수록 더욱 그 힘을 발휘하였다. 그러므로 한말의 당고黨錮의 영수였던 이응李膺에 대해, 사가들은 그를 "스스로 자부심이 대단하여, 천하의 풍속을 교화하고 그릇됨을 바로잡는 것을 자신의 소임으로 삼고자 하였다"라고 말하고 있다. 또한 진번陳藩, 범방范滂 같은 이는 모두 "세상을 맑고 깨끗하게 하려는 뜻을 품었다." 북송이 오대五代의 각박한 사회 풍조를 이어가자, 범중엄范仲淹이 떨쳐 일어나 "사는 마땅히 세상의 근심에 앞서 근심하고, 세상이 즐거운 뒤에야 즐거워해야 한다"라고 부르짖음으로써, 마침내 동시대 지식인들의 이상과 호방한 기상을 불러일으켰다. 명 말의 동림당東林黨 인물이 주창한 "모든 일에 관심을 쏟는다"(事事關心)라는 말은 최근까지도 줄곧 현대 중국 지식인들의 심금을 울리고 있다. 만일 서양의 기준에 근거한다면, '사'는 문화적 사명을 짊어지는 특수계층으로서 처음부터 줄곧 중국역사 속에서 '지식인'의 역할을 수행하여 왔다.[7]

여영시의 이러한 서술은 특별히 '공공지식인'에 초점을 두고 말한 것은 아니었지만, 이 논술은 전반적으로 공공지식인의 고대시기의 형태 및 심리

---

5) 『論語』, 「里仁」, "士志於道, 而恥惡衣惡食者, 未足與議也."
6) 『論語』, 「泰伯」, "士不可以不弘毅, 任重而道遠. 仁以爲己任, 不亦重乎? 死而後已, 不亦遠乎?"
7) 余英時, 『士與中國文化』(上海人民出版社, 1987).

적 연원의 설명에 적용될 수 있다. 그가 말하는 '지식인'이란 곧 '국가, 사회 및 세계의 공공 이해利害에 관련된 모든 일을 마음에 품는' 지식인이며, 여기서의 공공성은 개별성과 전문성을 함께 겨냥하여 말한 것이다.

여영시의 논의에 대해 좀 더 설명을 해 보도록 하자. 우선, 여영시의 고대지식인의 계층연구에서는 '사士'라는 용어를 훨씬 많이 사용하였고, 반면 '유儒'는 매우 적게 사용하고 있다. 사실 그가 논의하였던 범위와 의미 속에서 '사'와 '유'는 함께 사용하거나 서로 바꾸어 사용할 수 있는 것이다. 더욱 분명한 것은, 우리가 2,500년 동안의 역사를 전체적으로 되짚어 본다면 이러한 '사'의 정신적 전통을 계승하고 발양하였던 계층이 유가라는 것은 의심의 여지가 없다. 유가의 사인士人과 유가사상은 이러한 정신의 전승, 선양 및 실천의 담당 주체이다. 그러므로 아래의 서술에서는 '유사儒士'와 '사유士儒'라는 용어를 곧바로 사용하여 논의를 진행하고자 한다.

또 하나 유의할 점은 '천하天下'라는 개념이 고대 지식인의 논의 속에서 담당하는 공공성의 의미이다. 이 점은 여영시가 인용한 제한적인 자료들에서 우리는 이미 중국의 역사 문화 속에는 공공지식인에 관한 사상적 자원이 내포되어 있으며, 또한 유사의 정치, 사회 및 문화 영역에 대한 공적 관심이 흔히 도道, 국가 특히 '천하'라는 서술형식을 빌려 표현되고 있음을 뚜렷이 확인할 수 있었다.

아래에서는 이 두 가지 논점을 따라 이 문제를 좀 더 전개하고자 한다.

3.

춘추시대의 역사에서 볼 때 제자백가의 '사士'는 군주의 관료로부터 전화되어 나온 것이며, 이러한 의미에서 '철학적 돌파'를 수반하여 출현한 것이다. '사'(춘추시대 최하층 귀족으로서의 사가 아님)의 출현은 바로 각종 전문화된 세습관료에서 탈바꿈되어 보편적 가치를 추구하는 새로운 지식인을 가리킨다. 유사儒士는 그들이 등장한 시기로부터 중화제국 말기에 이르기까지 줄곧 이른바 공공지식인과 유사한 품격을 지니고 있었다.

유사의 첫 번째 특징은 "도를 자신의 소임으로 삼는다"(以道自任)라는 것이다. 이 점은 적어도 여영시의 저작에서 언급된 이래로 이미 주지의 사실이 되었기에, 공자와 맹자의 명언에서 몇 가지 예만 들어도 충분할 것이다.

사는 도에 뜻을 둔다.[8]

군자는 도를 도모한다.[9]

군자는 도를 걱정한다.[10]

사는 곤궁하더라도 의를 잃지 않으며, 영달할지라도 도를 떠나지 아니한다.[11]

이러한 것은 모두 사士의 관심이 시종일관 자기 한 몸이나 가족의 이해

---

8) 『論語』, 「里仁」, "士志於道."
9) 『論語』, 「衛靈公」, "君子謀道."
10) 『論語』, 「衛靈公」, "君子憂道."
11) 『孟子』, 「盡心上」, "士窮不失義, 達不離道."

득실을 초월하여 '도'를 지향하고 있음을 강조하고 있다. 도는 세계의 보편적 원칙이자 인류의 정신적 이상이다. 서주시대 이래로 세습관료제도가 어떤 지식을 가족이 대대로 전승하는 특징이 있음을 이해한다면, 기축시대 이래로 "도에 뜻을 둔다"(志於道)라는 것은 곧 전문화된 세습관료의 포부를 넘어선 것이며, 또한 이러한 사군자士君子의 출현은 춘추 말기 이후로 이미 간간히 출현한 것이 아니라 집단화되었음을 알 수 있다.

유사의 두 번째 특징은 "천하를 자신의 소임으로 삼는다"라는 것이다. 이 점에 대해서는 좀 많은 자료로 설명할 필요가 있다.

고대 중국에서 '공공公共'이라는 용어의 함의는 대체로 보편성을 가리킨다. 『석명釋名』에서는 "강은 합쳐지는 것이다. 작은 물줄기들이 그 안으로 흘러 들어와 두루 합쳐진 것이다"(江, 共也. 小流入其中, 所公共也)라고 풀이하였다. 고대의 정치문헌에서는 "법이란 천하가 두루 공유하는 것이다"(法, 天下公共者也)와 같은 표현을 흔히 볼 수 있다. 송대 이후의 철학사상에서는 "리理는 천하에 두루 공유되는 이치이다"(理爲天下公共之理), "리理는 천하가 두루 공유하는 것이다"(理爲天下所公共) 등과 같은 류의 표현을 흔히 볼 수 있는데, 이는 이치의 보편성을 강조한다.[12] 그러나 오늘날 말하는 공공성과 관련된 주제의 차원에서 '공공公共'이라는 용어를 사용한 예도 더러 있는데, 예컨대 송대에 "공공으로 논의하고 모색한다"(公共講求), "공공으로 참여하고 논의하다"(公共參議)라고 한 것이다.[13] 송대 학자는 당시의 사인士人을 비판하여 "두루 공유하는 것을 가로막아 협소하게 만들면, 그 옹졸한 사사로움이 열어 밝혀지면서 더욱 창궐할 것이다"[14]라고 말했다. 명대에도 일찍이 다음과

---

12) 예를 들어 『朱子語類』, 卷18·20.
13) 『續資治通鑑』 哲宗, 徽宗年에 기재된 曾肇 등의 말을 참조할 것.

같이 주창한 학자가 있다. "그러므로 반드시 자신의 허령한 의식의 앎을 궁극까지 미루어서 천하 공공의 사물에 빈틈없이 관철하는 것이 유자의 학문이다."[15] 여기서 "천하 공공의 사물에 빈틈없이 관철하는 것"은 유가 학문의 본질적인 규정이 되었다. 이와 같이 '공공'이란 용어는 고대 중국에서도 널리 사용되었으며, 다만 그 용법이 오늘날의 것과 모두 일치하지는 않을 뿐이다.

오늘날의 이른바 '공공지식인' 관념이 강조하는 '공공성'이라는 의미와 근접한 것으로, 고대에는 '천하天下'를 많이 사용하여 표현하였다. 확실히 이것은 하나의 큰 '공공' 개념이며, 고대 유가사상의 총체적인 틀을 구체적으로 드러낸 것이기도 하다. 『대학』에서의 격물·치지·성의·정심·수신·제가·치국·평천하의 사상 구조는 격물·치지·성의·정심이 그 기초이며, 수신·제가·치국·평천하는 격물·치지·성의·정심의 자연스러운 확장일 뿐만 아니라 궁극적 완성이며, 제가·치국·평천하는 선진유학에 있어서 심성론으로서의 필연적인 전개이자 귀착점이라는 것을 말하고 있다. 『중용』에서도 수신하는 법을 안다면 "천하와 국가를 다스리는 법을 알 것이다"라고 여겼기에, 수신을 "천하와 국가를 다스림에는 구경九經이 있다", 즉 '천하와 국가를 다스리는' 불변의 아홉 조목 속에 편입시켰다. 이로부터 우리는 '천하와 국가'가 고대 유가에게 있어서 합목적성을 지닌 관심사였음을 알 수 있다. 당연히 고대 유가의 관심은 『중용』에서 말한 "천지와 더불어 참여한다", "천지의 화육을 돕는다"는 것과 같이 더 높은 차원을 지니고 있다. 그러나 어찌 되었든 간에 "성誠이란 자신을 이루는 데에서 그치지 않고 만

---

14) 『宋元學案』, 「水心學案下」, "障固其公共者使之狹小, 闢辟其專私者而更自以爲廣大."
15) 『明儒學案』, 「甘泉學案6」.

물을 이루는 것이며", "안과 밖을 합한 도"이므로, 군자는 자신을 이루는 것에서만 그칠 수 없고 반드시 만물을 이루어 주는 데에까지 미쳐서 도가 세상에 행해지도록 해야 한다. 군자는 마음속에 '천하'를 품었으므로, "군자가 움직임에 대대로 천하의 도가 되며, 행함에 대대로 천하의 법도가 되고, 말함에 대대로 천하의 준칙이 된다"[16]라고 하였다. 여기서의 천하는 당연히 공공의 세계이며, 따라서 고대 유가는 비록 문제의식에서는 공공성의 문제를 제기하지 않았다고 하더라도, 출세와 입세, 도道와 이로움에 관한 서술은 공공성 측면에서의 유가의 가치태도를 내포하고 있다. 즉 이러한 가치태도는 '천하'로 대표되는 백성 및 공공의 이익이 유가의 한결같은 관심사였음을 의미하는 것이다.

이러한 입장은 다음과 같은 맹자의 말로 대표될 수 있다. "(伊尹은) 생각하기를, 천하의 백성 중에 평범한 사내와 아낙일지라도 요임금과 순임금의 은택을 입지 못하는 자가 있으면 마치 자신이 밀어서 그를 도랑 안으로 넣은 것과 같이 여겼으니, 그가 천하의 무거움을 스스로 떠맡음이 이와 같았다."[17] 맹자의 이 말은 비록 전문적인 공공성에 초점을 두고 논의한 것은 아니지만, "천하의 무거움을 스스로 떠맡는다"라는 말이 고대 지식인들의 기본적인 가치 방향을 규정한 것은 의심의 여지가 없으며, 이러한 '스스로 떠맡음'의 함의는 '나라를 근심하고 백성을 근심함'을 그 특색으로 하고 있다. 우리는 후세의 저술에서 매번 "천하를 자신의 소임으로 삼는다"라거나 "천하의 풍속을 교화하고 그릇됨을 바로잡는 것을 자신의 소임으로 삼는

---

16) 『中庸』, 29章, "君子動而世爲天下道, 行而世爲天下法, 言而世爲天下則."
17) 『孟子』, 「萬章下」, "思天下之民, 匹夫匹婦有不被堯舜之澤者, 若己推而內之溝中, 其自任以天下之重如此."

다"라는 말을 보게 되는데,18) 이는 모두 맹자 이래로 이러한 전통의 명확한 표현들이다. 이러한 정신이 고대의 사유士儒들에 의해 구체적으로 드러난 사례는 헤아릴 수 없을 만큼 많다. 『맹자』에서 "천하로써 즐거워하고, 천하로써 근심한다"19)라고 말한 이래로, 이른 시기의 예를 들면 한대의 사대부는 "조회 때마다 나아가 알현하고, 공경과 더불어 나랏일을 논함에 이르러서는 탄식하여 눈물을 흘리지 않은 적이 없었다"20)라고 하였으며, 훗날에는 범중엄이 자신의 뜻을 진술하여 "천하가 근심하기에 앞서서 근심하고, 천하가 즐거워한 뒤에야 즐거워하며", "감격하여 국사를 논하고 때로는 눈물을 흘렸다"21)라고 하였고, 나아가 명대의 동림당 인물인 고헌성顧憲成으로부터 현대의 공산당 인사인 등척鄧拓에 이르기까지 "집안의 일이든, 나라의 일이든, 천하의 일이든, 모든 일에 마음을 쏟는다"22)라고 한 것 등이다. 이러한 예는 일일이 셀 수 없을 만큼 많으므로, "천하의 무거움을 스스로 떠맡는다"라는 정신이 고대 유사와 현대 지식인들에게 끼친 깊은 영향을 증명하고도 남음이 있다. 이러한 정신의 영향은 현대 지식인들로 하여금 공공업무에 대한 관심을 도외시할 수 없게 함으로써 개인의 전문성을 발전시키도록 하였으며, 또한 이러한 정신의 체현이 학술계의 지식인들에게만 국한되지 않도록 한 것이다.

아래에서는 몇몇 송명 유자의 견해 및 언명 방식을 좀 더 소개하도록

---

18) 예를 들어 『明儒學案』에서 '師說'을 인용하여 張陽和의 말을 논한 것.
19) 『孟子』, 「梁惠王下」, "樂以天下, 憂以天下."
20) 『後漢書』, 「袁安傳」, "每朝會進見, 及與公卿言國家事, 未嘗不噫鳴流涕."
21) 이 말은 『範文正公集』 卷7 「岳陽樓記」에 보인다. "先天下之憂而憂, 後天下之樂而樂.", "感論國事, 時至泣下."
22) 鄧拓, 「事事關心」, 『燕山夜話』(1979), p.156, "家事, 國事, 天下事, 事事關心."

하겠다. 『송원학안宋元學案』에서는 범중엄의 생애를 다음과 같이 기술하고 있다. "선생께서는 천하를 자신의 소임으로 여기셨음에, …… 일찍이 자신의 뜻을 밝혀 이르시길 '천하가 근심하기에 앞서서 근심하고, 천하가 즐거워한 뒤에야 즐거워한다'라고 하셨다. 감격하여 국사를 논하고 때로는 눈물을 흘리시니, 일시에 사대부들이 힘써 꿋꿋한 절개를 숭상하게 되었다. 이는 선생으로부터 창도된 것이다."23) 또한 진고령陳古靈에 대해서는 "기상은 고풍스럽고 행동은 고귀하였으며, 천하의 무거움을 자신의 소임으로 삼았다"24)라고 기술하고 있다. 『명유학안明儒學案』은 유자들의 이러한 언행을 더욱 풍부히 기재하고 있는데, 예컨대 "천하의 이치로써 천하의 일을 처리한다"25), "천하를 자신의 소임으로 삼는다"26), "천하를 무겁게 여긴다"27), "우리는 늘 천하와 국가를 스스로 떠맡는다"28)라는 언급들을 볼 수 있다. 이러한 언명들은 "천하를 자신의 소임으로 삼는다"는 의식이 이미 근세 유사들의 마음속 깊은 곳에 가치정신으로 자리 잡았으며, 또한 사회, 민생, 풍속의 공공성이 개인의 어떠한 관심사보다 시종일관 우선성을 갖고 있음을 분명하게 보여 주는 것이다. "도는 천하고금에 두루 공유되는 이치이다"29), "도라는 것은 천하의 공도公道이며, 학문이란 천하의 공학公學이다"30), 또한 "천하의 일은 모두 마땅히 말해야 하니, 위로는 조정의 일이고 아래로는 만백

---

23) 『宋元學案』, 卷3, 「高平學案」, "先生以天下爲己任, ……嘗自誦其志曰: '先天下之憂而憂, 後天下之樂而樂.' 感論國事, 時至泣下, 一時士大夫矯厲尙風節, 自先生倡之."
24) 『宋元學案』, 卷5, 「古靈四先生學案」, "氣古行高, 以天下之重爲己任."
25) 『明儒學案』, 卷4, 「崇仁學案」, "以天下之理處天下之事."
26) 『明儒學案』, 卷11, "以天下爲己任."
27) 『明儒學案』, 卷14, "以天下爲重."
28) 『明儒學案』, 卷23, "吾輩動輒以天下國家自任."
29) 『明儒學案』, 卷54, 「諸儒學案下2」, "道也者天下古今公共之理."
30) 『明儒學案』, 卷15, "道也者天下之公道也, 學也者天下之公學也."

성의 일이다"[31], "천하의 공론을 천하 사람들에게 맡기고, 천하 사람들로 하여금 그에 대해 발언하게 한다"[32], "공론이 있는 곳에 국가의 원기元氣가 달려 있고, 천하의 안정과 혼란이 달려 있다."[33] 이러한 언급에서 볼 수 있 듯이, 고대의 유사는 이미 진리의 공공적 논의 특히 정치문제의 공공적 논 의를 국가의 치란과 존망이 달린 중요한 영역으로 간주하였다.

당연히 송명시기 이후로 불교의 영향을 받아 리학理學 내부에는 내향화 된 발전도 있었는데, 일부의 유자들은 정신의 수양을 중시하였기에 제가· 치국·평천하만을 추구하고 개인의 수양을 간과하는 것에 반대하였으며, 개인의 수신은 마땅히 제가·치국·평천하에 대한 관심과 일체되어 병행해 야 한다고 강조하였으니, 예를 들어 "지금 사람들은 다만 천하와 국가만 알고, 자기 자신을 한쪽에 제쳐 두고", "가정과 나라와 천하만을 좇는다"[34] 라는 언급이 있다. 더욱이 도덕수신道德修身의 결정론을 강조하는 이들은 도 덕수신 문제를 어떻게 해결하느냐에 따라 제가·치국·평천하의 문제도 해 결된다고 생각하였다. 따라서 "사람들이 흔히 말하기를 성인이 천하를 걱 정하고 후세를 걱정하느라 온갖 거짓된 마음과 공허한 억측과 까닭 없는 탄식이 생겨난다고 한다. 군자는 자신의 자리를 벗어나지 않을 것을 생각하 고 단지 앞에 처한 상황을 잘 살피고 관리하면 천하와 후세가 가지런히 다 있게 될 것이다"[35]라고 말하기도 하였다. 당연히 이러한 견해는 명대 말기

---

31) 『明儒學案』, 卷9, "天下事皆所當言, 上爲朝廷, 下爲蒼生."
32) 『明儒學案』, 卷25, 「薛方山記述」, "以天下之公議, 寄之天下之人, 使天下之人言之."
33) 『明儒學案』, 卷53, 「諸儒學案下1」, "公議所在, 係國家元氣, 係天下治亂."
34) 『明儒學案』, 卷31, 「止修學案」, "今人但在天下國家上理會, 自身却放在一邊.", "便逐在家國天 下去."
35) 『明儒學案』, 卷29, 「北方王門學案」, "人常言聖人憂天下, 憂後世, 故生出許多假意, 懸空料想, 無病呻吟. 君子思不出其位, 只是照管當下, 即天下後世一齊皆在."

의 사인들이 당시의 전제적이고 부패한 정치에 대해 개혁의 믿음을 상실한 결과일 수도 있다. 그러므로 비록 유학전통의 내부에서는 어떤 복잡성을 띠고 있기는 했지만, 그 주류 혹은 주도적 가치성향은 천하와 국가가 우선이었음은 의심의 여지가 없다.

4.

　두유명(Tu Wei-ming)은 근래에 공공지식인 관념에 대해 역설한 유가학자이다. 두유명에 대해 말하자면, 그는 위에서 서술한 유가 관념에서 출발하여 유가가 공공지식인들에게 많은 자산을 제공하였다는 점을 인정하였을 뿐만 아니라, 확실히 그가 생각하기에는 유가가 사士의 이념과 실천에 대해 더욱 폭넓은 방면에서 지지하였으며 그가 이해하고 있는 공공지식인의 면모를 잘 체현하고 있다. 두유명은 공공지식인은 하나의 새로운 지식인 이미지로서, 서양문화에는 현대적 의미로서의 공공지식인에 관한 자산이 상당히 빈약하다고 생각한다.[36] 왜냐하면 현대적 의미로서의 공공지식인은 집단을 떠나 홀로 살아가는 그리스 철학자도 아니고 하느님의 목소리를 대표하는 히브리 선지자도 아니며, "심지어 서양적 의미에서의 수도자 계급이나 장로도 아니며, 19세기 러시아에서 발전한 인텔리겐치아(intelligentsia)도 아니

---

36) 사실 레벤슨이 말한 바와 같이, 그리스식 교육의 목적도 직업화되지 않은 紳士를 육성해 내려는 것이었으며, 19세기의 옥스퍼드와 케임브리지의 이상도 신사를 양성하여 빅토리아 시대의 직업화에 저항하려는 것이었다. 그러므로 비직업화라는 측면에서 말한다면 서양문화에도 그러한 자산이 있음을 볼 수 있다.(『儒敎中國及其現代命運』, 中國社會科學出版社, pp.16·196.) 두유명이 말하는 것은 곧, 공공지식인이 정계, 비즈니스계, 언론계 등에서 활동할 수 있다는 측면에서 볼 때 유가전통이 이러한 유형의 지식인들에게 더욱 많은 관념과 사례를 제공할 수 있음을 의미한다.

기" 때문이다. 19세기 러시아의 인텔리겐치아를 예로 들면, "그들은 모두 귀족이었으며 특히 정부에 반대하였는데, 정부에 반대하지 않으면 곧 지식인이 아니었다. 사하로프는 지식인이었지만, 고르바초프와 옐친은 지식인이라고 할 수 없다. 이러한 관점은 현재 미국, 영국, 독일, 프랑스에서의 지식집단의 발전과는 커다란 차이가 있다." 그리고 이러한 정의는 중국 당대의 체제 내 지식인 현상과는 서로 부합할 수 없는 것이다.[37] 바꾸어 말하면, 그가 이해하고 있는 지식인의 외연범위는 상당히 넓은데, 이른바 공공지식인의 직업신분 및 공공성의 관심을 표출하는 방식이 다양하기에, 이러한 공공지식인의 관념은 단지 상이한 정치적 견해를 가진 자로 자인되는 제정러시아 지식인들의 그러한 개념을 훨씬 넘어선 것이다. 이러한 '공공지식인'에 대한 이해와 해석에 따르면, 두유명은 다음과 같은 인식을 보여 준다. 즉, 더욱 풍부한 인문정신으로 충일한 공공지식인의 인격 이미지와 가장 흡사한 것은 유가전통의 '사'이고, 이러한 지식인의 유형에 대해 유가는 비교적 풍부한 자원을 가지고 있으며, 유가전통의 영향 아래에서 유가적 성격의 공공지식인은 "정치에 관심을 갖고, 사회에 참여하며, 문화를 중시한다"는 것으로 표현되고, 아울러 역사에 대한 감수성과 도덕적 자각이 충만하다.

고대 중국 유가 사대부의 이러한 광의의 공공성(특히 정치에 참여하는 공공성)은 매우 자명한 것으로서, 레벤슨은 이렇게 말하고 있다. "중국의 관료들

---

37) 그는 지식인이란 개념은 전통적 가치로 돌아가려는 이도 마찬가지로 포함해야 하며, 정부기관도 공공지식인들이 활동하는 중요한 무대라는 것을 아울러 지적하고 있다. 레이몽 아롱(Raymond Aron, 1905~1983)은 사르트르 혹은 푸코 같은 이보다도 공공지식인이 감당해야 하는 윤리적 의무를 훨씬 더 구체적으로 실천해 낸 것 같다. 『杜維明文集』第5卷, pp.520·601·606.

은 왕권과 일정한 거리(혹은 왕권과의 긴장 관계)를 유지하는 것이 아니라, 관원의 신분으로 왕권을 위해 봉직하고 유가의 신분으로 사회를 위해 깊이 사유한다. 현실세계이든 정신세계이든 그들은 아무런 작용도 할 수 없는 처지에 빠져든 적이 없었다."[38] 다른 한편, 유가의 인격적 이상은 직업화의 요구와 줄곧 합치되지 않았으니, "유학은 대부분 비직업화의 이상을 고수하였는바, 즉 전문화에 반대하고 인간을 단지 도구로 여기는 직업훈련에 반대하였다."[39] 그러므로 유가의 사대부는 비록 실천적 측면에서는 정치에 대한 비판을 항상 자신의 도덕적 책임으로 여겼지만, '사군자士君子'에 대한 관념에 있어서는 현실정치에 대한 비판을 유일한 내용으로 하지는 않았다. 유가의 문화적 신념과 책임윤리는 유가로 하여금 문화의 발전 및 도덕과 풍속교화의 변화에 더욱 주의를 기울이도록 하였고, (정치의 바깥에 서 있는 것이 아닌) 정치의 내부에 서서 정치에 더욱 적극적으로 참여하도록 하였다. 보그스(Carl Boggs)의 지적 즉, 역사적으로 서양 지식인들은 대개 "일정한 정치적 직책을 수행하지 않았다"라는 사실과 비교할 때, 중국의 전통적 유가 사대부들은 대부분 일정한 정치-행정 직책을 수행하였으며, 동시에 그들의 학자와 문인으로서의 문화적 신분을 유지하였다.

우리가 오늘날 공공지식인의 문제를 논의하는 것의 의미는, 내가 보기에는 적어도 1980년대 이래의 '지식인'의 자아정의自我定義를 확정짓는 논의와 관련된 각종 관념들을 정리할 기회를 제공하고 있다. 제정 러시아 시대의 지식인의 항의정신으로써 지식인의 자아정의를 내리는 것은, 1980년대 후반의 중국의 역사적 조건하에서의 지식인이 지닌 하나의 불완전한 정체

---

38) 列文森(J. R. Levenson), 『儒敎中國及其現代命運』(中國社會科學出版社, 2001), p.220.
39) 列文森(J. R. Levenson), 『儒敎中國及其現代命運』, p.175.

성이다. 이러한 정체성은 물론 '지식인'에 대한 이해와 문혁을 벗어나려는 역사적 전환을 촉진시키고 비판정신을 발전시킨다는 점에서는 긍정적 의미가 있다. 그러나 이러한 정체성을 중국 지식인 계층의 전통이나 유가사상 전통의 사대부 정신과 비교한다면 분명히 협소한 측면이 있으며, 오늘날의 중국 사회문화 발전의 다면적인 요구에도 조응할 수가 없다. 따라서 나로서는 '공공지식인'에 관련된 논의에 참여하는 것은 결코 이러한 관념에 대하여 어떤 도덕상의 편애를 취하는 것이 아니라, 이를 계기로 근래의 풍부한 자산을 흡수하고 나아가 지식인에 대한 이해와 당대중국의 사회발전의 요구라는 양자 간의 관계를 깊이 인식하기를 바라고 있다.

근원적으로, 베버(Max Weber)와 레벤슨(Joseph. R. Levenson)에 따르면, "군자는 한 용도로 쓰이는 그릇이 아니다"라는 유가적 유형의 지식인은 전문적 기능이 없는 자이면서, 또한 가치가 기술에 우선한다는 것을 인정하는 자이다. 그러므로 이러한 의미에서 유가적 지식인의 문화와 전문가의 문화는 다르다. 그러나 다른 한편으로 보면, 유가문화 중의 '가치우선'은, 본문에서 논의되는 범위 내에서는, 공공사무에 대한 관심이 매우 중요한 가치로 간주되어 부각된다. 어떤 이는 유가의 이러한 가치성향은 20세기 5·60년대 현대 중국의 홍전지변紅專之辯[40] 중에도 영향을 끼쳤다고 생각한다. 물론 '홍紅'은 비록 범정치화되고 이데올로기화된 상징이기는 하나 분명히 공공성을 지닌다. 이러한 의미에서는 홍전지변 중에도 유가의 그림자가 드리워져 있다고 말할 수 있다. 하지만 유가의 가치우선은 도道의 우선, 리理의 우선,

---

40) 옮긴이 주: 1957~1958년 중국에서 벌어진 사상 논변. '紅'으로 대표되는 사회주의적 정치 각오와 '專'으로 대표되는 전문지식 간의 양자 관계를 어떻게 설정할 것인가를 놓고 벌어진 논쟁이었다.

의義의 우선으로서, '홍'의 정치이데올로기적 색채와는 다른 것이므로 이 점은 확실히 구분해야 한다. 레벤슨은 심지어 유가가 공산당보다 전문화에 훨씬 반대한다고 생각하여 유가와 공산주의의 실천을 구별하고 있는데, 이는 비록 어떤 의미에서는 옳은 것이지만 1949~1978년에 있어서는 유가가 후자보다 정치화를 더욱 반대했다고 말해야 할 것이다. 사실, 유가전통의 지식인은 흔히 두 종류의 경향을 갖고 있다. 하나는 국가의 일(國事)과 천하의 일(天下事)에 대해 관심이 매우 많기에 도덕가치 우선의 유형은 전문화의 경향을 저하시키고 전문가의 지위를 낮게 평가한다. 또 하나는 유가 내부에서는 반주지주의 전통이 강하지 않기 때문에 주류에서는 줄곧 도덕이 지식과 분리되지 않음을 강조하고, 또한 유학전통 중에는 대량의 인문지식의 전문화 연구를 포용하고 있는데, 이는 다른 종교의 전통에 비해 유가전통이 전문화를 받아들이도록 하기에 훨씬 용이하게끔 하였다.

중국의 고대시기에는 사대부 집단 내에서 '학술로의 소환'과 '정치로의 소환'이 전혀 충돌을 일으키지 않고 자연스럽게 합일되고 있었다. 왜냐하면, 학자가 되는 것은 그들이 학술적 소환에 감응한 것이고, 관료가 되는 것은 정치적 소환에 복무하는 것이기 때문이다. 전통적인 사대부의 이러한 이중성격은 현대화 사회의 직업화 체제에서의 지식인에 대한 요구와는 매우 다른 것이다. 베버는 일찍이 이성화를 그 기초로 하는 현대사회의 분화가 직업화의 합리적 발전을 가져왔으며, 현대화가 발전하게 된 조건 중의 하나임을 지적한 바 있다. 그러나 도구이성의 확대는 우리를 '어쩔 수 없이 직업인이 되게 하였고', 이렇게 양성된 지식인은 '정신이 결여된 전문가'일 것이며, 또한 현대사회의 사회구조와 문화가치 사이에서 해소하기 어려운 충돌을 불러올 것이다. 현대적 의미에서의 '공공지식인'에 관한 논의는 바로 이러한 직업화의 배경하에서 형성된 것이며, 학원화가 초래하는 직업의 제한 및 통제로부터 벗어나는 것을 강조하고 있지만, 공공지식인이라는 관념이 직업화가 갖는 사회 분화 및 전공 분화로서의 합리적이고 발전적인 의미를 근본적으로 반대하는 것은 결코 아니다. 그러므로 공공지식인이 되기를 거부하고 인문학의 탐구에 힘쓰며 전문성을 갖추고 학원화된 연구업무에 동조하는 이들도 마땅히 존중받아야 할 것이다.

학술의 전문화 혹은 직업화로의 확대는 현대사회 혹은 사회 현대화의 필연적인 현상이다. 사실, 과학연구의 전문화 및 자연과학 분야의 지식인들의 전문화는 민국 초기 이후 근대적 대학의 설립 과정에서 이미 점진적으로 확립되었다. 그러나 인문사회과학의 직업화 혹은 전문화는 1950년대에서 1970년대에 이르면서 우여곡절을 겪게 된다. '홍紅'과 '전專'에 관한 논변 및 '우홍우전又紅又專', '선홍후전先紅後專' 등의 주장은 문혁 전후 근 30년 간 지식인들의 자아정의와 관련된 주요 양식이며, 이러한 양식은 당연히 이데올로기의 영향을 받은 것이다. 만일 '홍'은 정치화를 대표하고 '전'은 전문화를 의미한다면, 1949년부터 1978년에 이르는 30년 동안 전문화와 직업화는 줄곧 제약을 받았으며, 또한 이데올로기와 인문사회과학의 관련성이 깊었기 때문에 인문사회과학의 전문화에 심각한 지장을 초래하였고, 중국 인문사회과학의 발전에 심각한 퇴보를 가져왔다고 말할 수 있다. 만일 '홍'의 정치화가 "여러분은 국가의 대사에 관심을 가져야 하며, 무산계급의 문화대혁명을 끝까지 전개해 나가야 한다"라는 공공성이라면, 중국에서 포스트-문혁 시대의 전문화는 곧 범정치화에 대한 부정 및 결별로서 발전된 것이다. 그것은 중국이 민족국가로서 '사회주의 초급 단계'에 처해 있는 국가 목표와 일치하는 것이었으며, 중국 현대화 전개 과정에서의 내재적 구성요소이기도 했다. 개혁개방 이래로 교육 및 과학연구의 전문화 제도의 발전은 중국의 인문사회 분야의 커다란 발전을 촉진하는 데 중요한 한 조건으로 작용하였지만, 이러한 전문화된 제도의 구축은 여전히 발전단계에 놓여 있다. 이러한 의미에서 볼 때, 유가전통이 공공지식인에 대한 논의에서 갖는 의미는, 한편으로는 유가사상의 전통은 지식인들이 자신의 정치, 사회, 문화적 공공 관심을 유지시켜 나가는 데 가치상의 변호를 제공했다는 것이며, 또 한편으로는 유가사상의 전통은 전문화의 발전에 대해 많은 지지를 제공할 수 없다는 것도 인정해야 할 것이다.

5.

　보그스(Carl Boggs)가 지적했듯이, 지식인들이 대기업, 정당, 이익단체, 교육체계, 국가기관 등의 현대 체제의 네트워크 속으로 흡수되어 진입함에 따라, 그들은 과학을 관리하는 대규모의 구성원이 되었으며 그들의 역할은 갈수록 도구화되고 있다. 직업성은 갈수록 중요해지지만 공공성은 갈수록 약화되고 있는데, 지식인들의 이러한 상황과 현대성이 낳은 새 이데올로기인 '기술이성의 재제宰制'는 상호 적응하고 있고, 전문주의는 지식인들이 현대에 생존하는 데 있어서 반드시 적응해야 할 환경이 되었다.[41] 지식인들이 기술이성의 제약을 받을 뿐만 아니라, 대중매체가 사기업 및 정부권력의 통제를 받는 정도는 갈수록 심해지고는 있지만, 대중매체는 또한 지식인들

---

41) 博格斯(Carl Boggs), 「前言」, 『知識分子與現代性的危機』(江蘇人民出版社, 2002), pp.11 · 80 · 100.

이 공적인 견해를 표명하는 주요 통로이기 때문에, 지식인들은 공공성을 표명함에 있어서 부와 권력을 통제하는 집단의 제약을 받고 있다. 이러한 부와 권력의 공공성에 대한 침식은 비록 지식인의 의향 및 심리 상태와는 관련이 없을지라도, 공공지식인들의 생태를 악화시킬 수도 있다.

다른 한편으로, 전통적인 페이비언주의자(Fabians)[42]들이 희망하는 것처럼 과학기술, 문화학술에 종사하는 지식인들은 여전히 현대사회에서 공공 양심으로서의 역할을 수행하고 있는데, 이 점은 위에서 말한 현대성 기술이 성의 재제 및 부와 권력의 침식으로 말미암아 커다란 한계를 가져왔을 뿐만 아니라, 굴드너(Alvin Gouldner) 등과 같은 더욱 극단적인 학자들은 현대의 지식인은 이미 독립적인 계급이기 때문에 공공의 양심이 될 수 없으며, 지식인과 자본가의 차이는 그들이 점유하고 있는 것이 문화자본이라는 데에 있고, 그들이 공공영역에서 제기하는 것은 이러한 계급의 특수한 이익일 뿐이라고 여기고 있다. 사실, 이러한 견해는 저속한 유물론이라는 비난을 벗어나기 어려우며, 맹자의 "일정한 물질적 조건(恒産)이 없이도 한결같은 도덕심(恒心)을 갖는다"는 관념과 비교하면 지식인에 대한 이해가 여전히 한 수 아래인 것이다.

그러나 지식인의 공공기능을 주창하는 학자의 입장에서 보면, 지식인의 공공성이 상실되는 위험의 주요 요인은 전문화와 전문화가 지식인의 자아 정체성에 끼친 내상(內傷)에서 기인한다. 현대성은 기술과 대규모 조직, 전문주의적 표준 등의 형식으로 사회영역을 도식화하는데, 대학은 바로 이러한

---

42) 옮긴이 주: 1884년 설립된 페이비언 협회(Fabian Society)를 중심으로 활동한 영국 초기 사회주의 운동 그룹. 마르크스주의와는 달리 사회진화론적인 입장을 취했고, 점진적이고 유기적인 사회개혁을 강조하였다.

형식이 집중되어 드러난 것이다. 현대성은 이성화된 형식의 교육제도를 낳았으며, 대학과 교육은 현대사회에서 결정적인 역할을 하고 있다. "현대화의 영향은 다른 그 어떤 곳보다 고등교육 체계 내에서 가장 절실하게 체감할 수 있다. 고등교육 체계 내에서 고전학자, 철학자, 목사 혹은 문인학사와 같은 전통적 지식인은 이미 기술전문가인 치국형治國型 지식인들에 의해 대체되었으며, 그들의 업무는 지식산업, 경제, 국가 및 군대와 유기적으로 연계되어 있다."[43]

"그 결과로 서로 분리되고 각자 간여하지 않는 학과와 분과가 대량으로 생겨났으며, 이들의 전문화된 학술네트워크의 통제라는 측면에서 말하면, 이들은 분과 및 분층화되었고, 그 네트워크는 자신만의 협애한 주제와 전문용어 및 사회집단을 보유하고 있다."[44] 전문화를 강력히 비판하는 학자들은, 분과 및 분층화의 전문적인 발전은 전문가들이 인류사회의 정치주제, 문화주제, 사회주제에 투신하였던 전통적 지식인들을 대체하는 결과를 초래하였고, 독창적 견해와 비판성이 풍부한 논의는 점점 사라지고 인문영역의 학술적인 문제들은 날이 갈수록 협소화되고 있음을 우려하고 있다. 그들은 지식으로 통하는 길이 인내심과 무편견의 데이터 축적 속에 존재하며, 학술문제의 격렬한 논쟁은 더욱 엄격하고 객관적인 방향으로 발전한다고 확신하기 때문에, 의미와 관점에 대한 추구와 철학적 반성은 "불가피하게 전문적 기능과 경험적 자료의 곤경 속에서 길을 잃었으며", 도리어 전쟁, 평화, 혁명, 선악과 같은 큰 문제를 모호하게 만들었다고 생각한다.[45] 자코

---

43) 博格斯(Carl Boggs), 『知識分子與現代性的危機』, p.121.
44) 博格斯(Carl Boggs), 『知識分子與現代性的危機』, p.140.
45) 博格斯(Carl Boggs), 『知識分子與現代性的危機』, pp.144~147.

비(Jacoby)는 지식인들이 대학교수가 되면 공공의 글을 써야 할 필요가 없으므로 그들은 쓰지 않으며, 끝까지 쓰지 않을 것이라고 생각했다.[46] 따라서 지식인의 학술화는 독창적 견해를 가진 학문을 내놓을 수 없게 할 뿐만 아니라, 이 전문화된 계층을 대학 바깥의 역사와 사회로부터 더욱 멀어지게 한다. 이상의 이러한 모든 관점은 인문정신에 깃들은 우환의식을 표현한 것으로, 현대성에 대한 깊은 반성이기도 하며, '현대화 속의 사회'에 사는 지식인들에게 경종을 울릴 만한 가치가 있다.

그러나 '공공지식인'은 결코 도덕적 부호(sign)가 아니며, 이들은 또한 도덕적 권력도 누리지 않는다. 사이드도 언급했듯이 대중매체 앞에서는 세속에 영합하려는 공공지식인이 생겨나게 되는데, 송대 유학자인 정이程頤(伊川)도 "비록 천하의 일을 공정하게 처리했더라도 만일 사심을 써서 행했다면, 이는 곧 사사로운 것이다"[47]라고 말한 바 있다. 포스너(Richard A. Posner)는 공공지식인에 관한 저술에서, 1970년 이전에는 전문적 훈련을 받아 본 적 없던 사람도 공공지식인이 될 수 있었지만 이제는 거의 불가능하게 되었다고 언급한 바 있다. 지식이 전문화되고 직업화된 현대사회에서는 어떤 한 영역의 천재가 공공영역으로 들어가 다른 분야의 의견을 발표하면 많은 오류가 쏟아지게 되고 비전문가적 발언이 남발하게 것이다. 이 점이 공공지식인으로 하여금 '지식'보다 '공공'을 더 많이 제공하는 결과를 낳게 된 것이다. 전 연방법관이었던 포스너는 공공지식인에 대하여 다음과 같은 날카로운 지적을 하고 있다. "오늘날 미국의 공공지식인은 정보를 전달하고 의견을 제공하는 활동이 매우 저조하며 판단의 오류도 자주 저지른다. 또한 대중을

---

46) Russell Jacoby, *The Last Intellectuals*(1987), p.7.
47) 『宋元學案』, 卷15, 「伊川學案」, "雖公天下之事, 若用私意爲之, 便是私."

개선하려는 이해와 공헌이 거의 없고, 중대한 문제의 사실에 대해서 극히 표면적인 이해에 그치고 있다."[48]

　다른 면에서 볼 때, 중국의 현실적인 사회발전의 입장에서는 전문화가 너무 많은 게 아니라 오히려 아직 많이 부족하다고 할 수 있다. 그러므로 중국의 현실에 있어서는 결코 공공화를 전문화와 서로 대립시킬 수 없으며, 전문화를 적극 추진한다는 전제하에서 문과지식인들의 전문성을 배경으로 하는 공공화를 선도해야 한다. (심지어 미래에는 공공지식인의 주체가 더 이상 학원지식인의 여가 활동이 아닌, 전공학자에서 독립된 독자적인 직종 형태로 발전할 수도 있다.) 공공화는 결코 학원지식인들의 필연적인 의무가 아니며, 더욱이 자연과학자들이 공공지식인으로 발전해야 한다고 주창할 필요도 없다. 예를 들어, 포스너가 롤스(John Rawls)를 공공지식인에 포함시키지 않은 것은 롤스가 어떤 의식을 가지고 대중을 위해서 글을 쓴 적이 없기 때문이겠지만, 롤스의 미국 전체 더 나아가 세계 학술계(인문과학이든 사회과학이든지를 막론하고)에 대한 커다란 영향력과 지식계·문화계에 끼친 거대한 영향을 무시할 수 있는 사람은 아무도 없을 것이다. 중국이 현대화를 가속화하는 과정에서 나타난 인문사회과학 연구에 대한 광범위한 요구가 국제화된 학술경쟁 및 학과발전에 당면하여, 중국은 지금 각 학과 중에서 롤스 유형의 학자가 출현하는 것이 매우 필요하다. 그러나 중국의 전통은 줄곧 공공성을 위해 글을 쓰는 이들(문학 전공 출신의 청년 지식인은 특히 그러하다)을 부족하지 않도록 하였으며, 현대 시장화의 발전은 기꺼이 오랜 세월을 차가운 나무걸상에 앉아서 체계적인 성취를 이룬 전문학자들의 출현을 더욱 어렵

---

48) Posner의 관점에 대해서는 錢滿素, 「聚焦公共知識分子」, 『萬象』 第4卷 第8期(2002)를 참고할 것.

게 하고 있다. 이와 대조적인 상황은 바로, 매체의 대규모 확장이 상업성과 비상업성을 지닌 공공화(대중화)된 글쓰기와 표현에 치명적인 유혹과 광범위한 시장을 제공함으로써 세속에 영합하는 지식인들이 시류를 좇아 생겨나고 있다는 것이다. 그러므로 공공성을 위한 글쓰기를 구실로 전공 업무의 고달픈 공부를 회피하는 것과 전문화 업무를 빌미로 사회에 대한 관심과 공공적 참여를 등한시하는 것은, 둘 다 인문사회 학자들이 더욱 경각심을 가져야 할 것들이다.49) 다른 한편으로, 중국의 대중 미디어 산업이 바야흐로 급속히 발전하고 확대됨에 따라 당연히 미디어 지식인에 관한 사회적 요구도 대폭 생겨나게 되었다. 이에, 미디어 지식인과 전문학자의 관계를 어떻게 자리매김해야 하는지도 하나의 정리되지 않은 문제로 대두된다.

---

49) 두유명도 이에 대해 다음과 같이 지적하고 있다. "경각심을 가져야 할 것은 극히 일부의 인문학자들만이 公衆지식인이 되는 경향이 있으며, 나머지 학자들은 인문학과 자체의 탐구에 주력하기 때문에 근본적으로는 베버가 호소한 '소명으로서의 정치'는 없으며, 이러한 소명은 오히려 그들의 정신생활이 어떤 직업이 되도록 이끌고 있다. 이러한 학원화된 직업에 대한 동질감은 사회와 자연과학 영역 내에서의 동료들의 태도와 결코 다르지 않다. 이들은 그들의 학술적 흥미를 대중을 향해 변호해야 할 필요성을 전혀 느끼지 못하는 듯하며, 공중지식인이 되려는 생각조차도 해 본 적이 없다. 그러나 자못 중요한 점은 이들의 연구와 교육 활동이 고등교육 시스템의 건전한 발전에 대해 지니는 비평적 성격 및 이로부터 파생되는 사회 전체의 이익에 주의를 기울여야 한다는 것이다."(『杜維明文集』 第5卷, p.604.)

제5장 유가 인설仁說의 생태적 지향과 현대적 해석

1.

서양철학 중에는 일찍이 자연으로부터 '존재'를 추상抽象해 내고 자아로부터 '정신'을 추상해 내는 관념 구조가 있어 왔다. 이러한 추상과 분리는 당연히 원시적이고 유기적이면서 통일적인 자연관에 대한 일종의 진보라고 할 수 있지만 동시에 인간과 자연의 분열이라는 씨앗을 내포하고 있다. 근대 이후 철학이 겪어 온 형이상학에서 인식론으로의 전환, 인식론에서 언어로의 전환, 그리고 인간이란 존재로의 전환은 한 걸음 한 걸음 인간 중심의 철학적 입장을 부각시켰다. 인간의 주관성 측면이 점점 더 주목을 받고, 낡아 빠진 자연 중심의 철학 관념을 내던지는 것이 근대철학의 특징으로 자리 잡았다. 자연관은 더 이상 근대철학의 주제가 아니었고, 과학의 발전과 지식의 분화로 말미암아 자연에 대한 철학적 경시는 더욱 만연하게 되었다. 철학의 관심은 자연이란 무엇인가에서 인간이란 무엇인가에로 옮겨 가면서 자연을 소홀히 하였고, 인간과 자연의 관계도 소홀히 하게 되었다.

그러나 20세기 말엽, '환경과 지속적인 발전'은 인류 전체의 생존 발전, 생사와 직결되는 문제가 되었다. 이러한 현실 속에서 현대 철학은 반드시 근대 이래의 자연에 대한 태도를 재검토하고 당면한 전 지구적 상황에 걸맞은 새로운 자연관을 발전시킬 것을 요구받게 되었다. 이는 또한 우리에게 동양의 고전적 전통의 자연관에 깃든 생태적 의미를 다시 살피고, 이로써 현대 생태철학의 정신적 자원을 확대·구축하도록 인도하고 있다.

사실 원시적 자연관은 자연관이라기보다는 인간과 자연의 일체관이라고 할 수 있다. 카시러(E. Cassirer)가 말했듯이, 이러한 원시적 자연관은 일종의 '생명의 일체성'이란 관념으로서 모든 생명의 구조는 친족 관계를 지니고 개별 생명 구조 간에 소통으로 하나가 되며, 인간은 자연계 속에서 결코 특권적 지위를 누리지 못한다.[1] 생명의 일체성은 자연 전체의 통일성을 의미하고, 통일체 중에서 '조화'는 가장 기본적인 성향이다. 이 자연의 생명 일체화라는 원시적 정감은 문화의 진보 여정 중에서 정복당하였다. 그러나 역사학자들이 공통적으로 인정하고 있듯이, 원시적인 씨족 조직과 유대는 후대의 진일보한 발전 속에서도 보존되었고, 원시적 생명 일체화의 기질도 후대 천인합일의 철학에 의해 전승되어져 왔다.

고대 중국철학 중 일찍이 도가가 "도道는 자연을 본받는다"[2]라는 명제를 제기한 까닭에, 연구자들은 줄곧 도가문화의 자료 속에서 생태사상生態思想을 찾고자 했고, 유가사상의 자료 중에 있는 인간과 자연의 관계에 대한 견해에는 그다지 주목하지 않았다. 카프라(Fritjof Capra)는 "위대한 제반 전통 중에서 내가 보기엔 도가가 가장 심오하고 완전한 생태적 지혜를 제공한다. 그들은 자연의 순환과정 속에서 개인과 사회의 모든 현상과 잠재성이 기본적으로 일치한다는 점을 강조했다"[3]라고 말했다. 그러나 당통唐通은 중국전

---

1) 卡西爾(E. Cassirer), 『人論』(上海譯文出版社, 1986), pp.105~107·111.
2) 『老子』, 25章, "道法自然."
3) 董光壁, 「道家思想的現代性和世界意義」, 『道家文化研究』 第1輯, p.71에서 재인용.

통을 총체적으로 가리켜 "중국의 전통은 매우 다르다. 이들은 애써 자연을 정복하려 들지 않고, 탐구하여 자연을 이해하려 들지도 않는다. 자연과 더불어 협의를 이루고 조화를 실현하고 유지하는 데 그 목적을 둔다.…… 이러한 지혜는 주객이 혼연히 하나가 됨으로써 인간과 자연이 조화되도록 이끈다.…… 중국의 전통은 총체적으로 인문주의적이다"[4]라고 말했다. 여기서 말하는 인문주의적 자연관은 분명 유가사상도 포함하고 있다.

21세기에 접어들어 지구촌의 지속적인 발전이라는 요구에 부응하기 위해 전 세계적으로 새로운 생태세계관을 찾고 보다 합리적인 자연 관념과 실천정신을 구축하려는 많은 노력들이 출현하고 있다. 동양의 오랜 문화전통은 새로운 생태적 지혜를 밝힐 수 있는 중요한 자원이 되고 있다. 이러한 측면에서 도가는 더 많은 주목을 받고 있는 듯하다. 그러나 본문은 유가, 그 중에서도 송명 신유학이 지니는 생태적 지향과 생태철학적 특징을 집중적으로 조명하고자 한다.

2.

초기 신유가의 대표적 인물들은 끊임없이 창생하는 대자연에 특별한 감정과 관심을 가지고 있었다. 주돈이周敦頤는 '리학理學의 시조'로서, 기록에 의하면 그는 처소 창문 앞에 녹초가 무성했지만 이를 벌초하지 않았는데, 사람들이 그 이유를 물으니 대답하기를 "나의 뜻과 같다"[5]라고 하였다 한

---

4) 董光璧, 「道家思想的現代性和世界意義」, 『道家文化研究』 第1輯, p.71에서 재인용.
5) 『二程遺書』, 卷3, "與自家意思一般."

다. 이는 하나의 사상, 곧 한 개체인 인간의 생명과 대자연의 생명은 상통하며, 동시에 끊임없이 창생하는 대자연과 어우러져 하나가 된다는 인생의 기상을 밝힌 것이다. 『이정유서』에는 "천지가 만물을 창생하는 기상을 본다"[6]라고 기재되어 있다. 이는 정호程顥의 어록이며, 정호가 주돈이의 "창문 앞의 풀을 자르지 않았다"(窗前草不除)라는 말을 해석한 것으로서, 곧 주돈이가 자신을 풀들이 거침없이 자라나는 가운데 놓음으로써 천지가 끊임없이 창생하는 기상을 체험한 것을 말한다.

리학의 정초자인 정호는 청년시절 주돈이에게서 배웠다. 그는 훗날 "옛적에 주무숙周茂叔에게서 배웠는데, 매번 중니와 안자가 즐거워한 것과 무엇을 즐거워했는지를 찾게 하였다"[7]라고 말했다. 이로부터 공자와 안회가 어떻게 항상 정신상의 즐거움을 유지할 수 있었는지를 깨닫는 것이 신유가의 정신 면에서의 기본적인 요구가 되었다. 정호 자신은 이 '공안낙처孔顔樂處', 곧 공자와 안회의 즐거움의 문제에 대한 해답을 내놓지 않았다. 다만 그가 기술한 또 하나의 일화 속에서 '공자와 안회의 즐거움'과 자연의 의취意趣 간의 관련성을 엿볼 수 있으니, 바로 "주무숙을 다시 찾아 뵌 후에 음풍농월吟風弄月을 하면서 돌아갔는데, '나의 뜻은 증점曾點과 같다'라는 의미를 알게 되었다"[8]라고 말한 것이다. "음풍농월을 하면서 돌아간다"는 것은 곧 '즐거움'인데, 이 '즐거움'은 공자의 "나의 뜻은 증점과 같다"라는 의미를 체험한 것이다. 『논어』에 따르면, 공자가 제자들에게 각자의 포부를 물었을 때, 다른 이들은 모두 정사를 담당하는 관원이 되겠다고 말했으나 오직 증

---

6) 『二程遺書』, 卷6, "觀天地生物氣像."
7) 『二程遺書』, 卷2上, "昔受學於周茂叔, 每令尋仲尼顔子樂處, 所樂何事."
8) 『二程遺書』, 卷3, "自再見周茂叔後, 吟風弄月以歸, 有吾與點也之意."

점만이 대자연의 아름다운 풍광 속에서 가무와 놀이를 하고 유유히 즐거움을 얻고 싶다고 말했다. 이에 공자도 감탄하면서 말하길 "나도 증점과 같다"9)라고 하였다. 이는 정호가 이해한 '공안낙처'가 바로 대자연과 긴밀하게 연결되어진 '증점의 즐거움'이라는 점을 잘 말하고 있다. 또한 이런 의미에서 그는 자연계의 동식물에 대해 특별한 호감을 가졌다.

> 명도 서재의 창 앞에 무성한 풀들이 어지럽게 자랐는데, 어떤 이가 잘라 버리라고 권하니, "아니 된다. 나는 항상 만물이 창조되는 생명의 뜻을 보고 싶다"라고 말했다. 또한 작은 연못에 물고기를 몇 마리 기르면서 수시로 이를 살피니, 어떤 이가 그 까닭을 물었다. 이에 "만물이 자득하는 뜻을 보고 싶다"라고 말했다.10)

그는 또 "병아리를 보면 인仁을 알 수 있다"11)라고 말했다. 그와 동시대의 철학자였던 장재張載는 늘 "나귀의 울음소리를 살핀다"라고 말했다. 송명유학은 동식물과 자연계를 우주적 생명과 의미의 체현으로 보았고, '만물을 살핌'으로써 우주의 '생명 의미'를 체험하고자 했다. 이러한 자연의 생명 지향은 '인仁'과 불가분의 관계를 갖는다.

그러므로 '생명'은 송명유학에서 매우 중요한 의미를 지니는데, 『역전』에서는 "천지의 큰 덕을 생명이라고 말한다"와 "창생하고 또 창생하는 것을 역易이라고 일컫는다"라고 했다. 송명유학은 자연의 '생명'을 도덕적인 인仁

---

9) 『論語』, 「先進」, "吾與點也."
10) 『二程遺書』, 卷2上, "明道書窓前有茂草覆砌, 或勸之芟, 曰: 不可. 慾常見造物生意. 又置盆池畜小魚數尾, 時時觀之, 或問其故. 曰: 慾觀萬物自得意."
11) 『二程遺書』, 卷3, "觀鷄雛可以識仁."

과 동등하게 바라보았고, '생명'에 우주론적 의미를 부여하였을 뿐만 아니라 인류 도덕원칙의 근원으로 보았다. 정호는 말한다.

만물은 모두 봄의 생기를 지닌다.[12]

모종삼牟宗三은 이 말을 "만물은 도처에 생기로 가득 넘친다"라고 풀이했다.[13] 정호는 또 이렇게 말했다.

만물 창생의 의미는 가장 볼만한 것이니, 이것이 '원元은 선善의 생장함'이고, 이른바 인仁이다. 사람과 천지는 한 몸일 터인데, 사람만이 유달리 스스로 그것을 작게 여기니 어찌된 일인가?[14]

사람은 다만 이기적이 되어서 자기 몸뚱이로만 생각하려드니, 이치를 보는 바가 적어지게 된다.[15]

이 몸을 내려놓으면 모든 것이 만물 속의 하나로 보인다. 이 얼마나 홀가분한가.[16]

리학은 자연의 생명 가치를 우주의 본질과 도덕의 근원으로 보았으니,

---

12) 『二程遺書』, 卷2上, "萬物皆有春意."
13) 牟宗三, 『心性與性體』 第2冊(臺北: 正中書局, 1968), p.139.
14) 『二程遺書』, 卷11, "萬物之生意最可觀, 此元者善之長也', 斯所謂仁也. 人與天地一物也. 而人特自小之, 何耶?"
15) 『二程遺書』, 卷2上, "人只爲自私, 將自家軀殼上頭起意, 故看得道理小了它底."
16) 『宋元學案』(中華書局, 1986), 卷14, 「明道學案」, p.578, "放這身來, 都在萬物中一例看. 大小大快活."

이러한 사상은 매우 주목할 가치가 있다. 리학은 또한 인간과 자연만물을 '일체一體'로 보았다. 왜냐하면 인간과 자연만물은 존재적으로 본래 '하나'인 것이니, 바로 이 때문에 인간은 반드시 '만물일체'의 정신적 경지를 지녀야 한다. 단지 인간의 생리적 요구나 인간의 특별한 관점에서 자연만물을 대하는 것은 "자신의 몸뚱이로써 생각을 하는 것"에 불과하다.

3.

그러나 앞서 말한 주돈이, 장재, 정호의 '만물을 살핀다'(觀物)는 실천은 주관적으로 말하자면 당군의唐君毅가 말한 것처럼 "단지 예술적인 관조경지일 뿐"[17] 도덕적 경지는 아니다. 경지는 곧 태도로서, 관조경지는 곧 일종의 심미적 태도이자 경지이다. 심미적이고 예술적인 관조경지는 비록 유가가 지닌 것이지만 유가만의 전유물이 아니다. 도가와 중국불교에도 이러한 경지가 있다. 따라서 만약 유가의 자연관을 단지 예술적이고 심미적인 경지라고 보면, 비록 새로운 생태자연관의 자원 중의 하나가 되어 그 의의를 가지겠지만, 종국엔 도가의 자연관과 구별되지 않고 문학가나 시인들의 자연에 대한 관상 태도와도 구별될 수 없을 것이다.

내가 보기에 유가 자연관의 특색은 이보다는 송대 이래로 유가의 '인학仁學'을 거쳐서 발전된 인간─자연의 일체설에서 찾을 수 있다. 정호는 말한다.

인자仁者는 천지만물을 한 몸으로 삼으니, 내가 아닌 것이 없다. 나 자신임

---

17) 唐君毅, 『中國哲學原論─原教篇』(香港新亞研究所, 1977), p.139.

을 알게 되면, 어찌 이르지 않는 것이 있겠는가? 만약 나 자신에게 있지 않다면 자연히 나와 상관이 없게 되니, 이는 마치 손과 발이 불인不仁하여 기가 이미 통하지 않게 되어 모두 내게 속하지 않게 된 것과 같다.[18]

소위 '인자仁者'는 '인'의 경지에 도달한 유자儒者이다. 정호의 위 단락의 말은 윤리−사회적 해석을 넘어서고 있다. 자연−생태학적 해석으로 볼 때, 천지만물을 일체로 여긴다는 것은 모든 타자를 자신과 한 몸으로 여기는 것이자 천지만물 즉 자연세계의 모든 존재물을 자신과 한 몸으로 여기는 것이다. 소위 '일체—體'란 인간과 자연계 존재의 일체성을 의미한다. 이러한 시각에서 볼 때 자연계의 각 사물들은 자신의 일부분이며 자기 자신과 밀접한 관계를 갖는다. 인간−자연은 함께 한 몸을 이룬다. 이러한 존재의 일체성은 유자들에게 의식 중에 그것이 일체임을 뚜렷하게 자각하고 이로부터 만사만물에 대해 '인'의 태도를 품을 것을 요구한다. 이는 맹자가 "백성을 사랑하고 만물을 아낀다"(仁民愛物)라고 한 말에 대한 존재론적 지지이자 동시에 '인'을 인간으로부터 만물로 확장한 것이다. 이러한 세계관과 태도 속에서 자연계의 사물은 결코 우리의 '타자'도 아니고 우리와 대립하는 상이하고 무관한 타자도 아닌, 바로 '나' 자신의 일부이다. 이러한 세계관 속에서 '나'는 더 이상 '몸뚱이'에 갇힌 소자아가 아니라 자연 세계와 유기적으로 연결된 하나의 정체整體이다.

동시에 인간−자연의 존재적 일체성과 이 일체성의 자각은 또한 반드시 '기氣'의 관념을 통해서 성립된다. 예를 들면 정호가 "손과 발이 불인하여

---

18) 『二程遺書』, 卷2上, "仁者以天地萬物爲一體, 莫非己也. 認得爲己, 何所不至. 若不有諸己, 自不與己相干, 如手足不仁, 氣已不貫, 皆不屬己."

기가 이미 통하지 않게 되어 모두 내게 속하지 않게 된 것과 같다"라고 말한 것은, 곧 사지四肢가 마비됨은 '기'가 통할 수 없기 때문이며 따라서 자기 몸의 일부분으로 느낄 수 없음을 가정한 것으로, 이것이 바로 "스스로 제한을 짓는다"는 것이다. 따라서 '기' 관념의 필요성은 존재론적이면서도 경험론적이다.

장재張載는 기를 기초로 삼아 그의 저서 『서명西銘』에서 정호와 유사한 사상을 펼쳤다.

> 하늘을 일컬어 아비라고 하고, 땅을 일컬어 어미라고 하며, 나는 작은 존재로서 혼연히 그 가운데 거한다. 그러므로 천지의 충만함으로 나의 몸을 이루고, 천지의 다스림으로 나의 본성을 삼는다. 백성과 나는 형제이고, 만물과 나는 친구이다.19)

건乾은 하늘을, 곤坤은 땅을 가리킨다. 하늘이 아버지가 되고 땅이 어머니가 된다는 것, 이를 합쳐서 말하면 자연계는 인류의 부모이고, 나누어 말하면 하늘과 땅과 인류는 셋으로 병립한다는 뜻이다. 천지의 기가 만물과 인간을 이루니, 인간을 이루는 기도 만물을 이루는 기이다. 따라서 한 유자 개체로서의 입장에서 말하자면, 천지는 나의 부모이고, 백성은 나의 형제이며, 자연만물은 모두 나의 벗이다.

『서명』은 장재의 주장이 결코 심미적인 관조경지에 도달하는 것이 아니라, 이러한 방식을 통해 자아가 타인에 대해 그리고 자연만물에 대해 지녀

---

19) 『張載集』, p.62, "乾稱父, 坤稱母, 予玆藐焉, 乃混然中處. 故天地之塞吾其體, 天地之帥吾其性. 民吾同胞, 物吾與也."

야 하는 도덕적 의무를 더욱 심도 있게 이해하는 것임을 분명하게 드러내고 있다. 이러한 철학은 실제로 우주 또는 자연의 총체를 하나의 가정家庭으로 보았으니, 중국 고대인들이 이해한 가정은 함께 의무를 짊어지고 감정으로써 소통하는 구조를 이루고 있다. 우주 또는 자연을 하나의 가정으로 이해할 때 결국 사람은 마땅히 만물을 가족구성원으로 대하게 되고, 바꾸어 말하면 사람은 이로써 만물에 대해 마땅히 가족구성원으로 대하는 도덕적 의무를 짊어지게 된다.

4.

확실히 정호와 장재의 세계관과 자연관은 이미 심미적인 자연의 시각에서 윤리적인 자연의 시각으로 더욱 발전하였고 가치지향성을 띤 자연관이 되었다. 생태적인 해석으로 볼 때, 이것은 과거 중국의 자연관 영역 가운데 일종의 새로운 자연의 시각을 대표한다.

이 사상은 왕수인(王陽明) 철학 속에서 한 걸음 더 발전하였다.

(제자가) 묻기를, "사람의 마음이 만물과 한 몸을 이루는 것은 마치 나의 몸에 본래 피와 기가 흐르는 것과 같으니, 이를 동체라고 합니다. 만약 사람에게 있어서 몸을 달리 하면 금수와 초목이 더욱 멀어질 터인데, 무엇을 동체라고 말하는 것입니까?" 선생이 말하기를, "너는 단지 감응하는 작용 면에서 본 것이니, 어찌 단지 금수와 초목뿐이겠는가? 천지도 나와 동체이고 귀신도 나와 동체인 것이다." "다시 묻습니다." 선생이 말하기를, "네가 보기에 천지간에 무엇이 천지의 마음인가?" 대답하여 말하기를, "일찍이 사람이 천지의 마음이라고 들었습니다." 말하기를, "사람 중에 무엇을 마음이라고 하

는가?" 대답하기를, "단지 하나의 영명靈明입니다." 말하기를, "천지간에 충만한 것은 오직 이 영명임을 알 수 있으니, 사람은 다만 형체로 인해 스스로 간극을 지었을 뿐이다. 나의 영명은 곧 천지와 귀신의 주재이다. 하늘이 나의 영명이 없다면 누가 하늘의 높음을 우러러 헤아리겠는가? 땅이 나의 영명이 없다면 누가 땅의 깊음을 굽어 헤아리겠는가? 귀신이 나의 영명이 없다면 누가 귀신의 길흉화복을 분별하겠는가? 천지, 귀신, 만물이 나의 영명을 떠난다면 곧 천지, 귀신, 만물이 존재하지 않게 된다. 나의 영명이 천지, 귀신, 만물을 떠난다면 나의 영명 역시 존재하지 않는다. 이처럼 하나의 기로 유통하는 것이니 어찌 이들과 간극을 두고 격절됨이 있겠는가?"[20]

왕수인은 "하나의 기로 유통한다"는 것을 단지 신체의 "혈기가 유통한다"고만 여기지 않았다. 만약 단지 혈맥의 유통만으로 "만물과 한 몸을 이룬다"는 것을 이해한다면, 개체와 기타 존재물 간의 '한 몸'이란 관점은 성립되기 어렵다. 왕수인은 또한 '감응' 즉 '감통感通'의 차원에서 이해해야 한다고 생각했는데, 이럴 때에만이 천지 만물 및 자연과 사람, 개체와 타자 간에는 결코 '간극'이 없고 "하나의 기로 두루 통하는" 동체同體 및 일체─體를 이해할 수 있다. 여기서 이른바 '감응'은 인간의 심신과 만물 간의 상호 감통, 특히 마음의 만물에 대한 감수성을 의미한다.

---

20) 『傳習錄』下, "問: '人心與物同體, 如吾身原是血氣流通的, 所以謂之同體. 若於人便異體了, 禽獸草木益遠矣, 而何謂之同體?' 先生曰: '你只在感應之幾上看, 豈但禽獸草木. 雖天地也與我同體, 鬼神也與我同體的.' '請問.' 先生曰: '你看天地中間什麼是天地的心?' 對曰: '嘗聞人是天地的心.' 曰: '人又什麼教作心?' 對曰: '只是一個靈明.' 曰: '可知充塞天地中間只有這個靈明, 人只為形體自間隔了. 我的靈明便是天地鬼神的主宰. 天沒有我的靈明, 誰去仰他高? 地沒有我的靈明, 誰去俯他深? 鬼神沒有我的靈明, 誰去辨他吉凶災祥? 天地鬼神萬物離卻我的靈明便沒有天地鬼神萬物了. 我的靈明離卻天地鬼神萬物, 亦沒有我的靈明. 如此便是一氣流通, 如何與他間隔得?'"

주본사가 묻기를 "사람은 허령虛靈이 있으므로 비로소 양지良知가 있습니다. 풀과 나무, 기와와 돌 같은 것에도 양지가 있습니까?" 하니, 선생이 말하기를 "사람의 양지가 곧 풀, 나무, 기와, 돌의 양지이다. 만약 풀, 나무, 기와, 돌이 사람의 양지가 없으면 풀, 나무, 기와, 돌이 될 수 없다. 어찌 풀, 나무, 기와, 돌만 이렇겠는가? 천지도 사람의 양지가 없으면 천지가 될 수 없다. 무릇 천지만물과 사람은 본래 한 몸이며, 그 발산하는 것의 가장 정세한 곳이 사람 마음의 영명이다. 바람과 비, 이슬과 서리, 해와 달과 뭇별, 금수와 초목, 산천과 나무와 돌은 모두 사람과 본래 한 몸이다"라고 하였다.[21]

이 견해에 따르면, 사람과 천지만물은 하나의 정체整體이다. 이 정체는 한편으로는 '하나의 기'로 이루어져 있고, 다른 한편으로는 이 하나의 기로 이루어진 우주 속에서 오직 사람의 마음만이 가장 정세하고 영험하다. 따라서 사람의 마음은 하나의 기로 구성된 전체 세계의 '영명靈明 즉 그것의 이성, 정신, 양지良知로 이해된다. 그러므로 우주 체계의 성분인 '영명' 또는 '양지'는 사람의 양지일 뿐 아니라 초목, 금수 심지어는 기와와 돌의 양지이기도 하다. 하늘과 땅과 인간의 이러한 일체성은 유기적이다. 사람 또는 사람의 양지가 본원적인 유기적 일체성의 천지를 파괴하고 더 이상 본래 의미의 천지가 되지 않는 경우는 있을 수 없다. 이 사상은 유기적 총체로서의 우주적 관념에 기초하고 있음을 잘 알 수 있다.

왕수인은 「발본색원론」에서도 이렇게 말한다.

---

21) 『傳習錄』下, "朱本思問: '人有虛靈, 方有良知. 若草木瓦石之類, 亦有良知否? 先生曰: '人的良知就是草木瓦石的良知. 若草木瓦石無人的良知, 不可以爲爲草木瓦石矣. 豈惟草木瓦石, 天地無人的良知亦不可以爲天地矣. 蓋天地万物與人原是一體, 其發竅之最精處是人心一點靈明. 風雨露霜, 日月星辰, 禽獸草木, 山川木石, 與人原只一體.'"

성인의 마음은 천지를 한 몸으로 삼는다.…… 성인은 이를 근심하여 천지만
물 일체의 인仁으로 미루어 이로써 천하를 교화하고, 그들이 사사로움을 이
기고 병폐를 제거하여 그 마음의 같음을 회복하게끔 한다.[22]

"천지만물과 한 몸을 이룬다"는 것은 일종의 태도로서 천지만물을 한
몸으로 여기는 태도와 경지는 바로 "그 정신이 유행 관통하고 뜻이 통달하
여 타인과 나의 구분 및 만물과 나의 간극이 없는" 것이고, "그 원기가 두루
통하고 혈맥이 각기 뚫려서 가려운 것, 호흡하는 것, 느끼는 것, 정신 감응
등을 말하지 않아도 알게 되는 신묘함이 있다"[23]는 것이다. 여기서 '느끼고
감응함'은 앞서 말한 '감응'이고, '원기가 두루 통함'은 앞서 말한 '하나의
기로 유행 관통함'이니, 이것은 모두 나와 남의 분별, 나와 만물 간의 간극
이 없는 경지에 도달해야 함을 강조한 것이다.

왕수인은 『대학문大學問』에서 만물을 한 몸으로 삼는 사상 외에 만물을
한 집으로 여기고 천하는 한 사람과 같이 여기는 사상을 제시하였다. 그는
말한다.

대인은 천지만물을 한 몸으로 삼는 자이다. 그는 천하를 마치 한 집으로,
중국을 마치 한 사람으로 여긴다. 만약 살과 뼈를 따로 떼어 내고 너와 나를
나누는 자라면 소인일 뿐이다.[24]

---

22) 『陽明全書』, 卷2, "夫聖人之心以天地爲一體.……聖人憂之, 是以推其天地萬物一體之仁, 以敎
天下, 使之皆有以克其私去其蔽, 以復其心體之同然."
23) 『陽明全書』, 卷2, "其精神流貫, 志態通達, 而無有人己之分, 物我之間.", "其元氣周流, 血脈條
暢, 是以痒病呼吸, 感觸神應, 有不言而喩之妙."
24) 『陽明全書』, 卷26, "大人者, 以天地萬物爲一體者也. 其視天下猶一家, 中國猶一人焉. 若夫間形
骸, 分爾我者, 小人矣."

송명리학은 '대학'을 '대인의 학문'으로 해석했다. 왕수인은 한 걸음 더 나아가 '대인'과 '소인'을 다음과 같이 구분하였다. 곧 '대인'은 "천지만물을 한 몸으로 삼아 천하를 마치 한 집처럼 여기고 중국을 마치 한 사람으로 여기는" 자이고, '소인'은 "살과 뼈를 따로 떼어 내고 나와 너를 구분하는" 자로서 만물과 나를 한 몸으로 삼을 수 없으니, 앞서 말한 바와 같이 '자기 몸뚱이 속에서만 생각하고', '스스로 한정되고 격절되는' 자들이다.

'천지만물일체설'이 윤리적으로 지향하는 것은 '사랑'(愛)이다. 이 점에 대해 정호는 일찍이 이렇게 말했다.

> 인의 경지에 이르면 천지와 한 몸을 이루고, 천지간의 각종 사물과 수많은 형상을 자신의 사지와 육체로 삼는다. 사람이 어찌 자신의 사지와 육체를 보면서도 사랑하지 않는 이가 있으리오?[25]

고귀한 인仁의 경지는 천지만물을 '한 몸'으로 삼은 것으로서, 바꾸어 말하면 사람은 마땅히 자신과 천지만물 전체를 한 몸으로 여기고 만물과 형체를 자기 몸의 지체와 부분으로 여기는 것이다. 이러한 사람은 마치 자신의 몸을 아끼듯이 만물을 사랑할 수 있다. 자기 몸을 '내가 아닌' '남'으로 여기면 이것이 바로 불인不仁이다. 인仁이란 한 몸으로 여기며 사랑을 발하는 것이다. 이러한 경지 속에서 인간과 만물 및 자연은 '공생'할 뿐 아니라 '한 몸'이 되며, 인간은 자연 만물을 자기 몸의 일부로 여겨 친근감을 가질 뿐 아니라 자연 사물에 대해 도덕적 의무와 책임을 담당하게 된다. "인자는

---

25) 『二程遺書』, 卷2上, "若夫至仁, 則天地爲一身, 而天地之間品物萬形, 爲四肢百體. 夫人豈有視四 肢百體而不愛者哉?"

천지만물과 한 몸을 이룬다"는 자연관의 참된 의미는 이 '한 몸'의 자연관 속에서 인간-자연의 관계, 인간-만물의 관계가 '나와 타자'에서 '나와 자신'으로 전환되는 데에 있다. 이는 마치 마틴 부버가 말한 '나와 너'와 유사하다. 이러한 자연관 속에서 인간과 자연의 관계는 결코 인간과 동떨어진 타자의 관계가 아니라 인간과 자기 자신의 관계로 변하게 된다.

왕수인은 『대학문』에서 '한 몸'(一體)과 '감응'에 대해 더 자세히 설명하고 있다.

> 그러므로 어린아이가 우물에 빠지는 것을 보면 반드시 두렵고 측은한 마음이 들게 되니, 그 어진 마음이 어린아이와 하나가 된 것이다. 어린아이는 같은 부류이다. 새와 짐승이 슬피 울며 무서워 떠는 것을 보면 차마 어찌할 수 없는 마음이 드는 것은, 어진 마음이 새와 짐승과 하나가 된 것이다. 새와 짐승은 지각이 있는 것과 같다. 풀과 나무가 꺾이고 부러지는 것을 보면 안타깝고 가엾게 여기는 마음이 드는 것은, 그 어진 마음이 풀과 나무와 하나가 된 것이다. 풀과 나무는 생명 의지가 있는 것과 같다. 기와와 돌이 부서지고 깨지는 것을 보면 애석해하는 마음이 들게 되니 그 어진 마음이 기와와 돌과 더불어 하나가 된 것이다.…… 그런 까닭에 대인의 배움은 자신의 사욕의 폐단을 없애어 자신의 밝은 덕을 스스로 밝혀서 천지만물이 하나 되는 본연을 회복하는 것이다.[26]

그러므로 만물과 인간은 하나의 기로 유통되는 본원성의 관계에 처해

---

26) 『陽明全書』, 卷26, "是故見孺子之入井而必有怵惕惻隱之心焉, 是其仁之與孺子而爲一體也. 孺子猶同類者也. 見鳥獸之哀鳴觳觫而必有不忍之心焉, 是其仁之與鳥獸而爲一體也. 鳥獸猶有知覺者也. 見草木之摧折而必有憫恤之心焉, 是其仁之與草木而爲一體也. 草木猶有生意者也. 見瓦石之毀壞而必有顧惜之心焉, 是其仁之與瓦石而爲一體也.…… 故夫爲大人之學者, 亦惟去其私慾之蔽以自明其明德, 復其天地萬物一體之本然而已耳."

있을 뿐 아니라, 만물에 대한 감통과 사랑이 곧 사람의 본성이고 심체心體의 본래 모습이다. 따라서 '한 몸'은 객관적이고 실체적인 의미를 지닐 뿐 아니라 또한 태도이자 경지이며, 이 경지와 태도는 우주를 하나의 유기적 체계로 여김으로써 인간-자연이 밀접하게 관련되어 결코 분리될 수 없음을 드러내고 있다.

5.

송명유학의 만물일체설은 동시에 하나의 인설仁說이다. 그 핵심 사상은 만물일체를 인仁으로 여기는 것이다. '일체一體'는 '일신一身', '일가一家', '일인一人' 곧 만물일체萬物一體, 천하일가天下一家, 중국일인中國一人으로 표현된다. 정호에서 왕수인까지 그들은 모두 만물일체를 인식하는 자만이 인자이고, 만물일체의 인으로부터 발현된 사랑만이 인의 경지에 도달한 것이라고 생각했다. '만물'의 용법은 적법하게 자연과 그 각종 존재물이 모두 '인'의 대상임을 말한다. 따라서 인학仁學은 '인간'의 학문일 뿐만 아니라 인간이 어떻게 자연을 대할 것인가에 관한 학문이다. 송명유학의 인학이 생태학적 성향을 지니고 있음은 명백하다. 이러한 방향에 입각하여 독특한 생태철학의 체계와 세계관을 발전시킬 수 있다.

송명리학의 생태적 세계관은 '유기적 일체의 생태관'이다. 그 특색을 말하면 '도덕적 생태관'(Moral Ecology)이라 부를 수 있다. 여기서 '도덕적'이라는 용어는 모종삼牟宗三으로부터 취한 것이다. 모종삼은 '도덕의 형이상학'(道德底形上學)과 '도덕적 형이상학'(道德的形上學)을 구분하면서, '도덕의 형이상학'은 도덕에 관한 형이상학적 연구인 반면, '도덕적 형이상학'은 "도덕의 길을 따라 진입하는", 도덕으로 말미암아 형이상학에 진입하는 것이라고 말했다. 그러므로 '도덕적'이란 말의 핵심은 "도덕의 길을 따라 진입한다"는 데 있다.[27] 앞서 말한 송명유학의 만물일체설과 인설이 함축하는 생태적 세계관은 바로 심미적 관조의 경지와 달리 도덕의 길을 따라 진입하는 것으로서 송명유학 특유의 생태적 세계관이다.

송명신유가의 자연관이 지닌 특징은 자연을 정복의 대상으로 여기지 않고 인간과 만물이 유기체적 정체整體임을 힘써 강조하며, 인간과 자연의 관계를 '나와 타자'에서 '나와 자신' 또는 '나와 너'의 관계로 변화시키며, 심미적이고 관조적인 자연의 시각을 넘어 자연을 심미적 대상뿐 아니라 윤리적 대상으로 여기고 자신의 가족 구성원으로 여긴다. 또한 그들이 강조한 공동체 관념은 인류의 공동체가 아니라 인간을 포함한 자연공동체이다. 이는 초기의 마르크스가 말한 "자연은 인간의 무기체적 신체이다"[28]라는 것과도 다른 것으로, 인간과 자연이 함께 하나의 유기적인 몸을 이루고, 인간이 자연과 자연사물을 자신과 밀접하게 관련된 것으로 여기며 자기 신체의 일부로 여겨 사랑하고 아낄 것을 요구하며, 인간은 마땅히 자연만물에 대해 도덕적 의무감을 지녀야 한다고 주장한다.

이러한 철학의 기초는 원시적 무술巫術—신화적 세계관의 유기적 일체관을 넘어선다. 이 철학은 무술의 신비주의를 내포하지 않지만 단순한 자연주의도 아니고 '하나의 기로써 감통함'을 통해 '인仁'을 체현하며 생태윤리와 인간의 불인지심不忍之心을 결합하여 생태윤리의 내재적인 심성 근거를 발굴

---

27) 牟宗三, 「第3章 自律道德與道德的形上學」, 『心性與性體—綜論』(臺北: 正中書局), 1990.
28) 馬克思(Marx), 『1844年經濟學—哲學手稿』(人民出版社, 1985), p.52.

함으로써 '인'의 사상을 인도주의뿐 아니라 보다 보편적이고 도덕의 길을 따라 진입하는 우주관이 되게 한다. 이러한 '일체'설 혹은 자연적 공동체설은 마르크스의 말을 빌리자면 "철저한 자연주의 또는 인도주의로서, 유심주의와는 다르며 또한 유물주의와도 다르지만, 동시에 또한 양자를 결합한 진리이다."[29] 이것은 "완성된 자연주의로서 인도주의와 같고, 완성된 인도주의로서 자연주의와 같다. 이것은 인간과 자연계 사이 그리고 인간과 인간 사이의 모순을 진정으로 해결할 수 있는 것이다."[30]

20세기 말의 지구촌 인류는, 과거 인류와 크게 다른 점으로, 자신들이 지구의 생태시스템을 근본적으로 파괴할 수 있는 능력을 보유하고 있다는 사실을 뚜렷이 인식하고 있다. 20세기 인류의 활동은 이미 실질적이고 국지적이지만 매우 강력하게 자연생태를 파괴하였고, 인류가 살고 있는 환경 자체에 대해 중대한 위협을 가져왔다. 인류 문명의 수준이 높아갈수록 인류 스스로도 이 위협에 대해 더욱 민감해하고 있다. 인류 자신의 장기적인 생존을 위해서라도 반드시 '정복과 착취'를 특징으로 하는 낡은 인류중심주의를 바꾸어 새롭게 인류 공동생존에 걸맞게 자연을 대하는 태도를 모색해야 한다. 이 문제에 대해 유가전통의 자연관은 하나의 참조가 될 수 있다.

현대 서양철학과 문화의 생태세계관에 대한 반성은 종종 공정, 평등, 권리 등의 관념으로써 인간의 자연에 대한 도덕적 태도를 요구하였는데, 예를 들면 무감성적인 도덕상의 권리를 제창하고 공정과 평등의 태도를 자연계로 확대하는 것들이다. 이에 비해 유가전통이 제시한 것은 또 다른 그림으로, 인간과 자연을 하나의 정체적 구조로 여기며, 인간은 이 세계 전체 중에

---

29) 馬克思(Marx), 『1844年經濟學─哲學手稿』, p.124.
30) 馬克思(Marx), 『1844年經濟學─哲學手稿』, p.77.

포함될 뿐만 아니라 그 자신과 자연계의 모든 사물이 유기적으로 연관되었음을 반드시 자각해야 한다고 주장한다. 또한, 자연 사물을 자신의 일부분 혹은 자신의 가족구성원으로 간주하며 이로부터 인간의 자연사물에 대한 도덕적 의무를 확립하고 자연사물에 대해 우호적인 태도를 취할 것을 요구한다. 인간과 자연의 대립, 주체와 객체의 대립은 유학에서는 이해될 수 없는 것들이다. 유가철학 중에서 인간은 비록 중심이자 기점이지만, 이 중심적 지위를 인정하는 것은 인간이 우주적인 우월적 지위에서 출발하여 자연계를 마음대로 착취해도 되는 타자로 간주해도 되는 것은 결코 아니다. 유가가 부여한 인간의 중심적 지위란 인간의 이성(靈明, 良知)에 대한 신뢰이며, 인간은 능히 만물일체의 유기성을 자각할 수 있다는 것에 대한 믿음이다. 이러한 입장은 과거의 인류중심주의와 철저하게 인류중심주의를 폐기할 것을 요구하는 현대 사조 간의 균형을 제시하고 있다.

제6장 유가 예학과 현대사회

'예禮'는 동아시아 문화의 전통으로서, 오늘날 일본이나 한국 등지의 동아시아 사회에서 여전히 '예 문화'의 강렬한 특색과 영향을 뚜렷하게 발견할 수 있다. 대만지역과 혁명의 세례를 경험한 중국 대륙에서는 비록 형식적 예절의 측면을 그다지 중시하진 않지만 예 문화의 정신은 도처에서 엿볼 수 있다. 이러한 예 문화의 영향은 사람 간의 교류를 중시하고 상하 관계의 구분을 따지며 약속과 규범을 추구하는 곳에서 체현되며, 이는 동아시아 현대성 속의 전통적 요소가 되고 있다. 이 요소들은 현대화를 이롭게 하는 도구적 기능을 지닐 뿐 아니라 동아시아 민중이 적당하다고 느낄 수 있는 문화적 분위기를 갖춤으로써 동아시아 문화의 정신적 기질(ethos)이 되었다. 예 문화는 물론 동아시아의 제도 및 전통과 관련이 있지만 그 관련성이 절대적이지는 않다. 그 예로 일본은 종족제도를 받아들이지 않았지만 확실히 예를 중시하는 특색을 지녔으니, 이는 '예'가 이미 동아시아 문화의 정신적 전통이 되었음을 잘 말해 준다.

예가 하나의 규범 체계이자 유가 조직사회의 이상적인 방식이라면 이것이 현대사회에 또한 어떠한 의미를 지니는가? 다원문화가 시대의 조류가 된 현대세계에서 우리는 이를 진지하게 논의해 볼 필요가 있다. 20세기의 역사가 이미 증명하고 있듯이, 자본주의 경제의 충격이 세계를 뒤덮고 시장경제의 법칙이 지구촌의 21세기를 지배하고 있는 상황 속에서 단지 법률과 민주에만 의지해서는 질서 있고 조화로운 사회를 건설할 수 없다. 정신생활의 질을 향상시키고 도덕적 가치를 고양하며 인생의 방향을 계도하기 위해서는 각종 탐구를 개방할 필요가 있는데, 그 중의 한 과제는 곧 동아시아 전통 중의 예 문화를 선별하여 인문교육의 실시, 사회문제의 해결 및 인간관계의 조정에 효과적으로 적용시킴으로써, 인성의 가치를 드높이고 건전한 인격을 수립하며 조화로운 질서를 함께 창조하는 데에 도달하는 것이다.

1. 근대문화의 '예'에 대한 태도

1919년 5·4 신문화운동의 주제 중의 하나는 유가의 '예교禮敎'를 맹렬하게 비판하는 것이었고, 그 초점은 구식 가정이 청춘남녀의 애정과 혼인에 간섭하는 것을 비판하는 데 집중되었다. '반예교反禮敎'는 중국 근대 신문화운동의 가장 강력한 구호가 되었다. 당시 반예교의 대표 주자였던 진독수陳獨秀는 "유가가 말한 사회도덕과 생활은 예보다 큰 것이 없다"라고 말했고, "공자교의 핵심은 예교이고, 우리나라 윤리정치의 근본이다"라고 생각했다. 예교를 옹호하는 자들도 마찬가지로 예교를 유가의 근본으로 보았는데, 예를 들어 사유위謝幼偉는 "공맹孔孟의 가르침 역시 우선적으로 예를 중시했다.…… 모든 것은 예를 근거로 삼지 않은 것이 없으니 예를 천리天理의 절문節文으로 여기고 덕을 이루는 준칙으로 삼았다"[1]라고 하였다. 이렇게 볼

---

1) 이상은 모두 蔡尙思, 『中國禮敎思想史』(香港: 中華書局, 1991), pp.267·293에서 재인용함.

때, 예교를 반대하거나 옹호하는 이들 모두 예가 유가에 대해 중요한 의미를 지닌다는 점을 알고 있었다.

5·4 신문화운동의 '예교'에 대한 비판은 현대 유가사상가의 공감과 긍정을 불러왔다. 하린賀麟은 1940년대 초에 "신문화운동의 가장 큰 공헌은 유가의 굳어 버린 몸뚱이의 형식적인 겉치레와 개성을 속박하는 전통의 썩은 부위를 부수고 잘라낸 데 있다"라고 말한 바 있다. 또한 유가사상가들은 유가의 사상문화와 '예교'를 동일시할 수 없고 예교가 유가의 정수를 대표할 수 없으며, 예교에 대한 비판은 오히려 유학을 예교로부터 해방시켜서 건강하게 발전하도록 촉진시킨다고 생각했다. 따라서 "그것은 공맹孔孟과 정주程朱의 참된 정신, 참된 사상, 참된 학술이 아니므로, 도리어 이를 씻어내는 공부를 통해 공맹과 정주의 진면목을 드러낼 수 있다." 그러므로 "5·4 시대의 신문화운동은 유가사상의 발전을 촉진시킨 일대 전기로서, 겉으로는 신문화운동이 공자점孔子店을 타도하고 유가사상을 뒤엎은 운동이었으나, 실제로는 유가사상의 새로운 발전을 촉진시킨 공적과 중요성이 이전 시기 증국번曾國藩과 장지동張之洞이 유가사상을 제창한 것을 훨씬 뛰어넘는다."[2]

그렇다면 하린은 유가는 마땅히 그 예교 부분을 제거하고 새로운 발전을 모색해야 한다고 생각했는가? 그의 대답은 부정적이었다. 그는 유가의 예교가 본래 합리적인 부분을 지니고 있고, 이 부분은 서양의 종교문화를 흡수하여 더 충실해질 수 있다고 보았다. 그에 따르면 "유가사상은 본래 세 분야를 포함한다. 즉 리학理學으로써 격물치지하고 지혜를 탐구하고, 예

---

2) 이상 내용은 賀麟, 『文化與人生』(商務印書館, 1988), p.5를 참조.

교로써 의지를 도야하고 행위를 단정히 하며, 시교詩敎로써 성정性情을 기르고 생활을 아름답게 하는 것이다." 이로부터 그는 이렇게 주장했다. 첫째 반드시 서양철학으로써 유가의 리학을 발휘하고, 둘째 기독교의 정수를 흡수하여 유가의 예교를 충실히 하며, 셋째 서양의 예술을 터득하여 유가의 시교를 발양하여야 한다.[3] 예교는 유가 체계 중에서 종교적 면모를 가리키며, 그 기능은 이를 통해 사람들이 안으로는 화락하고 밖으로는 절조가 있게 하는 것이다.

하린이 예교를 유가의 종교적 면모로 다룬 것과는 달리, 풍우란馮友蘭은 '예'의 비종교적 특성에 주목하여 다음과 같이 말했다. "산타야나(Santayana, 1863~1952)는 종교 역시 미신적이고 독단적인 면을 버려야 한다고 주장하면서 시詩에 비유한 바 있는데, 유가의 상례와 제례에 대한 해석에 따르면 유가는 일찌감치 고대의 종교를 수정하여 시로 만들었다." 그러므로 유가가 말한 상례와 제례(喪祭禮) 등은 "시와 예술이지 종교가 아니다. 유가가 사자死者를 대하는 태도는 시적이고 예술적일 뿐 종교적이지 않으며", 또한 "이성과 감성을 함께 고려하므로" 마치 "우리가 시와 예술 안에서 정감의 위안을 얻을 수 있고, 동시에 이성적 발전을 이룰 수 있는 것"과 같다.[4] 사실 하린과 풍우란은 각자의 견해를 가지고, 이를 통해 예禮가 한편으로는 종교성과 종교성에 가까운 기능을 지니고 다른 한편으로는 일반 종교와 확연히 다른 면을 지닌다고 주장한 것이다.

양수명梁漱溟은 '예교'를 '예악교화禮樂敎化'로 이해하였다. 그의 사회적 이상은 천하가 공평하고 형률刑律을 사용하지 않고, "예악교화를 크게 진작함

---

3) 賀麟, 『文化與人生』(商務印書館, 1988), pp.8·9.
4) 馮友蘭, 「儒家關於喪祭禮的看法」, 『三松堂學術文集』(北京大學出版社, 1984), p.69.

은 인간 성정의 뿌리에서 착수하여, 천기天機가 살아 숨 쉬며 화락하고 평안한 마음을 도야하고 함양하는"[5] 것이었다. 그는 예악의 이상을 인류의 이상적인 사회모델로 생각했다.

2. 고대 유가가 말한 '예'의 의미

오늘날 우리는 유가의 예제禮制와 예속의례禮俗儀禮의 체계를 전부 복원시키려 기도할 수도 없고 해서도 안 된다. 우리는 다만 창조적인 전환과 비판적인 계승발전의 원칙을 따라, 유가 고례古禮의 정신, 구조, 성격, 원칙, 규범을 정련하여, 이로써 현대사회의 요구에 적응하고 현대 세계의 병증을 치료해야 한다. 그러나 앞서 언급했듯이 현대 유가사상가의 고대유가 중의 예교에 대한 이해가 각각 달라, 저마다 종교적 성격에 주목하거나, 시와 예술의 특징을 강조하거나, 또는 사회적 모델로 이해하였다. 확실히 '예'의 함의는 본래 매우 풍부하다. 그렇다면 유가사상사 속에서 '예'는 과연 어떻게 제시되었는가? 이에 대한 분석과 설명이 필요하다. '예'는 유가문화 속에서 최소한 여섯 가지의 함의를 지닌다고 볼 수 있다.

1. 예의禮義 ― Ethical Principle
2. 예악禮樂 ― Culture
3. 예의禮儀 ― Rite and Ceremony
4. 예속禮俗 ― Courtesy and Etiquette
5. 예제禮制 ― Institution

---

5) 梁漱溟, 「人心與人生」, 『梁漱溟全集』 第3卷, p.596.

6. 예교禮教 - Code

오늘날 우리가 유가의 '예' 문화를 토론하려면 이상의 분류에 기초하여 논의해야 할 것이다.

유가 예의 사상 전통에 따르면, 예의 의미와 변천에 대한 이해 중에서 가장 중요한 것은 '예'와 '의儀'를 구분하는 것, 혹은 후대의 유가가 즐겨 쓰던 또 다른 분류인 '예의 근본'과 '예의 절문節文'의 구별을 강조하는 것이다.

유가사상은 동아시아 기축문명(軸心文明)의 대표로서, 기축시대의 유가사상은 '예'의 문명과 매우 밀접한 관계를 지닌다. 서주시대의 예악문명은 유가사상의 모체이고, 기축시대의 유가는 '예'의 중시를 특징으로 한다. '예'의 중요성은 『예기』 중의 한 단락에서 잘 나타난다.

도덕과 인의는 예가 아니면 이루어지지 않고, 교훈과 올바른 풍속도 예가 아니면 갖추어지지 않는다. 분쟁과 송사는 예가 아니면 판결되지 않으며, 군신상하와 부자형제도 예가 아니면 정해지지 않는다. 관리와 학생이 스승을 섬김에 예가 아니면 친화되지 않으며, 조정의 반열과 군대의 지휘 그리고 관리의 부임과 법령의 집행도 예가 아니면 위엄 있게 실행되지 않는다. 천지신명에 복을 빌고 감은感恩을 고하는 제사, 조상에 대한 제사를 거행하고 귀신에 제수를 공양함에도 예가 아니면 정성스럽지 않고 장중하지 않다. 그러므로 군자는 공손하고 경건하며 삼가고 절제하며 물러서고 사양함으로써 예를 밝힌다.[6]

---

6) 『禮記』, 「曲禮」, "道德仁義, 非禮不成, 教訓正俗, 非禮不備. 分爭辨訟, 非禮不決, 君臣上下, 父子兄弟, 非禮不定. 宦學事師, 非禮不親, 班朝治軍, 涖官行法, 非禮威嚴不行. 禱祠祭祀, 供給鬼神, 非禮不誠不莊. 是以君子恭敬撙節退讓以明禮."

예는 도덕의 표준, 교화의 수단, 시비의 준칙이고 정치 관계와 인륜 관계의 분위체계分位體系이다. 예는 위엄의 기능이 있고 친화의 작용도 지닌다.

그러나 춘추시대 유사사상의 선구자들은 이미 '예'와 '의'의 차이에 주목해 왔고, 이는 『좌전』에 잘 드러난다. 유가의 경전문화 속에서 예와 의는 밀접한 관련을 지닌다. 『시경』에는 '예의禮儀'가 병칭된 사례가 있고, 『예기』에는 예를 말할 때 종종 『시경』 중의 '위의威儀'라는 용례를 인용했다. 따라서 예는 본래 의儀와 연결되어 있고 의와 떨어질 수 없으며, 의의 바깥에 따로 있지 않았다. 그러나 시대가 변천함에 따라 유가의 선구자들은 점차 예가 단지 의儀로 환원되는 것을 막고, 예와 의를 분리해야 함을 인식하게 되었다. 『좌전』의 기록에 따르면 다음과 같다.

노소공魯昭公이 진晉나라에 가서 교로郊勞에서 증회贈賄7)에 이르기까지 예를 잃음이 없었다. 이에 진후晉侯가 여숙제女叔齊에게 "노후魯侯가 역시 예禮에 뛰어나지 않은가?"라고 하자, 여숙제가 "노후가 어찌 예를 알겠습니까!"라고 대답하였다. 진평공晉平公이 "왜 그리 말하는가? 교로에서 증회에 이르기까지 예에 어긋난 것이 없는데 어찌하여 예를 모른다고 하는가?"라고 하니, 다시 대답하여 말하기를, "이는 의식儀式이지 예라고 말할 수 없습니다. 예는 나라를 지키고, 정령政令을 시행하며, 백성을 잃지 않는 것입니다. 그런데 지금 노나라는 정령이 가신의 수중에 있는데도 되찾지 못하고 있습니다. 또 자가기子家羈 같은 현자가 있는데도 등용하지 못합니다. 대국과 맺은 동맹을 어기고서 소국을 능멸하고 학대하며, 남의 화란을 자기 이로움으로 여기고 그것이 자기 화란이 될 것임을 알지 못합니다. 공실公室이 넷으로 쪼개져 백성들은 저들에게 붙어먹습니다. 백성들의 생각이 노공에게 있지 않는데도

---

7) '교로'는 외국의 임금이나 사신 행차가 근교에 도착하면 영접하는 것이고, '증회'는 외국 사절이 돌아갈 때 예물을 건네는 것이다.

노후는 그 결과를 예상하지 못하고, 일국의 군주가 되어 화란이 장차 몸에 미치려 하는데도 자기 지위를 걱정하지 않습니다. 예의 본말이 여기에 있는 것인데, 부지런히 의식을 익히는 것으로 급급하니 예에 뛰어나다는 말은 역시 거리가 멀지 않겠습니까?'라고 하였다.[8]

이는 의식상에서 읍양揖讓하고 진퇴進退하는 행위는 정해진 예절에 따라 행하는 것들로서, 단지 '의儀'일 뿐 '예'가 아님을 말하고 있다. 의는 예의 말단이고 곁가지일 뿐 예의 근본이나 뿌리가 아니다. 예의 근본은 반드시 건전한 정치질서와 민중의 지지를 통해 드러나고 국가 간에 신의를 강조하고 약소국을 업신여기지 않는 데서 구현된다. 만약 이것들을 행하지 않고 단지 의식상의 예절만을 꾀한다면, 이는 예를 안다고 말할 수 없다. 『좌전』 '소공 25년'에는 이 문제를 또 언급하고 있다.

자태숙이 조간자를 만났을 때, 간자가 읍양揖讓·주선周旋[9]의 예를 묻자, 자태숙이 "이는 의식이지 예가 아닙니다"라고 대답하였다. 간자가 "감히 묻거니와 무엇을 예라고 합니까?"라고 묻자, 자태숙이 대답했다. "제가 선대부 자산에게 들으니 '예란 하늘의 법칙이고 땅의 법도이고 사람이 실천할 바라 하더이다. 천지의 법칙을 백성이 실제로 본받는 것이니, 하늘의 밝음을 본받고 땅의 본성을 따라야 하는 것은 육기六氣를 내고 오행五行을 운용하기 때문입니다.……"[10]

---

8) 『左傳』, '昭公五年', "公如晉, 自郊勞至於贈賄, 無失禮. 晉侯謂女叔齊曰: '魯侯不亦善於禮乎? 對曰: '魯侯焉知禮!' 公曰: '何爲? 自郊勞至於贈賄, 禮無違者, 何故不知?' 對曰: '是儀也, 不可謂 禮. 禮所以守其國, 行其政令, 無失其民者也. 今政令在家, 不能取也. 有子家羈, 弗能用也. 奸大 國之盟, 陵虐小國, 利人之難, 不知其私. 公室四分, 民食於他. 思莫在公, 不圖其終, 爲國君, 難將 及身, 不恤其所. 禮之本末將於此乎在, 而屑屑焉習儀以亟, 言善於禮, 不亦遠乎?"

9) 옮긴이 주: 손님과 주인이 상견할 때 서로 예법에 따라 인사하고 사양하며 주거니 받거 니 하는 동작.

이 또한 읍양·주선의 의식과 예절은 단지 의儀일 뿐이지 예는 아님을 말하고 있다. 예는 천지의 도라는 법칙, 즉 예의 근본인 이치(理)를 체현해야 한다.

공자는 확실히 이 사상을 계승하여 '인仁'을 제시하였으니, 곧 예악문화 중에서 도덕정신을 끌어올린 것이다.

예이다, 예이다 하지만, 그것이 그저 옥과 비단 같은 폐백을 말하는 것이겠는가? 악이다, 악이다 하지만, 그것이 그저 종과 북 같은 악기를 말하는 것이겠는가?[11]

사람이면서 인하지 못하면 예로써 어찌할 수 있겠는가? 사람이면서 인하지 못하면 악으로써 어찌할 수 있겠는가?[12]

예악은 단지 제사와 악무樂舞처럼 외적 형식만이 아니라 인仁으로 대표되는 도덕원리이기도 하다. 『예기』는 이 사상을 한층 더 발전시켰다.

선왕이 예를 세움에 있어서, 근본이 있고 절문이 있다. 충신忠信은 예의 근본이고, 의리義理는 예의 절문이다. 근본이 없으면 바로잡을 수 없고, 절문이 없으면 실행될 수 없다.[13]

---

10) 『左傳』, '昭公二十五年', "子大叔見趙簡子, 簡子問揖讓周旋之禮焉, 對曰: '是儀也, 非禮也.' 簡子曰: '敢問何謂禮?' 對曰: '吉也聞諸先大夫子産曰: 夫禮, 天之經也, 地之義也, 民之行也. 天地之經, 而民實則之, 則天之明, 因地之性, 生其六氣, 用其五行.……'"
11) 『論語』, 「陽貨」, "禮云禮云, 玉帛云乎哉? 樂云樂云, 鐘鼓云乎哉?"
12) 『論語』, 「八佾」, "人而不仁如禮何? 人而不仁如樂何?"
13) 『禮記』, 「禮器」, "先王之立禮也, 有本有文. 忠信, 禮之本也. 義理, 禮之文也. 無本不正, 無文不行."

나라를 다스림에 예로써 하지 않는 것은 보습 없이 밭을 가는 것과 같고, 예를 행함에 있어 의義에 근본을 두지 않는 것은 밭을 갈고 씨를 뿌리지 않음과 같다.[14]

"충과 신은 예의 근본이다"라는 말은 도덕이 예의禮儀의 근본이고, 이 근본은 예의 뿌리인 의義로서, 이 의는 곧 예의를 가리킨다. "의와 이치는 예의 절문이다"라는 말에서 '절문'은 곧 형식으로서, 여기서 '의리義理'는 구체적인 절목을 가리키는데, 「예운」에서 "의義는 예의 나뉨이고 인의 마디이다"라고 말한 것과 유사하다. 이러한 예와 의의 구분, '예의 근본'과 '예의 절문'의 구분은 후대 유가가 예를 논하는 가장 기본적인 원칙이 되었다. 이 때문에 반예교反禮敎의 영웅으로 불린 오우吳虞조차 "오늘날 우리가 공격하는 것은 예교이지 예의禮儀가 아니다"라고 말한 것이다.

오늘날 우리가 선양해야 할 것은 예의 근본이지 예의 절문이 아니다.

3. '예'의 정신

만약 예를 의식과 읍양진퇴의 의절儀節로 환원시킬 수 없다면, 예의 근본과 예의 뜻은 무엇인가? 예의 근본은 의식과 의절이 아니지만 예가 체현하는 도덕정신은 유가도덕의 전체와 동일시될 수 없으니, 이는 여전히 어떤 범주와 특정 측면을 지니고 있다. 「예운」에서는 이렇게 말하고 있다.

예란 것은 반드시 하늘에 근본을 두고 땅과 조화를 이루며 귀신과 나란히

---

14) 『禮記』, 「禮器」, "治國不以禮, 猶無耜而耕也, 爲禮不本於義, 猶耕而弗種也."

함으로써, 상제, 사어, 관혼, 조빙에 통달하게 하는 것이다.15)

이는 예가 천지의 도에 뿌리를 두고 귀신과 서로 어우러져서, 인사人事의 예의禮儀 가운데 구현됨을 말하는 것이다. 또 다음과 같이 말하고 있다.

그러므로 성인이 사람의 칠정七情16)을 다스리고, 십의十義17)를 닦으며, 신의를 중시하고, 화목을 닦아 가며, 겸양을 숭상하고, 쟁탈을 제거하는 데 있어서, 예를 버리고 무엇으로 다스릴 수 있겠는가?18)

기뻐하고 성내고 슬퍼하고 두려워하고 사랑하고 미워하고 욕심내는 일곱 가지는 '인정人情'이고, 아버지는 자애하고 아들은 효도하며 형은 어질고 아우는 공경하며 남편은 의롭고 아내는 순종하며 어른은 베풀고 아이는 따르며 임금은 인자하고 신하는 충성하는 이 열 가지는 '인의人義'이다. 예의 목적은 인정을 다스리고 인의를 닦는 것이고, 이 다스리고 닦는 것의 요지는 "신의를 중시하고 화목에 힘쓰며 사양辭讓을 높이고 싸움을 없애는 것"이다. 이 공경, 사양, 화목, 신의의 요지가 곧 예의 근본이자 예의禮義이므로, "예의는 사람의 큰 단서이다"라고 말한 것이다.

그러므로 우리는 예의 정신과 뜻을 아래와 같이 요약할 수 있다.

---

15) 『禮記』, 「禮運」, "夫禮, 必本於天, 肴於地, 列於鬼神, 達於喪祭, 射御, 冠婚, 朝聘."
16) 喜怒哀懼愛惡欲의 7가지 기본 감정을 말한다.
17) 아버지는 자애하고(父慈), 아들은 효도하며(子孝), 형은 어질고(兄良), 아우는 공경하며 (弟弟), 남편은 의롭고(夫義), 아내는 남편에게 순종하며(婦聽), 어른은 은혜를 베풀고(長惠), 어린이는 유순하며(幼順), 임금은 인애하고(君仁), 신하는 충직스러운(臣忠) 10가지 올바른 태도를 말한다.
18) 『禮記』, 「禮運」, "故聖人所以治人七情, 修十義, 講信修睦, 尙辭讓, 去爭奪, 捨禮何以治之?"

1. 예는 공경과 겸양을 중시한다.

   『좌전』에서는 "사양은 예의 핵심이다"라고 했고, 『예기』 「경해」에도 예는 '공경과 겸양의 도'라고 말했다.

2. 예는 교제의 평등을 중시한다.

   『예기』, 「곡례」, "예는 주고받는 것을 숭상한다."

3. 예는 비법률적으로 유지되는 질서를 추구한다.

   『논어』, "정치로써 인도하고 형벌로써 질서 지우면 백성들은 모면하려고 하고 부끄러워하지 않으나, 덕으로써 인도하고 예로써 질서 지우면 부끄러워하고 바꾸려고 한다."

4. 예는 조화와 질서의 통일을 중시한다.

   예는 예악의 총칭으로서, 그 중에 예는 질서를 위주로 하고, 악은 조화를 위주로 한다. 그러므로 예는 질서와 조화의 통일이다.

5. 예는 남을 귀하게 여긴다.

   『예기』, 「방기」, "군자는 남을 귀하게 여기고 자신을 낮추며, 남을 앞세우고 자신을 뒤로 물리니, 백성들이 기꺼이 양보한다." "선은 남에게 돌리고 허물은 자신에게 돌리니, 백성들이 다투질 않는다."[19]

   『예기』, 「표기」, "군자는 공손하고 검소하여 인을 행함에 힘쓰고, 신실하고 사양하여 예를 행함에 힘쓴다. 스스로 자기 일을 높이지 않고, 스스로 자기 몸을 높이지 않으며, 자리에 연연하지 않고 욕심을 줄이며, 어진 이에게 양보하고, 자기를 낮추어서 남을 높이며, 조심하여 의를 경외한다."[20]

---

19) 『禮記』, 「坊記」, "君子貴人而賤己, 先人而後己, 則民作讓.", "善則稱人, 過則稱己, 則民不爭."
20) 『禮記』, 「表記」, "君子恭儉以求役人, 信讓以求役禮. 不自尚其事, 不自尊其身, 儉於位而寡於慾,

이로부터 이렇게 말할 수 있다.

'예'가 체현하는 도덕정신은 남을 귀히 여기고 사양하는 것으로서 상대방에 대한 존중이 두드러진다.

'예'가 추구하는 사회적 이상은 질서 있는 조화이며, 특히 질서에 있다.

'예'의 본질은 비법률적으로 유지되는 사회조직의 방식을 실현하는 데 있다.

'예'의 구현은 행위와 정신 면에서 고도의 문명수준에 도달하는 것이다.

4. '예'의 성격과 표현

'예'의 성격에 대해 우리는 세 부류의 판단으로 분류하여 다시 살펴보려고 한다. 이 세 부류의 판단은 "…… 이고, …… 아니다"의 형식으로 표현되는데, 이는 거시적으로 '예' 문화의 다양한 특징을 잘 드러낸다. 당연히 예는 어떤 측면에서는 "…… 이기도 하고, 또 …… 이기도 하다"는 유형을 지닌다. 그러나 본문에서는 예의 주요 성격을 드러내기 위해 이 형식을 논하지는 않겠다.

제1조:
예는 인문적이고, 신성神性적이지 않다.
예는 입세적이고, 출세적이지 않다.
예는 문명적이고, 야만적이지 않다.
예는 교류적이고, 자기중심적이지 않다.

讓於賢, 卑己而尊人, 小心而畏義."

예는 온정적이고, 냉담하지 않다.
예는 이성적이고, 폭력적이지 않다.
예는 왕도적이고, 패도적이지 않다.

이 조의 판단 속에서 예의 적극적인 인문적 의미가 잘 드러난다. 이 특징들은 자료를 들어 다시 증명하거나 해석할 필요가 없다. 그러나 "예는 인문적이다"라는 점을 논하자면, 선진시기 예악체계 중에 일부는 초기 종교와 긴밀히 연계되어 있었다. 그리고 예악문화는 전체적으로 고대종교로부터 진화해 나온 인문 문화과정의 결과이지만, 일부 신성적인 요소를 보존하고 있다. 근세유학은 한층 더 고대종교의 흔적을 제거하였지만 천지와 친속의 제사에 관한 부분은 여전히 종교적 내용을 간직하고 있으니, 이 때문에 로저 에임스(Roger T. Ames)는 유학을 '무신無神의 종교'라고 칭한 것이다. 이는 또한 하린賀麟이 그 종교의 면모를 강조한 주된 원인이었다.

제2조:
예는 교화적이고, 민주적이지 않다.
예는 규범적이고, 비판적이지 않다.
예는 규율적이고, 자유롭지 않다.
예는 타율적이고, 자율적이지 않다.
예는 의무적이고, 권리적이지 않다.
예는 집단적이고, 개인적이지 않다.

예는 비록 민주적이지 않지만 예의 교화적 기능은 민주와 배치되지 않으며 민주사회의 구속 조건과 보완기능이 될 수 있다. 예는 비록 비판적이지 않지만 예의 사회적 규범기능은 매우 적극적이고, 예의 규범적이고 보수적인 기능은 다른 문화비판적 요소와 상호작용을 일으킨다. 예는 타율적이지만 타율 속에 적극적 의의를 내포하고 있으므로 자율만이 도덕 완성의 유일한 길이라고 말할 수 없다. 도덕의식의 관습과 사회질서의 건립에 도움이 되는 모든 요소들은 마땅히 긍정되어야 한다. 예가 집단적 이익과 의무를 중시하고 개인 중심의 권리를 중시하지 않는다는 것, 이것이 바로 예문화의 특색이다. 이 점은 개인권리를 내세우는 현대사회의 제도문화와 균형을 이룰 수 있다.

그러므로 제2조의 판단을 정확히 이해하려면 일원화의 관점을 극복하고 음양평형의 변증적 관점을 수립해야 한다. 만약 형식주의로써 하나의 가치만을 추구하거나 모든 가치를 만족시키려는 것이 아니라 대립적 통일의 이론을 견지한다면 이해하기 어렵지 않으며, 현대성의 가치 중에서 단지 민주, 자유, 비판, 권리만을 강조하고 교화, 규범, 의무, 공동체를 간과한다면 이는 예 또는 예와 유사한 것들로써 보완할 필요가 있다.

고대 동아시아의 예가 일원화되고 모든 것을 덮어 버리는 제도체계의 역할을 한 것과는 달리, 21세기의 '예'는 현대문화의 체계 속에서 "한 번 양하고 한 번 음하니 이를 일컬어 도라고 한다"는 격식 중의 한 축을 담당할 수 있다. 이를 통해 현대사회가 충돌은 있으나 조화를 잃지 않고, 변화는 있으나 질서를 저버리지 않으며, 민주를 중시하면서도 교화를 놓치지 않고, 비판정신이 있으면서 전통적 규범을 상실하지 않으며, 권리를 신장시키면서도 의무를 저버리지 않고, 개인을 중시하면서 집단을 잊지 않을 수 있으며, 심지어는 의무, 책임, 집단적 문화구조가 돋보이는 제도를 수립할 수 있다.

제3조:

예는 사회등급적이고, 사회평등적이지 않다.

예는 남성중심적이고, 성적으로 평등하지 않다.

근대 이래로 유가에 대한 적지 않은 비판이 있었고, 그 주된 논지는 예의 불평등적인 특색에 관한 것이었는데, 이를 다시 둘로 나누면 하나는 사회적 불평등이고 다른 하나는 성적인 불평등이다. 로저 에임스가 등급제도와 민주 관념은 물과 기름처럼 뒤섞일 수 없는 관계가 결코 아니라고 했지만, 우리는 여전히 이 부류의 판단이 고대사회가 만든 예 문화의 결점과 한계를 지적한 것이라 생각한다. 예 문화는 현대사회의 발전 속에서 반드시 창조적 전환을 통해 예 전통에 대한 계승적인 면과 비판적인 면을 함께 가져야 한다.

사실상 예의 내부에는 모순이 존재하는데, 한쪽에서 예는 등급적이고 차별적이지만 다른 한쪽에서 예는 적용의 범주 속에서 평등의 정신을 지닌다. 『예기』「곡례」의 "예는 주고받는 것을 숭상한다"라는 언명은, 예가 나와 타인 간의 교류에서 평등을 요구하고 있음을 가장 잘 보여 주고 있다. 우리는 유가 고례古禮의 의식과 예절을 양기揚棄하고, 현대사회의 교류에 적응하는 예절은 발전시키되, 진부한 예의 등급적 유산이 점유한 제도는 일소하고, 주고받음을 숭상하는 예의 평등정신을 드높여야 한다. 예의 '주고받음을 숭상함'은 소극적 평등이고, 공경하고 사양함을 귀하게 여김은 적극적 평등을 보여 주는 것이다.

5. 예의 역사적 변천

11세기 이후 유가의 예학은 고대와 견주어서 또 다른 특색을 지닌다. 중국 송·명·청대의 예악은 우리에게 가장 친숙한 예학 전통이고 오늘날 동아시아 삶 속의 예학 전통에 직접적인 영향을 끼쳤으므로, 예학의 창조적 전환과 비판적 계승은 모두 이 시대의 예학을 기초로 삼지 않으면 안 된다.

중국을 예로 들면, 송대 이후의 예는 주로 종족 생활에 적응하는 측면의 가례家禮였다. 이 시기에 조정에서 알현하고 방문하는 예는 단지 황실과 외부 교류의 경우에만 남아 있었고, 사회문화 영역에는 주로 상례, 제례, 혼례가 유행했으며, 예를 갖춘 주례는 그리 보존되지 않았다. 송대 이후의 예의 경우, 상례와 제례는 주로 부자父子의 은혜, 장유의 질서를 밝히는 것이었고, 관혼의 예는 생명축제의 의식전례가 되었으며, 도덕교화의 기능은 성현의 책을 읽고 교사와 벗을 가까이 함으로써 실현되었으니, 이는 선진시기와 큰 차이를 보였다.

유가의 예학이 고대부터 근세에 이르기까지 변해 오면서, 내가 보기에 고대 유가의 예 문화는 정체주의整體主義적이어서 정치, 제도, 문화를 모두 포괄한 반면, 근세 유가가 강조한 예 문화는 그 주력 방향이 오로지 '가례家禮'와 '향례鄕禮'에 있으며 기층 사회에 뿌리내렸다. 이는 사마광의 『서의書儀』와 주희의 『가례』에서 잘 나타나 있다.

주희의 『가례』「서序」에는 다음과 같이 말하고 있다.

무릇 예란 근본이 있고 절문이 있으니, 집안에서 시행하는 것으로 말하자면, 명분의 고수와 사랑과 공경의 실천이 그 근본이고, 관혼상제를 비롯한 다양한 법식 예절이 그 절문이다.…… 삼대의 일이 예경에 다 갖추어져 있으나,

궁에서부터 농가에 이르기까지 오늘날까지도 남아 있는 사물과 의복 제도, 출입기거의 예절은 모두 이미 시대에 들어맞지 않는다.[21]

여기서 '절문'은 형식적 예절로서, 가변적이고 시대환경에 따라 바뀐다. 반면 '본체'는 불변하는 기본적 정신 원칙이다. 따라서 주희는 『가례』를 지었을 때, 단지 그 근본적인 요지를 취하고 가례를 통례通禮, 관, 혼, 상, 제 등의 다섯 부분으로 나누었다. 통례 중에 있는 '거가잡의居家雜儀'는 사마광의 『서의書儀』에서 취한 것이다. 그러나 『서의』의 '거가잡의'는 혼례 뒤에 책정되어 있으나 주희는 '거가잡의'를 통례 속에 포함시켰다. 이러한 편집은 까닭이 있는데, '통례' 중의 일부는 관혼상리사례冠婚喪理事禮와 다른 가정 통례가 되어서, 그 내용이 일반적인 어른, 아이, 자식, 아내의 의무와 행위 규범을 논하고 있고, 그 요지는 존비尊卑의 구분, 장유長幼의 구분, 남녀의 구분에 관한 것이기 때문이다. 이 내용은 생명예절에 속하기보다는 윤리규범에 관한 것으로서, '명분을 지킴', '사랑과 존경의 실속'과 더 직접적으로 관계된다.

송대 이후 유가의 예학은 학술 영역 외에, 실천 방면에서 가례의 설계와 실천에 집중되었다. 송명유가의 '가례'에 대한 견해는 고대와는 달라서, 이 시기에는 국가 대법으로서의 예악제도가 이미 확립되어 있었으므로 이를 토론하거나 고무시키거나 논증할 필요가 없었고, 유가의 관심을 단지 종법 범주 안에 두거나 가족 범위 내에 둘 수 있었다. 관혼상제의 예가 유가 사대

---

21) 朱子, 『家禮』, 「序」, "凡禮有本有文, 自其施於家者而言之, 則名分之守, 愛敬之實, 其本也, 冠婚喪祭, 儀章度數者, 其文也.……三代之際, 禮經備矣, 然其存於今者, 宮廬器服之制, 出入起居之節, 皆已不宜於世."

부들에게 주는 의의는 단지 사대부 신분으로서의 자아인식과 견지였고, 마치 사대부에게 문학 수양이 필요하듯이, 이 문화계층은 양생養生과 송사送死에 대해 서민과 구별되는 방식을 가지고 있었다. 송유宋儒는 대체로 이 네 가지 예가 도덕에 직접적인 작용을 한다고 믿지 않았으므로 특별히 거가통례居家通禮라는 일련의 규범을 만들어 존비와 장유의 예를 강조한 것이다. 당연히 거가통례와 그 밖의 혼상婚喪예의는 사대부 문화가 시범적 기능을 지녔던 근세사회 속에서 민중의 정신문명을 고양하는 풍속 개량의 작용을 하였다.

선진유가가 정체적인 예로써 정치-문화 일체의 문제를 어떻게 해결할 것인가를 연구하는 데 치중했다면, 주희와 왕수인과 같은 송대 이후의 유가는 이를 "가정에서 시행하고 말한다"라고 제한을 두었으니, 이는 순자가 예로써 치국하려던 논조와는 확연히 다른 것으로 일상생활 규범으로의 전면적인 전환을 드러낸 것이다.

6. 예의 사회적 모델

예의 원시적 뜻은 본래 예속禮俗의 의미, 즉 풍속과 습관의 의미를 포함하고 있는데, 그 후 규범체계, 준칙체계, 의절儀節체계로 변화하였다.

예는 법률이 아니고 도덕과도 동일하지 않다. 예는 법의 기능을 지니고 도덕적 함의도 갖지만, 예는 사회조직과 관리방식의 모델이 되어 습속과 의식으로써 사회의 질서와 조화를 실현한다. 혹자는 의식과 예절을 예속으로 변화시켜 사회적 기능을 담당한다고 말하기도 한다.

『예기』「경해」에서는 예의 작용에 대해 이렇게 말한다.

그러므로 이로써 종묘를 받들면 공경하게 되고, 조정에 들어가면 귀천의 지위가 바로 서며, 집에서 처신하면 부자가 친애하고 형제가 화목하게 되며, 마을에서 처신하면 장유의 질서가 있게 된다.…… 그러므로 조근하는 예는 군신 간의 의를 밝히는 것이고, 빙문하는 예는 제후들로 하여금 서로 존경하게 하는 것이며, 상 치르고 제사 지내는 예는 신하와 자식의 그 군주와 어버이에 대해 은혜로이 여기는 마음을 밝히는 것이고, 향음주[22]의 예는 장유의 질서를 밝히는 것이며, 혼인의 예는 남녀 간의 분별을 밝히는 것이다.[23]

유가의 예학 중에 조근朝覲, 빙문聘問, 상제喪祭, 향음주鄕飮酒 등의 예는 하나의 정체적 습속과 의식으로서, 유가의 이상은 이러한 의식과 풍속을 통해 개인과 개인, 집단과 집단 간의 특정한 관계 관념 즉 윤리 관념을 양성하는 것이다. 이러한 조직사회의 방식과 문명모델은 고대 씨족사회의 전통에서 기원한다. 유가는 이 전통을 발전시켜 의식과 습관을 제고하고 문명화하며, 명확한 윤리 도덕적 해석을 가하여 그 사회적 이상을 실현하였다. 주대周代의 예가 비록 제도를 포함하고는 있었지만, 유가의 예는 정치적 행정제도를 말하는 것이 아니라 이처럼 문명화한 풍속과 의식체계를 가리킨다. 습속과 의식은 법률적이지도 도덕적이지도 않은 방식으로 사람 간의 관계를 조절하고, 도덕수양에 비하면 의식과 습속은 사회적이고 비개인적인 작용을 더

---

22) 마을의 선비들이 모두 모여서 잔치를 벌여 예의와 절차를 지키며 술을 마시는 일.
23) 『禮記』,「經解」, "故以奉宗廟則敬, 以入朝廷, 則貴賤有位, 以處室家, 則父子親兄弟和, 以處鄉里, 則長幼有序.……故朝覲之禮, 所以明君臣之義也, 聘問之禮, 所以使諸侯相尊敬也, 喪祭之禮, 所以明臣子之恩也, 鄉飲酒之禮, 所以明長幼之序也, 昏姻之禮, 所以明男女之別也."

욱 강조한다.

앞서 말한 바와 같이, 예는 대본, 대의, 대경, 대륜의 뜻을 지닌다. 그러나 만약 예를 단순히 이러한 '의미'이자 '정신'으로만 이해한다면, 이는 일반적인 가치체계가 되어 흔히 말하는 유가 또는 기타 문화전통 중의 가치체계와 별다른 차이가 없게 된다. 결국 '예'는 단지 경전의 체계만이 아니라 하나의 실천 체계이자 실천 전통임이 분명하다. 단지 '의미'만을 말해서는 '예'의 특색을 드러낼 수 없고 유가의 '예학'과 '인학仁學'을 구분할 수도 없다.

그렇다면 예의 특수성은 어디에 있는가? 예는 유가의 도덕관념과 윤리정신이 삶 속에서 실제로 조절 가능한 구체적인 실천방식이 된 것이다. 『논어』, 『맹자』, 『대학』, 『중용』 등의 책은 유가의 사회관계와 사회윤리에 대한 일련의 관념의 말하였는데, 이러한 관념이 생활세계에서 작용하려면 운용할 수 있는 구체적인 형식과 수단이 반드시 필요하다. 유가는 고대문화의 모델을 창조적으로 발전시키고, 고대의 대표적인 습속과 예절의식을 구체적인 실천 노선으로 확립함으로써, 중심적인 정신 관념을 장기적인 내화의 과정을 통해 인간의 구속력이 있는 윤리 관념과 비법률적이고 비제도적인 규범이 되기를 도모한 것이다.

그러므로 유가 예학의 실천 방식은 "예로써 다스리는" 사회 관리이고 "덕으로써 양육하는" 윤리 질서이다. 이것이 예가 될 수 있는 관건이므로 곧 "예의 교화는 정미하니 사악함을 멈추게 하나 잘 드러나지 않는 듯하여 사람들로 하여금 나날이 선으로 나아가며 죄악을 멀리하게 하면서도 스스로는 자각하지 못하도록 한다"[24]라고 말한 것이다. 예 문화는 한국과 일본

---

24) 『禮記』, 「經解」, "禮之敎化也微, 其止邪也於未形, 使人日徙善遠罪而不自知也."

의 역사 속에서 이미 상당 부분 전 국민화되었으나, 중국 고대에는 예화禮化가 사대부 계층에만 국한되어 서민 생활에 깊숙이 파고들어 규범화되지는 못했다.

비교문화의 각도에서 볼 때 예의 사회성은 크게 두드러진다. 아리스토텔레스의 덕성 용례, 심지어는 서양윤리학사를 통틀어 보아도, 중국의 '예'에 대한 강조와 유사한 사례가 없고, 고대 서양의 덕성윤리 범주 중에도 '예'를 그 중의 한 덕으로 삼은 것을 생각해 내지 못했다. 고대 유가의 '예'는 의식의 준칙일 뿐만 아니라 일상생활 속 행위의 합리적인 요구로 확대되었다. 고대 유가는 사람이 '예'의 훈련을 거치지 않으면 '인仁'의 고상한 품격을 얻을 수 없다고 보았다. 확실히 예는 사회관계 속에서 구성된 것이고, 나아가 '예'는 인간의 사회관계를 구성하는 소통체계라고 말할 수 있다. 매킨타이어(MacIntyre)는 이와 같은 결론을 내렸다. "예를 저버리고 예를 무시하는 것은 정치사회적 관계를 방기하는 것과 같고, 다시는 하나의 개인이 될 수 없고 종족과 정치공동체의 일원이 될 수 없다." 사람은 예에 힘입어야만 사회 속의 일원이 될 수 있고, 비로소 사회관계 속에서 서로 소통할 수 있게 된다. 이러한 차원에서 예는 우리가 개인으로서 사회관계에 진입하는 통로이자 코드라고 말할 수 있는데, 이는 이 사회가 예로 구성되었기 때문이다. 고대 서양사회는 예로 구축된 사회가 아니었으므로 예를 강조하지 않았다. 그러나 고대 중국은 예로 구축된 사회였으므로 예를 강조하였고 예를 덕성의 한 요소로 강조하였다.

7. '예'의 국가 간 교류의 준칙으로서의 의미

'예'의 실천은 쌍방의 상호 존중을 포함한다. 유가는 특히 '예'를 집단 간의 그 중에서도 국가 간의 관계준칙으로 삼을 것을 강조한다. 유가의 관점에서 볼 때 오늘날의 세계는 예에 어긋난 현상들로 비일비재하다. 유가의 예학을 국가 간의 관계에 적용한다는 것은 "부유하되 예를 좋아하고, 빈궁하되 예를 안다"는 것을 주장하는 것이다. 그러므로 「곡례」에서는 "무릇 예는 자신을 낮추고 남을 드높이니, 비록 도붓장수라 할지라도 반드시 존경하니, 하물며 부귀한 자임에랴 어떠하겠는가? 부귀하면서 예를 알고 좋아하면 교만하거나 음란하지 않으며, 빈궁하면서도 예를 알고 좋아하면 뜻을 둠에 두렵지 않다"25)라고 말했다. 이는 백성으로 하여금 부유하여도 교만하지 않고 빈궁하여도 속박되지 않으며 "빈궁하되 악樂을 좋아하고, 부귀하되 예를 좋아하도록"(『禮記』, 「坊記」) 하며, 예는 화평을 주장하므로 "예로써 나라를 평안하게 하면 혼란이 없다"26)라는 것을 강조한 것이다. 『좌전』의 기록에 따르면, 정장공鄭莊公이 제후齊侯를 따라 허나라 정벌에 나섰으나 허나라를 겸병하지 않고, 허나라 대부에게 허숙許叔을 모시고 허나라 동쪽에 거하게 하고 그 사직을 받들게 하였으며, 또한 백성을 허나라 서쪽에 살게 하고 아울러 오래 머물 생각을 하지 않도록 훈계하였다. 좌구명은 "군자가 말하기를, 정장공이 이 일을 처리함에 예에 부합하였다. 예는 나라를 다스리고 사직을 안정시키며 백성을 질서 지우고 후사後嗣를 이롭게 한다"27)라고 말

---

25) 『禮記』, 「曲禮」, "夫禮者, 自卑而尊人, 雖負販者, 必有尊也, 而況富貴乎? 富貴而知好禮, 則不驕不淫, 貧賤而知好禮, 則志不懾."
26) 『左傳』, '宣公4年', "平國以禮則不亂."
27) 『左傳』, '隱公11年', "君子謂, 鄭莊公於是乎有禮, 禮, 經國家, 定社稷, 序民人, 利後嗣者也."

했다.

예는 고대 제후국 간의 관계를 조절하는 법칙이었고, 예의 정신은 제국주의, 패권주의와 대립한다. 예는 '이성'을 중시하고 '힘'을 숭상하지 않으며, 예는 왕도이고 패도覇道가 아니다. 예는 비록 고대시기 종주적인 불평등을 용인하고 승인하였지만, 예는 평화를 중시하고 이성을 중시하며 이데올로기적이지 않다. 근대 민주국가의 행위와 비교하면 예는 훨씬 문명적이다.

민주주의나 평등주의와 같은 현대성의 추세 속에서, 예와 같은 모델이 현대인을 매료시킬 수 있을지는 매우 의심쩍다. 21세기, 인류는 새로운 문명모델의 도전에 직면해 있다. 서양문화가 '자유'를 앞세운 모델은 나름 장점이 있고, 유가의 옛 모델은 '질서'를 앞세운 모델로서 인간의 자유에 대한 남용을 제한한다. 방임적이고 무제한적인 자유는 사회를 파괴하기에 충분하다. 한국과 일본의 예 문화는 이미 전 국민화되었지만, 중국 고대의 예는 사대부 계층에 국한되어 있었고 서민 생활에 규범으로 뿌리내리지는 못했다. 예의 본의와 기능은 인간의 방종에 대한 구속이고 상하의 질서와 좌우의 가지런함으로 구성된다. 송대 이후로 유가는 이미 예를 치국의 제도로 사용하지 않았기 때문에 현대의 국가제도(민주제)의 건립은 예의 가향家鄕적 성향에 영향을 주지 않는다. 예의 사군社群적 성향도 국가 정치제도의 진화와 충돌하지 않았고, 오히려 사회분화의 추세 속에서 그 사회문화적 기능을 더 잘 발휘할 수 있었다. 예가 요구하는 것은 법률의 질서도 아니고 일반적 질서도 아닌 자기구속적 질서이다. 이러한 자아의 구속은 습속과 예절과 의식을 통해 배양된다. 이러한 모델 속에서 우리는 인류가 직면한 21세기 도전에 유익한 자원들을 발견할 수 있을 것이다.

제7장 공자와 예수의 대화로 본 유가**
─ 본체本體와 본근本根

　　세상의 많은 종교 전통 중에서 경전 체계가 일찍이 변화와 발전을 거듭하였던 것과 마찬가지로, 유가의 경전 체계도 최소한 세 차례의 뚜렷한 발전 단계를 거쳤다. 간단히 말해 유가경전의 첫째 계통은 '오경'으로서, 『시』, 『서』, 『역』, 『예』, 『춘추』이다. 그 내용은 원시 유가사상으로 춘추시기 이전의 정치사상과 예악문화를 주로 삼았다. 이 계통의 경전 원문은 공자의 수정을 거쳐 한대에 이르러 정식으로 '경전'의 지위를 확립했다. 둘째 계통은 '사서四書'로서, 이는 유가학파의 초기 발전의 사상적 발현이며, 그 중에 『논어』는 한대에 이미 오경과 동등한 경전의 지위를 얻었고, 『맹자』, 『대학』, 『중용』은 북송 이후에야 크게 중시되어 남송에 와서 체계를 이루었다. 이 계통의 경전 내용은 주로 유가의 윤리사상과 덕성, 인격의 체계로서 송대 이후로는 오경보다 더 유행하는 유가경전이 되었다. 셋째 계통은 '도학道學'의 저술로서, 송명도학의 대표 인물들은 12세기 이후에 점차 유가계보 중의

** 옮긴이 주: 저자는 본 장에서 공자와 예수의 직접적인 비교를 말하기보다는 유가철학이 지닌 본근론적 성격(인격적 신앙)과 본체론적 성격(비인격적 신앙)의 변천과 구성에 대해 주로 설명하고 있다. 이는 저자가 다른 논문의 내용을 옮겨 오는 데서 오는 편집상의 어려움에 따른 것이다.

성현聖賢으로 추존되었고, 그들의 저술은 사실상 이미 송·원·명·청의 유자들에 의해 경전으로 간주되어 연구·토론되었다. 그 내용은 더욱 광범위해서 본체론에서 인식론에 이르는 새로운 체계를 포섭한다.

유가의 경전 체계가 역사적으로 발전한 데에는 유가의 정신 전통에 끊임없이 새로운 자원이 유입된 면도 있고, 유가의 우주본원과 본체에 대한 사고와 태도가 역사를 따라 자연스럽게 발전한 면도 있다. 따라서 우리가 유가경전 중의 본근론本根論과 본체론本體論의 내용을 소개할 때는 단지 공자의 어록만 열거해서는 안 되고 필히 역사 속의 경전 계통을 다양하게 소개해야만 그 원류, 내재적 복잡성, 변이 등을 조명할 수 있을 것이다. 이 부분은 기독교와 불교 등의 종교도 매한가지이다.

1. 본근本根과 본원本源

중국 상고시대에는 무巫 문화가 비교적 발달하여 개별무술個別巫術에서 공중무술公衆巫術로 발전하면서 점차 '신神'의 관념이 숙성되었고 자연무술에서 신령무술로의 발전을 가져왔다. 제사와 전쟁을 '국가대사'로 삼았던 문명시대 초기, 공중무술은 제사문화로 유입되어 제사문화의 한 구성요소가 되었다. 제사문화는 하상夏商시대에 신령신앙과 자연숭배가 상당히 만연하였음을 잘 보여 준다. 은상殷商시대 후기 신령 관념은 대략 세 유형 즉 천신天神, 지시地示, 인귀人鬼로 나뉜다. 천신은 상제, 일신日神, 풍신風神, 우신雨神 등을 포함하고, 지시는 사신社神, 사방신四方神, 산천신 등을 포함하며, 인귀는 은대 사람들의 선왕, 선공先公을 말한다. 은허복사殷墟卜辭는 '제帝'가 은대

신앙 중의 최고신으로서 최고의 권위를 가지고 천상天象과 지상국을 관리한다고 명시하고 있다. 상제의 가장 중요한 권력은 천시天時를 관할하고 수확에 영향을 끼치는 것인데, 이는 은대 사람들에게 지상신至上神 관념이 있었고 이 지상신은 천시를 주관하는 농업신에서 왔음을 잘 보여 준다. '제帝'는 인간세의 제왕처럼 명령을 내리고 시행하며 또한 조정과 군신백관이 있어, 은대인의 선왕과 선공은 조정에 상빈이 되어 상제에 대한 인간세의 바람을 전달할 수 있다. 이로써 은상殷商의 다신多神신앙은 자연의 힘에 의지하였음을 잘 보여 준다.

그러나 '오경' 속에서는 주대 사람들의 종교 신앙이 이미 변화하고 있음을 볼 수 있는데, 이 변화는 오경체계의 주도적 입장이 되었다. 주대 신앙의 최고신은 '천天'과 천명天命으로, 오경 중에 반복해서 강조되는 주제인 '천'은 주로 역사와 민족의 운명을 주재主宰하는 자로 이해되었고, 천명의 의미는 주로 우주적 운명의 관념으로 통했다. 이러한 변화들이 있었지만 오경 중에는 분명히 주재자로서의 '제'와 '천'의 신앙을 보존하면서 사서四書와 도학道學의 저술과는 다른 큰 특색을 지니게 되었다. 원시유가의 경전을 대표하는 '오경'은 중국 상고시대의 문화와 밀접한 관계를 지니며, 상고의 종교 관념을 반영할 뿐 아니라 오경의 경전적 지위로 인해 이러한 종교 관념이 원시유가의 체계 속에서 긍정되었고, 또한 오경의 경전적 역량을 통해 이 관념들이 후대 유가전통 속에서 부단히 중시되고 해석되는 관념적 자원이 되었다.

오경 중에 지상신至上神의 종교신앙은 『시경』과 『상서』에서 가장 두드러진다. 그 주된 표현을 보면 다음과 같다.

위대하신 상제께서 아래를 굽어봄이 밝도다.[1]

상제께서 진노하였다.[2]

하늘의 포악함이 지상(하계)에 퍼졌도다.[3]

하늘이 재앙을 내리사 기근이 거듭 이르네.[4]

상제는 드높은 곳에 거하면서 굽어 백성에게 임재하는 주재자로서 의지를 지닌 인격화된 신이며 천상의 위력을 가지고 재앙을 내릴 수 있고 두루 인간세에 편재한다. 이뿐만이 아니다.

하늘이 현조에게 명하니 내려와 상나라를 탄생시켰네.[5]

상제께서 아들을 세워 상나라를 탄생시켰도다.[6]

하나라에 죄가 많아 하늘이 정벌토록 명하셨다.[7]

하늘이 암암리에 백성을 안정시켰다.[8]

천명은 영원하지 않다.[9]

---

1) 『詩經』, 「大雅·文王之什·皇矣」, "皇矣上帝, 臨下有赫."
2) 『尙書』, 「洪範」, "帝乃震怒."
3) 『詩經』, 「小雅·小旻之什·小旻」, "旻天疾威, 敷於下土."
4) 『詩經』, 「大雅·蕩之什·雲漢」, "天降喪亂, 饑饉薦臻."
5) 『詩經』, 「商頌·玄鳥」, "天命玄鳥, 降而生商."
6) 『詩經』, 「商頌·長發」, "帝立子生商."
7) 『尙書』, 「湯誓」, "有夏多罪, 天命殛之."
8) 『尙書』, 「洪範」, "惟天陰騭下民."
9) 『詩經』, 「大雅·文王」, "天命靡常."

오경 중의 '천'과 '제'는 호환 가능하고 본질상 다르지 않다. 지상신은 자연을 조종할 수 있으며 인간의 일을 결정하고 간섭할 수도 있다. 인간세의 황권皇權은 '천'과 '제'에서 왔으며, 하늘이 부여한 인간 군주의 권위는 영원하지 않고 수시로 뒤바뀌는데, 교체되는 근거는 '백성' 과 '덕성'에 긴밀히 연관되어 있다.

백성이 바라는 바를 하늘은 반드시 따른다.[10]

하늘의 봄은 우리 백성이 보는 것으로부터 보며, 하늘의 들음은 우리 백성이 듣는 것으로부터 듣는다.[11]

황천은 따로 친애하는 이가 없어 오직 덕이 있는 사람을 돕는다.[12]

하늘의 도는 선한 자에게 복을 내리고 음탕한 자에게 화를 내린다.[13]

이는 하늘天의 의지가 윤리화되었음을 잘 보여 준다. 하늘은 기쁨과 분노가 교차하는 폭군이 아니라 선악에 원칙을 지닌 재판관과 같다.

주목할 만한 점은 원시유가 경전의 제와 천에 대한 기술 중에서 지상신이 자연과 역사의 주재자가 되는 역할은 두드러진 반면, 천의 창생자創生者적 역할에 대해서는 긍정도 부정도 하지 않는다는 점이다. 바꾸어 말하면, 제와 천은 비록 감정과 인격을 지닌 최고의 주재자로서 백성을 감독하고

---

10) 『尙書』, 「泰誓」, "民之所欲, 天必從之."
11) 『尙書』, 「泰誓」, "天視自我民視, 天聽自我民聽."
12) 『尙書』, 「蔡仲之命」, "皇天無親, 惟德是輔."
13) 『尙書』, 「湯誥」, "天道福善禍淫."

선악을 명찰하고 상벌을 내리지만 결코 우주의 창생자는 아니라는 점이다. 이 상제의 관념은 '주재'에 집중되었을 뿐 '창생'을 중시하지 않았으니, 이는 중국 상고시대의 무창생신화無創生神話의 전통과 관련이 있고 또한 이후 본체론 사상에도 영향을 끼치게 되었다. 주재는 조절과 통제의 의미로, 이 점에서 법칙과 상통한다. 따라서 『상서』 중의 "하늘은 달리 친애하는 이가 없어 오직 덕이 있는 자를 돕는다"는 "하늘의 도는 선한 자에게 복을 내리고 음탕한 자에게 화를 내린다"라는 천도 관념으로 쉽게 전환될 수 있다. 이 밖에 천의 의지는 오경 중에서 천민합일天民合一사상에 영향을 받았는데 이는 천과 제의 관념이 기축시대에 점차 그 인격적 주재의 성격을 약화시키는 결과를 초래했다.

사서의 경전은 이러한 배경 속에서 만들어졌고, 공자와 그의 제자들은 여전히 상제와 귀신의 관념을 인정했으니, 이는 『중용』의 "귀신의 덕이 성대하도다!"와 "교사郊社의 예는 상제를 섬기는 것이다"[14]라는 두 구절에서 잘 드러난다. 그러나 공자사상 중의 '천'과 '천명'은 더욱 비인격화되어졌다. 특히 『중용』에 인용된 시구에는 이러한 성격이 잘 드러나고 있다.

하늘의 명이여, 아! 심원하여 그치지 않는구나.[15]

하늘의 일은 소리도 없고 냄새도 없다.[16]

---

14) 『中庸』, 16章, "鬼神之爲德其盛矣夫.", 19章, "郊社之禮所以事上帝也."(朱子『中庸章句』의 分章에 의거함.)
15) 『中庸』, 26章, "維天之命, 於穆不已."
16) 『中庸』, 33章, "上天之載, 無聲無臭."

하늘은 신묘막측하고 형상도 없으며 운행이 무궁한 실체가 되었으니, 이 두 시구는 훗날 송명유학에서 형이상학적 실체를 기술하는 경전적 용어가 되었다.

우주 본원의 문제에 대해 『역전』을 필두로 새로운 주요 관념이 제시되었다. 유학사 속에서 『역전』은 오랫동안 공자사상의 발현으로 간주되었고 그 시기는 사서四書와 동시대이다. 『역전』 십익十翼은 유가학파 초기 우주론의 주요 관념의 기초를 제공하였는데, 그 중에서 '원元'과 '극極'의 관념이 돋보인다. 「단전象傳」은 '건원乾元'과 '곤원坤元'을 우주의 본근으로 삼으면서 건원은 양陽의 근원, 곤원은 음陰의 근원을 이루어 이원론적 색채를 띠게 되었다.

크도다, 건원이여! 만물이 이에 바탕하여 시작하니, 이에 하늘을 통어하여, 구름이 떠다니고 비가 내리며, 만물이 형상을 전개한다.[17]

지극하도다, 곤원이여! 만물이 이에 바탕하여 생겨나니, 이에 순하게 하늘을 이어 받들어, 곤이 두텁게 만물을 실음이 덕이 끝없는 데에 합하며, 머금고 넓고 빛나고 커서 만물이 다 형통한다.[18]

여기서 건원은 만물이 시작하는 구경의 본근本根이고, 곤원은 만물생장의 기초이다. 건원은 하늘의 본성이고 곤원은 땅의 본성을 대표하니, 건원과 곤원은 함께 만물의 근원을 이룬다. 그러므로 「계사」는 이렇게 말한다.

---

17) 『周易』, 乾, 「象上」, "大哉乾元. 萬物資始, 乃統天, 雲行雨施, 品物流形."
18) 『周易』, 坤, 「象上」, "至哉坤元. 萬物資生, 乃順承天, 坤厚載物, 德合无疆, 含弘光大, 品物咸亨."

건은 큰 시원을 주관하고, 곤은 만물을 완성한다.[19]

'건원'은 만물이 이에 의지해 '시작'하는 자로서 그 특성은 특히 만물의 시작을 발단하게 하는 데 있다. 따라서 건원은 가장 근본적인 우주의 시원이고, 「계사」는 이로써 더욱 명확하게 일원론을 제창하여 '태극'을 음양을 낳는 시원으로 삼았다.

역에는 태극이 있으니, 이것이 음양을 낳으며, 음양은 사상을 낳고, 사상은 팔괘를 낳고, 팔괘는 길흉을 정하고, 길흉은 대업을 낳는다.[20]

여기서 '역'은 우주변역의 총체적 과정이고, 이 변화과정의 시원이 '태극'이다. '극'은 본래 극진한 거처란 뜻이니, 태극은 곧 가장 근원이 되는 시작을 말한다. 태극에서 음양양의가 생겨나고, 양의에서 사시四時의 변화가 생겨나며, 사시로부터 하늘, 땅, 물, 불, 바람, 우레, 산, 연못 등의 여덟 가지 기본적인 자연사물이 파생되어 나오니, 세계는 이로부터 형성되고 발전되어 나온다. 이로부터 '태극'과 '음양'은 유가 우주론에서 가장 중요한 개념이 되는데, 특히 송명도학에 끼친 영향은 지대하다.

『역전』과 송명도학의 가운데 놓인 한대 유학자들의 우주론은 나름대로 의미를 지닌다. 예를 들어 서한시대 대유인 동중서는 한편으로 『역전』 중의 '원元' 관념을 계승하였고, 다른 한편으로 원시유가 경전 중의 '천天'의 주재자 함의를 발전시켰다.

---

19) 『周易』, 「繫辭上」, "乾知大始, 坤作成物."
20) 『周易』, 「繫辭上」, "易有太極, 是生兩儀, 兩儀生四象, 四象生八卦, 八卦定吉凶, 吉凶生大業."

하늘은 만물의 시조이고 만물은 하늘이 아니면 생겨날 수 없다.[21]

사람이 사람 될 수 있는 것은 하늘에 뿌리를 두니, 하늘은 또한 사람의 증조부이며, 이것이 사람이 위로 사람을 닮는 까닭이다.…… 천자는 하늘에서 명을 받는다.[22]

하늘이 만물을 감싸 키우시니, 변화하게 하고 낳으시고, 또 기르고 이루신다.[23]

이 표현 중에 하늘은 자연만물의 근원이자 인류의 근본 되는 시조이고 인류 사회의 주재자이며 만물의 조상이다. 그러므로 하늘이 없으면 만물은 생겨날 수 없다. 하늘은 또한 인류의 근원이므로, 사람과 하늘은 같은 부류이자 같은 형상을 지닌다. 동중서는 때로는 '천지'를 합쳐서 우주의 본원으로 불렀다.

천지는 만물의 근본이며 조상이 나온 곳이다.[24]

동중서의 사상에서 하늘은 주재자이자 창생자이다. 이처럼 하늘을 우주 근원으로 삼는 사상은 오경의 체계 중에서는 결여된 부분이었다. 동중서는 '원元'을 우주의 궁극적 근원으로 삼았다.

---

21) 董仲舒, 『春秋繁露』, 「順命第七十」, "天者萬物之祖, 萬物非天不生."
22) 董仲舒, 『春秋繁露』, 「爲人者天第四十一」, "人之爲人本於天, 天亦人之曾祖父也, 此人之所上類天也.……天子受命於天."
23) 董仲舒, 『春秋繁露』, 「王道通三第四十四」, "天覆育萬物, 既化而生之, 有養而成之."
24) 董仲舒, 『春秋繁露』, 「觀德第三十三」, "天地者, 萬物之本, 先祖之所出也."

오직 성인만이 만물을 하나(一)에 귀속시켜 그것을 으뜸(元)에 이을 수 있다.…… 으뜸은 근원(原)과 같다.…… 그러므로 으뜸이란 것은 만물의 뿌리이며 사람의 근원은 거기에 있다. 으뜸은 어디에 있는가? 바로 천지의 앞에 있다.25)

여기서 '원'은 천지 이전에 존재하는 근원적 의미로서, 실제 『역전』에 등장하는 태극太極과 건원乾元을 가리키며, 자연 만물의 근원이자 인류의 근원이다.

『역전』에서 말하는 '원'을 양웅揚雄은 '현玄'으로 불렀다. 이 '현'은 궁극적 근원의 의미뿐 아니라 모든 존재물을 초월하는 의미도 지닌다.

'현玄'은 깊고 어두워 만물을 펼쳐 전개하지만 그 자체는 형체를 드러내지 않는다. 허무를 바탕하고 따르지만 규범을 낳고, 신명과 관계하여 본을 확정하며, 고금을 꿰뚫고 함께하여 뭇 존재를 열며, 음양을 펼치고 뒤섞으며 기를 발동시켜 한 번은 나누고 한 번은 합치니, 천지가 완비된다.26)

이 '현'은 만물발생의 근원이고 만유존재의 소이연으로, 무소부재하고 일체의 대대對待를 초월하며, 기와 만물은 모두 이 '현'에 근거하여 발생한다. 주목할 것은 '현'이 '극極'과 '원元'과 크게 다른 점은 근원이면서 또한 '도道' 즉 우주의 근본원리이자 법칙이라는 점이다.

---

25) 董仲舒, 『春秋繁露』, 「玉英」, "惟聖人能屬萬物於一而繫之元也.……元猶原也.……故元者爲萬物之本, 而人之元在焉. 安在乎? 乃在乎天地之前."
26) 揚雄, 『太玄』, 「攡」, "玄者, 幽攡萬類而不見形者也. 資陶虛無而生乎規, 攡神明而定摹, 通同古今以開類, 攡措陰陽而發氣, 一判一合, 天地備矣."

'현'은 하늘의 도요, 땅의 도요, 사람의 도이다.[27]

이 말은 천지인 삼재三才로서의 '도'의 의미를 우주근원적 의미에 첨가한 것으로 훗날 송대유학의 역 철학 속에서 더 큰 발전을 이루었다.

북송 주돈이周敦頤의 저서 『태극도설』은 『역전』의 태극론 체계 중의 우주론을 발전시켰다.

무극無極이면서 태극太極이니, 태극이 움직여 양陽을 낳고, 그 움직임이 극에 달하면 고요해지며, 고요해지면 음陰을 낳고, 고요함이 극에 달하면 다시 움직이니, 한 번의 움직임과 한 번의 고요함은 서로 그 뿌리가 된다. 음을 나누고 양을 나누어 양의兩儀가 세워진다. 양이 변하고 음이 합해져서 수화목금토를 낳는다. 다섯 가지 기氣가 순조롭게 펼쳐져서 사계절이 운행한다. 오행五行은 하나의 음양이며, 음양은 하나의 태극이다. 태극은 본래 무극이다. 오행이 생겨남에 각각 그 본성을 하나씩 갖고 있다. 무극의 진리와 음양오행의 정기가 신묘하게 결합해 뭉쳐지니, 건도乾道는 남성성을 이루고 곤도坤道는 여성성을 이루며, 두 기가 교감하여 만물을 화생시킨다. 만물이 생겨나고 또 생겨나며 변화가 끝이 없다.[28]

그는 또 『통서』를 지었고, 그 중에 이렇게 말했다.

음양오행이 만물을 화생시키니, 오행은 분화된 것이고 음양은 실질이며, 음

27) 揚雄, 『太玄』, 「圖」, "夫玄也者, 天道也, 地道也, 人道也."
28) 周敦頤, 『太極圖說』, "無極而太極, 太極動而生陽, 動極而靜, 靜而生陰, 靜極復動, 一動一靜, 互爲其根. 分陰分陽, 兩儀立焉. 陽變陰合, 而生水火木金土. 五氣順布, 四時行焉. 五行一陰陽也, 陰陽一太極也. 太極本無極也. 五行之生也, 各一其性. 無極之眞, 二五之精, 妙合而凝, 乾道成男, 坤道成女, 二氣交感, 化生萬物. 萬物生生而變化無窮焉."

양의 뿌리는 곧 태극이다. 만물은 하나가 되고, 하나의 실질은 만물로 분화하니, 만물도 태극도 각기 바르게 되며, 대소 사물이 각기 정해진 분수를 갖게 된다.[29]

주돈이의 사상에 따르면, 무극無極은 형상이 없는 것이고, 태극은 우주의 근원이 된다. 비록 형상은 없으나 동정動靜은 있다. 태극의 동정은 음양을 생성하게 하고, 음양은 분화하여 천지를 형성한다. 음양은 교합하여 오행을 낳고, 이로부터 사시四時가 운행하고, 오기五氣가 순조롭게 펼쳐지며, 또 이로부터 모든 사물이 생겨난다. 그러므로 이 우주도식 중에서 오행은 음양에서 나왔고 음양은 태극에서 나온 것이니, 태극은 '일一'이고 사물들은 '만萬'이며 '일'은 '만'의 근원이다.

주돈이가 『역전』 전통의 태극우주론을 새롭게 구축함과 동시에 이정二程은 가치적 의미를 겸한 '리理' 개념을 '천天'의 개념에 융합시켰다.

'천'은 이치이다. '신'은 만물을 오묘하게 하는 것을 말하는 것이다.[30]

'건'은 하늘이다. 하늘은 건의 형체이다. 건은 하늘의 성정이다. 건은 강건함이고, 강건하여 쉬지 않는 것을 건이라 한다. 하늘을 한가지로 말하면 도道이니, 하늘 또한 어기지 않는다는 것이 이것이다. 하늘을 나누어 말하면, 형체로 말할 때는 '하늘'이라 일컫고, 주재자로 말할 때는 '상제'라 일컬으며, 작용으로 말할 때는 '귀신'이라 일컫고, 묘용으로 말할 때는 '신'이라 일컬으며, 성정으로 말할 때는 '건'이라 일컫는다.[31]

---

29) 周敦頤, 『通書』, 「理性命章」, "二氣五行, 化生萬物, 五殊二實, 二本則一. 是萬爲一, 一實萬分, 萬一各正, 大小有定."
30) 程頤, 『二程遺書』, 卷11, "'天'者, 理也. '神'者, 妙萬物而爲言者也."

누군가 물었다. "천도란 무엇입니까?" 답했다. "단지 이치(理)일 뿐이니, 이치가 천도이다. 가령 '황천이 진노한다'라고 할 때, 결코 저 하늘 위에 있는 어떤 사람이 진노하는 것이 아닌 것처럼, 단지 이치도 이와 같다."[32]

이정 사상에 따르면 '천'은 최고의 본원이자 본체이지만 더 이상 인격적 주재자를 의미하지 않으므로 그 내용은 완전히 '리理'와 합치되며, 이로부터 '천리', '천도'의 개념이 파생된다. 송대유학의 '천리', 천도 관념은 이미 고대와는 다른 '도체道體' 즉 우주 본원이자 본체의 개념이며, 이 각도에서 원시유가의 경전을 해석하면 오경 중의 '건乾'은 일종의 성질이고, '신神'은 기묘한 기능이고, '제帝'는 주재하고 조절하는 작용이며, 자연적 천은 천도가 의지하는 물질적 형체이다. 진정한 본원적 의미로서의 '천'은 '리'와 '도'로서 이해되어진다. '리'는 또한 최고의 가치적 근원이다.

유가의 고대와 근세의 우주론은 주자사상에 의해 집대성되고 완벽하게 기술되었다. 그는 분명하게 "태극은 형이상의 도"이고, 태극은 "조화의 지도리이며 온갖 사물의 뿌리이다"[33]라고 말했다. 태극은 음양동정의 소이연이고 지선至善의 소당연으로, "태극은 단지 지극히 좋고 선한 도리이다."[34] 그는 태극의 우주본원적 의미를 이렇게 논했다.

---

31) 程頤, 『程氏易傳』, "乾, 天也. 天者, 乾之形體. 乾者, 天之性情. 乾, 健也, 健而无息之謂乾. 夫天專言之則道也, 天且弗違是也. 分而言之, 則以形體謂之天, 以主宰謂之帝, 以功用謂之鬼神, 以妙用謂之神, 以性情謂之乾."

32) 程頤, 『二程遺書』, 卷22上, "問: '天道如何?' 曰: '只是理, 理是天道也. 且如說 '皇天震怒', 終不是有人在上震怒, 只是理如此.'"

33) 朱熹, 『太極圖說解』, "造化之樞紐, 品彙之根柢."

34) 朱熹, 『朱子語類』, 卷94, "太極只是箇極好至善底道理."

천지 사이에는 단지 움직임과 고요함의 두 단초가 있을 뿐이어서 순환을 그치지 않으며, 그 밖의 일이 없으니 이를 '역易'이라 한다. 그 움직임과 그 고요함에는 반드시 움직임과 고요함의 까닭이 되는 이치가 있으니, 이것을 일러 '태극'이라 한다. 성인이 이미 그 실질을 가리켜 명명했고, 주자周子 또한 그것을 위해 그림을 그려 형상화했으니, 그것이 명백히 밝혀져 더 이상 남은 비밀이 없다고 할 수 있다. 원래 '극'이란 이름을 얻은 것은 '중심축'의 뜻을 취한 것이다. 성인이 그것을 태극이라고 한 것은 천지만물의 뿌리임을 가리키기 위한 것이었다. 주자는 그로 말미암아 또한 그것을 '무극'이라고 하였으니, 소리도 없고 냄새도 없는 오묘함을 드러내기 위해서였다.[35]

또 말하였다.

이른바 '무극이면서 태극'(無極而太極)이란 것은 또한 태극도太極圖의 강령으로, 도가 처음에는 사물이 있지 않으나 실제로는 만물의 근본이 됨을 밝힌 것이다.[36]

이는 태극이 '만물의 근원'이라는 우주론적 의미를 잘 말하고 있다. 태극 자체는 '리'이다. 주자철학 중의 '근저根柢' 개념이 자주 사용되었는데, 이는 태극이 우주의 본근本根이라는 의미와 지위라는 것을 충분히 긍정한 것이다. 그는 또 비유로써 그 의미를 설명하였다.

---

35) 朱熹, 『朱子文集』, 卷45, 「答楊子直」, "蓋天地之間只有動靜兩端, 循環不已, 更無餘事, 此之謂易. 而其動其靜則必有所以動靜之理焉, 是則所謂太極者也. 聖人旣指其實而名之, 周子又爲之圖以象之, 其所以發明表著, 可謂無餘蘊矣. 原極之所以得名, 蓋取樞極之義. 聖人謂之太極者, 所以指夫天地萬物之根也. 周子因之而又謂之無極者, 所以著夫無聲無臭之妙也."

36) 朱熹, 『朱子文集』, 卷80, 「邵州州學濂溪先生祠記」, "所謂無極而太極者, 又一圖之綱領, 所以明夫道之未始有物, 而實爲萬物之根柢也."

태극은 한그루 나무가 생겨나 자라는 것과 같으니, 나뉘어 가지와 줄기가 되고 또 나뉘어 꽃을 낳고 잎을 낳으며, 그 낳고 낳음을 다하지 않는다. 열매를 맺는 데 이르면 그 안에 또 낳고 낳음을 다하지 않는 리理가 들어 있으니 거기에서 생명이 장차 출현하게 된다.[37]

태극은 리이므로, 주희도 여러 차례 직접 '리'로써 우주적 근원에 대한 견해를 표시했다.

천도가 유행하고 만물을 발육시키니, 그 조화를 행하는 것은 음양오행일 뿐이다. 그리고 이른바 음양은 또한 반드시 이 리理가 있은 이후에야 이 기氣가 있는 것이다.[38]

음양이기와 오행은 하늘이 만물에 부여해 생겨나게 하는 것이다. 그 말단으로부터 근본을 따라가면, 오행의 다름은 음양의 실질에 근본을 두고, 음양의 실질은 또 일리一理의 궁극에 근본을 둔다.[39]

유가사상의 본근론적 발전으로 보면, 원시유가의 종교성으로 충만한 '천'과 초기유가의 본원적 의미가 짙은 '태극'이 주자사상 중에서 '리' 개념에 의해 결합되었고, 이성과 법칙의 의미를 지닌 '리'가 유가철학 가운데 최고의 본체적 의의와 궁극적 근원의 의미를 얻게 되었다.

---

37) 朱熹, 『朱子語類』, 卷75, "太極如一木生上, 分而爲枝榦, 又分而生花生葉, 生生不窮. 到得成果子, 裏面又有生生不窮之理, 生將出去."
38) 朱熹, 『大學或問』, 卷1, "天道流行, 發育萬物, 其所以爲造化者, 陰陽五行而已. 而所謂陰陽者, 又必有是理而後有是氣."
39) 朱熹, 『通書解』, "二氣五行, 天之所以賦受萬物而生之者也. 自其末以緣本, 則五行之異本二氣之實, 二氣之實又本一理之極也."

2. 실재와 공무空無

우주의 본질이 실재인가 아니면 공空과 무無인가에 대한 문제는 초기유학의 발전 중에는 등장하지 않았다. 중고시대 인도에서 전래된 불교사상과 중국 본토에서 발흥된 도교사상은 눈부신 발전을 이루었다. 도불道佛 양교는 모두 귀공貴空과 숭무崇無의 사상을 지녀서, 설령 불교와 도교의 설법이 다르고 불교 내의 공에 대한 해석이 상당히 복잡하다 하더라도, 도불이 우주본체 혹은 본근을 공과 무로 보는 사상은 유가에게 커다란 도전을 주었다. 이로 인해 송대 이후 유가저술은 항상 공무空無와 실재의 문제를 토론하였으며, 기본적으로 도불 특히 불교의 이론을 비교하고 배경으로 삼아 생성되어졌다.

장재張載는 도불의 '공空'과 '허虛'의 교의에 반대하였고, 그 중에서 특히 도교에 대해 더 많은 지적을 하였다.

> 태허가 곧 기임을 알면, 무無는 없다.[40]

> 허공虛空이 곧 기임을 알면, 있음과 없음, 은미함과 드러남, 신神과 화化, 성性과 명命이 하나로 통하고 둘이 아님을 알게 된다. 모임과 흩어짐, 나감과 들어옴, 형체와 무형체를 잘 살펴 그 유래된 바의 근본을 추론할 수 있으면, 역易의 이해가 깊어진다.[41]

"그 유래된 바의 근본을 추론함"은 곧 우주론 영역으로 들어가 그 본원

---

40) 張載, 『正蒙』, 「太和」, "知太虛即氣, 則無無."
41) 張載, 『正蒙』, 「太和」, "知虛空即氣, 則有無, 隱顯, 神化, 性命通一無二. 顧聚散, 出入, 形不形, 能推本所從來, 則深於易者也."

을 연구한다는 것으로서, 그에 따르면 우주는 허공이 존재하지 않고 허무도 존재하지 않으니, 흔히 말하는 허공은 기의 한 존재 상태에 불과하다. 우주는 하나의 무한한 실재로서, 그 중에는 오직 "어둡고 밝음의 구분"이 있을 뿐이지 결코 "있음과 없음의 구별"은 없다. 또 말하였다.

> 만약 삼라만상을 태허 중에 나타난 사물이라고 한다면, 사물과 태허는 서로 돕지 못하고, 형체는 형체대로 본성은 본성대로 있게 되어, 형체와 본성 그리고 하늘과 사람이 서로 대대待對하지 못하게 되므로 산하대지를 허상으로 여기는 부처의 설에 빠지게 된다. 이 도가 드러나지 않는 것은 바로 우매한 자들이 대략 허공을 본체로 삼는 본성만 알 뿐, 천도를 근본으로 하는 작용을 알지 못하기 때문이다.[42]

장재는 '기'를 우주의 근본실체로 보았으니, 기는 실체이고 만물에 충만하여 이로써 허공의 존재를 부정하였고 우주본체의 실재를 긍정하였다. 이러한 기본론氣本論적 본체론은 송대 이후 유학사상가들에게 흔히 등장한다. 남송시기의 호굉胡宏은 말하였다.

> 생겨나 응집하여 볼 수 있으면 유이고, 죽어서 흩어져 볼 수 없으면 무이다. 유무로써 볼 수 있는 것은 사물의 형상이다. 사물의 이치는 유무가 없다.[43]

물은 근원이 있으므로 흐름이 마르지 않고, 나무는 뿌리가 있기 때문에 생

---

42) 張載, 『正蒙』, 「太和」, "若謂萬象爲太虛中所見之物, 則物與虛不相資, 形自形, 性自性, 形性, 天人不相待而有, 陷於浮屠以山河大地爲見病之說. 此道不明, 正由懶者略知體虛空爲性, 不知本天道爲用."
43) 胡宏, 『知言』, 卷1, "生聚而可見爲有, 死散而不可見則爲無. 夫可以有無見者, 物之形也. 物之理則未嘗有無也."

명이 다하지 않으며, 기는 본성이 있으므로 운행이 멈추지 않는다.[44]

'근원'과 '뿌리'는 모두 본체론상의 근거로서 근원의 실재성이 있어야 생명운동은 쇠하지 않는다. 기의 존재와 운동은 모두 '본성'(性)을 근거로 삼는데, 그가 말한 본성은 본체론적으로 말한 것으로 곧 주희가 말한 리理이다.

위대하다 본성이여! 모든 이치가 구비되어 있구나. 천지가 이로 말미암아 성립한다.[45]

우주의 본원인 성性과 유무가 없는 리理는 영원한 보편존재이다. 이 사상은 이정二程이 일찍이 말한 적이 있다.

도 밖에 사물이 없고, 사물 밖에 도가 없다.[46]

체용은 하나의 근원을 이루고, 드러남과 은미함은 간극이 없다.[47]

이는 우주 간에는 도가 아니면 사물이 있지 허공이 따로 있지 않으며, 도가 있으면 사물이 있고, 사물이 있으면 도가 있어서, 도는 사물 중에 거하고 사물을 떠나지 않으며, 도와 리는 가장 근본이 되는 실재임을 말한 것이다. 이정이 이에 대해 일찍이 명확히 말하였다.

---

44) 胡宏, 『知言』, 「一氣」, "水有源故其流不窮, 木有根故其生不窮, 氣有性故其運不息."
45) 胡宏, 『知言』, 「一氣」, "大哉性乎, 萬理具焉. 天地由此而立矣."
46) 程顥, 『二程遺書』, 卷4, "道外無物, 物外無道."
47) 程顥, 『伊川文集』, 「易傳序」, "體用一源, 顯微無間."

또 태허를 언급하며 "역시 태허는 없다"라고 말했다. 또한 허를 지적하면서 "모두 리理이다. 어찌 그것을 허라고 말할 수 있겠는가? 천하에 리보다 더 실질적인 것은 없다"라고 말했다.[48]

어떤 이가 오직 태허만이 허라고 말하자, 이에 대해 "리가 아닌 것은 없다. 오직 리만이 실재한다"라고 하였다.[49]

이는 우주의 가장 근본되는 실재가 리라는 것을 긍정한 것이다. 우주의 본질, 본체, 본원은 실재하며 공무空無가 아니다.

주희는 이정의 오직 리만이 실재한다는 사상을 계승하고, 장재의 기 사상을 받아들이며, 도불을 비판하는 과정 중에 '리'의 실재성을 한층 더 발양했다.

무극은 리가 있으나 형체는 없으니, 어찌 본성이 일찍이 형체를 가졌던가? 태극은 음양오행의 이치이다. 모두 유이니, 텅 빈 사물은 아니다. 만약 '공空' 을 옳다고 할 때는 가령 불교에서 본성을 말하는 것과 유사하다.[50]

"천명지위성", 그대는 이 구절을 공무空無의 한 본보기라고 여깁니까, 아니면 온갖 이치의 모든 구비라고 여깁니까?…… 이것은 실질적인 이치(理)입니다.[51]

---

48) 程顥, 『二程遺書』, 卷3, "又語及太虛, 曰: '亦無太虛.' 遂指虛曰: '皆是理, 安得謂之虛, 天下無實於理者.'"

49) 程顥, 『二程粹言』, "或謂惟太虛爲虛, 曰: '無非理也, 惟理爲實.'"

50) 朱熹, 『朱子語類』, 卷94, "無極是有理而無形, 如性何嘗有形? 太極是五行陰陽之理. 皆有也, 不是空底物事. 若是空時, 如釋氏說性相似."

51) 朱熹, 『朱子文集』, 卷31, 「答張敬夫」, "天命之謂性, 公以此句爲空無一法耶? 爲萬理畢具耶?…… 此實理也."

불교가 틀린 까닭을 묻자 말했다. "맨 처음부터 틀렸다. 가령 '천명지위성'을 불교는 공허를 행하는 것으로 말했다. 우리 유가는 모두 이것이 실질임을 안다. 만약 자기의 시종 대소사가 모두 실질임을 안다면, 처음부터 끝까지 모두가 공이라는 불교의 설은 이처럼 깨짐을 알 수 있다. 어째서 설명이 통하지 않는가?"[52]

이렇듯 유가는 태극이 유이지 무가 아니고, 이는 실재이지 공적空寂이 아니며, 만물만사는 모두 실재하고 공하지 않으며, 인성과 도덕도 실재하고 공무空無로 볼 수 없다는 입장을 견지한다.

주희는 이에 대해 적지 않게 기술했다.

유교는 리를 불생불멸로 여기지만, 불교는 신식神識을 불생불멸로 여긴다.[53]

부처는 오직 공空을 원하고, 성인은 오직 실리를 원한다. 부처가 말하는 "경敬으로써 안을 곧게 한다"는 단지 텅 비게 하는 것으로서, 아무 것도 없게 되어 밖으로 반듯하게 할 수 없게 된다. 성인이 말하는 "경으로써 안을 곧게 한다"는 담담하고 허명한 가운데 뭇 이치가 구비되어 밖으로는 의로써 반듯하게 할 수 있다.[54]

부처가 말한 공空은 그렇지 않다고 하면 그럴 수도 있겠으나, 공 안에는 반드시 도리가 있어야 한다. 만약 단지 내가 공을 보았다고만 말하고 실재하

---

52) 朱熹, 『朱子語類』, 卷126, "問佛氏所以差, 曰: '從劈初頭便錯了. 如'天命之謂性', 他把做空虛說了. 吾儒見得都是實. 若見得到自家底從頭到尾小事大事都是實, 他底從頭到尾都是空, 恁地見得破. 如何解說不通?"
53) 朱熹, 『朱子語類』, 卷126, "儒者以理爲不生不滅, 釋氏以神識爲不生不滅."
54) 朱熹, 『朱子語類』, 卷126, "釋氏只要空, 聖人只要實. 釋氏所謂敬以直內, 只是空豁豁地, 更無一物, 却不會方外. 聖人所謂敬以直內, 則湛然虛明, 萬理具足, 方能義以方外."

는 도리를 모른다면 무슨 소용이 있겠는가?[55]

그들이 보았던 마음은 텅 비어 이치란 없다고 하나 내가 본 마음은 허명하면서 모든 이치가 갖추어져 있다.[56]

어떤 이가 부처는 어째서 오직 공만을 말했는지를 물었다. 이에 답하였다. "현공玄空을 말하고 또 진공眞空을 말했다. 현공은 아무 것도 없는 것이다. 그러나 진공은 어떤 사물이 있는 것이니, 우리 유가에서 말하는 것과 대략 같다."[57]

본성에는 거짓됨이 없으니 굳이 참됨을 말할 필요가 없다. 일찍이 존재하지 않은 적이 없으니 있다고 말할 필요가 있겠는가! 이른바 본성이란 천지가 만물을 낳는 이치이니, "하늘의 명이여, 심원하여 그치지 않는구나", "크도 다 건원이여! 만물이 이에 의지해 생겨나도다"라고 말하는 것이다. 어찌 일찍이 존재하지 않은 적이 있었겠는가?[58]

　장재는 기의 불생불멸不生不滅을 들어 공무空無에 반대했고 주희는 리의 불생불멸로써 공무空無에 반대했으니, 요컨대 이는 모두 신유가가 우주본체는 실재라는 주장을 견지한 것이다. 주희는 '리'와 '도'를 떠난 공은 없으며, 리와 도는 "만물을 생성하는" 근원이므로 "일찍이 없었던 적이 없는" 즉

---

55) 朱熹, 『朱子語類』, 卷126, "釋氏說空, 不是便不是, 但空裏面須有道理始得. 若只說道我見箇空, 而不知有箇實底道理, 卻做甚用得?"
56) 朱熹, 『朱子語類』, 卷126, "彼見得心空而無理, 此見得心雖空而萬理咸備也."
57) 朱熹, 『朱子語類』, 卷126, "或問他(釋氏)何故只說空. 曰: 說玄空, 又說真空. 玄空便是空無一物, 真空卻是有物. 與吾儒說略同."
58) 朱熹, 『朱子文集』, 卷43, 「答李伯諫」, "性無僞冒, 不必言眞. 未嘗不在, 何必言在! 蓋所謂性即天地所以生物之理, 所謂'維天之命, 於穆不已', '大哉乾元, 萬物資始'者也. 曷嘗不在?"

허무한 적이 없었던 영원한 실유實有이자 실재로 생각했다.

명대의 대유 담약수湛若水는 일찍이 도불이 말한 공이 유가에 끼친 반응에 대해 이렇게 말했다.

상하와 동서남북인 우宇 그리고 고금왕래인 주宙, 이 우주 간에는 단지 하나의 기로 충만하여 유행하며 도와 함께 형체를 이루고 있으니, 어찌 공을 운운할 수 있는가! 비록 천지가 폐하고 사람과 만물이 소진하여도 이 기와 이 도는 쇠망하지 않으니 공한 적은 없다. 도는 천지보다 앞서지만 시작이 없고 천지보다 뒤서지만 끝이 없다.59)

송대 이후의 유자는 "충만하여 유행한다"는 어구를 상용하여 리 혹은 기의 무소부재를 표현하였는데, 이 "충만하게 유행하는" 관념은 공무空無의 본체론을 부정하는 개념이다. 이 관점에서 보면, 명대 유가는 대부분 '도'는 시작도 끝도 없는 실체이고, 이로써 우주는 공한 적이 없다는 입장을 견지했다. 우주와 그 근본원리인 '도'는 영원히 실재한다.

3. 초월과 내재

오경 체계 중의 '천天'은 의심할 바 없이 서양의 종교와 철학에서 말하는 '초월'에 적용될 수 있다. 그러나 오경시대의 천민합일론天民合一論은 이미 독특한 의미(예를 들어, "하늘은 우리 백성이 보는 것으로부터 보고, 하늘은 우리 백성이 듣는

---

59) 湛若水, 『甘泉文集』, 卷7, 「寄陽明」, "上下四方之宇, 古今往來之宙, 宇宙間只是一氣充塞流行, 與道爲體, 何莫非有, 何空之云? 雖天地弊壞, 人物消盡, 而此氣此道亦未嘗亡, 則未嘗空也. 道也者, 先天地而無始, 後天地而無終者也."

것으로부터 듣는다"[天視自我民視, 天聽自我民聽)를 형성하였고, 후대 유학의 발전에 커다란 영향을 끼쳤다. 이 천민합일론은 초월적 '하늘'과 인간세의 '백성'을 소통시키고 연결시킨 것이다.

『맹자』는 이와 같은 사상을 발전시켰다.

"그렇다면 순이 천하를 소유한 것은 누가 그에게 주었기 때문입니까?" 답하였다. "하늘이 그에게 준 것이다." "하늘이 그에게 준 것은 자세하게 명하여 준 것입니까?" 답하였다. "아니다! 하늘은 말하지 않으니, 행실과 일로써 보여 줄 뿐이다.…… 옛날에 요가 하늘에 순을 천거하자 하늘이 그를 받아들였고, 백성들에게 그를 드러내자 백성들이 그를 받아들였다. 그러므로 하늘은 말하지 않으며 행실과 일로써 보여 줄 뿐이라고 말한 것이다.……「태서」에서 이르기를 '하늘을 볼 때 내 백성에게서 보고, 하늘을 들을 때 내 백성에게서 듣는다'고 하였으니, 그것이 바로 이를 말한 것이다."[60]

이 밖에 맹자의 심성공부론은 인심과 하늘의 연관성을 더 잘 밝히고 있다.

마음을 다하는 자는 본성을 알며, 본성을 알면 하늘을 알게 된다. 마음을 보존하고 본성을 잘 길러서 하늘을 섬긴다.[61]

사람은 본성을 알아야 하늘을 알 수 있다는 말은, 맹자는 비록 본성과 하늘의 합일성과 동일성을 완전히 긍정하지는 않았으나 확실히 본성과 하

---

60) 『孟子』,「萬章上」, "'然則舜有天下也, 孰與之?' 曰: '天與之.' '天與之者諄諄然命之乎?' 曰: '否! 天不言, 以行與事示之而已矣.……昔者堯薦舜於天而天受之, 暴之於民而民受之. 故曰天不言, 以行與事示之而已矣.……「泰誓」曰: '天視自我民視, 天聽自我民聽', 此之謂也.'"
61) 『孟子』,「盡心上」, "盡其心者知其性也, 知其性則知天矣. 存其心, 養其性, 所以事天也."

늘이 밀접하게 연관되어 있다는 것을 전제함으로써 본성을 알면 하늘을 알고 본성을 기르는 것이 하늘을 섬기는 것이라고 하여, 하늘의 외재적 초월 특색이 이미 상당 수준에서 내재적 심성론에 접근한 것으로 볼 수 있다.

맹자가 말한 본성을 알고 하늘을 알며, 본성을 기르고 하늘을 섬긴다는 어법은 역추론적인 방향의 논법으로서 본원에서 시작하여 정방향으로 나가는 어법이 아니다. 『중용』의 경우는 정방향적인 어법을 발전시켰다.

> 하늘의 명한 바를 본성이라 하고, 본성을 잘 따르는 것을 도라 하며, 도를 잘 닦는 것을 교육이라 한다.[62]

이 『중용』의 천도론은 정방향으로 표현되어, 유가전통 속에서 하늘이 사람과 만물에 '본성'을 부여하고 사람은 하늘의 본성을 품수稟受한 것으로 이해되었다.

비록 사람들은 습관적으로 『맹자』, 『중용』을 유학이 말하는 '초월과 내재' 전통의 원류로 간주하지만, 사실 『역전』의 사상과 표현도 간과할 수 없다. 바로 「계사」에서 이렇게 말했다.

> 그것을 잇는 것이 선이고, 그것을 이루게 하는 것이 성이다.[63]

천도는 유행하고 선善은 그 중에 거한다. 이 천도유행의 선을 품수한 것이 사람의 본성이다. 후대 주희의 초월내재론은 상당 부분 「계사」의 어법

---

62) 『中庸』, 第1章, "天命之謂性, 率性之謂道, 修道之謂敎."
63) 『周易』, 「繫辭上」, "繼之者善也, 成之者性也."

을 전승한 것이다.

본체는 초월하고 내재한다. 이 사상의 진정한 발전은 중고시대 불교사상의 확장과 밀접한 관계가 있다. 중국불교 중의 『대승기신론』에서부터 화엄종과 선종에 이르기까지, 이 사상들은 한편으론 진여본체의 존재가 있음을 주장하고, 다른 한편으론 진여본체가 각 사람의 마음속에서 발현하고 존재하므로, 사람들은 원만하고 완선함을 추구하고 단지 내심에서 힘써 깨달아야 한다고 생각했다. 불교철학은 선형귀납적인 우주론을 취하지 않고 공유상즉空有相卽하고 리사무애理事無礙한 구조방식을 발전시켰는데, 이는 유가가 『맹자』, 『중용』의 논리를 객관적으로 확장하는 작용을 하였다. 이정철학의 사유방식은 이 특징을 잘 표현하였다.

> 형이상자는 도道이고 형이하자는 기器이다. 이렇게 말할 수 있으니, 기 역시 도이고 도 역시 기이다.[64]

> 도의 밖에 사물이 없고 사물 밖에 도가 없다.[65]

> 지극히 은미한 것이 리이고, 지극히 드러난 것이 상相이다. 체용이 하나의 근원을 이루고 드러남과 은미함은 간극이 없다.[66]

> 지극히 드러난 것은 사물만한 것이 없고 지극히 은미한 것은 이치(理)만한 것이 없으니, 사물과 이치는 하나로 일치하고 은미함과 드러남은 하나의 근원이다.[67]

---

64) 程顥, 『二程遺書』, 卷1, "形而上爲道, 形而下爲器. 須著如此說, 器亦道, 道亦器."
65) 程顥, 『二程遺書』, 卷4, "道之外無物, 物之外無道."
66) 程顥, 『伊川文集』, 「易傳序」, "至微者理也, 至著者象也. 體用一源, 顯微無間."

이는 세계를 '형이상'과 '형이하'로 구분함은 단지 분석적 사유의 필요에 의한 것일 뿐, 실존세계에서는 도와 기가 떨어져 있지 않고 본체와 현상도 분리되지 않음을 잘 말해 준다. '리' 또는 '도'는 가장 미묘한 본체이나 그 '용用'과의 관계는 '간극이 없기' 때문에 이와 어떠한 분리도 없고, 본체 즉 존재는 현상계 중에 거하고 현상과 떨어져 홀로 존재하지 않는다.

주자철학 중에도 이러한 초월과 내재의 철학적 사유와 내용이 충분히 발전되었는데, 그 중에서 특히 그의 태극설은 더욱 두드러진다.

> 만물을 합하여 말하면 하나의 태극일 뿐이다. 그 근본에서 말단에 이르기까지 하나의 리理가 실재하고 만물은 나뉘어 이로써 체體를 삼는다. 그러므로 만물 중에는 각자 하나의 태극이 있다.[68]

천지만물을 하나의 총체로 보면 태극은 우주의 본체이고, 태극은 하나이다. 태극은 만물 존재의 근거이고 의지하는 법칙이다. 모든 사물은 이 리를 품수하여 본성을 이루고 체로 삼는다. 따라서 매 사물은 저마다 하나의 태극을 품는다. 또 말한다.

> 합하여 말하면 만물의 통체는 하나의 태극이고, 나누어 말하면 사물은 각자 하나의 태극을 구비한다.[69]

---

67) 程顥, 『二程遺書』, 卷25, "至顯者莫如事, 至微者莫如理, 而事理一致, 微顯一源."
68) 朱熹, 『通書解』, "是合萬物而言之, 爲一太極而已也. 自其本而之末, 則一理之實而萬物分之以爲體. 故萬物之中各有一太極."
69) 朱熹, 『太極圖說解』, "蓋合而言之, 萬物統體一太極也, 分而言之, 一物各具一太極也."

총체적으로 보면 우주의 본체는 단지 하나의 태극이고, 동시에 각 사물은 우주본체인 태극과 완전히 동일한 태극을 자신의 본성으로 삼는다. 주희는 이 존재의 관계를 이렇게 해석하였다.

어떤 이가 묻기를 "『통서해通書解』의 「리성명理性命」장 주석에서 '그 근본에서 말단에 이르기까지 하나의 리理가 실재하고 만물은 나뉘어 이로써 체體를 삼는다. 그러므로 만물 중에는 각자 하나의 태극이 있다'라고 하셨는데, 그렇다면 태극도 나누어지는 것입니까?" 하니, 이에 답하시기를 "본래 단지 하나의 태극일 뿐이나 만물이 각자 이를 품수하여 저마다 하나의 태극을 온전히 구족하게 된 것이다. 예를 들어 달은 하늘에 있지만 또 강과 호수에 비치니 어디서나 이를 볼 수 있으니, 이를 두고 달이 나누어졌다고 말할 수는 없다"라고 하였다.[70]

나뉘어 파편처럼 되는 것이 아니라 마치 달이 만 개의 강에 비치는 것과 같다.[71]

주희는 주저하지 않고 불교의 "달이 만 개의 강에 비치니 곳곳이 원만하다"라는 비유를 들어 그의 '전체의 분유分有' 관념을 설명하였다. 그는 일찍이 자신의 이 사상에 대해 이렇게 해설했다.

만물이 생겨나도 하나의 태극이 있을 뿐이니, 각자 하나의 태극을 구비한다고 말한다면 의심할 만할 것이다. 그러나 각 사물 중에 천리가 온전히 구비

---

70) 朱熹, 『朱子語類』, 卷94, "問: '『理性命』章注云: '自其本而之末, 則一理之實而萬物分之以爲體, 故萬物各有一太極', 如此則是太極有分裂乎? 曰: '本只是一太極, 而萬物各有稟受, 又自各全具一太極爾. 如月在天, 只一而已, 及散在江湖, 則隨處而見, 不可謂月已分也.'"
71) 朱熹, 『朱子語類』, 卷94, "不是割成片去, 只如月印萬川相似."

되어 서로 빌리지 않고 서로 빼앗지 않으니, 이 통합에는 종자가 있고 그 모음에는 으뜸이 있다. 어찌 각자 하나의 태극을 구족한다고 말할 수 없겠는가![72]

그러므로 존재론적으로 말하면 태극은 우주의 본체일 뿐 아니라 각 사람마다 지니는 성체性體이다.

천지의 체는 곧 사람의 체이고, 천지의 마음은 곧 사람의 마음이다. 따라서 주희는 『중용』 1장을 해석하면서 다음과 같이 말하였다.

도의 본원은 하늘에서 나왔으니 바뀔 수 없고, 그 실체가 나에게 갖추어져 있으니 떨어질 수 없다.[73]

'하늘에서 나옴'은 곧 그 초월성을 말하고, '나에게 갖추어짐'은 그 내재성을 말한다. 이에 이르러 맹자가 "만물이 나에게 갖추어져 있다"라고 한 말이 만물의 실체가 나에게 갖추어져 있다는 사상으로 발전한 것이다.

이러한 사상적 입장에 기초하여 주희는 육구연(象山)과 무극태극론을 논변하는 서신 중에서 다음과 같이 말했다.

일음일양一陰一陽은 비록 형기形器에 속하지만 일음일양하게 하는 것은 바로 도체道體의 일이다. 그러므로 도체의 지극함을 말할 땐 태극이라 하고 태극의 유행을 말할 땐 도라 하니, 비록 두 이름을 갖지만 애초에 두 개의 실체

---

72) 朱熹, 『太極解義附辨』, "萬物之生, 同一太極者也, 而謂其各具, 則亦有可疑者也. 然一物之中, 天理完具, 不相假借, 不上陵奪, 此統之所以有宗, 會之所以有元也. 是則安得不曰各具一太極哉!"
73) 朱熹, 『中庸章句』, 1章, "道之本原出於天而不可易, 其實體備於己而不可離."

는 없다. 주자周子(옮긴이 주: 주돈이)가 그것을 무극이라 말한 까닭은 이는 장소도 형상도 없어 사물이 있기 전에 존재했고 사물이 있은 이후에도 수립되지 않음이 없으며, 음양의 밖에 있으나 음양의 안에서 유행하지 않음이 없고, 전체를 관통하며 부재한 곳이 없다고 여겼으니, 애초에 소리도 없고 냄새도 없이 영향을 주는 자라고 말할 만하다.[74]

또 말하였다.

태극은 음양을 낳고, 리는 기를 낳는다. 음양이 생겨나면 태극은 그 안에 있고, 리도 기 안에 있게 된다.[75]

태극의 '사물이 있기 전'과 '음양의 밖에 있음'은 모두 태극이 지닌 초월성을 가리키고, 태극의 '사물이 있은 후에 수립됨'과 '음양 속에서 유행함'은 태극의 내재적인 면을 보여 준다.

우주본체가 동시에 사람의 내재적 심성으로 발현하는 '초월하며 또 내재하는' 사상은 현대신유가에서 더 자각적으로 체현되었다. 웅십력熊十力은 "실체는 자신의 마음속에 있다"라는 사상을 견지했다. 그는 다음과 같이 말하고 있다.

만물을 체로 삼아도 유실되지 않는 것이 바로 이 마음이다.[76]

---

74) 朱熹,『朱子文集』, 卷36,「答陸子靜第五」, "一陰一陽雖屬形器, 然其所以一陰一陽者, 是乃道體之所爲也. 故語道體之至極則謂之太極, 語太極之流行則謂之道, 雖有二名初無二體. 周子所以謂之無極, 正以其無方所, 無形狀, 以爲在無物之前而未嘗不立于有物之後, 以爲在陰陽之外而未嘗不行乎陰陽之中, 以爲通貫全體, 無乎不在, 則又初無聲無臭無影響之可言也."

75) 楊與立 編,『朱子語略』, "太極生陰陽, 理生氣也. 陰陽旣生, 太極在其中, 理復在氣之內也."

76) 熊十力,『新唯識論』(中華書局, 1985), p.44, "體萬物而不遺者, 卽唯此心."

만물을 체로 삼음은 곧 그 마음이 두루 만물의 실체가 되었지만 어느 한 사물도 이를 유실하면서 사물이 된 것이 아니기 때문에 그렇게 말한 것이다.[77]

이는 각 사람의 마음이 동시에 보편적 우주실체임을 말한 것이다.

본체는 나의 마음을 떠나 외재하는 것이 아니다. 왜냐하면 대전大全(원주: 대전은 본체를 말한다)은 걸림 없이 일체의 분수로 드러나고, 분수는 각각 모두 대전이기 때문이다. 예를 들어 한 장씨張氏인 자는 본래 대전이 있으므로 자기 마음을 벗어나 바깥에서 대전을 구해서는 안 된다. 또 이씨 사람도 대전을 갖추었으므로 자기 마음을 떠나 외부에서 대전을 구해서는 안 된다. 각 사람의 우주는 대전의 정체가 직접 발현한 것이다.[78]

대전은 만물의 실체이자 본체이고, 만물의 본체는 또한 나의 마음속에 있다. 결국 나의 마음이 곧 우주의 진성眞性이기 때문에, 본체, 대전은 개체를 벗어나서 독립적으로 존재하지 않으며, 내재적으로 존재하게 된다.

모종삼牟宗三은 '초월하고 또 내재한다'(超越而內在)는 학설의 가장 대표적인 현대해석가이다. 그는 말하였다.

천도는 저 높이 거하여 초월의 의미를 지닌다. 천도는 사람의 몸에 관통하면서 사람에 내재하여 사람의 본성이 되니, 이때 천도는 내재적이다. 그러므로 우리는 칸트(Kant)가 즐겨 쓰는 용어로써 말하자면, 천도는 한편으로는 초월적(Transcendent)이고 다른 한편으로는 내재적(Immanent)이다. 천도는 초월

---

77) 熊十力, 『新唯識論』, "體萬物者, 言卽此心遍爲萬物實體, 而無有一物得遺之以成其爲物者, 故云爾."
78) 熊十力, 『新唯識論』, p.247.

하고 또 내재한다. 이는 종교적이고 도덕적인 의미를 함께 가진 것으로 종교는 초월 의미를 중시하고, 도덕은 내재 의미를 더 중시한다.[79]

이로써 그는 유가의 종교성을 설명하였고, 서양 기독교의 온전히 외재하는 초월관과 비교하면서 이렇게 말했다.

유가가 긍정한 인륜은 정연定然한 것이나 어떤 주의나 이론은 아니고, 이 현실생활 속의 인륜은 종교가 되기에는 부족하니, 반드시 인륜을 떠나지 않으면서 인륜을 따라 진선미眞善美의 '신성한 내실'과 '가치의 근원' 즉 보편적 도덕실체를 인증하고 긍정한 후에야 비로소 종교가 될 수 있다. 이 보편적인 도덕실체를 나는 '출세간법'으로 부르지 않고 다만 초월실체라고 부른다. 이런즉 초월하고 또 내재하여 결코 떨어져 있지 않다. 또한 내재하면서 외재하므로 결코 떨어져 있지 않다.[80]

현대신유가에 따르면 유가전통은 보편적인 도덕실체를 가치의 근원으로 인정했고, 이 초월적 실체는 또한 초월하면서 내재하므로 유가의 종교적 특색을 이룬다고 생각했다. 모종삼은 더 나아가 유가의 도덕적 형이상학의 특질을 설명하였는데, 바로 중국전통에 근거하여 초월적이고 도덕적 무한지심無限之心에 따라 구축된 초월적 존유론存有論이다.

이를 이름하여 무집無執의 존유론이라 하고 또 도덕적 형이상학이라고 한다. 이 중의 '무한지심無限之心'은 대상화와 개체화되는 인격신이 되지 않고, 단지 하나의 초월적이고 보편적인 도덕본체로서 사람 또는 일체의 이성 존

79) 牟宗三, 『中國哲學的特質』(臺北: 學生書局, 1974), p.263.
80) 牟宗三, 『生命的學問』(臺北: 三民書局, 1970), p.71.

유를 통해 발현된다. 이 무한지심은 '초월'적이나 인격신적인 '초월'과는 다르다. 후자는 단지 초월할 뿐 내재하지 않지만 전자의 초월은 초월하면서 또한 내재한다. 나누어 말하자면 이것은 절대보편성을 지녀서 매 사람과 사물의 위에 초월적으로 있고 감성경험으로 미칠 수 있는 것이 아니므로 초월적이다. 그러나 이것은 또한 모든 사람과 사물의 체가 되므로 내재적이다. 따라서 이것의 창조성은 상제上帝(옮긴이 주: 기독교의 하느님)의 창조성과 다르다. 이를 견강부회하거나 곡해해서는 안 된다.[81]

무집의 존유론은 본체에 관한 존재론이고 도덕적 형이상학은 도덕의 길을 따라서 우주본원에 이르는 형이상학 체계이다. 본체는 무한심無限心으로서, 이 무한심은 보편적 초월본체이고 또한 사람을 통해 체현된다. 그러므로 모종삼은 또 다음과 같이 말하였다.

이렇게 필연적으로 참된 성체와 심체는 단지 사람의 본성이거나 엄정하고 순정한 도덕행위일 뿐 아니라, 형이상학적 우주론에 직입하는 의미를 지녀 천지지성天地之性이 되고 우주만물의 실체와 본체가 된다.[82]

이 사상에 따르면 사람의 심체와 성체는 곧 우주의 본원적 실체로서, 우주의 본원적 실체는 인간의 심성구조로 체현된다. 모종삼은 월인만천月印萬川과 같은 비유를 사용하지는 않았지만, 분명히 우주의 본체와 실체가 사람의 마음에서 발현되는 것은 정체整體의 직접적인 체현이라고 보았다.

유학의 전통은 기나긴 역사의 발전 중에 다양한 색채를 띤 수많은 학파

---

81) 牟宗三, 『圓善論』(臺北: 學生書局, 1985), p.340.
82) 牟宗三, 『心體與性體』 第1冊(臺北: 正中書局, 1968), p.137.

를 양산해 내었다. 따라서 모든 유가사상가들이 오직 '초월과 내재' 또는 '내재적 초월성'을 주장한 것은 아니었다. 원시유가는 분명히 종교적 위계位階를 지닌 '천' 관념을 받아들였다. 송대 이후로는 '천'에 대한 이해가 상당히 이성화되었으나, 여전히 본체적 의미의 최고 범주를 지니고 있었다. 전체적으로 볼 때 유가사상을 한데 엮어서 '내재적 초월성'으로 환원시킬 수는 없다. 본체적으로 볼 때, 근세유학의 "초월하고 또 내재한다"는 이론은 초기 유가정신의 방향을 계승한 동시에 의식적이든 아니든 간에 불교의 영향을 받아 우주본체 즉 전체가 사람의 본심으로 체현된 점을 긍정하였다. 이러한 본체론의 결론은 공부론상에서 본심을 발명하여 본체와 합일한다는 주장을 이끌어 냈다. 본체론상에서 "초월하고 또 내재한다"는 것은 공부론 상에서 "내재하고 또 초월한다"는 논리의 전제가 된다. 초월과 내재 문제에 대한 대답은 유가의 사유방식과 인생관의 성향과 밀접한 관계가 있다. 따라서 일반적으로 말하는 유가의 '내재와 초월'의 문제는 본체론, 인성론, 사회관 그리고 공부론 등의 다층적인 과제에까지 연결된다. 이것이 바로 우리가 본 장의 토론 중에 제기할 필요가 있는 것들이다.

제8장 유가사상과 현대 동아시아 세계

    동아시아는 인류문명의 발흥이 가장 오래된 지역 중의 하나이다. 동아시아의 문화발전은 16세기 이전에 스스로 체계를 이루었을 뿐 아니라 세계에서 선두적인 지위를 차지하면서 세계문명에 적극적이고 중대한 공헌을 하였다. 근 수백 년 동안 과학과 대공업 생산력을 특징으로 하는 근대문화가 먼저 서양에서 발전하였고, 그 문명 성과는 자본주의의 충격과 강압 하에 식민주의와 패권주의로 팽창하여, 전 지구적인 정복운동을 성공적으로 전개하였다. 동아시아 세계의 전통문화는 이로 인해 전에 없는 거대한 충격을 받았다.

    근대 이전의 동아시아 문명은 그 형성과 발전으로 볼 때 동아시아 대륙을 중심으로 한반도를 거치고 일본 열도로 향하는, 서쪽에서 동쪽 방향으로 확장되어 갔다. 중국, 한국, 일본 등 각 지역의 국민은 모두 동아시아 지역 문화에 나름대로 공헌을 하였는데, 그 문화 전파의 기본 골격은 대륙을 중심으로 하여 바다와 섬을 주변부로 삼는 것이었다. 서기 7세기부터 17세기까지, 동아시아 지역은 이미 커다란 공통분모를 지닌 상당히 안정된 문화체계를 이루고 있었다. 기물器物에서 정신에 이르는 서로 다른 층차 속에서 동아시아 지역문화의 동질성은 차츰 감소하였으니, 즉 동아시아 지역의 전통문화는 기물 공예工藝의 방면에선 비교적 높은 동질성을 유지하였지만, 국민성 측면에선 상당히 큰 차이를 보였다.[1] 이처럼 각국의 문화성격에서는 차이를 보였음에도 불구하고, 기물, 제도, 정신문화 등의 방면에서는 확실히 공통의 문화적 성격을 형성하여, 여전히 동아시아를 하나의 문화권으로 간주할 수 있었다.

19세기 말 이래로 동아시아 국가들은 잇달아 앞다투어 근대화를 추구했다. 근대화의 과정은 지역구도로 볼 때 중고시대와는 정반대로 동아지역에서 일본이 선도하면서 동쪽에서 서쪽 방향으로 나아갔다. 일본은 제1차 세계대전 이전에 이미 상당한 수준에서 근대국가의 꿈을 실현하였고, 제2차 세계대전의 좌절을 겪은 후에도 여전히 빠른 속도로 현대화를 완성하면서 일약 동아시아 현대화의 중심이 되었다. 한국, 싱가포르와 대만, 홍콩 지역도 냉전이라는 특수한 역사조건 속에서 1970년대의 경제도약기를 거치면서 현대화를 기본적으로 완성하였다. 이 새로운 경제발전의 구도 속에서 변방에 위치한 오래된 중국 대륙은 전후에 소련과 동유럽 모델의 초급 단계의 산업화를 거친 후 70년대 말 시장노선의 경제개혁을 실시하면서 동아시아 기타 지역과 근접한 모델을 좇으며 현대화를 추구하기 시작했다. 90년대 초의 발전은 중국대륙이 개혁개방을 구호로 삼는 발전 방향이 이미 거스를 수 없는 추세가 되었고, 경제성장도 고속성장기로 진입했음을 잘 보여 주었다. 베트남의 개혁은 이미 실효를 거두었다. 비록 북한이 개혁개방하기에는 아직도 시간이 필요하지만, 대체로 백여 년의 발전 과정 속에서 동아시아

---

1) 이러한 차이에 관해서는 金忠烈, 「儒家的共存倫理」를 참고할 것. 이 논문은 劉述先 主編, 『中國文化的檢討與前瞻─新亞書院五十週年金禧紀念學術論文集』(八方文化企業公司, 2001年 5月)에 실려 있음.

지역의 현대화 국면은 이미 기본적으로 확립되었고, 동아시아 사회의 전통에서 현대로의 전환은 이미 그 틀을 잡았다. 냉전이 끝난 후, 동아시아 문화의 분열 사태는 이로부터 새로운 국면에 접어들었다. 동아시아 사회경제 구조의 동질성은 나날이 증대되었고, 경제와 문화의 교류는 한층 더 밀접해졌다. 동아시아 지역과 사회는 새로운 과제에 직면하게 되었다. 이러한 상황에 처한 우리도 이제 유연하게 동아시아 전통사상 특히 유가사상의 현대적 가치를 생각해 보아야 한다. 이는 21세기 동아시아 지역문화와 관계에 대해 중요한 의의를 지니며, 동아시아 지식인으로서 회피할 수 없는 책무일 것이다.

1. 전통과 현대성

동아시아의 백년에 걸친 근대화 여정은 '전통'과 '현대' 간의 고도의 긴장 속에서 전개되었다. 20세기 일본의 '탈아입구脫亞入歐'와 21세기 중국에서 출현한 몇 차례의 격렬한 반전통운동은 모두 근대화가 아직 성공하지 못한 과정에서 동반된 필연적인 현상이었다. 동아시아 전통사상에 대한 격렬한 비판은 근대화 과정 중에 맞닥뜨렸던 곤경의 문화적 표현이고, 또한 이 시기 지식인들과 지도계층의 '현대'에 대한 이해를 기반으로 한다.

동아시아 지역의 근대화 혹은 현대화는 시작부터 민족국가의 존망과 함께 연계되어 있었기 때문에 민족국가의 근대화는 처음부터 관심이 '부국강병'의 국가적 기능에 집중되어 있었다. 이런 의미에서 근대 동아시아 국가는 국가자본주의를 선택했든지 또는 사회주의를 선택했든지를 막론하고,

그 출발점은 일치했다. 바꾸어 말해, 동아시아 국가는 가장 일찍부터 '함대의 견고함과 대포의 예리함', 즉 근대 과학기술과 공업을 기초로 한 군사능력으로써 근대성을 이해하였다. 비록 민족국가의 민족주의 의식은 크게 비난받을 일은 아닐지라도 이렇게 출발한 근대성의 이해는 19세기 '열강'의 움직임 속에서 지역 관계에 합당한 상호 소통적 이성을 선보이지 못했고 합리적인 지역문화와 지역 관계를 수립할 수 없었으니, 이는 제2차 세계대전 중 동아시아 지역 관계의 행적에서 충분히 드러난 바 있다. 사실상 전후戰後의 후발 발전도상국은 예외 없이 모두 먼저 경제발전을 현대화의 함의로 이해했다. 이러한 현대화의 이해는 서양 현대화 이론과도 일치한다. 막스 베버의 관점에 따르면, 서양 현대성의 핵심은 '이성화'인데, 서양과는 대조적으로 동아시아 사상(중국을 위주로 논함) 문화 중에는 '이성 정신'이 결핍되어 있었다.[2] 베버가 여기서 말한 '이성'은 모두 '도구이성'을 가리키는데, 그 중에 과학기술이성과 경제이성이 주요 부분을 차지한다. 동아시아 공업화의 초기 사유도 과학기술과 공상자본주의工商資本主義를 발전시키는 것이었다. 근대과학은 동아시아에 수입되면서 저항이 거의 없었고, 공업화도 일찌감치 현대화의 본질로 간주되었다.

그러나 소비에트 '10월 혁명' 이후 후발 도상국가에 또 하나의 공업화 모델이 제공되었다. 소련의 사회주의 건설 경험은 현대화 이해의 다양화를 초래했는데, 사람들은 더 이상 베버가 말한 이성화된 자본주의 경제조직을 현대화의 유일한 방식으로 인식하지 않게 되었다. 사회주의 공업화의 모델 중에서 '가치합리성'은 현대화와 현대성의 한 요소로 이해되었으나, 이 가

---

2) 베버의 이론과 분석에 관해서는 蘇國勛, 『理性化及其限制』(上海人民出版社, 1988)를 참고할 것.

치합리성은 종종 국가계획과 국유재산권으로써 도구적 합리성을 배척하였는데, 사람들은 이 점의 심각한 후유증을 당시에는 의식하지 못했다. 이 두 종류의 모델은 본래 인류를 위해 더 많은 선택과 경험을 제공한 것이었으나, 양자는 이데올로기의 대립을 기반으로 폭넓은 충돌을 일으켰다. 제2차 세계대전 이후 냉전의 전 지구적인 구도하에 동아시아에는 일본을 중심으로 하는 시장공업화 모델과 중국을 중심으로 하는 계획공업화 모델이 수립되었고, 그 배후에는 미국과 소련의 전 지구적 대립이 있었다. 냉전은 의심할 바 없이 가치의 충돌이자 경제의 경쟁이었다. 1980년대 말에 이르자 경제성장과 사회발전의 경쟁은 계획모델이 도구이성 측면에서 약세임을 드러내었고, 결국 냉전의 종식을 불러오게 되었기에 도구이성적 패권은 또 다시 현대성의 이해를 주도하게 되었고, 시장경제 체제가 또 다시 현대화의 유일한 노선으로 공인되었다. 냉전의 종식과 발전모델의 단일화는 분명 인류인식의 진보를 대표하며 어떤 면에선 인류 충돌의 위협을 모면하게 하지만, 냉전시기의 통제되고 은폐되었던 문제들이 쏟아져 나오면서 인류의 시련은 예전과 다름이 없게 되었다. 근대 도구이성의 팽창이 가져온 패악은 더욱 만연하고 인류의 비판적 자원은 나날이 감소하게 되었다.

베버는 일찍이 현대문명의 모든 성과와 문제가 가치합리성과 도구합리성의 긴장구도에서 기원한다고 말했다.[3] 한편으로 형식합리성은 이성적 형태의 과학, 합리적인 법률, 행정체계 그리고 합리적인 자본주의 노동조직을 생산하였고, 다른 한편으로 근대의 문명생활은 본질적으로 도구이성을 성향으로 하며 공리주의의 강력한 지배를 받아서, 이로부터 현대화 발전의

---

3) 蘇國勛, 『理性化及其限制』(上海人民出版社, 1988), p.89 참고.

병폐를 낳았으니, 즉 형식적 합리성과 실질적 비이성 또는 도구적 합리성과 가치적 비이성이 그것이다. 현대사회의 환경오염, 삶의 의미 상실, 도덕의 타락 등은 모두 도구이성의 일방적인 지배와 관련이 있다. 국가와 지역의 관계로서 말하면, 도구이성을 성향으로 삼는 현대화는 결코 자발적으로 민족과 문화의 충돌을 해소할 수 없고 전쟁을 종식시키는 것은 더욱 불가능하다. 포스트-냉전 시대가 옥죄었던 민족과 지역 관계에는 문화이성의 재구축이 요구된다.

동아시아 근대사상사의 두드러진 특징은 한편으로는 자신의 전통을 경시하고 부정하였고, 다른 한편으로는 설령 전통에 대해 긍정했더라도 서구 현대성의 의미 속에서 전통 중의 긍정할 만한 요소를 찾았으니, 문화적으로 전통문화 중에서 서양과 유사한 어떤 요소가 자본주의의 성장과 도구이성의 발전에 도움이 되는지에만 주목하였다는 점이다. 그러나 일본과 '네 마리 용'으로 전례를 지닌 동아시아의 경험은 동아시아 현대화가 자기만의 특색 또는 자신의 현대성을 지닌 것을 잘 보여 주는데, 예를 들어 집단과 권위를 중시하고 교육을 중시하며 현세를 중시하는 것들은 모두 동아시아적 전통과 관련이 있다. 더욱 중요한 것은 미래를 마주하여 동아시아는 한층 더 전통적 정신적 자원 중에서 영양을 섭취하여 시대적 과제를 해결하고 동아시아의 더욱 조화로운 현대세계를 건설해야 한다는 것이다.

동아시아의 전통적 가치가 현대세계에 대해 갖는 의의에 관해, 최근의 논의에서 학자들은 동아시아 사회의 경제적 성공의 공통분모로서의 가치성향에 보다 더 주목하였다. 이는 당연히 동아시아 현대성의 일부분이기는 하지만, 이 역시 경제적 기능의 좌표 위에서 가치문제를 다룬 것일 뿐이다. 우리는 도구이성의 층차를 넘어서 현대세계의 문제를 마주하고 다가올 동아시아 세계의 총체적 요구에 주목할 필요가 있다. 벤저민 슈워츠(Benjamin Schwartz)가 지적했듯이, 사실 유가적 가치는 동아시아 국가들의 후발 현대화에 장애가 되지는 않지만, 동아시아 현대화의 과정 중에 유가윤리로부터 도움을 얻은 관념성향들은 결코 유가윤리의 핵심적 본질이 아니다.4) 베버식의 현대화의 도구적 이해로부터 벗어나고, 합리적인(도구적 합리성뿐만 아니라 가치상에서도 합리적인) 현대 동아시아 문화를 수립하려면, 유학의 핵심인 문화적 실천, 사회적 이상과 문화적 성향을 진정으로 대표하는 보편적 가치에 더욱 주목해야 한다.

2. 화和를 용用으로 삼다

1990년대의 혼란한 세계에 직면하여 우리는 먼저 유가의 '화和'에 관한 관념을 생각하게 된다. '화'는 유학 전통의 중요한 가치로서 그 내용을 다섯 개의 다른 층차로 나눌 수 있다. 첫 번째 층차는 하늘과 사람 곧 인간과 자연의 조화이다. 두 번째 층차는 국가와 국가 즉, 국가 간의 화평이다. 세 번째 층차는 사람과 사람 즉, 사회관계의 화목이다. 네 번째 층차는 개인의 정신과 심리 즉, 경지의 평화이다. 다섯 번째 층차는 문화 또는 문명 즉, 서로 다른 문화 간의 화합과 이해이다. 이 몇 개의 관계들은 유사 이래 인류의 기본적 관계일 뿐 아니라, 현대인이 직면한 생존 환경과 생존의 질의 주요 도전 또한 여전히 이 몇 가지 관계에서 나타나고 있다.

---

4) Wei-ming, Tu (ed.), *The Confucian World Observed*(University of Hawaii Press, 1992), p.16.

유가의 이해에 따르면 인간과 자연의 조화로운 관계는 '천인합일'의 기초 위에서 수립된 것이다. 대자연은 인류의 양육자이고, 자연계의 모든 사물은 인류의 동반자로서, 인간과 자연은 긴밀히 상통하는 한 몸을 이룬다. 따라서 인간은 자연을 끊임없이 착취하는 대상으로 삼아서는 안 되고 자연과 조화로운 상호 관계를 수립해야 한다. 근대 이후로 파우스트 정신의 초기자본주의는 이윤추구와 자본축적을 목적으로 삼으며 본능적으로 생태환경의 보호를 간과하였다. 전후의 개발도상국은 공업화 국가의 전례와 압박 속에서 국가 주도로 기업인들과 함께 무작정 발전의 속도만을 추구하면서 공업국가의 대열에 가입하고자 했다. 그 결과 인류가 생산한 물질폐기물은 자연계의 물질순환을 거스르게 되었고, 대규모의 자원개발은 환경의 균형을 파괴하였으며, 과학기술의 발전은 예상치 못한 생태계의 파괴를 가져왔다. 반세기 동안 국부적인 공해로부터 대기오염, 해양오염, 산림감소, 토지 사막화에 이르기까지 전 지구적인 환경조건의 악화는 이미 논쟁의 여지없는 사실이 되었다. 환경의 개선은 물론 문화적 관념이 홀로 해결할 수 있는 것은 아니나, 그 해결은 결국 문화적 관념에 기반을 두어야 할 필요가 있다. 고대 유가의 '화和' 관념의 첫 번째 의미는 곧 인간과 천지天地의 조화로서, "성대한 음악은 천지와 조화를 이루고", "조화를 이루므로 만물을 잃지 않는다"5)라는 것을 주장하고, 천지는 자연적인 조화와 질서가 있으므로 인간의 활동은 천지와 더불어 조화를 이루어야 하며, "조화로우니 만물이 모두 화육된다"6)라고 여긴다. 인류의 참여 활동은 모두 우주 전체의 조화를 촉진하기 위한 것이다.

---

5) 『禮記』, 「樂記」, "大樂與天地同和.", "和故百物不失."
6) 『禮記』, 「樂記」, "和故百物皆化."

‘화’(때로는 ‘樂’을 통해 표현된다)는 일종의 문화 관념으로서 그 두 번째 의미
는 국가, 민족 간의 화평이다. 유가는 ‘화’를 지도 개념으로 삼아 "군사와
무기를 쓰지 않고, 다섯 가지 형벌을 사용하지 않으니, 백성이 걱정이 없
는"[7] 상태에 이르고자 했고, "학문을 닦아 먼 데서부터 오게 하고"[8], "신의
를 중시하며 화목함을 기를 것"[9]을 주장했으며, 인의를 숭상하고 왕도를
귀중히 여김으로써 "전투를 잘 하는 자는 극형으로 다스리고자"[10] 하였다.
포스트－냉전 시기에 전란이 빈번하여 국가 간의 정치문화적인 규범의 상
실이 두드러졌다. 새뮤얼 헌팅턴(Samuel P. Huntington)은 미래의 국제적인 충돌
은 장차 민족국가 간의 충돌에서 문명 간의 충돌로 옮겨 갈 것이라고 예언
했는데, 이 학설은 비록 일가견은 있으나 그가 유가문명을 충돌의 한 원천
으로 본 것은 명백한 무지의 소산이다. 베버는 일찍이 유교의 평화주의적
성격을 정확히 간파했고, 양수명梁漱溟은 더 나아가 주나라 공자가 개척한
이성적으로 일찍 성숙했던 유가문화는 본질적으로 화평하며 문화를 존숭한
다고 주장했다.[11] 유가의 ‘화’ 관념은 평화롭게 공존하는 국가 간의 교류
준칙을 도출하는 데 유리하게 작용하며, 현대세계의 신질서를 구축하는 데
있어서도 긍정적인 의의를 지닌다.
　‘화’의 세 번째 의미는 인간관계의 화목이다. 유가는 상하 간의 ‘화경和
敬’, 이웃 간의 ‘화순和順’, 가정 속의 ‘화친和親’을 주장한다. 비록 고대유가가

---

　7) 『禮記』, 「樂記」, "兵革不試, 五刑不用, 百姓無患."
　8) 『論語』, 「季氏」, "修文來遠."
　9) 『禮記』, 「禮運」, "講信修睦."
　10) 『孟子』, 「離婁上」, "善戰者服上刑."
　11) 韋伯(Max Weber), 『中國的宗敎: 儒敎與道敎』(簡惠美 譯, 臺灣: 遠流出版社, 1989); 梁漱溟,
　　　『中國文化要義』(臺北里仁出版社, 1982).

다루었던 인간관계의 범위는 현대사회보다 협소했지만 인간관계를 처리하는 원칙은 보편성을 띤다. 현대 공업사회와 포스트-공업사회는 인간관계가 소원하고 가정이 해체되고 노인이 소외되는 현상이 나날이 만연해져서, 동아시아 사회는 전통으로 인해 서양보다는 양호한 편이지만, 사회구조와 가정구조가 변화하면서 사회적 병폐도 늘어나게 되었다. 현대 사회조직은 법률에 의지하여 내부 질서를 더욱 엄밀하게 다지지만 상하 좌우의 관계는 진정한 조화에 이르지 못했다. '화'가 제창하는 것은 일방적인 행위가 아니라 개인이 주체가 되어 상호 존중하고 이해하고 관심을 기울이는 것이다. 이는 현대 관료사회의 인간관계에 교정치료적 토대를 제공한다.

'화'의 네 번째 의미는 개인 정신생활의 화락和樂이다. 『예기』에서는 "마음이 화락하지 못하면 비루한 마음이 들어온다"라고 말했다. 따라서 심기를 화평케 하려면 화락함으로 마음을 다스려야 한다. 그러므로 '화'는 음악의 악樂이자 또한 화락의 락樂이다. 이러한 의미에서 유가문화는 화의 문화이고, 또한 화는 유가문화의 기본 성향이라고 말할 수 있다. "공자와 안회의 즐거움을 찾다"라는 것을 핵심으로 한 송명유학의 정신성은 바로 이 과제를 두고 전개된 것이다. 현대사회 속의 개인의 조바심, 고독, 공허감, 권태가 해소되지 않는 상황 속에서 유가의 화락정신을 고양하는 일은 의미를 지닌다.

'화'의 다섯 번째 의미는 상이한 문화에 대한 관용과 포용이다. 중국은 고대에 이미 화동지변和同之辨이 있었다. '화'는 가지런한 획일화를 의미하지 않고 일원적인 강제나 사람에 대한 강압을 주장하지 않는다. '화이부동和而不同'의 '화'는 서로 다름을 전제로 하는 것이다. "조화에 충실하면 만물을 생성하고, 같으면 이어지지 못한다"(和實生物, 同則不繼)라는 것은, 드넓은 가슴으로 서로 다른 문화요소를 받아들이며 다원적인 화해공존을 격려하고 상이한 문화 간의 평화로운 공존과 경쟁을 주장하는 것이고, 자신과 다른 문화에 대해 이해하고 다른 문화관점에 대해 존중하는 것이기도 하다. 냉전의식이란 정치문화적으로 볼 때 서로 다른 이데올로기가 한 치의 양보 없이 대립하고, 관용 가운데 경쟁할 수 없는 것을 말한다. 90년대의 포스트-냉전 시기는 한편으로는 많은 지역에서 문화 관계가 밀접해지는 현상, 예를 들어 유럽 단일화, 북미의 자유무역구 등이 등장하였으나, 다른 한편으로는 특정지역의 문화 충돌이 격화되었으니 보스니아와 중동지역이 그 예이다. 아시아 태평양 지역은 급속히 새로운 지역문화가 냉전이데올로기를 대체해 갔다. 이런 점에 대해 동아시아 전통의 문화자원은 마땅히 충분하게 활용되어야 한다.

3. 인仁을 체體로 삼다

'화'는 유가문화의 기본 성향이지만, 유가의 가치구조로 볼 때 '화'는 유학의 궁극적인 원리는 아니다. '화'는 용用이지 체體가 아니다. '화'의 저변에는 또 하나의 기초인 '인仁'이 있다. '인'은 체이고 '화'는 용이다. "인을 체로 삼고 화로써 운용한다"는 문화적 실천의 구조는 유학과 서양의 서로 다른 정신적 특색을 잘 보여 준다.

만약 하나의 보편적인 도덕원리를 기초로 삼지 않고 포스트-냉전 시기의 건전한 동아시아 지역문화를 수립하는 것은 불가능하다. 유가전통 속의 '인'은 현대세계 속 인류 공통 관념의 도덕적 기초가 될 수 있다. '인'의 의미에 관한 고대 유자들의 해석은 매우 많은데, 여기서 두 가지만 소개해 보면, 하나는 공자가 "인자는 사람을 사랑한다"고 말한 것과 후대 한유韓愈가 '박애博愛'로써 인을 해석한 것 그리고 주희가 '사랑의 이치'로써 인을 설명한 것이고, 또 하나는 양수명이 '이성理性'으로써 인의 사상을 밝힌 것인데, 이러한 해석은 오늘날 더 큰 의의를 갖는다.

'인'의 의미는 그 포용과 통섭이 매우 넓어서 '인'에서 출발하여 '화'를 포함하는 각종 규범을 도출할 수 있다. 송명유가는 "인자는 천지만물을 한 몸으로 삼는다", "인자는 혼연히 만물과 한 몸을 이룬다"고 말하면서, 인간과 자연의 조화와 일치를 직접적으로 긍정하였다. '인'은 박애의 인도적 원칙으로서, 화평공존하는 국가 간의 교류 원칙을 이끌어 낼 수 있고 침략전쟁을 저지하는 도덕적 역량이 될 수 있다. 제2차 세계대전 이후 도덕적 역량은 세계평화를 유지하는 데 빠뜨릴 수 없는 적극적 역량이 되었고, 냉전 이후의 오늘날 국제적 질서가 상실되고 지역문화의 균형이 무너진 상황 속에서 지역의 관계와 교류를 위해 더욱 필요한 하나의 도덕적 공통 기초가 되고 있다.

민족국가 내의 사회생활도 마찬가지로 주체성 상실과 질서 붕괴의 위기를 맞으면서, 인간의 물화物化는 이미 철학자의 예언이 아니라 현대사회의 중증현상이 되었고, 향락주의적 소비문화는 사람들로 하여금 나날이 이상을 상실하게 하였다. 『예기』는 말한다. "무릇 외물이 사람에 감촉하는 것이 끊임없고, 사람이 좋아하고 싫어함에 절제가 없으면 외물이 이르러 사람이 외물에 동화된다. 사람이 외물에 동화됨은 천리를 훼손시키고 욕심을 끝없이 부리게 된다. 그리하여 도리를 거스르고 남을 속이는 마음이 생기며, 음탕하고 난동을 부리는 일이 생겨난다. 이런 까닭에 강한 자가 약한 자를 위협하고, 다수가 소수에게 난폭하게 굴고, 배운 자가 어리석은 이를 속이고, 용력 있는 자가 겁 많은 이를 괴롭히고, 병든 자가 보살핌을 받지 못하고, 노인과 어린이, 고아와 홀로 된 이가 몸 붙일 곳이 없게 되니, 이것이 곧 세상이 크게 어지러워지는 길이다."12)

인류의 역사는 이성이 부단히 성장해 온 역사이다. 유가의 입장에서 볼 때 이성은 단순히 지적인 사고능력만을 가리키지 않는다. 양수명은 이성과 이지理智를 구별하면서, 이성은 일종의 교류적 태도로서 서로 이해하고 상호 소통하는 마음 상태, 즉 인仁으로 이해했다. 이러한 이해는 어떤 면에선 하버마스가 말한 소통적 이성과 유사하다.

'인'은 유학적 가치이성의 대표이자 실질적 전통(substantive tradition)의 응축된 표현이라고 말할 수 있다. 20세기 초 동아시아 지식인들의 생각 속에서 평화는 연약함으로, 관용은 무능으로 간주되었고, 화해는 자연정복의 장애물이고, 전통적 도덕이상과 가치는 근대화의 진보를 속박하는 걸림돌로 인식되었다. 그러나 근 한 세기 동안 인류가 목도한 회한과 비극은 모두 이러한 전통가치의 위반에서 생겨난 것들이다. 근 수십 년 동안 동아시아 사회는 서양 현대성의 영향을 받아 도구이성의 발전을 최고 위치에 올려놓았고, 학자들은 세속화된 유가윤리가 동아시아 경제발전을 촉진시킨 기능을 중시했고, 유가의 실학사상 중의 경험적 성향을 중시했으며, 특히 동서양 정신 전통이 구비한 보편적 가치 관념을 배척하였고, 경험적 형태의 관념 또는 경험 지향적이고 구체적인 조치 규범을 숭상했으며, 이로부터 구체적이고

---

12) 『禮記』, 「樂記」, "夫物之感人無窮, 而人之好惡無節, 則是物至而人化物也. 人化物也者, 滅天理而窮人欲者也. 於是有悖逆詐僞之心, 有淫泆作亂之事. 是故强者脅弱, 衆者暴寡, 知者詐愚, 勇者苦怯, 疾病不養, 老幼孤獨不得其所, 此大亂之道也."

경험적인 것만이 현대화와 접목될 수 있고 보편적 가치와 현대성은 무관하며 현대화로 전환될 수 없다는 식으로 호도하게 되었다. 이것들은 모두 '전통-현대'의 대립적 사유가 그릇되게 인도된 것들이다. 오늘날 우리는 이러한 구시대적 사고도식에서 벗어나 더 높은 수준에 서서 현대 동아시아 사회의 문화적 문제를 새롭게 생각해야 한다.

제9장 유가윤리와 중국의 현대화

공업동아시아(옮긴이 주: 산업화된 동아시아 지역)라는 단어는 최근의 학술문헌에 등장한 용어로서 일본, 한국, 싱가포르와 중국, 홍콩, 대만 지역의 흥기를 지칭한다.[1] 유가윤리와 동아시아 경제현대화에 관한 논의는 미국에서만 이미 30여 년의 역사를 지니고, 1980년대에 들어서는 더욱 많은 사람들의 주목을 받으면서 국제적으로 공인된 진지한 학술주제가 되었다. 최근 몇 년간 국외의 이 분야에 관한 논의가 국외로 속속 전파되었는데, 몇몇 학자들은 이 논의의 역사와 현황을 이해하지 못하고 유가윤리와 동아시아 공업발전을 연결시킨 논점을 경솔하게 '유학 부흥'과 연결시켜, 이를 '신유가가 제멋대로 꿈꾸는 허구'라고 간주하여 비판하고 배척하였다. 이러한 국제적인 학술토론에 제대로 참여하려면 우리는 먼저 열린 마음으로 이 토론의 학술적 사유와 역사적 유래를 이해하고, 진지한 분석의 기초 위에서 그 중에 중국의 현대화 과정과 문화건설에 귀감으로 삼을 만한 성분을 흡수해야 한다.

---

1) 梁元生, 「灰飛化作鳳凰舞」, 『亞洲文化』(1987年 10月).

1. 유가문화와 현대화

1960년대 현대화 이론은 베버의 계승자 파슨스(Talcott Parsons)의 주도하에 한 시대를 풍미했다. 60년대 초 미국의 몇몇 역사학자, 사회학자, 정치학자는 유가문화와 동아시아 현대화의 관계를 연구하기 시작했다. 이 문제의 제기는 베버의 프로테스탄트 윤리와 서양 자본주의의 탄생에 관한 연구 그리고 중국 종교윤리와 중국 현대화의 연구 등과 직접적인 계승 관계가 있다. 당시 대다수의 학자들은 베버와 마찬가지로 유가윤리와 이성화(rationalization)된 현대화 과정은 기본적으로 조화를 이룰 수 없다고 생각했다. 그 주된 근거로는 첫째 그것은 개인주의의 강조가 결핍되어 있고 강력한 사회변혁의 동기역량이 부족하며 집단 지향성이 과도하다(too group-oriented)는 것이다. 둘째는 전인적 인격완성의 교육에 지나치게 치중하여 세계를 주재하는 공격적 인격형성의 요구가 부족하다는 것이고, 셋째는 체험적 지혜를 강조하나 이는 경험적이고 정량적인 지식이 아니라는 것이다. 흥미로운 점은 15년이 지난 후 여전히 이 학자군은 거꾸로 그들에 의해 비판되었던 가치를 활용해 동아시아의 경제적 도약과 서양에 대한 도전을 해석한다는 사실이다.[2]

일부 미국학자들은 일본이 19세기부터 발전한 사례를 들어 중국과 조선의 유학은 중국과 조선의 현대화에 장애물로 작용한 점을 강조했고, 동시에 일본의 유학전통은 반대로 일본의 현대화에 공헌한 바가 있다고 보았다. 유학이 어떻게 일본의 현대화에 동참할 수 있었는가? 파슨스의 수제자 로버트 벨라(Robert Bellah)는 그의 명저 『도쿠가와의 종교 — 현대일본의 문화연

---

2) Wei-ming, Tu, *Confucian Ethics Today*(Singapore: Federal Publications, 1984).

원』중에서 일본 근대화를 촉진한 것은 왕수인의 역행力行철학과 무사도정신이 결합된 인생태도였다고 말했다. 일본학자 마루야마 마사오(丸山眞男)는 그의 『일본정치사상사』중에서 일본의 고학古學은 주자학을 비판적으로 계승했고 신도神道와 결합하여 일본 근대화의 정신적 동인을 구성하였으며, 메이지유신을 촉진시켰다고 주장했다.3)

베버의 종교사회학 이론은 1950년대 이래로 학술계 특히 현대화 이론 분야에 지대한 영향을 끼쳤다. 베버는 자본주의가 서양에서 흥기한 것은 기독교 중에서 프로테스탄트의 종교윤리와 유관하다고 생각했다. 프로테스탄트 신도들은 자신이 하나님의 선민選民이 되어 구원을 받았는지를 알지 못하기 때문에, 내심 극도의 긴장감으로 충만하여 한편으로는 금욕적으로 근검하게 되고, 다른 한편으로는 근면한 노동으로 부를 축적하여 하나님께 영광을 돌리고 세속적인 직업상에서 자신이 하나님의 선민임을 친히 증명하고자 한다. 이것은 자본주의 발전에 하나의 '정신'을 제공하였다. 베버는 또한 전통적인 중국이 자본주의 혹은 근대 공업문명을 이루지 못한 주된 이유는 중국에 특수한 심리상태가 부족하기 때문이라고 생각했다. 왜냐하면 중국사회의 주된 가치체계는 유가윤리인데, 유가윤리는 일종의 낙관주의로서 프로테스탄트의 신도들이 하나님의 구원을 얻기 위해 열심히 노동하는 내적 조바심과 긴장감이 부족하다. 유가윤리와 프로테스탄트 윤리는 둘 다 이성주의에 속하지만 전자는 세계에 대한 이성적 적응을 말하고, 후자는 세계에 대한 이성적 주재를 말한다. 베버는 이것이 바로 중국 전통사회가 자발적으로 근대 공업문명에 진입하지 못한 근본 원인이라고 믿었다.

---

3) 杜維明, 「從世界思潮的幾個側面看儒學研究的新動向」, 『九州學刊』(1986).

1960년대 유가문화와 현대화의 논의는 기본적으로 베버 이론의 우산 아래서 진행되었음을 쉽게 짐작할 수 있다. 설령 당시 학자들이 일본유학이 현대화 과정에 끼친 작용을 인정했을지라도 이는 단지 일본유학의 야마토(大和) 경향의 정신을 내세웠을 뿐이고, 유학이 동아시아에서 지니는 보편적 의의는 부인하였다.

베버의 이론에 따라 논리적으로 제시된 결론은 유가문화와 현대화는 화합하기 어렵다는 것이다. 이는 파슨스와 그의 동료들도 60년대에 도달한 일치된 결론으로서, 유가문화는 현대화의 장애물이라는 것이다. 이 결론을 고대 중국에서 자본주의가 발전하지 못한 점에 적용해 보면 상당한 설득력을 가진다. 그러나 만약 이로써 동아시아와 서양이 충돌한 이후의 역사를 해석하면서 반드시 유학이라는 이 장애물을 뿌리 뽑아야 중국은 비로소 현대화할 수 있다고 생각한다면, 딱 들어맞지 않을 것이다. 특히 베버의 유가윤리관은 70년대 이래로 커다란 경험적 현상의 도전을 받았는데, 바로 동아시아 일본, 한국, 싱가포르와 중국, 홍콩, 대만 지역의 전후의 놀랄 만한 경제 도약이 그것이다.

사실상 1960년대 서양학자들은 이미 전후 일본의 경제적 성공에 주목하였고, 70년대에 들어서 거의 모든 서양학자들은 일본의 기적(Japanese miracle)에 매료되었다. 그러나 당시에는 이 기적이 일본이 시행한 특수한 경제정책의 결과일 뿐 결코 동아시아의 공통적인 경험이라고 생각하지 않았다. 에즈라 보겔(Ezra Vogel)은 그의 명저 『일등 국가인 일본』4)에서 유가문화적 요소를 일본이 고도로 발전한 요인으로 고려하지 않았다. 그러다가 1985년 하버

---

4) Ezra Vogel, *Japan as Number One*.

드대학 페어뱅크(John King Fairbank) 동아시아연구센터가 개최한 '공업동아시아: 문화적 특색'의 포럼에서 보겔은 동아시아 전통, 특히 유가는 확실히 공업화에 도움이 되는 요소를 지닌다고 인정했는데, 이때도 그는 여전히 구조적 요소가 더 중요하다는 입장을 폈다. 보겔의 이러한 변화는 70년대 이후 공업동아시아 토론의 변천과 일치한다.

1970년대 말 아시아 '네 마리 용'의 경제적 비약은 전세계인들의 이목을 집중시켰다. 과거 20년 동안 일본과 아시아 '네 마리 용'은 세계에서 발전이 가장 빠른 지역이 되었는데, 이는 자타가 공인한 사실이다. 이 현상을 어떻게 해석해야 하는가의 문제는 80년대 학술계가 가장 주목한 과제가 되었다. '동아시아의 우세'에 대한 해석은 두 가지로 대표되었는데, 곧 '구조주의적 해석'과 '문화적 해석'이다.

호프하인즈(R. Hofheinz)와 칼더(K. E. Calder)가 공저한 『동아시아의 우위』[5]와 기타 '구조주의적 해석'을 고수하는 자들은 동아시아의 발전이 주로 정치환경과 경제정책에 힘입은 바가 크다고 생각했다. 정치적으로는 가부장적인 정치 지도자, 엘리트 관료의 경영, 교육의 중시를 말하고, 경제적으로는 미국의 원조, 기술도입, 수출지향, 고저축률, 저임금 노동력을 말한다. 또 다른 학자들은 동아시아의 기업 관리와 노사 관계에 더 주목했다. 그들은 집단적인 화해원칙이 동아시아의 주요 특징임을 발견하였는데, 집단적 단결, 근로 규율, 고학(苦學)정신, 충성심, 실용주의, 경험주의 등 한마디로 하면 동아시아의 기업정신이 비개인적 정신에 스며든 것으로서, 이는 베버와 서양 학술계에서 모범으로 받드는 개인주의와 현대의 관계와 완전히 상반된다.

---

5) R. Hofheinz and K. E. Calder, *East Asia Edge*.

일찍이 베버의 이론을 받아들인 자들은 자연스럽게 베버의 방법론인 '문화윤리적 해석'을 떠올렸다. 비록 그들의 결론이 베버의 당시 결론과 큰 차이를 보이더라도 말이다. 사실상 1975년에 일본의 경제학자 모리시마 미치오(森島道雄)는 유가사상과 일본 경제발전의 관계를 논하면서, 유가윤리가 일본경제의 현대화에 끼친 작용과 베버가 말한 프로테스탄트 윤리가 서양세계에 끼친 것은 같다고 생각했다. 그는 '유가자본주의'라는 개념을 제시하면서 유가는 개인주의를 고무하지 않고 이성적 집단주의에 부합하며, 일본의 발전은 부분적으로 그 공을 유가학설의 교육에 돌려야 한다고 생각했는데, 이로부터 일련의 베버논제에 대한 재성찰이 생겨나게 되었다. 그러나 그가 말한 유가는 동아시아 지역이 공유한 유가문화가 아니다. 그는 일본식의 '충忠'을 중심으로 한 유가문화와 중국식의 '인仁'을 중심으로 한 유가문화를 구분하면서, 일본식 유가만이 현대화를 촉진할 수 있다고 보았다. 그러나 최근 10년 이래로 학자들은 모리시마 미치오의 이러한 견해를 결코 받아들이지 않게 되었는데, 그 이유는 서양에 대한 도전이 일본에만 국한되지 않고 모든 동아시아로 확산되었기 때문이다. 호프하인즈도 전반적인 공업동아시아의 사유 관념을 강조했다.

가장 먼저 유가문화가 동아시아 전체에 끼치는 적극적인 영향을 말한 사람은 미래학자인 칸(H. Kahn)이다. 1979년 그는 동아시아 사회가 '포스트-유가문화'(post-confucian culture)에 속하며, 이 지역조직의 성공은 주로 대다수 조직성원이 유가전통의 훈도를 받아 공통의 특질을 지닌 데서 기인한다고 말했다. 그는 또한 '신유가의 세기'(new-Confucian century)라는 개념도 제시했다.[6]

1980년, 정치학자인 맥파커하(Roderik Mac-Farquhar)는 당시 영국의 의원으로서 영국의 저명 잡지인 『이코노미스트』에서 '포스트-유가의 도전'(The Post-Confucian Challenge)이라는 제목의 문장을 발표했다. 그는 공업동아시아의 배경은 유가문화라고 여기면서 공업동아시아를 포스트-유가문화 지역으로 불렀으며, 서양의 입장에서 20세기의 90년대와 21세기에 장차 맞닥뜨리게 될 가장 큰 도전은 소련의 군사도전이나 중동의 경제도전이 아니라, 동아시아의 경제모델로부터 기본 가치에 이르는 광범위한 영역의 도전이라고 생각했다. 맥파커하는 현재 하버드대학 교수로서 하버드대학 동아시아연구센터의 주임을 맡고 있으며, 그의 이러한 의견은 상당한 영향력을 지닌다.[7]

그렇다면 어떠한 유가적 가치가 공업동아시아에서 공유될 수 있는가? 칸(H. Kahn)의 정의에 따르면 이 가치들은 ① 뛰어난 교육, ② 성취의 필요성, ③ 가정의 책임, ④ 헌신적인 노동, ⑤ 자아를 강조하지 않음 등으로 분류된다. 그는 합당한 유가문화의 교육을 받은 구성원은 열심히 일하고, 책임감이 있으며, 기술을 중시하고, 진취성과 창조력을 지니며, 조직 속의 인간관계의 조화를 중시한다고 주장한다. 프랭크 기브니는 『일본 경제 기적의 비밀』에서 말하기를, '일본 기업계의 양심이자 정신적 스승'으로 추앙받는 시부사와 에이치(澁澤榮一)는 유가의 노동도덕을 발전시켰는데, 그는 늘 『논어』를 몸에 지니고 다니면서 올바른 인간관계를 세울 것을 강조하고, 탐욕과 아첨에 반대했다고 한다. 주일 미국대사와 주한 미국대사를 역임한 호지슨(J. P. Hodgson)은 태평양 지역에서 북미의 칼빈교의 노동윤리가 이미 유가의 원칙과 조우하여 결합되었고 상호 강화되었다고 생각했다.[8]

---

6) H. Kahn, *World Economic Development: 1979 and Beyond*(London: Groom Heim, 1979) 참고.
7) R. MacFarquhar, "The Post-Confucian Challenge", *Economist*(London, 1980.2.) 참고.
8) 金耀基, 「儒家倫理與經濟發展: 韋伯學說重探」, 『明報月刊』(1983年 8月).

이 내용들에 대해 보스턴대학의 저명 사회학자 피터 버거(Peter Berger)는 '범속적 유가윤리'(vulgar Confucianism)라는 개념을 들어 다시 해석하였다. 버거에 따르면, 경제행위에 진정으로 영향을 준 것은 유가이론 중의 교의가 아니라 일반인의 행위규범을 실제로 지배하는 유가윤리, 즉 유가사상이 일반인의 일상생활에 스며들어 표현되어진 도덕규범이다. 그는 베버가 말한 중국현대화를 가로막는 유가사상이란 중화제국의 이데올로기로서의 이론을 가리키는 것이지 일반 백성들의 일상윤리로서의 유가사상이 아니라고 주장했다. 그는 유가사상이 일반 백성의 일상윤리 중에 체현된 것을 '범속적 유가윤리'라고 불렀다. 여기서 말하는 '범속' 또는 '세속'은 폄하의 의미가 아니고 어떤 이론이 일반인의 일상생활의 층면에 침투되어 드러난 것을 가리킨다. 그는 동아시아의 공업발전을 촉진시킨 것은 이러한 '범속적 유가윤리'라고 여기는데, 이는 계층의식, 가정에 대한 무조건적 약속, 규율성, 검약 등을 말한다. 그에 따르면, 베버는 전통제국의 보수적 역량에서 해방되어 나온 유가사상이 백성들의 노동윤리가 되고 현대화 과정 중에 긍정적인 작용을 발휘한 점을 예견하지 못했다. 따라서 그는 두 가지 형태의 현대화가 있다고 보았는데, 하나는 유태교와 기독교를 근원으로 삼는 서양의 현대화이고, 다른 하나는 유가윤리를 근원으로 하는 동아시아 현대화이다. 버거의 이론은 동아시아 지역의 경제발전 중 화인사회를 연구하는 인류학자, 사회학자 그리고 역사학자들의 지지를 얻었는데, 즉 동일한 문화소양을 받은 중국인이 중국의 정치사회적 환경을 떠나 동남아 또는 기타 지역에 가서도 경제분야에서 출중한 성과를 내는 것은 바로 그들의 문화심리 및 가치관과 관계가 있다고 볼 수 있다.[9)]

중화권에서 가장 먼저 이 문제에 대해 반응을 보인 사람은 홍콩중문대학의 사회학자 김요기金耀基이다. 그는 1983년에 발표한 「유가윤리와 경제발전: 베버학설의 재탐구」에서 동아시아에서 생활한 경험을 근거로 유가윤리가 경제발전에 도움이 된다는 견해는 최소한 어떤 합리적인 가설이 될 수 있다고 주장했다. 많은 현상들을 살펴보면, 기독교윤리와 비교할 때 유가윤리와 경제발전이 갖는 관계는 작아 보이지 않는다. 그 후 중화권에서는 잇달아 이와 관련된 주제토론의 문장들이 등장하였고, 학술계에서 주목받는 현대적 논제가 되었다.

보충할 점은 '문화적 해석'의 분야에는 적극적 해석과 소극적 해석의 구별이 있다. 적극적 해석은 앞서 주장한 유가윤리가 동아시아 현대화에 촉진작용을 했다는 것이고, 소극적 해석은 유가윤리가 동아시아 현대화의 장애물도 아니고 동아시아 현대화를 촉진한 상관요소도 아니라고 하는 관점이다.

2. 문화적 해석과 제도적 해석

이상의 역사적 회고를 통해 우리는 '유가윤리와 공업동아시아'에 관한 토론의 유래와 변천을 보다 잘 이해할 수 있게 되었다. 동아시아 역사 발전을 따라서 변천해 온 학술토론 중에는 '유학 부흥' 또는 '신유가의 일방적인 염원' 등과 같은 '허황된 과장법'이 결코 존재하지 않는다. 이러한 어투를 고수하는 자들은 그들이 이 문제의 역사적 유래에 대해 매우 무지하다는 것을 스스로 드러낸 것이다. 사실상 1979년부터 1985년까지 6년간 지속된

---

9) A Forum on "The Role of Culture in Industrial East Asia: The Relationship between Confucian Ethics and Modernization"(Singapore, 1988).

열띤 토론 중에 이른바 '신유가'로서 유가문화에 공감하는 학자들은 거의 한 명도 토론에 참가하지 않았다. 최초로 이 문제를 제기하고 토론을 주도한 이는 신유가가 아니라 서양의 정치학자였다. 하버드대학의 두유명杜維明 교수는 당대 유학사상의 적극적인 제창자로 잘 알려져 있다. 그는 일찍이 이렇게 말했다. "한 사람의 유가철학사상의 연구자로서 나는 당연히 유가가 현대화 정신과 밀접하게 연관된다는 이 논점에 고무됩니다. 그러나 나의 유학연구와 내가 받은 서양의 사회과학적 학술훈련은 나를 이 과제에 대해 더욱 견실하고 경험적인 연구를 하도록 만듭니다. 나는 이 관점을 싸잡아 선전하지도 않을 것이고 그렇다고 검토도 하지 않은 채 쉽사리 내버리지도 않을 것입니다." 근대 이래로 반유학사상은 우리를 매우 나약하고 민감하게 만들어 유가만 언급하면 얼굴빛이 변하는 지경에 이르게 되었다. 한 명의 해외 화인학자가 방중하여 유학의 가치에 대해 공감의 견해를 표한 것을 가지고, 수많은 학자들이 이에 대해 '경계심'을 촉발하여 유학전통의 창조적 전환을 마치 극도로 위험한 것으로 보고 일제히 배척하였다. 게다가 신문에서는 이에 대해 풍자와 인신공격적 행위를 일삼았으니 문화심리가 극도로 성숙되지 못한 표현임에 분명하다.

철학과 사회학을 연구하지 않고 국제학술계의 발전을 이해하지 못한 학자들 중에는 '유가자본주의'와 유가윤리 그리고 공업동아시아의 문제를 경솔하게 '황당한 지껄임'으로 매도하고, 이 문제의 이론적 배경과 현실적 근거를 전혀 이해하지 못한다. 객관적으로 이는 우리의 수십 년간의 봉쇄로 인해 생겨난 베버와 현대화 이론에 대한 생소함과 관련이 있다. 더 심각한 것은, 이러한 각종 정서적 영향으로 인해 우리는 마음을 비우고 상이한 분과의 각종 관점을 이해하는 다원적이고 개방적인 심리상태가 부족하게 되

었다는 사실이다. 엄밀히 말해 베버의 논의는 유가윤리가 자본주의를 '탄
생'시킬 수 없다는 것에 관한 문제였지, 80년대에 논의된 유가윤리와 이미
존재하는 자본주의가 상호 배합될 수 있는가의 문제와는 완전히 달랐다.
그러나 베버의 이론은 최소한 논리적으로 유가윤리와 현대화가 조화를 이
룰 수 없다는 관념을 내포하고 있으므로, 10여 년 동안 토론된 유가윤리가
자본주의와 결합되어 성공적인 현대화모델이 될 수 있다는 내용은 베버 이
론에 도전을 주지 않았다고 말할 수 없다. 만약 유가윤리가 필히 자본주의
또는 현대화 발전과 충돌하는 것은 아니라고 인정한다면, 중국 자본주의의
발전을 가로막는 주된 요인은 베버가 당시에 단정했던 유가윤리가 아니라
기타 요인(예를 들면 정치)일 것이다.

버거의 '범속적 유가윤리' 논법은 사실상 베버의 원칙을 폐기한 것이 아
니라 베버의 방법상의 불일치성을 수정한 것이다. 베버는 『프로테스탄트
윤리와 자본주의 정신』에서 "우리의 관심은 당시의 이론이나 관방이 윤리
개요 분야에서 전수해 준 것이 무엇인지에 관한 것이 아니다. 그것이 교회
계율, 목사의 직능과 전도를 통해 얼마나 실제적으로 중요한 작용을 했는지
를 막론하고 말이다. 그보다 우리는 이와는 사뭇 다른 문제에 관심이 있으
니, 곧 종교신앙과 종교활동에서 생겨난 심리적 구속력의 영향이다. 이 영
향은 일상행위를 주도하고 개인행위를 제약하는 방향으로 나아간다"라고
말했다.[10] 따라서 베버는 교의상에서 프로테스탄트와 자본주의 간의 상관
성을 연구한 것이 아니라 청교도가 구체적으로 드러낸 윤리적 신앙과 태도
를 고찰한 것이다. 그러나 그는 중국의 종교를 고찰할 때는 단지 교의적

---

10) 韋伯(Max Weber), 『新教倫理與資本主義精神』(于曉等 譯, 三聯書店, 1987), p.73.

측면에서 유가의 사회적 작용을 판단하고 비판했다. 이보다는 버거가 유가문화 속에서 사람들의 일반적 행위규범과 노동윤리를 파악하여 유가윤리와 경제행위의 관계를 단정 지은 것이 베버의 프로테스탄트 윤리적 방법보다 더 충실하다고 볼 수 있다. 이 밖에 『프로테스탄트 윤리와 자본주의 정신』 제1장에선 이렇게 말했다. "종교적 성분이 혼재된 국가는 그 직업현황의 통계숫자를 조금만 살펴봐도 거의 예외 없이 이와 같은 상황을 발견할 수 있다. 즉 공상계 지도자, 자본독점가, 근대 기업계 중의 고급기술자, 그 중에서 특히 고등기술 훈련과 비즈니스 훈련을 받은 관리자의 절대다수는 신교도이다." 이는 오늘날 동남아 일대의 말레이시아, 태국, 인도네시아 등지에서 볼 수 있는 화인華人의 상황과 매우 유사하다. 베버 이론의 입장에서 화인의 문화배경(주로 유가문화이고, 기타 요소가 혼합됨)과 성공적 경제행위와의 연관성을 논하는 것은 용인될 수 있고 합리적이다.

"유가윤리가 공업동아시아의 현대화를 촉진하는 데 일조했다"는 명제를 '반박'하는 또 다른 의견은 이 관점이 단지 '허구'일 뿐이고 경험적 자료로써 증명되지 않았다는 것이다. 경험적 자료는 물론 중요하지만, 베버의 『프로테스탄트 윤리와 자본주의 정신』 또는 『중국 종교: 유교와 도교』도 논박자들이 요구하는 그런 경험적 자료가 없어도 많은 서양학자들이 이 이론의 가치를 인정하는 데 결코 방해 받지 않는다. 따라서 '경험적 자료의 부재'라는 명목으로 철학이나 사회학상에서 베버 명제와 유사한 관점을 논박하는 것으로는 이러한 논점의 의의와 가치를 뒤집거나 취소할 수 없다. 몇 년 전 대만대학의 심리학자 양국추楊國樞는 '중앙연구원'의 지원을 받은 대형 사회심리조사를 주관하였다. 이 조사의 본래 목적은 사회과학적 경험 수단을 통해 토론 중인 '유가윤리와 공업동아시아'의 문제에 설득력 있는 결론을 내리려는 것이었다. 조사 대상은 대기업에서 중소기업에 이르기까지 광범위하였다. 이 프로젝트를 주관한 양국추 본인과 '중앙연구원' 관계자는 모두 유가윤리가 도움을 주었다는 가설에 동의하지 않았으니, 이로써 설문조사의 설정이 결코 유가에 호의적이지 않았다는 것을 알 수 있다. 그러나 조사의 최종 결과는 뜻밖에도 주관자의 예상과는 정반대였다. 조사 결과는 유가윤리와 기업의 조직행위는 확실히 관계가 있다는 것을 잘 보여주었다. 내가 이 사례를 든 것은 양 교수의 조사가 이 논의의 정답이라고 단정 지으려는 것이 아니라, 이 문제는 우리 중 일부가 '황당한 지껄임'으로 경솔하게 배척하는 것과는 거리가 멀다는 것을 말하는 것이다.

사실 '유가윤리와 공업동아시아'의 논의 중에서 문화론과 제도론은 각자 편중된 면이 있을 뿐 상호 배척의 관계가 아니다. 문화론자는 제도구조적 요인의 작용을 인정하고, 제도론자도 문화적 요인의 작용을 인정한다. 우리들 중 일부 학자들은 종종 이 문제를 간소화하여, 문화론자를 근본적으로 제도를 부정하는 자로 말하거나, 문화적 요인을 유일한 원인으로 삼아 자신의 비판을 강화한다. 또한 많은 학자들이 공업동아시아의 발전은 자본주의 경제제도를 실행하면서 생긴 자연적인 결과에 불과하다고 치부한다. 그러나 마땅히 알아야 할 것은 공업동아시아의 경제자본주의는 문화론자와 제도론자가 함께 인정한 논쟁의 여지가 없는 전제이고, 제도론자는 결코 자본주의제도가 자연적으로 공업동아시아의 고도성장을 가져다주었다고 말하지 말고, 공업동아시아의 성공이 서양자본주의와 어떤 다른 요소를 지니는지, 예를 들면 관료제, 정치 카리스마, 통일적 교육 등을 말해야 한다는 것이다. 제도론과 문화론이 공통으로 대면해야 할 문제는 아시아, 아프리카, 라틴아메리카 등 100여 개의 비사회주의 경제제도를 실행한 개발도상국들 중 어째서 공업동아시아의 일부 자원이 부족한 지역만이 고도성장을 이룩할 수 있었는가에 대한 물음이다. 이 점은 우리가 아직 완벽하지 않은 사회주의 체제 내에서 문제를 바라보던 관점과는 완전히 다른 세계적 의의를 지닌다. 또 하나의 주목할 만한 사실은 문화론자이든 제도론자이든, 유가윤리가 동아시아 경제발전에 끼친 작용에 대한 그들의 관점이 다를지라도, 그들 모두 유가윤리를 현대화 진전과 절대적으로 대치되는 문화형태로 여기지 않았다는 점에서 60년대의 현대화 이론에 훨씬 앞서고 있으며, 우리가 반복해서 추진했던 반유가사상과도 이론적인 면에서 상당한 거리가 있다는 점이다. 벨라(Robert N. Bellah)는 최근에 그가 말한 기독교만이 현대문명과 특수한 관계가 있다는 논점을 수정하면서, 송명유학도 창조적 전환의 기능을 갖는다고 말했다.

동아시아 경제발전에 대한 '문화적 해석'과 '제도적 해석'은 결코 대립하지 않는다. 내가 보더라도 제도의 수립과 배합은 여전히 가장 중요한 의미를 지닌다. 문화 방면에서는 유가윤리 외에도 서양의 근대 이후의 가치가 중국과 동아시아의 경제발전 과정에서 중요한 역할을 했다. 따라서 우리는 하나의 복잡한 틀 속에서만 동아시아의 발전을 온전히 이해할 수 있다.

'유가윤리와 공업동아시아'의 논의를 접할 때, 실용이성의 영향을 받은 사람이라면 아마도 "이로부터 어떤 실천이성의 결론을 이끌어 낼 수 있는가?", "유가를 발전시켜 현대화를 촉진하자고 주장할 것인가" 등의 문제를 제기할 것이다. 이에 대한 대답은 부정적이다. 왜냐하면 이는 아직 결론이 나지 않은 학술적 사유이기 때문이다. 나 개인적으로 말하자면, 이 논의를 중시한 동기는 어떻게 구체적으로 경제개혁을 촉진할 것인가에 있다기보다는 문화적 태도에 있다. 왜냐하면 유가윤리가 공업동아시아의 발전에 일조했다는 점을 긍정하더라도 이는 윤가윤리가 여하한 문화적 시공상에서도 이 능력을 갖는다는 것을 의미하지 않기 때문이다. 두유명이 말했듯이, 현실정치의 간섭을 받지 않은 상인은 유가윤리의 적극성을 잘 발휘하지만 정부감독 산하의 민영기업은 현대화 과정 중에 오히려 소극적인 작용을 했다. 유가윤리는 자유롭게 개방된 환경 중에서 적극적이고 창조적인 정신을 잘 발휘하지만 특정한 정치문화와 결합될 때에는 소극적으로 작용하게 된다. 공업동아시아가 제공한 새로운 경험과 베버 명제에 대한 재성찰이 가져온 가르침은, 유가전통과 현대화가 절대적으로 대립한다는 관념은 성립되기 어렵고, 중국문화의 훈습 속에서 성장하고 각자 다른 방식으로 유가가치를 받아들인 사람은 자유롭고 개방적인 환경 중에서 탁월한 경제적 성취를 이룩할 수 있으며, 유학을 비판해야만 현대화를 실현할 수 있고 전통을 무너뜨려야만 현대화를 이룰 수 있다는 논법은 비록 일각의 근거는 있을 수 있으나 동아시아의 경험 앞에서는 보편적인 효용을 갖지 않는다는 것이다. 따라서 중요한 문제는 유가문화에 비판을 가하는 것이 아니라 구조개혁을 심화하고 전통정신의 자원을 촉진시켜 창조적인 전환을 이루어 중국인의 능력과 지혜를 충분히 발휘하여 중화민족의 현대화를 가속화하는 것이다.

이상의 논의는 내가 베버의 이론을 전폭적으로 받아들이고 유가윤리가 동아시아 현대화를 촉진한다고 긍정하려는 것이 아니라, 만약 우리가 심각하고 진지하게 학술연구의 태도로 베버의 이론을 대한다면, 이와 똑같은 태도로 베버 이론의 공업동아시아에 관한 논의, 특히 베버식의 문화론적 관점으로부터 벗어나는 연구도 진지하게 펼쳐서, 우리의 전통과 현대화에 관한 논의를 한층 더 심화해야 한다는 것이다. 본 장은 단지 베버 이론의 틀 안에서 문제를 제기하고 '기능 계통'의 테두리 속에서 토론하였다. 다시 말하면 전통문화가 현대화, 특히 경제발전에 공헌한 바가 있는가라는 좁은 범위 내에서만 논의한 것이다. 그러나 유가윤리는 인문적 가치로서, 그것이 설령 현대화라는 경제발전을 촉진하지 않거나 저해하지 않고 현대화와 상관이 없다고 할지라도, 유가윤리가 가치가 없다고는 말할 수 없다. 왜냐하면 인문 문화의 가치를 규정하는 척도는 어떤 정치경제적 기능이 아니기 때문이다.

3. 탄생과 동화同化

역사가의 시각에서 볼 때 강경한 베버의 명제인 "서양의 영향이 없는 한 중국은 스스로 자본주의로 진입할 수 없다"는 말은 검증될 수 없는 비진리적 명제이다. 왜냐하면 우리는 서양의 영향이 만약 1천 년 늦게 또는 더 늦게 들어왔다면, 중국이 스스로 오늘 우리가 말하는 자본주의를 발전시킬 수 있었는지에 대해 판단할 수 없기 때문이다. 엄밀히 말해 "중국은 어째서 자본주의를 탄생시킬 수 없었는가"라는 물음은 근대 서양의 발전이 확정된 시간적 잣대 내에서만 의의를 지닌다. 즉 상대적으로 서양의 16세기 이후의 발전 틀 속에서만, 중국의 성숙한 문명이 어째서 서양과 같이 그렇게 신속하게 자본주의를 발전시키지 못하고 뒤쳐져서 전前공업사회 가운데 변모했는가를 합리적으로 제기할 수 있다. 당연히 '신속함' 또는 '완만함'도 서양의 발전을 기준으로 한 것이지 비서양문화를 사례로 든 것이 아니라고 질책당할지도 모른다. 그러나 우리가 이상의 가정에 어떠한 잣대를 내세우고 중국사회가 능히 자본주의를 탄생시킬 수 있다고 가정하더라도, 그것은 서양과 비교할 때 속도가 더딘 것은 분명한 사실이다.

만약 한 걸음 더 나아가 현 시대적 지평에 입각해서 서양의 자본주의가 탄생한 이래 공업혁명에서 정보사회에 이르는 현대화 과정이 이미 필연적인 발전 방향이 되었다고 인정한다면, 베버와 유사한 연구, 즉 중국문화 특히 종교윤리가 이 과정 중에 적극적 또는 소극적 작용을 낳았다는 것에 대한 분석은 여전히 의미를 갖는다.

일반적으로 베버의 유교윤리관 이해는 『중국의 종교: 유교와 도교』 중에서 특히 마지막 장인 '유교와 청교도'를 기초로 한다. 베버의 논법에 따르면 중국역사를 서양과 비교해 볼 때, 중국이 구비한 자본주의 형성에 유리한 각종의 외재적인 조건들은 결코 적은 편이 아니었고, 통상적으로 서양에 존재했던 자본주의 탄생의 제도적 장애물이 중국에서는 뚜렷하게 나타나지 않았다. 따라서 중국에서 자본주의가 탄생하지 않는 결정적인 원인을 제도라고 말하기보다는 '심리상태'라고 말하는 편이 나을 것이다.[11] 이와 대조적으로 베버는 『프로테스탄트 윤리와 자본주의 정신』에서 프로테스탄트 윤리가 자본주의 탄생에 '심리상태'의 조건을 제공했다는 점을 힘써 증명하고자 했다.

베버에 따르면 유교와 프로테스탄트교의 '심리상태' 차이는 주로 세 분야로 나뉜다. 첫째는 비록 양자가 동일하게 이성적 윤리이고 또 '공리주의'로 볼 수 있지만, 유교는 이 세계와의 긴장도가 가장 낮으며 그 특징을 '세계에의 적응'으로 볼 수 있다. 반면 프로테스탄트교의 청교도는 세속에 대해 거대한 긴장을 지니며 기존 세계를 이성적으로 바꾸려고 한다.[12] 둘째,

---

11) 韋伯, 『中國的宗教: 儒教與道教』(簡惠美 譯, 臺灣遠流出版社, 1989), p.317.
12) 韋伯, 『中國的宗教: 儒教與道教』, pp.294 · 308.

유교도의 재화에 대한 숭배 심리와 청교도의 금욕주의는 차이가 있다. 유교도의 재화에 대한 태도는 르네상스 시기의 현세주의 정신과 견줄 수 있어서, 어떠한 국가도 그들처럼 물질적 복리를 궁극적 목표로 삼고 그처럼 높게 떠받들지 않았다. 그러나 이것이 자본주의적 경제심리를 창조할 수 있는 것은 결코 아니다.[13] 타의 추종을 불허하는 중국의 섬세한 계산법과 자본주의의 조리 있는 경영 관념은 동일시될 수 없다. 소상인식의 이윤욕구도 현대식 자본주의와는 관련이 없다. 단순한 이윤추구, 재화 중시, 냉철한 검약 등은 "현대 경제의 직장인들에게서 발견되는 '자본주의 정신'을 대표하기에는 거리가 매우 멀다."[14] 마지막으로 현대 자본주의는 공업성 기업이고, 유교는 인간을 종족 또는 가족에 편입시킨다. 이로 인해 중국의 기업을 포함한 모든 집단의 '신뢰' 기초는 개인, 가족 그리고 의사擬似가족 관계 등의 '개인관계 원칙'이 주도적 지위를 차지한다. 이와 달리 프로테스탄트교는 씨족의 유대를 끊고 신앙공동체를 건립하여 신뢰를 비개인적이고 혈연공동체와는 구별되는 공동생활 윤리 위에 수립하였다고 주장한다. 베버는 중국의 모든 공동체의 행위는 개인-친속의 관계에 의해 매몰되고 제약된 반면, 청교도는 모든 것을 이성화된 순수한 사업 관계로 여기고 이성적인 법률과 협정으로써 전통을 대체하였다고 주장한다.[15]

중화권의 베버 명제에 대한 재성찰은 1983년 김요기金耀基에 의해 처음 시작되었다.[16] 의심할 바 없이 베버 연구의 초점은 자본주의의 탄생 문제에 맞추어져 있고, 이는 전후 진전된 유가윤리의 공업현대화 과정 중의 작용에

---

13) 韋伯,『中國的宗敎: 儒敎與道敎』, pp.304~305.
14) 韋伯,『中國的宗敎: 儒敎與道敎』, pp.314~315.
15) 韋伯,『中國的宗敎: 儒敎與道敎』, pp.304 · 309.
16) 金耀基,『金耀基社會文選』(臺北: 幼獅文化事業公司, 1985), pp.253~275.

대한 논의와는 그 초점이 다르다. 1986년 도미나가 겐이치(富永健一)는 '내발內發'과 '외학外學'의 구분을 주장했는데, 전자는 본인 스스로 성장한 것이고, 후자는 외부로부터 습득한 것을 말한다.[17] 1988년 노사광勞思光도 '창조'와 '모방'을 구별하면서 유가윤리는 자본주의에 대해 비록 '창조'의 기능은 없지만 '모방'의 기능은 있을 수 있다고 주장했다.[18] 이러한 논의들은 70년대 후반 공업동아시아 경제 기적의 경험적 현상 앞에서, 서양에서 '신유가의 도전'에 대한 재성찰이라는 자극하에 부단히 발전되었다. 이 논의들에 비추어 볼 때, 우리는 베버의 '탄생' 시기의 유가윤리에 대한 비판을 무조건적으로 가져다가 '모방' 과정에 처한 유가윤리에 대입해서는 안 되며, 동시에 '모방' 과정의 경험적 현상을 근거로 분석적인 작업 없이 주로 '탄생' 문제를 다루고자 했던 베버를 비판해서도 안 된다.

중국의 유교윤리와 자본주의의 관계에 대해 베버 자신이 이미 '탄생'과 '동화'를 구분하고 있다는 점은 주목할 만하다. 『중국의 종교: 유교와 도교』의 결말 부분에서, 그는 한편으로는 결론적으로 "서양과 비교해서 중국은 자본주의 성립에 유리한 각종 외재적인 조건을 갖추고 있으나 그것을 탄생시키기에는 부족하다"라고 말했다. 그러나 다른 한편으로는 '탄생'의 문제가 아닌 측면을 말하고 있다.

현대문화 영역 안에서, 기술과 경제적으로 이미 충분히 발전된 자본주의에 대해, 중국인은 (아마도 일본보다도 더) 이를 동화시키는 능력을 상당히 갖추고 있다. 이는 중국인이 천부적으로 자본주의에 적합한 것을 부여받지 않

---

17) 富永健一, 『社會學原理』(嚴立賢 等 譯, 社科文獻出版社, 1992), pp.300~301.
18) 勞思光의 싱가포르 '國際儒學討論會'에서의 발언.

있는가의 문제가 아닌 것이다.[19]

베버의 총명한 점은 항상 중요한 문제의 복잡성에 대해 다각적인 고려를 했다는 것이다. 베버가 여기서 말한 바에 따르면, 중국문화와 중국인이 지닌 자본주의 동화의 능력은 의심의 여지가 없다. 다만 이 동화의 '능력'이 사회변혁의 정신적 조건이 되는 유가윤리를 포함하고 있는가에 대해 베버는 명확히 설명하지 않았다.

1980년대 베버 명제에 대한 재성찰은 당시 유행했던 베버 이해(유가윤리는 자본주의 발전을 저해한다)와 파슨스의 베버 해석(유가윤리는 현대화를 방해한다)을 조준하여 진행된 것이다. 그렇다면 베버 자신이 이미 '탄생'과 '동화'를 구분하였으므로, 베버에 대한 비판과 더불어 '탄생'과 '모방'을 구분하는 것은 과도하고 부적절한 것은 아닌가? 꼭 그렇지만은 않다. 왜냐하면 베버 자신도 항상 서로 다른 관점들 속에서 흔들렸는데, 예를 들어 "청교도적 세계관은 이성적 자산계급의 경제생활 발전에 유리하다"[20]는 등의 주장은 자본주의를 탄생시킨 것으로도 혹은 자본주의를 동화시킨 것으로도 이해될 수 있다. 따라서 베버의 다양한 논법 중에서 이와 같은 논리적 추론이 가능하다. 기존의 자본주의를 동화시키고 모방하는 것에 대해 말할 때에도 프로테스탄트교의 윤리만이 이와 부합하는 정신적 조건이고, 유교윤리는 자본주의의 탄생을 촉진시킬 수도 없고 자본주의를 동화시키는 과정과도 합치될 수 없다는 것이다. 이렇게 볼 때 80년대 공업동아시아의 경험에 기초해 형성된 베버 명제에 대한 재성찰은 그 이유가 있는 것이다.

---

19) 韋伯, 『中國的宗敎: 儒敎與道敎』, pp.315~316.
20) 韋伯, 『新敎倫理與資本主義精神』(于曉等 譯), p.36.

4. 세속적 유가윤리와 동아시아 현대화의 초급 단계

이상의 설명 다음으로 우리는 논의의 초점을 '동화' 또는 '모방'의 문제에 두고자 한다.

베버는 각종 다른 자본주의의 유형을 구분하고, 재화 추구의 욕망과 탐욕을 단지 전통적 자본주의의 기질로 간주하였으며, 프로테스탄트교의 금욕주의적 윤리만이 이성적 자본주의를 탄생시킬 수 있는 규범적 조건이라고 확신하였다. 그러나 현대 자본주의가 탄생한 지 이미 300여 년이 되었고, 후발도상국들이 현대화에 동화되려고 매진하는 오늘의 입장에서 우리가 주목하게 되는 바는, 설령 우리가 자본주의를 탄생시킨 정신적 조건이 금욕주의 정신이라는 데 동의하더라도, 베버는 자본주의에 동화하고 모방하는 정신적 조건은 무엇인가에 대해 아무런 대답을 하지 않았고, 단지 모호하게 중국은 비록 자본주의를 태동시키지는 못했지만 이미 발전한 자본주의를 동화시킬 수 있는 큰 능력을 지니고 있다고 주장했을 뿐이다. 오히려 그는 항상 여러 성향들 속에서 동요하였기 때문에, 더더욱 사람들에게 프로테스탄트교 윤리만을 자본주의를 탄생시키고 동화시키는 유일한 정신적 조건으로 간주했다는 인상을 주었다.

전후 공업동아시아 경제 기적의 도전적 의미는 기존의 현대문화를 동화하는 과정에서 적어도 제1단계에서 중국의 전통윤리가 제1과정에 적응하는 규범적 요소가 되었다는 것이다. 예를 들어 『프로테스탄트교의 윤리와 자본주의 정신』의 제1장의 서두 부분에는 이런 대목이 나온다. "종교적 성분이 혼재된 그 어떤 국가도 직업상황의 통계숫자를 들여다보면 거의 예외 없이 이러한 상황을 발견하게 되는데, 즉 공상계 리더, 자본독점가, 근대

기업계 중의 고급기술자 특히 고급기술훈련과 상업훈련을 받은 관리자들의 대다수는 모두 프로테스탄트 교도이다."21) 만약 이 견해를 베버의 방법론으로 간주한다면, 이를 오늘날의 동남아지역으로 이동시켜 베버의 용어 중 '프로테스탄트교도'를 '화인華人'으로 바꾸어도 마찬가지로 성립이 가능하다. 이것은 일반적으로 이해되는 베버의 명제와 확연히 상충된다.

따라서 우리가 명확하게 '탄생'을 '동화'로 전환하고 고찰 중에 철저하게 베버의 방법을 관철하여 현실생활 중에 드러난 유가윤리에 착안한다면, 유가윤리가 공업동아시아의 성공 과정 중에 끼친 작용에 대해 상당히 긍정적인 평가를 하게 될 것이다. 이것이 바로 버거(Berger)가 행한 작업들이다.22) 버거의 '범속적 유가윤리설'은 동양사회를 고찰하는 면에서 베버의 방법론에 더욱 충실할 뿐 아니라 인류학의 크고 작은 전통의 구분에도 부합하고 특히 경험적 현상에 근거를 두어 상당한 설득력을 지닌다. '범속적 유가윤리'의 입장은 우리가 종교사회학의 관점에서 유가교의에서 발원하여 현실생활 중에 실제구속력을 지닌 생활윤리에 착안하고, 더 직접적으로 경험적 현상을 해석하며, 유가윤리가 중국경제의 현대화 과정 중에 끼친 작용에 대해 합리적인 평가를 내리도록 한다.

개체의 생활윤리로서 말하자면, 중국사회에 살고 있는 사람에 대해 우리는 행위로부터 드러난 여러 태도, 동기, 소질 등을 직관적으로 이해할 수 있다. 경제생활 중에 체현된 주요 윤리규범으로는 근로, 검약, 인내 등이 있고, 이는 중국 남방지역에서 특히 두드러진다. 특히 근로의 태도는 비록

---

21) 弗蘭克・帕金, 『馬克斯・韋伯』(劉東 譯, 四川人民出版社, 1987), p.55에서 재인용.
22) Peter Berger, *Secularity: West and East, Cultural Identity and Modernization in Asian Countries*(Kokugakuin University, 1983).

종교적 금욕주의를 기초로 하지 않지만, 베버가 말한 대로 "노동자체를 인생의 목적으로 삼고 있다." 또 다른 경험적 사실은 건강한 유가교육을 받은 사람은 자연스럽게 자아를 극복하고, 일에 전념하고 벗과 어울리며, 공무에 충실하고 법을 준수하며, 학습에 뛰어난 것 등의 소질을 발휘한다. 동아시아 사회에서 검약으로 생겨난 고저축률은 더욱 잘 알려져 있다.

당연히 이것은 유가의 영향을 받은 중국인들이 이윤추구의 욕망이 없다는 것을 말하는 것이 아니며, 반대로 이러한 욕망은 상당히 강렬하다. 재물추구의 동기가 모든 시장경제의 최저 원칙이라는 것은 사실이 증명한다. 이는 애덤 스미스의 자유주의 경제학의 기본 원리이고, 자본주의의 탄생과 동화도 모두 이러하다. 중국인은 강력한 동화능력을 지녔다는 베버의 논법은 이윤추구의 욕망이 이러한 능력 중의 한 요소라는 점을 함축한다. 만약 베버가 윤리와 욕망을 구분하는 방법을 따른다면, 유가문화 중에도 성취의 동기를 윤리화하는 형식이 결코 부족하지 않다. 명대 유학은 이미 이론적으로 가족주의 윤리로써 이러한 재물과 기타 성취에 대한 추구를 포함하고 규범화하였고, 심지어 개인의 자아보호, 생명 중시의 행위도 명확하게 윤리적으로 합법화하였다. 이는 태주학파泰州學派에서 가장 잘 드러난다. 사실상 태주학파의 정통유학에 대한 '이탈'은 무슨 평민계급의 정치적 항의가 아니라 유가윤리의 세속적 형태로의 변용이다.[23] 세속적 유가윤리는 개인주의와 공리주의를 포함하고, 현대화의 초급 단계에서 여전히 적극적인 작용을 한다.

세속적 유가윤리 중의 가족주의가 현대문화에 동화되는 과정 중의 작용

---

23) 陳來, 『宋明理學』(遼寧敎育出版社, 1991), pp.378 · 398.

은 개인이 경제활동에 종사하는 데 있어서 합법적인 윤리적 동기를 제공할 뿐 아니라 현대화 초기의 기업에게도 곧바로 적용 가능한 공동체윤리, 즉 공동체 내의 관계윤리를 제공할 수 있다. 비록 베버가 중국이 비개인적 관계를 발전시키는 방면에서 무기력하다는 것을 강조한 것은 상당한 이유가 있지만, 중국의 구체적 현실에서 출발한 '사적인 관계를 기초로 한 합작질서'는 기업의 자율적 조직질서가 될 수 있다.[24] 현대화된 시장경제를 지향하는 초급 단계에서, 기업규모는 상대적으로 작고, 사회적 기회는 상대적으로 많으며, 법률은 불건전하기 때문에 근로자의 심리규범은 쉽게 안정되지 않는다. 이러한 상황 속에서 가족성 또는 의사擬似가족의 근로자 조직과 가족윤리는 이와 잘 부합할 수 있다. 가족문화의 분위기 속에서 업주는 근로자의 이익을 적절히 고려할 수 있고 근로자도 다소의 개인적 이익을 포기하고 전체에 복종할 수 있으며, 이로써 기업은 최대한도로 내부적 교역원가를 끌어내리고 안정적인 내부질서를 보장하며 노사모순과 충돌을 해소시킬 수 있다. 따라서 대만지역의 현대화 초기에 가족식 기업이 흥성하고 중국 내륙의 많은 향진기업이 의사가족식 경영을 한 것은 그 이유가 있다.

이 밖에 공동체 간의 관계(때로는 사람과 사람 간의 사회적 윤리와 중복될지라도)는 이 단계에서는 전통세속적 윤가윤리를 빌려 규범화할 필요가 있다. 왜냐하면 사회적 행위로 볼 때 그 효율상 어떤 규범이라도 무규범적 상태보다는 좋다. 일정한 규범적 구조만이 사람의 행위를 질서 있는 행위가 되게 하고 사회-경제 활동 중에 신뢰할 만한 기대치에 근거하여 선택하고 결정하게 한다. 의심할 바 없이 현대화된 시장경제는 건전한 시장체계와 법률체계를

---

24) 汪丁丁, 「談談"能用數目字管理"的資本主義」, 『讀書』(1993年 6月).

필요로 한다. 그러나 제도의 전면적인 이성화 건설은 상당히 긴 여정을 필요로 한다. 일개의 공상기업 집단노동자에게 '근면'의 노동윤리를 요구하는 것 외에도 노동자의 '조화'로운 내부단결이 필요하고 외부와의 교류에 있어서 '신뢰'의 환경이 필요하다. 중국과 같은 발전도상 시장경제의 초급 단계에서 이 세 분야는 종종 전통윤리에 도움을 받거나 전통윤리를 대용품으로 삼는 것을 필요로 했다. 따라서 공동체 내부로서 말하자면 중국의 윤리전통인 '조화'는 기업 내부를 단결시키는 중요한 자원으로서, 이는 가족과 비가족 기업 모두 매한가지로 업주와 근로자 모두에게 규범적 의의를 지니며, 적절히 운용되면 기업 내 교역비용을 줄일 수 있다. 공동체 간의 관계로서 말하자면 중국의 전통세속적 사회에서 '성실', '신용', 그리고 강호江湖 특색이 농후한 '도의' 등은 모두 발전도상의 중국사회에서 항상 나타나는 외부적 거래 규범이며, 특히 후자는 항상 구속력을 지닌 문화적 현실이 되곤 하였다. 비록 '도의'는 비이성적 요소를 함유하였으나 특정한 단계 또는 환경에서는 가장 적절하게 이용되거나 또는 부득이하게 이용되는 규범적 자원이다. 게다가 이것의 체현은 개인 또는 단체의 도덕적 명예와 밀접한 관계가 있으므로, 기업 상거래의 이미지에 영향을 끼치고 이로부터 기업의 경영과 교역원가에도 연관된다.

이상의 간단한 분석에서 우리는 공업동아시아 경제발전 초기의 유가윤리적 작용을 해석할 수 있었다. 또한 개인의 노동윤리, 공동체 내의 윤리, 공동체 간의 윤리의 이 세 영역에서 반전통적 심리의 지배하에 경솔하게 현대화 과정 특히 그 초기에 전통윤리를 전면적으로 파괴하는 것은 해로우며, 합당하게 이를 이용하거나 점진적으로 전환하는 것이 유익함을 알 수 있었다. (사실상 중국에서는 모두 알다시피 근 40여 년 동안 전통윤리가 막대하게 파괴되었고, 투기적 심리가 팽배하여져서, 오늘날 심각한 문제가 되었다.) 설령 더 발전한 단계에 이르러 가족식 기업이 더 이상 정세의 요구에 적응하지 못하고 세속적 유가윤리가 합리적인 현대식 시장경제 규범으로의 전환을 필요로 하게 되는 경우에도 유가윤리는 기업문화 속에서 여전히 그 기능이 있을 것이다. 유가문화는 현대의 시장경제에 서양의 기업문화와는 다른 정신적 기질을 불어넣고, 이로써 관리자는 인간관계의 조정을 더욱 중시하며 종업원에게 집단의 이익을 더욱 중시하게 함으로써 보다 인간적인 기업정신을 형성할 수 있다.

앞서 논한 '현대화'는 파슨스 이후의 사유 맥락을 따른 것이며, 이 맥락 하에서 '현대화'는 단지 경제적 기능에 편중된 개념이다. 실제로 문화적 가치는 단지 경제적 기능에 의거해서 판단할 수 없다. 따라서 설령 기독교와 유가의 윤리가 자본주의의 탄생 또는 동화와 상관이 없다고 할지라도 이는 결코 기독교윤리와 유가윤리가 '현대'사회 속에서 가치를 상실했음을 의미하지 않는다. 마찬가지로 설령 유가윤리에 경제발전을 촉진하는 기능이 있다고 할지라도, 이로 인해 기타 방면에서 마땅히 받아야 할 비판을 씻어낼 수는 없다. 이 밖에 이상에서 논한 유가윤리는 많은 부분에서 베버가 논한 영역과 상호 일치하지만 세속적 유가윤리를 구체화되는 면에서 볼 때 중국문화의 핵심이 되는 유가의 가치체계를 전면적으로 논할 수는 없다. 따라서 '중국문화와 현대화' 또는 '중국의 문화전통과 현대화'는 경제발전의 문제를 훨씬 넘어서는 주제이다. 5·4운동 이래로 부단히 급진화의 길을 걸어온 반유교적 사조의 영향 속에서, 나는 반성을 거친 후 더 풍부한 의미를 지닌 '현대화'의 문화적 입장에 서서, 현대인은 여전히 궁극적 관심, 가치적 이상,

인생의 의의, 사회적 교류를 필요로 함에 주목하고, 유가문화 가치체계의 계승과 전환은 적어도 유가문화가 주도하는 사회에서 여전히 매우 중요한 의미를 지닌다는 것을 강조하고자 한다. 그러므로 한 인문학자로서 말하자면 중요한 문제는 이미 발생한 현상을 해석하는 것과 더불어 현실을 반성하고 미래를 생각해야 한다는 것이다. 시장경제로의 전환은 근본적으로 도구 이성적 의미를 지향하는 '이성화'의 발전이고, 도구적 합리성은 가치의 합리성을 반드시 도출하지는 않으며 오히려 가치의 비이성화를 초래할 수도 있다. 이 전환의 시기에 투기적 자본주의의 만연과 가치이성의 전면적 붕괴를 마주하고, 선진사회의 각종 병폐를 우려하면서, 우리는 시장경제로의 선회를 지지하고 이성화를 추진하는 것과 동시에, 더 높은 시야에서 유가의 문화전통과 중국식 현대화 발전의 문제를 사유해야 한다. 사실상 모든 종교 전통은 현대화와 충돌하였으며, 하나 같이 필연적으로 현대화 발전 속에서 파생된 물욕의 범람, 가치의 해체, 인성의 소외, 인간관계의 소실, 문화의 상업화 등의 부정적 요소들에 대해 비판적인 태도를 고수하였다. 동시에 우리가 또 현대화가 회피할 수 없는 추세임을 인정한다면, 이러한 상황 속에서 세속세계와 과도한 긴장 관계를 유지하는 종교는 적응하기 어려울 것이다. 그러나 유교가 세속 중에서 신성神聖을 추구하고, 세계와의 상호 조응에 중점을 두며, 도덕과 문화의 체계를 중시한다면, 동화의 과정 중에서도 시장의 도구이성과의 비교적 합리적인 긴장성을 유지할 수 있을 것이다.

제10장 현대 중국문화와 유학의 곤경

　주지하다시피 20세기의 변혁은 유가사상 또는 유학에 근본적인 변화를 가져왔다. 비록 현대 유가철학은 유학이 처한 현대적 곤경에 대한 철학적 해명이고, 심지어는 현대 철학의 영역 가운데 상당히 중요한 지위를 차지하였으나, 아직도 현대 중국의 사회-문화 영역에서의 난감한 처지를 바꾸지 못하고 있다. 21세기를 앞두고 있는 오늘도 여전히 우리는 20세기라는 지나간 현대를 전체의 유가문화가 해체, 이산離散, 유랑을 경험한 역사로 보는 이 사실을 부인할 수 없다. 본문에서 논의하는 내용은 대부분 중국대륙의 상황을 다룬 것이고, 필자가 익숙하지 않은 대만과 홍콩은 포함되지 않았음을 미리 말해 둔다. 이미 전前현대적 사회제도가 개변을 겪어야 했던 20세기에, 유학은 어떻게 여전히 인구에 회자되는 초점의 주제가 될 수 있는가? 현대 중국사회에서 유학의 초월철학적 존재는 가능한가, 또 그 필요조건은 무엇인가? 이것이 본문에서 주목하는 주요 논제이다. 지면의 제약으로 본문에서는 주로 역사적이고 현상적인 서술에 국한하고자 한다.

1.

유가사상이 전현대사회에서 누렸던 정통적이고 광범위하고 절대적인 영향은 송원대 이래로 왕조통치의 지지와 시행, 교육제도와 가족제도가 제공한 사회적 기초 등과 불가분의 관계를 지닌다. 다시 말해서 역대 왕조는 유학에 정통이데올로기의 지위를 부여하였고, 유가경전(송명유학의 해석을 포함함)을 과거시험의 내용으로 삼을 것을 규정하였다. 이러한 제도의 구축은 송원대 이래로 유학이 흥성하게 된 정치적 기초이자 교육적 기초가 되었다. 가족종족제도와 이로부터 형성된 향치鄕治질서는 유학이 뿌리 깊이 번성할 수 있었던 사회역사적 기초가 되었다. 이 모든 것이 유가문화와 유교사회의 총체를 형성하였다.

그러나 19세기 중반 이후로 중국문화, 그 중에서도 유가문화는 서양근대문화의 강력한 충격에 직면하였다. 식민주의와 제국주의는 근대자본주의를 배경으로 한 공업문명의 우수한 장점을 중국에 과시하였고, 오랜 전통의 중국문명은 제국주의의 대포와 함대 앞에서 철저하게 참패하면서 변혁을 강요받게 되었다. 양무운동에서 무술변법을 거치면서 근대 자연과학과 공예제조가 도입되기 시작하였고, 근대 서양합리주의의 정치제도도 선각자들에 의해 소개되었으며, 청 정부도 점진적으로 개혁을 실시했다. 그러나 청일전쟁의 좌절은 유교중국의 위기를 더욱 심화시켰을 뿐 호전되지 않았다. 19세기 말엽 유학의 상황을 보면, 유학의 지식체계와 정치제도는 막대한 도전을 받았으나 이 실질적인 도전은 명칭에서 유가를 가리키지 않았고 유학의 제도적 기초도 근본적 해체에 직면하지 않았으므로 유학의 위기는 아직 수면 위로 떠오르지 않았다.

이러한 상황은 20세기에 들어서자 일순간에 변해 버렸다. 본래 양무운동 후기에 유신파는 이미 각지에 신식학당을 설립했고, 구식 학숙學塾에서도 교과목은 신구新舊 병존이 시작되었다. 1899년 청조는 팔고八股와 시부詩賦를 폐지했고, 1901년 청 정부는 「흥학조서興學詔書」를 반포하여 정식으로 전국에 널리 학당을 설립할 것을 요구하였으니, 이것들은 전통적 과거제도와 유생을 배출하는 구식교육체계에 근본적인 도전이 되었다. 1899년 이래로 전국 각지의 서원들은 점차 학당으로 변모하였고, 1905년 무렵 전통적 '유학'(학교)은 어느새 거의 자취를 감추게 되었다. 더 결정적인 것은 1905년 청 정부는 정식으로 과거제 폐지를 결정하였고, 모든 학교는 경학, 수신만을 남겨두고 모두 자연과학을 가르치도록 규정하였다. 법률상에서나 현실 속에서나 전통교육에 있어 유학의 지위는 완전히 붕괴되고 말았다.

그러나 1905년 반포된 「교육종지敎育宗旨」는 여전히 '공자존숭'의 조목을 제정하였고 춘추입학일과 공자탄신일에 '공자제사'를 실시하도록 규정하였다. 이러한 조치들과 경학 보존 등은 개혁 중에도 정신적 권위와 윤리질서, 특히 공자의 윤리적 권위를 유지하는 데 그 취지가 있었음을 보여 준다. 그러나 신해혁명 이후 청 정부의 교육종지는 한층 더 수정되었다. 1912년 교육총장을 맡은 채원배蔡元培는 교육법령의 토론을 주재하면서, 법령에서는 '공자존숭 제거'를, 학교에서는 '공자제사 폐지'를, 교과과정에선 '경학 삭제'를 실시하여, 소학교에서 중학교까지 경학과를 더 이상 설치하지 말고 유가경전을 교육계에서 배제할 것을 주장하였다. 유학이 더 이상 교육의 필수 내용이 아니고 입신출세에 필요한 필수 관문이 되지 못하자 유생을 배출하는 산업 기초는 완전히 소멸되어 갔다.[1] 신해혁명 이후 근 몇 년간 유학은 전반적으로 정치, 교육 분야에서 퇴출되었으며, 유학전적儒學典籍은 더 이상 이데올로기와 국가제도의 기초가 될 수 없었고 지식인의 필독서가 되지 못하면서, 중국인의 정신생활과 정치생활은 이천 년 이래 처음으로 '경전' 부재의 시대에 놓이게 되었다.

그러나 유가경전이 정치, 교육 영역에서 퇴출된 사실은 곧바로 고유한 공자의 정신적 권위의 자연적 몰락을 말하거나 유가적 윤리가치의 설득력이 철저히 상실된 것을 의미하지 않았다. 민국 초기 양계초 등이 한편으로는 독경讀經에 반대하면서도 다른 한편으로는 여전히 공자존숭에 비중을 둔 것이 그 전형적인 사례이다. 그들이 보기에 공자의 도덕적 교훈은 중국에서 수천 년간 입국立國의 도덕기초이자 민족의 정신이고 문화적 핵심이었다.[2] 따라서 유가는 비록 정치와 교육 영역에서 퇴출되었지만, 여전히 윤리와 정신 영역을 지키고 있었다.

그러나 양계초가 주편한 『대중화大中華』에서, 비록 "공자는 마땅히 존숭해야 하지만 경전을 반드시 읽을 필요는 없다"고 말했으나, 동시에 공자존숭으로써 군주제를 복벽하는 것에 반대했고, 심지어 "가족제도론을 개량하자"는 구호마저 등장하였다. 몇 달 후 창간된 『청년』과 그 후 개명된 『신청년』은 한층 더 '신사상, 신문화, 신도덕'으로써 구문화, 구도덕을 전면적으로 비판하였고, 신문화의 예봉으로 공자의 정신적 권위와 유가윤리의 가치를 정조준하였으니, 이는 거의 한편의 비공비유批孔批儒운동과도 같았다. 진독수는 유가윤리를 '삼강三綱'으로 귀결시켜 "공자존숭을 주장하면 반드시 임금을 세우게 된다"고 간주하여 '윤리혁명'을 높이 외쳤으니,[3] 이는 실제

---

1) 陳靑之, 『中國敎育史』 下冊, 第6編(商務印書館, 1938) 참고.
2) 梁啓超, 「孔子敎義實際裨益於今日國民者何在? 慾昌明之其道何由?」 및 「復古思潮評議」 참조. (1915年 『大中華』 1卷 2期·7期에 나뉘어 실림)
3) 陳獨秀, 「復辟與尊孔」, 『新靑年』 第3卷 第16號에 실림.

로 공자와 유가윤리의 명을 갈아엎자는 것이었다. 역백사易白沙는 『공자평의 孔子評議』를 지어 공자학술의 병폐를 지적하였다. 오우吳虞는 노신魯迅과 호응하여 말하기를 "공이孔二선생의 공교孔敎는 그 극단을 말하자면 살인하고 식인食人하지 않을 수 없고", "도적 공구孔丘의 화는 만세에 끼칠 것이다"라고 하면서, "유교가 뒤바뀌지 않고 유학이 교체되지 않는 한 우리나라에 신사상은 없고 신학설은 없다"[4]라고 외쳤다. 훗날 사람들이 신문화운동의 구호를 "타도! 공자점"(打倒孔子店)으로 요약하는 데는 그 이유가 있다. 신문화운동이 사회문화 영역에서 벌인 사상해방은 커다란 작용을 일으켰다. 근대중국의 유교흥망사로 볼 때, 신문화운동은 바로 신해혁명 전후 일어난 유학추방운동을 윤리와 정신 영역으로까지 확대한 것이다. 과거제도 폐지에서 신문화운동까지 불과 십수 년의 세월 동안 유학은 현대 중국문화의 구도에서 완전히 퇴출되었고 중심에서 변방으로 밀려나게 되었다.

2.

20세기 초 20여 년 동안 유교문화는 완전히 해체되었고, 신문화운동을 거치면서 유학은 청년층에서 더욱 그 권위를 상실하였다. 그러나 국민당 정부 시기에는 유학의 곤경이 더 심화되지는 않았는데, 왜냐하면 손문孫文(中山) 선생이 '사유팔덕四維八德'으로 민족정신을 발양하자고 주장하면서 전통적 유학의 덕목에 새로운 정신을 불어넣었기 때문이다. 장개석蔣介石은 남경에서 정권을 수립한 이후, '예의염치禮義廉恥'로써 입국立國의 근본을 삼을

---

4) 「說孝」 등을 볼 것. 『吳虞文錄』(亞東圖書館, 1929)에 실림.

것을 명확히 주장했다. 1929년, 국민당 정부는 「교육종지와 실시방침」에서 '충효, 인의, 신의, 화평'을 국민도덕의 교육내용으로 삼을 것을 명시했다. 1934년, 장개석은 또한 '신생활운동'을 실시하고 예의염치를 매개인의 의식 주 속에서 실천하자고 요구하면서, 전통도덕의 중요 덕목에 새로운 해석을 가하였고 그와 동시에 많은 현대사회의 공덕을 주입하였다. 신생활운동이 지식교육과 기술발전을 보급하는 데 그다지 부합하지 못했고, 정치와 농촌 토지문제가 해결되지 않은 상황에서 그 효과는 제한적이고 문제도 적지 않았지만, 그 사회윤리적 의의에 대해서는 마땅히 실사구시적 차원에서의 분석이 있어야 한다. 어찌되었든 간에 국민당 정부 시기의 교육실천과 사회운동은 상당 수준 자발적으로 유가윤리적 내용을 보존하였다.5)

　1937년부터 1945년까지 8년 동안의 항일전쟁 속에서 정부와 지식인 그리고 전 국민이 보여 준 유학에 대한 태도는 민국 초기와는 현격한 변화를 띠었다. 중화민족의 독립과 해방 그리고 외래의 포악한 침략을 제지하기 위해 국공 양당과 국민정부 그리고 사회각층은 각종 역량을 두루 동원하여 군민軍民의 정신, 의지를 고취하고 침략에 대항하였다. 유가윤리가 지닌 덕행을 연마하고 풍조를 변화시키고 사기를 진작시키며 애국심을 증강하고 자신감을 세우는 것 등의 기능은 유가윤리로 하여금 항일전쟁 시기에 있어 중요한 정신적 자원이자 도덕적 역량이 되게 하였다. 특히 중요한 것은 이 것이 국공 양당과 지식인의 공통 인식이 되었다는 점이다. 1939년 국방최고위원회는 「국민정신총동원강령과 실시방법」을 반포하면서 '팔덕八德'을 구국의 도덕으로 삼고 "국가에 충성을 다하고 민족에 효도를 다하자"라고 주

---

5) 宋仲福 等 著, 『儒學在現代中國』(中州古籍出版社, 1991), p.206 참고.

장했는데, 공산당은 즉각 이 강령을 옹호하였고 당원에게 중화민족의 전통
미덕을 발양하고 계승할 것을 호소했다.[6] 유가윤리의 도덕학설은 항전시기
대후방지역 각 분과 교육의 중요한 내용 중 하나였고, 또한 항전 후 국민당
정부의 건국방침에서 긍정되어진 민족정신과 근본덕행이었다.

일찍이 민국 초기의 헌법 중에서 공자존숭의 조항을 넣어야 하는지와
공교孔敎를 국교로 지정해야 하는지를 놓고 여러 차례 논의가 있었고, 1915
년과 1917년 두 차례의 황제복벽으로 공자존숭의 기치를 높였으나, 끝내 헌
법상 유교의 지위를 인정받지 못했고, 유학은 정치와 국민교육 면에서 주도
적인 지위를 획득하지 못했다. 국민당 정부 시기 특히 항전시기에는 특정
형식 면에서 유가윤리의 국민정신과 국민교육 분야에서의 지도적 지위를
다소 회복하였으나 유가원칙의 사회적 측면에서의 실현은 무기력했다.
1949년 이후 상황은 또 바뀌어 유가의 운명은 정치, 사회, 사상 영역에서
일대 커다란 굴곡을 맞이하게 된다.

국민당 정부 시기에는 비록 명확하게 공자와 유학을 제창하지 않았으
나, 유가윤리의 도덕원칙을 중화민족 고유의 덕행으로 삼고 사유팔덕四維八
德을 중국 입국立國의 강령으로 삼으면서 실제로 유가원칙을 삼민주의의 원
류로 삼았다. 그러나 중화인민공화국 수립 이후로는 철저한 반제국주의 반
봉건의 태도로써 사회주의 신문화를 건설하고 마르크스주의를 지도사상으
로 삼을 것을 선포하였다. 유학은 중국대륙에서 조용히 민국시기에 점유했
던 무대로부터 퇴출되었다. 1970년대에 전국적으로 개시된 비공批孔운동은
5·4 신문화운동의 비공급진주의(批孔激進主義)를 전면적으로 계승하여 더욱

---

6) 中共中央書記處, 『關於精神總動員的指示』(1939年 4月)에서 인용.

확대되었고, 공자의 정신적 권위는 깡그리 사라졌으며, 유가윤리는 사회적 층면에서 20세기 최대의 파괴를 경험하게 되었다.

다른 한편으로 신해혁명 이후 향촌의 사회구조도 변화가 생겼으니, 전통적인 관료-교육제도의 와해, 군벌 간의 혼전, 향촌의 토지 관계와 계급관계의 긴장구도, 국공國共 간의 분쟁 등으로 농촌사회의 전통적인 자율조직의 기능이 파괴되었고, 토호열신土豪劣紳과 질 낮은 기층 촌보村保 인원이 이를 대체하였다. 양수명은 일찍이 '향촌건설'을 통해 농촌의 예속禮俗시스템을 회복하고 과학기술을 도입하여 유학부흥의 사회적 기초를 마련하고자 했으나 성공을 거두지 못했다. 1949년 이후 토지개혁, 합작사合作社에서 인민공사人民公社에 이르기까지 "생산대를 기초로 하는 삼급소유제"(隊為基礎, 三級所有)는 집체소유제의 새로운 사회조직기구를 건설하였고, 민족의 역량은 토지개혁과 계급투쟁을 거치면서 철저하게 분화되었으며, 당의 정책은 공사와 대대의 행정과 당의 조직을 거쳐 촌장村庄에게까지 관철되었고, 사회조직의 상하소통에 있어서 친족 외에 전통주의는 더 이상 존재하지 않게 되었다. 사람과 토지 기술의 관계는 변하지 않았지만, 고유한 사회조직은 이미 근본적인 변화가 일어나면서 근대화의 기초를 마련하였다. 전통유학은 사회 기층조직에서 가정 말고는 의지할 곳을 상실하였다.

3.

레벤슨(Joseph R. Levenson, 1920~1969)은 "(유가사상은) 그것을 탄생시키고 필요로 했던 사회가 해체되기 시작한 후 하나의 음영으로 변하여 그럭저럭 소수 몇몇의 마음속에 머물면서 아무런 작용도 없이 골동품처럼 보살핌을 받게 되었다"[7]라고 말한 바 있다. 그러나 유가사상이 근대화 사회에서 존재하는 이유와 가치는 전현대前現代사회의 제도적 기초에만 의지하는 것은 아니다. 예를 들면 과거제 이전에도 유학은 이미 천년동안 발전의 역사를 거쳤고, 일본에는 유학은 있었으나 과거제는 없었다. 춘추시대부터 육조시대까지 유가사상은 왕조의 추앙을 전제로 존재하지는 않았고, 전통중국사회 속에서 종족과 종법제가 매 시기 또는 매 지역, 매 계층에서 모두 지배적 지위를 누린 것은 아니었다. 고대중국의 사회조직, 생산방식, 정치제도의 구성은 유가사상의 표현방식과 이론구조에 영향을 주었지만 유가윤리의 가치는 특정한 정치제도와 사회조직을 넘어서는 보편성을 지닌다. 따라서 두유명杜維明이 말한 것과 같다. "발생학의 관점에서 볼 때 유가는 농업경제, 관료제도, 가족사회와 밀접한 관계가 있고, 전통중국의 경제, 정치, 사회에 깊게 뿌리내리고 있다. 그러나 유학을 단순히 가족주의, 관료주의, 반상업주의로 환원할 수 없고, 또한 사회의 근저根底가 파괴되면 유가사상도 이로인해 인문적 관심과 윤리종교로서의 의의를 상실한다고도 볼 수 없다. 이러한 관심과 의의는 현대세계와 여전히 관련이 있다."[8]

일찍이 양무운동 후기에 장지동張之洞은 중체서용中體西用을 제기하였는데, 그 해석은 이러했다. "중학中學을 안의 학문으로 삼고 서학西學을 바깥 학문으로 삼으며, 중학으로 심신을 다스리고 서학으로 세태에 대응한다."[9] 중학을 체로 삼음은 곧 심신을 다스리는 전통윤리는 세태에 대응하는 면에

7) 列文森(Joseph R. Levenson), 『儒敎中國及其命運』. 여기의 번역문은 杜維明, 『探究眞實的存在』를 인용함.
8) 杜維明, 『儒家傳統的現代轉化』(中國廣播電視出版社, 1993), pp.517~518.
9) 張之洞, 『勸學篇』(大連出版社, 1990).

서 서양을 배우는 것으로 인해 근본적인 변화가 생기지 않는다는 것을 말한 것이다. 장지동 전후로 등장한 선각자들은 대부분 이와 같은 생각을 지녔다. 군주제가 전복된 이후의 사회상황 속에서 이러한 주장은 더 늘어만 갔다. "중화의 입국立國은 효제충신孝悌忠信, 예의염치禮義廉恥를 인도의 대경大經으로 삼으니, 정치체제는 변할지라도 백성의 상도는 바뀌지 않는다"라는 주장은 사실상 당시 다수의 견해였다. 강유위康有爲는 공교孔敎를 국교로 삼아야 하는 주된 이유를 들며 "큰 혼란을 거치면서 기강은 땅에 떨어졌으며, 법률은 온통 폐지되고 염치는 단절되고 도덕은 쇠락하였다"[10]라고 주장하였고, 전환시기의 도덕적 위기를 치유하는 것을 자신의 임무로 삼았다. 진환장陳煥章은 "공교가 폐지되면 사람의 도덕심은 멸망한다", "중국의 도덕을 한마디로 말하자면 오로지 공교뿐이다"[11]라고 말했다. 이는 기독교가 "신은 죽었다"를 대하면서 내뱉은 외침과 매한가지이다. 그러므로 양계초는 민국 초기에 기초한 「대정방침선언大政方針宣言」에서 "한편으로는 인민이 종교를 믿는 자유를 존중하고, 한편으로는 공교를 풍속교화의 근본으로 삼자"라고 명백하게 주장했던 것이다.[12] 이는 풍속교화에 착안하여 유가사상의 적극성을 긍정한 것이다. 훗날 헌법초안의 논의 중에 공교에 대해서는 헌법 속에 "국민교육은 공자의 도를 수신의 대본으로 삼는다"[13]라는 내용이 명기되어야 한다는 주장이 집중적으로 제기되었다.

신문화운동의 동서문화논쟁은 유학을 둘러싸고 생겨난 논쟁으로서 소위 '보수주의' 측면에서 보면 여전히 유가도덕윤리의 활용성을 견지한다.

---

10) 康有爲, 「中華救國論」, 『康有爲政論選』下冊(湯志均 編, 中華書局, 1981).
11) 『民國經世文編』, 卷40(上海經世文社 編).
12) 『民國經世文編, 卷2.
13) 1913年 國會憲法起草委員會憲法草案 19條 참고.

장사소章士釗의 신구조화론은 장지동 등의 주제를 계승하여 "물질 면에서는 새로운 것을 열고, 도덕 면에서는 과거로 돌아가자"[14]라고 주장하였으니, 이는 개성의 독립과 해방을 반대한 것이 아니라 사회의 정상적인 윤리질서를 유지하는 데 주안점을 둔 것이다. 장군매張君勱는 '과현논쟁科玄論爭' 중에서 과학의 신학문은 인생과 도덕의 문제를 결코 해결할 수 없고, 마음수양을 갖춘 정신문명은 "오직 새로운 송학(新宋學)에서 부활할 것이다"[15]라고 거듭 강조했다. 두아천杜亞泉은 진독수의 맹렬한 공격 속에서도 "우리 사회의 고유한 도덕관념이 가장 순수하고 가장 중심이라는 것을 확신한다"[16]라고 말했다. 특히 그들은 서학에 대한 이해가 상당히 밝았고, 정치와 사회 개혁 방면의 주장도 결코 보수적이지 않았으나, 신문화운동의 윤리혁명, 유교혁면에 대해서는 시종 반항적 태도를 보였다.

이뿐 아니라 일반적으로 윤리적 관심이 뚜렷하지 않은 문화보수주의자들도 종종 이러한 태도를 보여 주었다. 양제梁濟가 1918년 자살할 당시 많은 이들은 이를 순국으로 묘사했으나 정작 본인은 "사실 나는 청조를 본위로 삼지 않고 유년시절 배운 것을 본위로 삼는다"라고 말했다. 여기서 '배운 것'은 전통윤리를 말한다. 그의 자살은 곧 한 개인의 죽음으로써 세상 풍속을 일깨우려 함이었다. 왕국유王國維가 이화원에 스스로 몸을 던지자, 청화대 교장은 "선생은 청실清室과의 관계가 매우 깊었다"라고 평했으나, 오밀吳宓은 "우리는 본시 중국예교를 잘 지켜왔다. 선생이 세상을 등지신 것에 존경과 애도를 표할 뿐이다"[17]라고 말했다. 얼마 후 진인각陳寅恪은 만사서挽辭

---

14) 章士釗, 「新時代之靑年」, 『東方雜誌』 16卷 11號.
15) 張君勱, 「再論人生觀與科學幷答丁在君」, 『科學與人生觀』(亞東圖書館, 1923).
16) 杜亞泉, 「前後東亞文明之調和」, 『東方雜誌』 14卷 4號.
17) 孫敎恒, 「淸華國學硏究院紀事」, 『淸華漢學硏究』 第1輯, pp.321~322 참고.

序를 지어 "우리 중국문화의 대의는 『백호통白虎通』의 삼강오상설에 구비되어 있으니, 그 뜻은 추상적이고 이상적인 최고 경지로서, 마치 그리스의 플라톤이 말한 이데아와 같다"[18]라고 하였다. 서양교육을 제대로 받은 오밀과 진인각이 매료되었던 '예교'와 '삼강육기三綱六紀'는 보편적인 유가윤리원칙과 가치이상을 가리킨다. 도덕생활의 태도 면에서 서구화에 경도되었던 지식인들도 예외가 아니었다. 부사년傅斯年은 1929년에 일찍이, 비록 사상 면에서는 완전히 서구화되었다고는 하나 이것이 안신입명安身立命 면에서 자신이 여전히 전통적 중국인이라는 사실에 전혀 지장을 주지 않는다고 인정하였는데, 그가 말한 안신입명은 분명 윤리준칙과 인생태도를 말한 것이다.[19] '신문화, 구도덕'으로 유명했던 호적胡適도 이들과 다를 바 없었다.

민국시기 정치가와 정통파 지식인은 도덕성과 현대성을 함께 추구했다는 면에서는 서로 일치한다. 손문은 '팔덕八德'에 새로운 해설을 부여하여, 국가에 충성하고 민족에 충성하며, 늘 한결같이 행동하고, 두루 사랑하고 인仁을 지킬 것 등을 말하면서 전통도덕의 발양에 주목했다. 이 때문에 채원배는 손문이 "한편으로는 외국의 장점을 배울 것을 주장하고 다른 한편으로는 고유한 도덕과 지능을 회복할 것을 주장한 것은, 국수國粹와 유럽화의 절충을 위함이었다"[20]라고 생각했다. 손문 사후에 국민당 정부는 더 명확하게 사유팔덕四維八德을 「교육종지」에 편입시키고 오륜五倫에 새로운 의미를 부여하여 그 정신을 계승할 것을 주장했다. 그 후 장개석은 『중국의 운명』(中國之命運)에서 한편으로는 공업화를 중국의 급선무라고 여겼으나 다

---

18) 『陳寅恪詩集』(淸華大學出版社, 1993), p.10에서 인용.
19) 中國社會科學院近代史所 編, 『胡適的日記』, 1929年 4月 27日 日記(中華書局, 1985) 참고.
20) 蔡元培, 「中華民族與中庸之道」, 『蔡元培全集』 第6卷(中華書局, 1985).

른 한편으로는 문화에 있어서 도덕윤리정신을 고수할 것을 주장했으니, 이는 풍우란馮友蘭과 하린賀麟의 견해와 일치한다. 풍우란은 항일전쟁 초기에 쓴 『신사론新事論』에서 한편으로 공업화는 중국이 자유로 나아가는 길이라고 주장했고, 다른 한편으로 전통도덕 중의 '불변의 도덕'은 사회를 조직하고 정신생활을 조절하는 데 활용할 수 있다고 생각했다. 그는 "사회를 조직하는 도덕은 중국인이 본래 가지고 있던 것이다. 덧붙일 것은 서양의 지식, 기술, 공업이다. '중체서용'이란 이 명제로써 말할 수 있다"[21]라고 말했다. 하린의 주장은 1940년대의 신유학 중에서 문화적 의의가 가장 풍부하다. 그는 현대생활과 결합하여 삼강오륜을 새롭게 해석하였고, 신문화운동이 송대유학의 리욕지변理欲之辨을 비판한 것에 대해 철학적으로 변석辨析하였으며, 서양의 철학·종교·공예를 흡수하여 유가의 리학理學·예교·시교詩敎를 발휘하고, 유가사상의 새로운 발전을 추구해야 한다고 주장했으며, 심지어 "유가문화를 체로 삼고, 서양문화를 용으로 삼자"라는 구호까지 주장하였다.[22] 민국 초기부터 항전 종식 때까지 등장한 이 구호들은 이 사상가들이 선진 또는 송명유학의 도덕을 가져와 근대문화 위기 중의 도덕상실을 해결하려고 기도한 것이 아니라, 전통도덕윤리를 시대에 비추어 조정, 비판, 보충하려 했다는 점에서, 동서 학문을 두루 충분히 섭렵했던 학자들로서는 나름대로 의미를 지닌다.

중국 공산당 내의 유소기劉少奇는 1930년대 말엽 도덕정신과 수양을 제창하면서 자연스럽고 불가피하게 유가문화의 자원을 대량으로 사용하였는데, 이로부터 그의 책은 50년대와 60년대에 청년과 대중에게 큰 호응을 얻었고

21) 馮友蘭, 「新事論」, 『三松堂全集』 第4卷(河南人民出版社, 1986).
22) 賀麟, 『文化與人生』(商務印書館, 1988), pp.6~17.

심지어 그 영향력이 60년대 초에는 한때 모택동毛澤東을 능가하기도 했다. 80년대 이래로 중국대륙에서 유가윤리의 현대적 가치를 긍정하고 찬양하는 데 힘쓴 학자들 중 대다수는 강렬한 인문도덕적 관심에 기초하여 유가도덕 자원의 현대적 의의를 드러냈다. 최근 정부에서 개혁에 힘쓰고 경제, 무역, 교육을 주관하는 지도자들도 이 점에 주목하기 시작했다. 이는 현대의 유가 사상에 대한 세심한 긍정은 사회개혁에 대한 배척에서 기인한 것이 아니라 사회전환의 과정에서 윤리질서의 파괴에 대해 주목하고 유가덕성윤리의 보편적 가치를 인식한 데서 기인한다는 것임을 잘 말해 준다.

유학의 가치세계와 현대세계의 상관성은 전통사회의 급변으로 인해 사라지지 않는다. 때문에 20세기 중국 사회문화의 변천 속에서 유학은 끊임없이 주목을 받는 주제였다. 사회가 도덕적 위기에 놓일 때마다 전통가치에 대한 목소리는 더욱 높아졌다. 신해혁명 이후에 강유위 등은 공교를 고수했으며, 신문화운동 때에도 양수명과 같은 이는 공자를 위해 변호하고 발양하였다. 1940년대 하린이 유가예교와 삼강오륜에 대해 내린 해석과 발양은 5·4시대에는 상상할 수 없는 것이었고, 풍우란은 1940년대에 '중체서용'에 반대하지 않았을 뿐만 아니라 1950년대에도 여전히 '추상적 계승'을 주장하는 입장을 견지했다. 유가가치체계와 관련된 쟁론은 줄곧 문화논쟁의 중심 주제 중의 하나였다. 5·4를 전후에서 그러했을 뿐 아니라, 1980년대 중국대륙 문화열의 중심주제도 이와 같았다. 이 현상을 이해하면 현존하는 20세기 중국문화연구의 방법들, '혁신과 복고', '계몽과 구망', '급진과 보수'를 막론하고 모두 20세기의 유학논쟁에 합당하게 적용될 수 없으며, 20세기 유학논쟁의 뿌리 깊은 연원을 이해하는 데 있어서 단지 형식적 의의만 지닐 뿐이다. '문화정체성' 또는 '문화심리구조'와 같은 논법은 문화적 심리를 중시하는 한편 객관적 사회요구를 무시하였다. 사실상 20세기에 들어 약세에 처했으면서도 시종 굴복하지 않고 유가가치를 옹호한 목소리를 자세히 살펴보면, 유가윤리가 근대사회로의 전환 이후에도 매번 화제의 초점이 된 데에는 필연적 이유가 있다. 그 필연성은 곧 현대화로의 전환 중에 나타난 '도덕성'과 '현대성'의 분열 그리고 그 분열의 극복에 대한 요구에 뿌리를 두었다.

따라서 20세기의 역사 속에서 유가가치가 끊임없이 긍정된 것은 본질상 결코 소위 후식민담론(后殖民話語)의 중국적 표현도 아니고, 전 지구적 자본주의패권담론 또는 자본주의현대성의 이데올로기적 의의에 대한 긍정도 아니다.[23] 이는 이론적 측면에서는 다원문화가치에 대한 긍정이고 실천적 측면에서는 현대화 과정에 대한 치유이며, 가치이성에 대한 깊은 관심의 표현이고, 이상적 인생과 이상적 인격에 대한 끊임없는 추구의 체현이자, 중국의 민족문화정체성에 대한 강렬한 요구이며, 동시에 계몽서사적 도덕에 대한 인문적 반성이다.

4.

20세기 중국문화사가 말해 주듯이 유학의 위기는 사회적 전환이 필연적으로 불러온 기초적인 변화 외에도, 중국 국민이 기능의 좌표에서 유학은 부국강병과 구망자강(救亡自强)을 이룰 수 없다고 판단한 것과 지식인이 계몽사조의 영향 아래에 더 이상 유가윤리의 가치를 인정하지 않은 데서 기인하

---

23) 유학을 전 지구적 자본주의 담론으로 다룬 것에 대해서는 阿里夫 · 德里克, 「似是而非的孔夫子: 全球資本主義與儒學重構」, 『中國社會科學季刊』 13(1995年 11月), pp.158~183 참조.

였다. 따라서 20세기 유학의 위기는 철저하게 문화적 위기이자 가치신념의 위기였다. 이 관점에서 볼 때 마일부馬一浮, 웅십력熊十力, 풍우란 등의 현대 유가철학은 비록 학술과 철학적 측면에서 현대문화 중에서의 유가적 존재로서 인식될 수 있으나, 이 세 사람은 5·4 이래 유학의 문화적 위기를 진정으로 맞닥뜨리지는 않았다. 그들의 철학은 5·4 이래의 급진주의가 벌인 공자반대운동의 유산을 미처 정리하지 못한 상황 아래 민족적 위기의 특수한 시대적 분위기 속에서 탄생하였다. 그러나 유가의 문화적 위기는 본질적으로 '근대화'가 초래한 것이고, 외세와의 전쟁은 이 근본적인 주제를 잠시 약화시켰을 뿐이다. 따라서 신문화운동의 공교孔教 비판 중에서 무엇이 합리적이고 무엇이 불합리한가, 유학과 그 가치전통은 근대사회문화 중에서 도대체 의의가 있는가 아니면 없는가 등의 문제를 해결하지 않는 한, 유학은 그저 소수사상가의 뇌리에만 기생하고 실제 사회문화의 공간과 개인의 정신인격에서 발휘되지 못하며 반정통주의와 반유가사조가 초래한 사회무질서와 가치적 혼란을 변화시킬 수 없을 것이니, 이것이야말로 우리가 1980년대에 경험하고 1990년대에도 여전히 직면하는 유학의 곤경이다.

그러므로 '철학으로서의 유학'은 '문화로서의 유교'와는 다르다. 전자는 학술사상적 존재이고 후자는 사회화, 제도화, 세속화가 결합된 문화형태이다. 마일부, 웅십력, 풍우란과 중국대륙에서 많이 연구, 소개된 당대신유가當代新儒家들의 철학적 공헌은 매우 훌륭하다. 이런 의미에서 '철학으로서의 유학'은 20세기에 쇠미해지기는커녕 오히려 활발해졌다고 말할 수 있다. 그러나 이러한 유학의 사회문화적 영향은 송원대 유학과는 근본적으로 비교가 되지 않는데, 이는 제도적 기초의 차이 외에도 주된 원인은 '문화로서의 유교'의 기초가 결여되었기 때문이다. 지식인은 유가의 가치를 거부하고 민중과 청년은 안정된 도덕적 권위와 가치신념이 결핍되었기 때문에 "강건함으로써 행하고, 후한 덕으로써 만물을 담는" 통일적 국민정신을 형성할 수 없었고, 문화적 병증과 도덕적 위기는 시장경제의 발전과 사회전환의 시기에 나날이 심각해졌다.

따라서 중국 근대시기에 습관적으로 사용하고 상이한 의미가 많은 '체용' 개념이 초래한 토론상의 혼란을 제거하고, 현대화 과정 중의 주체로서 전통 중에 무엇을 보존하고 서양에서는 무엇을 흡수해야 하는가의 각도에서 보면, 20세기에 형성된 유학논쟁 중에 가장 강력한 근원은 시종 현대사회의 공민도덕과 윤리질서 그리고 인생의 이상을 둘러싼 문제이다. 사쿠마 쇼잔(佐久間象山, 1811~1864)의 '동양도덕東洋道德, 서양예西洋藝'이든 혹은 장지동의 '중학으로 심신을 다스리고, 서학으로 세태에 대응한다'는 주장이든, 더 나아가 앞서 서술한 풍우란·하린에 이르는 사상이든 간에, 이들은 모두 문화정서상에서 전통을 흠모한 것이 아니라 전통도덕의 보편성에 대한 신념과 현대화 경험의 도덕성 침해에 대한 방어에 기반한 것이다. 소위 문화보수주의, 도덕보수주의, 문화급진주의의 분기는 사회개혁을 할 것인가 말 것인가, 서양 근대문명을 흡수할 것인가 말 것인가에 있지 않다. 문화급진주의와 자유주의는 철저하게 전통을 버림으로써 시장공상업市長工商業, 도시문명, 개인주의, 자유, 민주, 자본주의의 경쟁력, 공리주의 등을 내용을 하는 현대성을 품을 것을 요구한다. 소위 문화보수주의는 시종 과학, 민주, 시장경제, 민주정치가 자발적으로 공민도덕을 생성할 수 없고 공동체의 윤리질서를 도출하지도 못하며, 또한 인생가치의 수요를 만족시킬 수도 없고, 근대사회의 억압되고 무기력한 개인주의와 공리주의는 군집생활과 사회도덕을 해치기에 적합하다고 생각한다. 현대성은 현대사회가 전통사회와 다르게 된 요소이지만 오늘날의 현대사회는 단지 현대성에 의지해서만 존재할 수 없다. 근대 이래로 유학의 가치를 정면으로 이해해야 한다고 주장하는 목소리의 공통된 생각은 현대사회 중에서 공민도덕과 윤리질서의 유지, 안정은 유가에 반대하고 공자를 비판하는 반유비공反儒批孔의 방식을 취해서는 안 되고, 반드시 가치전통과 도덕권위를 수호하고 이로부터 매 시기마다 각종 형식으로 유학의 보편적 도덕가치를 긍정하고 호소해야 한다는 것이다. 이 모든 것이 철학 분야에서 유가철학을 발전시키는 사회-문화적 기초이다.

중국 대륙에서 오랫동안 유학의 정확한 이해를 방해했던 역사적 가치와 현대적 역량은 자유주의의 유학에 대한 급진적인 부정에서 기인하였을 뿐 아니라, '극좌'적인 '사이비마르크스주의'가 최근 수십 년간 유학비판 운동에서 중요한 역할을 하였다. 이러한 비판은 '비림비공批林批孔'[24])시대의 '사인방'의 논리에서 가장 적나라하게 드러났다. '비림비공' 시기의 '극좌'문화관은 '문화대혁명' 이후에도 철저하게 청산되지 못한 채, 오늘날에도 그 여파를 수시로 목도하게 된다. 만약 1980년대의 전면적 반유가사조가 자유주의를 배경으로 한 문화급진주의에서 기인한 것이라고 말한다면, 1990년대 중엽 막 홍기한 소규모의 유가비판운동은 주로 교조주의와 '사이비마르크스주의'에서 온 것이다. 그들에 따르면, 공자학설은 극히 봉건적인 학설이고, 마르크스주의와 공자의 교의는 어떤 경우에도 상호 대립적인 관계이며, 양자의 관계는 마땅히 비판적 부정의 관계일 수밖에 없다고 간주하였고, 유학

---

24) 옮긴이 주: 문화대혁명 시기 사인방에 의해 촉발되고 대중운동으로 확대된 이른바 '林彪를 비판하고 공자를 비판하자'는 운동. 중국공산당 제10차 전국인민대표대회가 개최되어 임표의 죄악상을 공식적으로 규탄한 이후, 1972년 8월부터 임표와 공자를 함께 비판하는 운동이 본격화되었다.

을 단지 봉건전제통치를 옹호하는 지주계급의 이데올로기로 치부하였다. 그들은 마르크스주의와 중국문화를 대립시키기 위해 허황된 수법을 동원하여 이렇게 말했다. "만약 우리가 천진난만하게 '국학' 중에 입국立國의 뿌리와 민족정신을 중건하는 기둥을 찾아낼 수 있고 마르크스주의를 외래문화로 간주해 한 변방에 놓아둔다면, 진부함을 면치 못할 것이다." "그 누군가가 '국학'이라는 이 의심스런 개념으로써 사회주의 신문화를 중국문화 밖으로 쫓아내려는 목적을 가지고 있음을 배제할 수 없다."25) 교조주의와 '사이비마르크스주의'는 중화민족의 역사적 주체성을 무시하고 민족의 이익과 민족의 전도를 업신여기며, 역사 전환의 과정에서 나타난 현실적 곤경을 간과하고, 유학을 정확히 이해하는 데 찬성하고 전통자원을 잘 활용하여 현실의 문제를 해결하자는 주장에 대해 '복고주의'의 모자를 씌워서 정치적인 화법으로 입장이 상이한 학술담론을 공격하였으니, 이는 분명 1990년대 개혁개방의 조류에 역행하는 하나의 조류 속에서의 일종의 퇴행적인 행태이다. 동시에 유가를 '농업문명'이나 '전제적 이데올로기'로 간주했다는 면에서 교조주의와 문화급진주의는 모두 계몽주의 담론의 지배를 받았다고 볼 수 있다.

유학은 결코 죽지 않았다. 그것은 뿔뿔이 흩어진 후 문화심리적 전통이 되어 은연중에 음성적인 방식으로 문화와 사람의 행위 가운데 머물고 있다. 다만 그것이 파편적이고 음성적이어서 그 표현이 온전하거나 건강하지 않았기 때문에 현대 중국의 세태와 문화적 병증은 모두 이로부터 기인한 것이다. 다만 유학 중에서 시대에 부합하지 않는 내용은 도려내고, 아울러 현대

---

25) 李洪岩, 「近年中國大陸儒學硏究動態」, 『國際儒學硏究』 1(國際儒學聯合會 編, 人民出版社, 1995) 참고.

사회생활에 있어서 가치 있는 유학의 정신과 원리는 당당히 적극적으로 인정함으로써, 그것이 국민교육과 문화건설의 과정에 합법적으로 작용하도록 해야만 통일된 국민도덕과 건전한 국민정신을 재수립하고 합리적인 현대사회로 나아갈 수 있다. 정치적 간섭을 배제시키고 일원적 사유방식과 편협한 계몽주의적 심리를 극복하고, 도덕성과 현대성의 상호작용을 변증법적으로 이해하며, 문화영역에서 유가에 대한 각종 편견을 바로잡는 것 등은 유학의 적극적인 정신을 건강하게 발전시키는 기초이자 전제이다.

제11장 중국 초기 정치철학의 3대 주제

1. 이끄는 말

　세계적으로 종족성(ethnic) 혈연 조직을 가졌던 민족은 많이 있었지만, 중국의 초기 문명사회에서 볼 수 있는 종족 조직처럼 정치권력과 그 구조를 같이하는 상황은 매우 보기 드물다. 고대 중국문명에서 종묘의 소재지가 취락의 중심지가 되고, 정치적 신분의 세습이 종주宗主적 신분의 세습과 일치하는 것은 상주商周시대 문명사회 국가의 뚜렷한 특징이 되었다. 정치적 신분과 종법적 신분의 합일, 또는 정치적 신분이 종법적 신분에 의지하는 것은 치가治家와 치국治國이 하나로 융합된 정치적 형태와 전통을 발전시켰다. 문화적으로는 예악문화가 이 시기의 총체적인 특징이 되었다.

　서주 춘추시대 각 제후국의 주요한 통치구조였던 '공公－경卿－대부大夫'를 위주로 한 여러 계급의 봉건체제 중에서 공, 경, 대부는 모두 권력적 지위로서, 이 구조는 각기 다른 권력지위 간의 관계를 포함하고, 또한 각각의 권력지위와 백성 및 토지의 종속 관계를 포함한다. 제도를 바꾼다는 것은 통치구조 중의 각각의 권력 지위를 어떻게 서열대로 보충하고 계승할 것인가를 안배하는 것이다. 서주 춘추시대의 통치구조와 제도변경은 모두 '예禮' 또는 '예제禮制'의 범주에 속하며, 이러한 구조적 제도와 맞물리는 도덕규범도 '예'의 범주에 속한다.

춘추시대 중기 이전의 사회체계는 상대적으로 안정된 '종법적 봉건영주제'였다. '종법적'이란 공, 경, 대부, 사士 계급 간에 일반적으로 종법적 친족 관계가 있음을 말한다. 공公은 여기서 넓게는 군주(國君, 실제의 작위명은 侯, 伯, 子였다)를 가리키는데, 이 군주라는 권력지위는 가족세습제로서, 형이 죽으면 동생이 뒤를 이으면서 장자계승이 유지된다. 경, 대부의 권력지위의 계승과 교체는 일반적으로 관직세습을 채택하여, 역시 종족계승을 한다. 경대부의 권력지위는 정치와 행정상의 일정한 권력을 대표할 뿐만 아니라, 읍지와 백성에 대한 일정한 점유를 대표하기도 한다. 따라서 정치와 경제자원의 점유는 모두 종족계승을 하는 것이다.

종법봉건제는 원래 주례周禮체제의 주도적인 제도 중의 하나로서, 종법은 본래 친족제도이며, 봉건은 재부財富−노동력의 점유와 정치권력 분배의 제도이다.[1] 이 제도는 주대 초기 식민봉건의 과정 중에 수립되었다. 『좌전左傳』은 다음과 같이 말한다. "천자는 (제후에게 분봉하여) 나라를 세우고, 제후는 (경대부에게 채읍을 나누어 주어) 가를 수립하고, 경은 측실을 두고, 대부는 이종貳宗을 가지고, 사는 자제를 가지며, 서인·공·상은 각기 친소로써 나누니, 모두 등급의 구분이 있다. 그러므로 백성은 자기 윗사람을 복종하여 섬기고, 아랫사람은 윗자리를 넘보지 않는다."[2] 여기에서 '세움'(建), '수립'(立), '둠'(置)은 모두 재부와 백성을 나누는 일종의 하향식 재분배이다. 천자가 나라를 세움은 곧 주나라 천자가 각 제후를 분봉하는 것이며, 제후

---

1) 여기에서 사용한 '봉건'이라는 말은 현대 역사학에서 습관적으로 쓰는 의미와는 다르며, 이 중국어 단어의 본래 의미로 사용한 것이다.

2) 楊伯峻 編著, 『春秋左傳注』(中華書局, 1981), '桓公2年', p.94, "天子建國, 諸侯立家, 卿置側室, 大夫有貳宗, 士有隷子弟, 庶人工商各有分親, 皆有等衰. 是以民服事其上, 而下無覬覦."

가 가를 수립함은 곧 제후인 군주가 경대부를 세우는 것이고, '경이 측실을 세움'은 경대부가 하급의 경 혹은 대부를 세우는 것이다. 대부가 이종을 가짐은 곧 대부가 하급의 대부를 세우는 것이다. 이러한 '세움'(建), '수립'(立), '둠'(置)은 단순한 관리 임명제도가 아니라, 마치 천자가 제후를 분봉함에 하나의 확정된 영역의 토지와 백성을 피분봉자에게 하사하는 것처럼, 제후가 경을 세우는 것도 권력을 부여하는 동시에 토지를 점유하고 이 토지 내의 백성을 관리하는 권력을 부여함을 말한다. 또한 경이 측실을 두고 대부가 이종을 가진다는 것은 그들의 권력도 똑같은 성질의 재부와 백성의 분배를 포함하고 있다. 이로부터 위에서 아래로의 하향식 봉건봉군 체제가 형성되었다. 서주시대 종법제도의 이상적인 규정에 따르면, 제후의 장자는 제후의 권력지위를 계승하고 다른 아들은 경으로 세워지며, 경의 장자는 세관世官으로 전승할 수 있고 다른 아들은 측실로 세워지게 된다. 이러한 것들은 모두 동성同姓이었다. 그러나 서주 말의 춘추 초기부터는 군공軍功을 세운 이성異姓이 대부로 세워지기도 하였는데, 이러한 이성 대부들의 후예도 종법의 원칙에 따라 관직과 이익을 승계하였다. 춘추시기 사회변동의 영향은 공실公室과 대부 세력의 성쇠와 지위의 부침으로 나타났을 뿐만 아니라, 일반적인 종법 관계에도 드러났다.

서주와 동주시기의 제후국들은 정치는 비록 각자 행하였지만 주나라를 봉건세계의 공주共主로 인정하였으며, 주문화를 공통적인 문화의 전범典範으로 여겼다. 춘추오패春秋五覇의 발흥시기에도 주나라가 대표하는 통일성, 곧 제후국을 초월하는 더욱 큰 영역의 정치적 통일성은 여전히 존중받았다. 비록 춘추 말기에서 전국시대까지는 이러한 통일성이 점차 형식적인 통일성으로 흐르게 되었지만, 이는 여전히 그 시대와 후세의 정치적 상상력에 영향을 끼쳤다. 예를 들어, 공자의 시대에는 예악이 붕괴되었지만 공자는 여전히 "예악과 정벌은 천자로부터 나온다"는 생각을 고수하였는데, 이는 주나라 천자에게서 나온다는 것이다. 맹자의 시대에는 사士의 정치적 시야가 결코 제후국 안에만 머무르지 않고, 천하에 왕 노릇하는 것(王天下)을 정치적 목표로 삼았으니, '천하'는 모든 제후국을 연결하는 통일된 세계였다. 이러한 통일은 비록 느슨한 형태의 것이었을지라도 여전히 가치를 지니고 있었다. 그러므로 진秦의 통일은 비록 이전의 제후국을 진제국의 군현으로 복속시켰지만, 정치철학 면에서는 결코 근본적인 변화를 이끌어 내지 못했다. 이는 고대 그리스에서 독립자주적인 도시국가가 해체된 후에 마케도니아 제국의 행성行省으로 변모하면서 정치철학상에서 일어났던 변화와는 완전히 다른 것이다.

중국 고대의 서주에서 춘추에 이르는 사회는 그 기본 특징이 종법사회였다. 여기에서 말하는 '종법사회'란 기술적 개념으로서, 친족 관계를 그 구조로 하고, 친족 관계의 원리와 준칙으로써 사회를 조율하는 사회유형을 말한다. 종법사회는 이러한 유형의 사회이며, 이 사회에서는 모든 사회적 관계가 가족화되어, 종법적 관계가 곧 정치적 관계이고, 정치적 관계가 곧 종법적 관계이다. 따라서 정치적 관계 및 기타 사회적 관계는 모두 종법적 친족 관계에 의거하여 규제되고 조율된다. 이런 사회의 성격은 양수명梁漱溟이 말한 '윤리본위의 사회'에 가깝다. 윤리적 관계의 특징은 윤리 관계 속에 차등과 질서가 있으며, 동시에 정의情義와 정분情分이 있다. 따라서 이러한 관계의 사회에서는 주도적 원칙이 법률이 아닌 인정이며, 의무를 중시하되 권리는 중시하지 않는다. 양수명은 윤리본위의 중국사회는 고대의 종법사회를 바탕으로 형성되었다고 여겼는데, 이는 대체적으로 옳은 지적이라 할 수 있다.[3] 춘추시대 후기 이래로 정치적 영역에서의 종법적 규범은 이미 상당히 파괴되었지만, 사회적 영역에서의 종법 관계는 여전히 존재하였으며, 종법사회가 키워 낸 문명의 기풍과 문화의 정신은 그대로 이어져 왔다. 이러한 배경 아래에 발전된 정치적 실천과 정치철학은 정치적 지도 면에서의 '덕'의 기능을 중시하였고, 정치규범과 통치형식으로서의 '예'의 의미를 중시하였으며, 피통치자인 '백성'의 요구와 이익을 중시함으로써 후대 정치철학 발전의 유전자가 되었다.

정치의 문제는 세상의 모든 민족과 문명 속에서 초기 철학의 사유 대상이었지만, 문명체계가 다르면 정치철학의 문제의식과 논의방식도 결코 같을 수는 없다. 예컨대, 도시국가를 기초로 하는 고대 그리스의 정치사상은 '정의正義'의 관념을 부각시켰고, 아울러 이를 추구해야 할 목표로 삼았기 때문에, 호메로스 시대로부터 플라톤, 아리스토텔레스에 이르기까지 모두가 정의를 정치 분야의 중심적 주제와 최고의 미덕으로 간주하였다. 고대 그리스인들에게 정의는 인간관계를 조율하는 도덕준칙이자 적절한 경계 혹은 한계였다. 고대 그리스에서는 운명, 로고스 및 초기 자연법사상도 논의하였는데, 이는 초기 정치철학의 중요한 관념이 되었다. 중국에서는, 서주에서 춘추시대에 이르기까지 '정의'를 중심으로 한 논의는 출현하지 않았으며, 특정한 논제, 예를 들면 하늘(天)과 백성(民), 하늘과 예禮, 하늘과 덕德의 관계 등에 관한 논의가 제기되었다. 이런 것들은 비록 정치철학적 체계는 형성하지 못했지만, 이미 정치철학적 의미를 지닌 논제와 명제였음은 의심

---

3) 양수명의 견해는 『中國文化要義』(臺北: 里仁出版社, 1982), p.81 참조. 또한 퇴니에스 (Ferdinand Tönnies)는 사회 유형을 '집단과 '사회'로 나누었는데, 집단의 특징은 '정감'적이며 사회의 특징은 '非情感'적이다.(埃里亞斯[Norbert Elias], 『文明的進程』, p.7 참조)

할 바가 없다. 이러한 논제와 명제는 유가의 고대정치철학의 배경과 전제를 형성하였으며, 고대 그리스의 초기 정치철학과 대조를 이루게 되었다.

2. 천민합일天民合一

정치철학의 입장에서 볼 때 『상서尙書』의 천명관은 고대 정치사유에 있어서 가장 중요한 자원이다. 은상殷商의 군주, 예컨대 주왕紂王은 천명을 독실히 믿어서 "내가 태어나 사는 것은 명이 하늘에 있지 아니한가"(我生不有命在天)라고 말했는데, 하늘이 은나라에 내린 천명이 영구불변할 것으로 여겨 교만, 사치, 방탕, 태만함에 빠져 제멋대로 하였다. 주나라는 소국으로서 대국인 은상을 이겼는데, 이로써 주나라 사람들의 천명에 대한 관점은 큰 변화를 가져왔다. 이는 곧 천명이 한 왕조의 군주를 보살핌에 영구불변하지 않고, 그 보살핌의 길고 짧음은 인간 행위의 도덕적 속성에 관계된다는 것이다. 주나라 사람들이 역사적 경험에서 얻은 이러한 인식은 스스로 삼가하고 경계해야 한다는 신조가 되었다.

기실 주나라 사람과 은나라 사람의 차이점은 천명 혹은 이와 유사한 관념의 소유 여부에 있지 않고, 주나라 사람들의 천명에 대한 전체적인 이해가 은나라 사람과 확연히 달랐다는 데에 있다.

『상서』는 주로 주공周公의 사상을 기술하고 있다. 고대 정치문헌으로서의 이 전적典籍이 복사卜辭와 구별되는 가장 큰 차이는 바로 『상서』가 기술한 상商 이전의 천제天帝 신앙을 자연의 주재자로 부각시키지 않고 인간의 역사와 운명의 주재자로 부각시켰다는 점이다. 그러므로 세계관에 있어 은상과 서주의 중요한 차이는 상나라 사람들이 '하늘'(天)을 최고신으로 여겼는지의 여부에 있지 않으니, 왜냐하면 만일 '하늘'이 단지 인격을 가진 '황천진노皇天震怒'의 하늘일 뿐이라면, 신앙의 본질에 있어서 '상제'(帝)의 관념과 아무런 차이가 없기 때문이다. 사실 여러 문헌 속에서 이 둘은 동등하거나 호환적이어서 명확하게 구별하기 어렵다. 상과 주의 세계관의 근본적인 차이점은, 상나라 사람들의 '상제' 혹은 '하늘'에 대한 신앙은 결코 윤리적 내용을 담고 있지 않기에, 전체적으로는 아직 윤리적 종교의 수준에 이르지 못했다는 것이다. 그러나 주나라 사람들의 관념 속에는 '하늘'과 '천명'에 이미 뚜렷한 도덕적 함의가 내포되어 있었으니, 이러한 도덕적 내포는 '경덕敬德'과 '보민保民'을 주요 특징으로 하고 있다. 하늘의 신성神性은 점차 옅어져 간 반면, '사람'(人)과 '백성'(民)의 지위가 '신'의 지위에 비해 상승한 것이 주대사상의 발전 방향이었다. 이는 종교학적 개념으로 말한다면, 상대의 세계관은 '자연종교'적 신앙이며, 주대의 천명관은 이미 '윤리종교'적 성격을 갖추었다. 사람들은 윤리적 측면에서 자연과 신을 이해하기 시작하였는데, 이는 마치 유태교가 탄생할 때 도입된 새로운 요소가 종교적인 것이 아닌 윤리적 의미였던 것과 마찬가지이다. 주나라 사람들이 제기한 새로운 요소 역시 어떤 새로운 종교성이 아니라 그들이 이해한 하늘의 도덕적 의미였다.

『상서』의 「태서泰誓」는 매우 중요한 의미를 지닌다. 「태서」는 현재 세 편이 전해지며, 금문今文에는 오직 상편만이 들어 있고, 고문古文에는 중편, 하편도 들어 있는데, 고문에서 서주의 사상이 더욱 잘 드러나고 있다. 「태서」에서는 은왕의 죄상을 네 가지로 묻고 있다.

첫째, 천명이 영원하지 않음을 깨우치지 못하고 "나에게는 백성이 있고 천명이 있다고 지껄인다." 둘째, '하늘을 공경하지 않고', '상제와 신지神祇를 섬기지 않고', '방탕하고 태만하여 공경하지 않으며', 하늘을 우러러 섬기지 않았다. 셋째, '선조의 종묘를 버리고 제사 지내지 않으며', '종묘에 제사 지내지 아니하며', 조상을 우러러 제사 지내지 않는다. 넷째, '아래 백성에게 재앙을 내리고', '포학한 짓을 행하니', '네 백성들을 해치며, 충성되고 훌륭한 이를 불태우고, 아이 밴 임신부의 배를 가르고 뼈를 발라 죽이며', '위압하여 살육을 저질렀다.' 이 4가지를 귀납하면 곧, "자기에게 천명이 있다고 지껄이고, 공경은 행할 바가 못 된다고 지껄이며, 제사 지내는 것은 무익하다고 지껄이고, 포학은 해로울 것이 없다고 지껄인다"(「泰誓中」)는 것이다.

「태서」에서 가장 두드러진 점은 역시 '보민'사상으로서, 이 보민사상은 심지어 철학적 의미의 언어로 표현되고 있다.

> 천지는 만물의 부모이고, 사람은 만물의 영장이니, 진실로 총명한 자가 원후가 되고, 원후가 백성의 부모가 된다.[4]

천지는 만물의 부모이고, 사람은 만물의 영장이니, 총명한 이가 군주가 되며, 군주는 백성의 부모가 되는 것을 주된 책임으로 맡는다. 이것은 사실 '사람'은 만물의 영장이므로 천지 중에 가장 존귀하며, 이 '사람'의 사회관계 중의 표현이 바로 '백성'(民)이라는 것을 말하고 있다. 「태서」에서는 하늘이 백성을 보우한다고 여겼으니, "하늘이 아래 백성을 보우하사 그들의 군주로 세우시고 스승이 되게 하심은 오직 능히 상제를 도와 사방을 사랑하고 편안하게 하려는 것이다." 하늘이 군주와 스승을 세움은 모두 백성을 보호하려는 것이므로, 군주는 마치 부모처럼 백성을 보호하는 책임을 짐으로써 하늘

---

4) 『尙書』, 「泰誓上」, "惟天地萬物父母, 惟人萬物之靈, 亶聰明, 作元后, 元后作民父母."

의 뜻을 실현해야 한다. 만일 군주가 백성을 학대한다면 하늘의 뜻을 거스르는 것이므로, 필연적으로 '하늘의 진노'를 불러 오고, '하늘이 그의 주살을 명할 것이다.' 「태서」는 한 걸음 더 나아가 언명하고 있다.

하늘은 백성을 은혜로이 하신다.5)

하늘은 백성들을 가엾게 여기시어 백성들이 바라는 바를 반드시 따른다.6)

하늘은 우리 백성이 보는 것으로부터 보고, 하늘은 우리 백성이 듣는 것으로부터 듣는다. 백성들이 허물이 있음은 나 한 사람에게 있다.7)

"우리를 어루만져 주면 임금이고 우리를 학대하면 원수이다"라는 옛사람의 말이 있다.8)

이러한 사상의 요지는, 하늘은 백성을 사랑하고 보호하며 백성의 소리를 경청함으로써, 백성의 염원을 세상을 다스리는 뜻으로 삼는다는 것이다. 백성을 대표한다는 것 외에 하늘에게 다른 뜻이 있을 수 없다. 이 '천민합일'의 사상은 세계문화사에서 매우 독특한 것이며, 우리는 이를 '민의론民意論'적 천명관이라 부른다. 하늘의 뜻은 백성에게 있으며 백성의 뜻은 곧 하늘의 뜻이니, 이러한 범신론적 유형의 민의론 속에서, 은상 이전에는 헤아릴 수 없었던 황천상제皇天上帝의 뜻이 인간사회에 투사된 백성의 뜻에 의해

---

5) 『尙書』, 「泰誓中」, "惟天惠民."
6) 『尙書』, 「泰誓上」, "天矜於民, 民之所欲, 天必從之."
7) 『尙書』, 「泰誓中」, "天視自我民視, 天聽自我民聽. 百姓有過, 在予一人."
8) 『尙書』, 「泰誓下」, "古人有言曰: 撫我則后, 虐我則仇."

빚어져서, 하늘의 뜻은 더 이상 변화무쌍한 것이 아닌 명확한 윤리적 의미를 지니게 되어, 민의의 궁극적 지지자이자 최고의 대표자가 되었다. 백성의 바람은 하늘의 뜻을 구현하는 강력한 도덕적 근간이자 최후의 신학적 토대를 지녔기에, 이론적이나 가치적으로 민의는 하늘의 명을 받은 군주보다 더 우선되며, 이는 천명을 받은 군주의 목적이 하늘의 뜻을 대행하여 백성을 사랑하고 보호하는 것이기 때문이다. 이러한 사상과 신념 속에는, 하늘 앞에서 백성과 군주가 평등한 것은 아니지만 백성들이 군주에 대하여 본체론적이자 가치론적인 우선성과 중요성을 가지고 있다. 백성은 결코 군주에 대한 무조건적인 복종과 억압을 참아야 하는 의무가 없으며, 오히려 하늘을 최후의 지지자로 삼는 백성이 군주에게 덕정德政을 베풀 것을 요구할 권리가 있다. 만일, 군주가 덕정을 펴지 않고 학정을 행한다면 백성들이 군주를 원수로 여기는 것은 정당한 것이며, 정의正義의 대표자인 하늘이 군주에게 벌을 내리거나 인간세상의 군주로 임명한 것을 바꾸게 된다.

이와 유사한 민본사상은 『상서』의 다른 편에도 널리 나타나고 있다.

천명은 변치 않는 것이 아니다.9)

물에서 보지 말고 마땅히 백성에게서 보라.10)

하늘의 귀 밝고 눈 밝음은 우리 백성의 귀 밝고 눈 밝음으로부터 하며, 하늘이 선한 자를 밝혀 주고 악한 자를 두렵게 함은 우리 백성의 밝혀 주고 두렵게 함으로부터 한다.11)

---

9) 『尙書』, 「康誥」, "惟命不于常."
10) 『尙書』, 「酒誥」, "無於水監, 當於民監."

백성이야말로 나라의 근본이다.[12]

전통적 천명관이 서주시대에 이러한 '민의론'으로 바뀐 것은 무시할 수 없는 중대한 의의와 반향을 지닌다. 이 민의론의 사상은, 서주의 정치사상에서 하늘의 뜻은 이미 민의화되고, 천명은 신앙의 형태에서 여전히 신학적 특징을 지니지만, 내용적으로는 정치적 민본주의를 출현시켜 서주의 정치가 신권정치로부터 이탈하기 시작하였음을 잘 보여 주고 있다. 물론 민의론적 천명관은 서주시대의 통치계급에 대해 말하는 것이지, 민중의 현실에 군주의 폭정에 항거하는 합법적 신앙과 도덕적 역량을 부여했다는 것을 의미하지 않는다. 그러나 주나라 사람들이 이끌어 낸 이러한 민의론은 군권신수君權神授를 자처하며 규범이 없던 군주정치에 명확한 규범원칙을 갖도록 하였으니, 이러한 규범이 법률적 구속력을 갖지는 않았지만, 정치문화적 전통이 되어 도덕적 구속력으로 작용하였다. 사실상 서주 이후로 이러한 민의론은 분명히 중국의 고대정치 문화의 전통으로 자리 잡았으며, 이후의 유가 정치사상에 의해 계승되었다. 군주의 반성이냐 민중의 반항이냐를 막론하고 모두 이러한 전통과 밀접한 관계를 갖는다. 서주시대의 종교 관념 및 윤리 관념의 진전은 바로 정치문화와 정치사상의 방식을 통해 실현될 수 있었던 것이다.

위에 열거한 문헌 중 어떤 말은 선진시기의 전적에 되풀이되어 인용되었는데, 예를 들어 「태서」의 "백성들이 바라는 바를 하늘은 반드시 따른다"(民之所慾, 天必從之)라는 말은 『좌전』에 두 번, 『국어國語』의 주어周語, 정어鄭語에

---

11) 『尙書』, 「皋陶謨」, "天聰明自我民聰明, 天明畏自我民明畏."
12) 『尙書』, 「五子之歌」, "民惟邦本."

도 두 번 보이는데, 민의론적 천명관 즉 천민합일론이 주대에 이미 상당히 유행하였음을 말해 주고 있다. 『맹자』「만장상」에서는 "「태서」에 이르기를, 하늘의 봄은 우리 백성이 보는 것으로부터 하며, 하늘의 들음은 우리 백성이 듣는 것으로부터 한다"(太誓曰: 天視自我民視, 天聽自我民聽)라는 구절을 인용하고 있는데, 이 말은 오늘날에 전하는 「태서중泰誓中」에 보인다. 양공襄公 31년 노목숙魯穆叔이 "「태서」에 이르되, 백성들이 바라는 바를 하늘은 반드시 따른다"(太誓云: 民之所欲, 天必從之)라고 하였고, 소공昭公 원년 정자우鄭子羽도 「태서」의 이 말을 인용하였는데, 이 말은 오늘날 전하는 「태서상泰誓上」에 보인다.

천민합일론은 정치의 합법성 문제를 언급하고 있다. 고대의 정치철학에서 통치와 복종을 둘러싼 문제는 통치를 유지하기 위해 한결같이 군주-백성의 관계에 치중하고 있다. 만일 군주-신하의 문제가 어떻게 통치하는가의 문제에 속한다고 말한다면, 군주-백성의 문제는 단지 어떻게 통치하는가의 문제일 뿐만 아니라 정치의 궁극적인 합법성의 문제에도 관련된다. 위에서 서술한 관점에 근거하면, 어떠한 군주나 왕조의 통치 합법성도 천명에 바탕하며, 그 천명은 민의를 그 본질적인 내용으로 삼는다.

3. 천덕합일天德合一

주공이 섭정할 때에 채숙蔡叔이 난을 일으켰는데, 채숙이 죽은 후에 그의 아들 채중蔡仲이 현명하고 덕을 경건히 하므로, 성왕成王이 그를 채나라의 군주로 봉하였는데, 채중을 책명册命하는 글인 「채중지명蔡仲之命」에는 다음과 같이 말하고 있다.

왕이 말씀하셨다. "소자 호胡(채중의 이름)야, 너는 할아버지(周文王)의 덕을 따르고 네 아비(蔡叔)의 행실을 고쳐서 능히 그 생각함이 삼가 신중하구나. 그러므로 나는 너를 동토의 제후로 책명하니, 네 봉토에 가서 공경하라! 네가 앞사람의 잘못을 덮을 수 있는 것은 오직 충과 효이니, 너는 이에 공적에 힘쓰되 온몸으로 부지런하고 게을리하지 말아서, 네 후손에게 법도를 드리워 네 할아버지인 문왕의 떳떳한 가르침을 따르고, 네 죽은 아비처럼 왕명을 어기지 말라. 황천은 따로 친애하는 이가 없어 오직 덕이 있는 사람을 돕는다. 백성들의 마음은 일정함이 없어 은혜를 베푼 사람을 그리워한다. 선을 행함이 똑같지 않으나 똑같이 다스림으로 돌아가고, 악을 행함이 똑같지 않으나 똑같이 어지러움으로 돌아간다. 너는 그것을 삼가 경계하라!"13)

「채중지명」에서 말하는 근면과 신중 그리고 충효의 사상은 의심할 바 없이 유가사상의 근원적 요소이다. "하늘은 따로 친애하는 자가 없어 오로지 덕이 있는 자를 돕는다"는 말은 주나라 사람들의 새로운 천명관을 더욱 분명하게 아우르고 있다.

주서周書의 많은 사상들은 선진시기의 제자서에 잘 나타나고 있다. 『좌전』 '희공 5년'에서 우虞나라의 대부 궁지기宮之奇는 "그러므로 「주서」에 이르기를 '하늘은 따로 친애하는 이가 없어 오로지 덕이 있는 자를 돕는다'고 한다"라고 말하고 있는데, 이 말은 「채중지명」에 보인다. 이른바 "하늘은 따로 친애하는 이가 없어 오로지 덕이 있는 자를 돕는다"는 실로 하늘이 덕을 그의 뜻으로 삼으며, 하늘의 인간세상에 대한 보살핌과 영향이 완전히

---

13) 『尙書』, 「蔡仲之命」, "王若曰: '小子胡, 惟爾率德改行, 克愼厥猷. 肆予命爾侯于東土, 往即乃封, 敬哉! 爾尙蓋前人之愆, 惟忠惟孝, 爾乃邁跡自身, 克勤無怠, 以垂憲乃後, 率乃祖文王之彝訓, 無若爾考之違王命. 皇天無親, 惟德是輔. 民心無常, 惟惠之懷. 爲善不同, 同歸于治, 爲惡不同, 同歸于亂. 爾其戒哉!'"

'덕'으로 옮겨졌음을 의미한다.

덕의 공경에 대해 『상서』도 늘 강조하였다.

덕을 밝히고 벌은 신중히 한다.[14]

부지런히 명덕에 힘쓴다.[15]

(하나라와 은나라는) 덕을 공경하지 않아서 일찍이 천명을 잃었다.[16]

덕이 있는 자를 숭상하고 어진 이를 본받는다.[17]

기실 『상서』의 「우하서虞夏書」와 「상서商書」에 기록된 '하늘-덕'의 관계와 관련된 수많은 서술들은 서주사상의 표현이며, 서주의 사관들이 옛 문헌과 당시의 사상을 융합하여 만든 것이다. 예를 들면 다음과 같다.

능히 큰 덕을 밝히다.[18]

하늘의 도는 선한 자에게 복을 내리고 음탕한 자에게 화를 내린다.[19]

상제는 일정하지 않아서, 선을 행하면 온갖 상서로운 복을 내리고 불선을

---

14) 『尙書』, 「多方」, "明德愼罰."
15) 『尙書』, 「梓材」, "勤用明德."
16) 『尙書』, 「召誥」, "惟不敬厥德, 乃早墜厥命."
17) 『尙書』, 「微子之命」, "崇德象賢."
18) 『尙書』, 「堯典」, "克明俊德."
19) 『尙書』, 「湯誥」, "天道福善禍淫."

행하면 온갖 재앙을 내린다.[20]

하늘은 따로 친애하는 자가 없어 능히 공경하는 자를 가까이하며, 백성들은
일정하게 그리워하는 이가 없어 인仁한 자를 그리워한다.[21]

「탕고湯誥」와 「이훈伊訓」에서 말한 하늘의 도는 선한 이에게 복을 내리고
음탕한 자에게는 화를 내린다는 사상은 금문 「주서」에서는 보이지 않지만,
서주시대에는 이미 천명유덕天命惟德의 사상이 있었으며, 천명의 이행은 본
래 필연적으로 선악을 근거로 하므로 이 역시 서주사상에서 발전되어 나온
것이다. 은상문화에서 주대문화로의 발전은 사상적으로 볼 때, 은대의 자연
종교 신앙이 비록 제사제도를 통해 여전히 주대문화 속에 수용되었지만,
주대의 총체적인 신앙은 이미 자연종교의 단계를 넘어서서 새로운 단계로
접어든 것이다. 이러한 새로운 단계는 종교학에서 말하는 윤리적 종교에
해당하니, 이는 곧 윤리적 성격을 '하늘'에 부여함으로써 '하늘의 뜻' 혹은
'천명'의 결정적인 내용이 된 것이다. 동시에 하늘이 상제와 다른 점은 그것
이 초월적 신격神格이면서 동시에 무소부재의 자연적 존재이자 만물을 아우
르는 우주질서라는 데에 있다. 신격적 신앙이 엷어짐에 따라 하늘의 이해는
자연과 질서의 방면으로 옮겨간 것이다. 이러한 관념의 출현으로 인류의
사회생활에 있어서 인간은 더 이상 맹목적으로 하늘을 숭배하거나 제사를
지내 길운을 구할 필요가 없게 되었다. 하늘이 윤리이성을 지닌 가지적可知
的 존재가 되면서 인간의 행위는 자신의 도덕적 행위에 집중되었고, 인간은

---

20) 『尙書』, 「伊訓」, "惟上帝不常, 作善降之百祥, 作不善降之百殃."
21) 『尙書』, 「太甲下」, "惟天無親, 克敬惟親, 民罔常懷, 懷于有仁."

스스로 자신을 책임지고 자기행위의 결과를 책임지게 되었으니, 이는 곧 스스로 자신의 운명을 책임지는 것이기도 하다. 그러므로 사회의 통치자는 더더욱 천명이 곧 백성의 욕구로 드러난다는 것을 이해해야만 한다.

이른바 "하늘은 따로 친애하는 이가 없고 오직 덕이 있는 이를 돕는다" 와 "백성이 바라는 것을 하늘은 반드시 따른다"는 서주의 정치문화가 유가사상으로 전개되는 근원적 모티브라고 할 수 있다. 비록 후대의 공자와 맹자의 사상 중에서, 공자가 덕의 숭상을 중시하고 맹자가 백성의 보호를 중시한 것은 주공이 보민사상을 핵심적 형태로 삼은 것과는 다소 차이가 있는데, 이는 주공은 대정치가였으므로 그의 사상을 정치사상의 형식으로 제기했기 때문이며, 이는 초기 중국문화의 가치이성을 수립하는 데 있어서의 특수한 방식을 결정하게 되었으니, 곧 가치이성은 정치사상을 통해 수립된 것이다.

공자는 훗날 "덕으로써 정치를 한다"(爲政以德)고 했는데, 이는 서주 이래의 중국 고대정치의 전통을 더욱 명확한 형식으로 표현한 것으로서, 도덕과 덕성은 정치의 근간이 되었다. 공자 이전의 시대에는, 도덕을 정치 중심에 두는 이러한 입장은 '하늘'의 권위를 빌려 실현되었으며, 하늘의 권위는 '덕'에 의해 규정되었다.

4. 천례합일天禮合一

만일 고대 그리스가 '정의'를 중시했다고 한다면, 춘추시대의 정치사상은 '예'를 부각시킨 것이 특징이다. "예이로다" 혹은 "예가 아니로다"라는 말로 정치 판단의 원칙을 삼은 것은, 예가 정치적으로 추구하는 목표가 되는 것에 부합하였고, 예를 아는 것은 가장 중요한 정치적 미덕이었다. 여기서 말하는 춘추시대란 춘추 말기 공자사상이 형성되기 이전의 시기를 가리킨다.

이를 설명하기 위해, 춘추시기 정나라의 자태숙子大叔의 '예론'을 살펴보도록 한다.

> 자태숙이 조간자를 만났을 때, 간자가 읍양揖讓·주선周旋의 예를 물었다.
> 자태숙이 대답하였다. "이는 의식이지 예가 아닙니다."
> 간자가 말하였다. "감히 묻거니와 무엇을 예라고 합니까?"
> 자태숙이 대답했다. "제가 선대부인 자산에게 들으니 '무릇 예라는 것은 하늘의 법칙이고 땅의 법도이고 사람이 실천할 바라 하더이다. 천지의 법칙은 백성이 실제로 본받는 것입니다. 하늘의 밝음을 본받고 땅의 본성을 따라야 하는 것은 육기六氣를 내고 오행五行을 운용하기 때문입니다. 기는 오미五味가 되고, 눈에 드러나 오색五色이 되고, 귀에 드러나 오성五聲이 됩니다. 지나치게 탐하면 어두워 어지러워지니 백성들이 본성을 상실합니다. 그러므로 예를 제정하여 받들어 지키게 하는 것이니, 곧 육축六畜·오생五牲·삼희三犧의 규정을 세워 오미를 받들고, 구문九文·육채六采·오장五章을 제정하여 오색을 받들고, 구가九歌·팔풍八風·칠음七音·육률六律을 제정하여 오성을 받드는 것입니다. 군신·상하 간의 규범을 세워 땅의 법도(地義)를 본받고, 부부·내외의 규범을 세워 이물二物을 다스리고, 부자父子·형제兄弟·고자姑姉·생구甥舅·혼구昏媾·인아姻亞22) 간의 규범을 제정하여 하늘의 밝음을 본뜨고, 정사政事·용력庸力·행무行務의 규범을 제정하여 사시四時를 따르고,

---

22) 옮긴이 주: 昏은 처음 사돈이 되는 혼인, 媾는 다시 사돈 간에 맺는 겹혼인을 이름. 姻은 사위의 아버지인 사돈, 亞는 여자 형제의 남편인 동서의 총칭.

형벌刑罰·위옥威獄의 제도를 제정하여 백성들로 하여금 두려워 꺼리게 하여 벼락과 번개가 내리쳐 죽이는 것과 같이 하고, 자비롭고 은혜로운(溫慈惠和) 제도를 제정하여 하늘이 만물을 낳아 기르는 것을 본받는 것입니다.

사람에게 호오好惡·희노喜怒·애락哀樂이 있는 것은 천지의 육기에서 나온 것입니다. 그러므로 이치를 잘 살피고 유형을 알맞게 하여 육지六志를 다스려야 합니다. 슬퍼함에는 울음과 눈물의 방법이 있고, 즐거움에는 노래와 춤의 방식이 있고, 기쁨에는 시혜와 베풂의 방식이 있고, 노여움에는 싸우고 다투는 방법이 있습니다. 기쁨은 좋아함에서 나오고 노여움은 싫어함에서 나옵니다. 그러므로 행동을 신중히 하고 명령을 미덥게 하여 화복과 상벌로 생사를 다스리는 것입니다. 삶은 사람이 좋아하는 것이고 죽음은 싫어하는 것입니다. 좋아하는 것은 사람을 즐겁게 하고 싫은 것은 슬프게 합니다. 슬픔과 즐거움이 예를 잃지 않아야 천지의 본성과 화합하여 오래도록 유지할 수 있습니다."[23]

간자가 말했다. "깊도다! 예의 위대함이여!"

자태숙이 대답하였다. "예는 상하의 기강이고, 천지의 씨줄과 날줄이며, 백성들이 살아가는 근본인 까닭에 선왕들께서 예를 숭상했던 것입니다. 그러므로 능히 스스로 굽히기도 하고 곧추 세우기도 하여 예로 나아갈 수 있는 사람을 일러 성인成人이라 부릅니다. 예의 위대함은 또한 당연하지 않겠습니까?"

간자가 말했다. "나는 평생토록 이 말씀을 지키겠습니다."[24]

---

23) 여기에서 인용한 子産의 말은, 필자의 생각으로는 "무릇 예라는 것은, 하늘의 법칙이고 땅의 법도이고 사람이 실천할 바이다"(夫禮, 天之經也, 地之義也, 民之行也)에서 끝나고, 그 아래는 子大叔의 부연설명으로 보인다.

24) 楊伯峻 編著, 『春秋左傳注』, '昭公25年', pp.1457~1459, "子大叔見趙簡子, 簡子問揖讓周旋之禮焉. 對曰: '是儀也, 非禮也.' 簡子問: '敢問何謂禮?' 對曰: '吉也聞諸先大夫子産曰: '夫禮, 天之經也, 地之義也, 民之行也.' 天地之經, 而民實則之, 則天之明, 因地之性, 生其六氣, 用其五行. 氣爲五味, 發爲五色, 章爲五聲. 淫則昏亂, 民失其性. 是故爲禮以奉之, 爲六畜, 五牲, 三犧, 以奉五味, 爲九文, 六采, 五章, 以奉五色, 爲九歌, 八風, 七音, 六律, 以奉五聲. 爲君臣上下, 以則地義, 爲夫婦外內, 以經二物, 爲父子, 兄弟, 姑姊, 甥舅, 昏媾, 姻亞, 以象天明, 爲政事, 庸力, 行

자태숙이 예를 논한 이 대화는 매우 중요한 의미를 지니며, 그의 논점은 상당히 정연하다. 첫째, 통일성에서 볼 때 '예'는 하늘·땅·사람의 보편법칙으로서, 이른바 하늘의 법칙이고 땅의 법도이며 사람이 실천해야 할 것이다. 이는 넓은 의미의 예이다. 둘째, 분별성으로 볼 때 '하늘의 법칙'과 '땅의 법도'는 우주자연의 법칙을 대표하며, '사람의 실천해야 할 것'으로서의 '예'는 인간사회가 자연의 법칙을 본받아 만든 사회적 규범이고, 이른바 '천지의 법칙을 사람이 실제로 본받는' 것이다. 이는 좁은 의미의 예이다. 셋째, '예'의 '하늘을 본받고 땅을 따르는' 모방의 특성은 '예'의 여러 규정이 모두 자연존재의 유형 및 절도와 상응하는 것으로 표현된다. 예컨대, 천지에는 육기, 오행, 오미五味, 오성五聲 등이 있으며, 예에는 오미를 받들고, 오색五色을 받들며, 땅의 법도를 본받고, 하늘의 밝음을 본뜨는 등의 각종 규칙으로 표현된다. 넷째, 예의 요지는 상하의 기강과 인륜의 법칙이지, 의례나 절차가 아니다. 한마디로 말하자면 예는 하늘과 땅을 본받은 결과이고, 하늘의 법도와 땅의 법칙의 구현이며, 정치와 윤리적 관계의 법칙이다. 이 대화는 사실 매우 뛰어난 정치철학 논문이며, 철학사에서 당연히 특별한 위상을 가져야 한다.

자태숙의 이 발언은 소공昭公 25년, 때는 공자 나이 34세인 시기로 막 '서른에 자립하게 된'(三十而立) 시기였으니, 춘추 말기에 '예禮'와 '의儀'의 구

務, 以從四時, 爲刑罰威獄, 使民畏忌, 以類其震曜殺戮, 爲溫慈惠和, 以效天之生殖長育. 民有好惡喜怒哀樂, 生于六氣. 是故審則宜類, 以制六志. 哀有哭泣, 樂有歌舞, 喜有施舍, 怒有戰鬪. 喜生於好, 怒生於惡. 是故審行信令, 禍福賞罰, 以制死生. 生, 好物也, 死, 惡物也. 好物, 樂也, 惡物, 哀也. 哀樂不失, 乃能協于天地之性, 是以長久.' 簡子曰: '甚哉! 禮之大也!' 對曰: '禮, 上下之紀, 天地之經緯也, 民之所以生也, 是以先王尚之. 故人之能自曲直以赴禮者, 謂之成人. 大, 不亦宜乎!' 簡子曰: '鞅也, 請終身守此言也.'"

별은 갈수록 중요해지고 있었음을 알 수 있다. 예와 의의 분별은 전통적인 용어로 말하면 '예의禮義'와 '의례'(禮儀)의 구별이다. 의례는 예제의 장절章節, 등급, 의전, 의식이며, 예의란 상하의 기강과 윤상倫常의 법칙을 가리키니 곧 군주와 신하, 높은 이와 낮은 이, 부부와 내외, 부자와 형제, 조카와 숙부, 사돈과 친척의 법도로 짜인 윤리 관계의 원칙이다. 위에서 말한 예와 의의 구별은 예의정치(禮政)의 기초에서 전개된 것이며, '예의정치'는 예제 체계에서 정치, 행정, 형벌 등의 통치수단을 포괄하는 정치원칙이다. 예와 의의 분별은 훗날 『예기』에서 '예의 근본'(禮之本)과 '예의 절문'(禮之文)이라는 구별로 표출된다. '근본'(本)은 근본적인 원칙을 가리키며, '절문'(文)은 원칙에 바탕하여 표현되는 구체적인 형식을 의미한다. 자태숙이 말한 예는 그러한 정치적 질서와 규범의 의미를 특별히 강조한 것이다.

자태숙의 이 예론에서 '하늘'은 『상서』 중의 종교적 의미를 지닌 주재천主宰天과는 다르며, '땅'과 상대되는 자연천自然天이다. 이는 춘추시대에 하늘의 종교적 의미가 점차 약화되고, 인문사상이 끊임없이 일어났음을 보여주는 것이다. 정치철학의 측면에서 볼 때, 자태숙의 이 예론은 자연법사상의 의미를 내포하고 있다. 이런 관점에 따르면, 인간사회의 질서와 원칙인 '예'는 훨씬 드넓은 자연(천지)에서 온 것으로 자연계의 본성과 질서에 부합하는데, 이는 인간이 제정한 '예'가 천지와 오행육기의 구조적 속성을 모방하고 이에 의거해서 형성된 까닭이다. 이러한 사실은 확실히, 인간사회가 광대한 자연세계의 일부분이며 천지, 음양, 오행, 육기의 보편법칙의 지배와 규제를 받기 때문에, 인간은 자각적으로 자연세계의 본성과 법칙을 따라 제도와 원칙을 제정하여 살아야 한다는 것을 의미한다. 천지, 사시, 오행이 대표하는 자연의 법칙은 더욱 높고 보편적이며 모든 것을 지배하는 것으로,

고대 그리스 후기에 자연법이라고 불리기 시작한 이러한 보편법칙은 고대 중국에서는 '천지의 법칙'(天地之經) 혹은 '천도天道'라고 칭해졌는데, 인간세상의 정치규범, 윤리 원칙과 행위는 반드시 그것과 서로 일치하고, 하늘의 법칙과 땅의 법도와 부합해야 한다. 인간세상의 예와 인간의 행위는 자각적으로 하늘의 법칙과 땅의 법도에 부합할 수 있으며, 인간의 행위는 모든 천지자연에 대하여 '화합과 조화'를 이루는 작용을 할 수 있다. 당연히 중국 고대의 이러한 정치사상은 결코 '법'에 근거한 관념이 아니며, 나아가 후세에 천도天道, 천리天理의 담론으로 발전하게 되지만, 그 속에 고대 그리스의 자연법사상과 유사한 사상을 포함하고 있음은 부인할 수 없다.[25]

주의해야 할 것은, 이러한 '천례합일天禮合一'의 사상은 사상가들이 인간세계의 예에 대하여 하늘의 법칙과 땅의 법도에 호소하는 일종의 논증이자 지지로서, 고대 중국에 있어서 이러한 사상의 실제 효과는 주요하게는 하늘과 인간, 자연과 인위를 대립시킴으로써 자연으로 인위를 비판하는 것이 아닌, 자연으로 인위를 지지하는 것이므로, 자연과 인위 사이에는 긴장 관계가 없다. 이념적으로 인위는 마땅히 자연과 부합하고 조화로워야 하므로, 기축시대(Axial Age) 이후로 이것은 정치사상을 주도하는 철학적 기조가 되었다.[26]

---

25) 중국의 고대, 특히 유가의 자연법사상은 주로 고대 그리스 후기 스토아학파의 자연법사상에 가까우며, 유럽의 근대 자연법사상은 이와 다른 논법과 발전 과정을 지니고 있다.
26) 이 글은 2006년 首都師範大學이 주최한 '2006 北京政治哲學國際論壇'에 참석하여 발표한 논문으로, 졸저『古代宗敎與倫理』와『古代西周文化的世界』중의 관련 내용을 고쳐 쓴 것인데, 좀 더 관심이 있는 독자들은 이 두 책을 참고할 것.

제12장 **도덕정치를 논함**
— 유가 정치철학의 특징

    손문孫文은 "정사란 바로 뭇사람의 일이며, 다스림은 곧 관리하는 것이니, 뭇사람의 일을 관리하는 것이 바로 정치이다"라고 말한 적이 있다. 중국 고대시기에 일찍이 『좌전』 중에도 "정사로써 백성을 다스린다"(政以治民)[1]라는 언급이 있다. 그러므로 손문의 정치의 개념에 대한 이해는 중국적 전통과 일치하는 바가 있으며, 고대 어법에 대한 새로운 해석과 발전이라고 볼 수 있다. 하지만 고대의 '백성을 다스림'은 백성을 관리하는 것으로 이해되었을 뿐 백성의 일을 관리하는 것이 아니었고, 백성의 일을 잘 처리하는 것이 아니라 백성을 복종토록 하는 것이었다. 그러므로 비록 『상서』의 천민합일, 천덕합일의 사상이 훗날 유가 정치사상의 기초가 되었지만, 상주商周 이래의 실제적인 정치의 운용과 시행도 점차 자신의 전통을 형성하였으니, 이것이 곧 "정사로 백성을 다스린다"는 것이었다. 어떻게 백성을 다스리는가는 곧 어떻게 정치하는가의 문제로서, 이는 정치의 운용과 시행의 방법일 뿐만 아니라 정치의 본질에 대한 이해를 포함한다. 간단히 말해서 정치는 한 나라의 일에 대한 관리이며, 정치철학은 철학적인 방법으로써 정치적

---

1) 『左傳』, '隱公11年', "政以治民, 刑以正邪."

가치와 그 기초 및 근원을 논의하는 것이다. 정치철학은 어떤 정치적 가치가 추구할 만한 것인지를 연구하며,[2] 이를 기준으로 삼아 현실정치를 운용하고 정치를 평가하며 이상적인 정치생활을 탐구하는 것이다. 정치철학의 관념은 독립적으로 진술될 수도 있으며, 때로는 정치적 논의를 통해 표현되기도 한다.

『논어』에는 정치에 관한 언급이 적지 않은데, 특히 공자가 '정치에 대한 물음'(問政)에 답하는 사례가 매우 많다. 일반적으로 '정치에 대한 물음'이란 정치의 실행과 정치를 행하는 행위에 관련된 질문이다. 당연히 공자에게 정치를 묻는다는 것은 대부분의 상황에서, 계강자季康子 혹은 정치에 뜻을 둔 자로子路 같은 집정자가 공자에게 "어떻게 정치를 해야 하는가"라는 질문이었고, 정치를 한다는 것은 바로 국가와 백성을 다스리는 집무 즉 정사를 집행하는 것이었다. 춘추시대의 '정치'에는 여러 등급이 있는데, 천자가 천하의 정사를 다스리는 것이 있었고, 제후가 한 나라의 정사를, 경대부가 한 가家의 정사를 돌보는 것 등이 있었으니, 봉군 등급의 구분에 따라 달랐다. 위정자는 책봉자 자신일 수도 있었고, 책봉자를 도와 백성을 다스리는 경卿, 대부大夫, 사士일 수도 있었다. 이러한 '정치에 대한 물음'에 대해 공자는 대상의 다름에 근거하여 다양하게 대답했으니, 곧 묻는 이의 특성에 따라 정사 방법의 가르침도 달리 하였다. 공자가 대답한 언명들을 보면, 그의 정치에 대한 중점과 인식은 물론 정치 문제에 관한 기본적 사유와 이러한 사유의 배경을 이루는 기본 전제도 파악할 수 있다.

정치철학 즉 정치 및 정치활동에 대한 본질 탐구는 도덕적, 가치론적인

---

2) 燕繼榮, 『政治學十五講』(北京大學出版社, 2004), p.11 참고.

반성과 한계를 정의하는 작업을 수행한다. 유가의 정치철학은 중국 고대철학의 정치사상의 주요 부분이다. 유가 정치철학의 이러한 위상은 그 저작의 수량이 많아서이기도 하겠지만, 그보다는 유가의 정치철학이 이천여 년 동안 중국 고대의 정치적 실행에 직접적으로 영향을 끼치고 관련되었으며, 이로부터 중국 정치사상의 주요한 규범적 전통이 되었기 때문이다.

유가에 의해 경전으로 추앙된 육경의 정치사상의 주제에 관해서는 앞에서 이미 '천민합일', '천덕합일', '천례합일'로 귀결해 보았는데,[3] 공자는 육경의 사상적 권위를 인정하는 바탕 위에서 더 이상 그의 관심을 정치와 하늘의 관계에 두지 않고, 한 걸음 더 나아가 정치에 대한 직접적인 사유를 발전시킴으로써 실제의 정치적 전통에 보다 직접적인 영향을 끼치고자 하였다.

육경 이외에, 초기 유가의 정치사상 중에서 후세에 대한 영향력이 가장 큰 것은 당연히 공자와 맹자였으며, 송대 이후로는 『대학』과 『중용』의 영향도 보편적이었는데, 이 글에서는 공자의 사상을 위주로 논의하고자 한다.

1.

초기의 유가사상 가운데 가장 대표적인 논점들로는 다음의 몇 가지가 있다.

첫째, 덕으로써 정치한다.

---

3) 陳來, 「中國古代政治哲學的三個主題」, 『天津社會科學』 2007年 2期(2007).

덕으로써 정치를 하는 것은, 비유컨대 북극성은 자기 자리에 그대로 있으나 뭇별들이 그 주위를 에워싸고 모여드는 것과 같다.[4]

정치를 하는 것은 곧 정치적으로 통치하고 이끄는 것이며, '덕으로써 함'은 문자적으로 도덕적 교화와 도덕적 모범이라는 두 가지 의미가 있다. 그러나 문장 전체에서 볼 때, 덕으로써 정치를 한다는 것은 일반적인 의미의 도덕으로써 국가를 다스린다는 것이 아니라, 위정자가 자신의 도덕으로써 백성의 본보기를 삼는다는 것을 특별히 말한 것이다. 그러므로 뒤 구절에서, 위정자가 도덕적 모범이 될 수 있다면 백성들은 자연스럽게 그를 향하게 되니 마치 뭇별들이 북극성을 에워싸는 것과 같다고 말한 것이다. 이 구절은 정치에서의 덕행德行의 의미를 말하고 있다.

둘째, 덕으로써 인도한다.

덕으로써 인도하고 예로써 가지런히 하면, 백성들이 부끄러워하고 바꾸려 할 것이다.[5]

여기 원문에서의 '도道'는 인도·통솔의 의미로, 정치의 기본적 기능은 바로 바르게 인도하는 것이며, 사회와 백성을 인도하는 방식은 '덕德'이고, 백성을 규범하는 방식은 '예禮'에 호소하는 것이다. "덕으로써 인도한다"는 것의 주된 의미는 바로 후대 사람들이 말하는 "덕으로써 나라를 다스리는 것"이기도 하다. 덕으로써 나라를 다스림은 도덕으로써 정치적인 인도를

---

4) 『論語』, 「爲政」, "爲政以德, 譬如北辰居其所而衆星拱之."
5) 『論語』, 「爲政」, "道之以德, 齊之以禮, 有恥且格."

실현할 것을 주장하는 것으로, 이는 바로 당시에 형벌로써 나라를 다스리는 것에 대해 반대하는 것이었다. 정령이나 형법으로 나라를 다스린다는 것은 필시 백성에 대해 가혹한 세금징수와 엄한 형벌제도를 실시하는 것이므로, 덕으로써 나라를 다스린다는 것은 치국 정책에 대한 유가의 혜안을 잘 드러내고 있을 뿐만 아니라, 그 이면에는 백성에 대한 유가의 관심과 애정을 함유하고 있으며, 정치란 백성의 안락한 생활과 사회의 안정 및 평화를 목표로 해야 한다는 것을 전제하고 있다. 부끄러워하고 또 바르게 된다는 것은 곧 공자의 정치에 대한 이해 속에서 정치의 목표란 질서 있는 사회를 추구함은 물론이고, 더욱 중요한 것은 선량하고 도덕심을 갖춘 사회를 실현해야 한다는 것을 말한 것이다. 덕으로써 인도함은 도덕적 교화를 실행하고 백성의 도덕의식의 수준을 끌어올림으로써 백성의 건전한 행위를 계도하는 것을 말한다. 이 구절은 도덕적 교화의 의미를 말하고 있다.

셋째, 정치로써 바르게 한다.

계강자가 공자에게 정치에 대해 묻자, 공자가 대답하였다. "정치란 바로잡는 것입니다. 그대께서 올바름으로 이끄신다면 누가 감히 바르지 않겠습니까?"[6]

첫째, '올바름'이란 행위에 대한 규범이며, "정치는 바로잡는 것이다"는 정치의 본질이 사회를 규범하고 관리하는 행위임을 말한 것이다. 둘째, 사회적 행위의 규범은 군주 자신으로부터 시작해야 하며, 군주가 바름으로 인솔하면 백성이 바르지 않을 리가 없다. 그러므로 "정치란 바로잡는 것이

---

6) 『論語』, 「顔淵」, "季康子問政於孔子, 孔子對曰: '政者, 正也. 子帥以正, 孰敢不正?'"

다”라는 것이 춘추시기 경대부들의 정치에 대한 일반적인 인식이라고 한다면, 공자는 이러한 기초 위에 군주가 바름으로 인솔할 것을 강조하면서 창조적인 전환을 꾀한 것이다. 이렇듯 “정치란 바로잡는 것이다”라는 것에 대한 공자의 이해는 기존의 집정자들과 다른데, 그의 강조점은 집정자가 자신의 몸을 바르게 하는 데 있으므로, 공자의 “자신을 바르게 한다”는 관념은 그의 정치사상에서 매우 중요하게 제시되었다. 자신을 바르게 한다는 것을 정치 지도자로서 말하자면, ‘자신의 몸을 바르게 함’이 ‘백성을 바르게 함’보다 훨씬 중요하다. 이 구절은 수신이 근본이라는 중요성을 강조한 것이다.

정치란 바로잡는 것이라는 것은 정의의 형식으로 표현된 공자의 ‘정치’에 대한 이해와 주장이며, 공자사상의 진술 중에는 많이 등장하지 않았다. ‘올바름’으로 ‘정치’를 규정한 것은 ‘정치’의 사전적 의미를 정의한 것이 아니라, 한편으로는 그의 정치행위의 본질에 대한 인식을 드러낸 것이며, 다른 한편으로는 정치실행에 있어서의 관건을 의미하는 것이다. 또한 한편으로는, 공자의 서주 이래의 주류 정치 관념에 대한 총괄이자 요약이며, 다른 한편으로는 서주시대 춘추시기의 정치 관념에 대한 발전이자 진보이다. 『좌전』에는 이미 “정치로 백성을 바르게 한다”[7]라는 언급이 있는데, 이는 당시 주류의 정치적 관점을 대표한다. 이러한 표현은 정치란 집정자의 행위임을 가리키며 정치와 백성을 바르게 한다는 것의 관련성을 중시하였지만, 어떻게 백성을 바르게 할 것인가에 대해서는 전혀 설명하지 않았다. 일반적으로 생각하기에, 이 ‘바름’(正)도 곧 규범 또는 바로잡음의 의미인데, 이로 인해

---

7) 『左傳』, ‘桓公2年’, “禮以體政, 政以正民.”

"정치로써 백성을 바르게 한다"는 것은 훗날의 법가의 명제와 쉽게 혼동되었다. 법가는 형법으로 사회를 관리하고 백성을 규제해야 한다고 주장하였는데, 법가의 정민正民사상 속에서 도덕은 아무런 의미를 갖지 못하였다. 예컨대 초기 법가인 『관자』에서는 "올바름으로써 나라를 다스려야 한다"라고 생각했으며, 심지어 "정치란 바로잡는 것이다"라고 말하고 있다.8) 그런데 공자는 '바름'(正)이란 지도자 자신의 몸의 올바름이며, 지도자 덕행의 올바름을 가리킨다고 여겼으니, 공자의 입장에서는 정치의 요점이란 집정자가 몸소 도덕적 모범의 역할을 발휘함으로써 전체 사회의 '올바름'(正)을 실현하고 촉진하는 것이었다. 그러므로 여기에서 공자의 '올바름'은 단순한 정치적 규범의 의미로부터 도덕적 덕행의 의미로 바뀌는데, 곧 사회의 정당한 질서(정치 질서를 포함하여)를 대표하며, 또한 천자에서 사대부에 이르기까지의 올바른 덕행을 의미한다. 공자는 '올바름'의 중점을 '백성'으로부터 집정자 자신에게로 옮겨 왔는데, 이는 고대 정치사상의 중요한 전환이며, 그 속에서 사상 및 관념적으로 도덕적 모범의 역할에 대한 공자의 근본적인 믿음을 미리 전제하였으며, 정치와 도덕의 근본적인 관련을 맺게 하였다.

주지하다시피 공자는 "정치로써 인도하고 형벌로써 가지런히 한다"는 것에 반대하는 치도治道를 분명하게 밝혔다. 춘추시대에 보편적으로 유행하던 '정치로써 백성을 바로잡는다'는 사상은 '정치로써 인도한다'는 사상에 가까우며, '정치로 백성을 다스린다' 것의 '다스림'(治)도 이러한 사상에 가깝다. '정치로 인도하는' 것을 '덕으로 인도하는' 것으로 바꾼 이러한 변화는 한편으로는 정치적 정령政令이 주도하던 것에서 정치적 교화의 주도로 바뀌

---

8) 『管子』, 「法法」, "以正治國.", "政者正也."

도록 요구하며, 다른 한편으로는 지도자의 덕행이 모범이 되어야 함을 요구한다. 그러므로 공자는 다른 곳에서 "그 자신의 몸가짐이 올바르면 명령을 내리지 않아도 행해지며", "참으로 자기 몸을 바르게 하면 정치를 함에 무슨 어려움이 있겠는가? 자신의 몸가짐을 바르게 하지 못한다면 어찌 남을 바르게 할 것인가?"[9]라고 말했는데, 자신을 바로잡는 것으로 백성을 바로잡고, 자기를 바로잡는 것으로 다른 이를 바로잡는다는 목적을 실현하는 것은 곧 "정치란 바로잡는다는 것이다"에 대한 공자의 독특한 이해이자 구체적인 설명이다. 따라서 이러한 정치에 대한 이해는 "어떻게 해야 백성이 따르는가"[10] 즉 백성이 집정자에게 쉽게 복종하도록 하는 것에만 그치지 않고, 그것이 실제로 추구하고 실현하고자 하는 바는 도덕적 품성이 전체 사회를 인도하는 역할을 하는 것이다. 여기에서 '몸'(身)은 행위를 뜻하는데, 그러므로 고대에 '수신修身'을 강조하는 것도 바로 이러한 의미에서 유가는 정치란 "수신을 근본으로 해야 한다"고 여겼던 것이다. "요임금과 순임금께서 인으로 천하를 이끄시니 백성들이 그를 따랐으며", "군자의 덕은 바람과 같고, 소인의 덕은 풀과 같다." 정치의 실천은 궁극적으로 정치 인도의 훌륭한 덕성으로 귀결되어야 한다.

넷째, 백성들의 부모가 되다.

즐거우신 군자여, 백성들의 어버이시로다! 백성들이 좋아하는 바를 좋아하

---

9) 『論語』, 「子路」, "苟正其身矣, 於從政乎何有? 不能正其身, 如正人何?"

10) 『論語』, 「爲政」, 19章, "애공이 물었다. '어떻게 하면 백성이 따르겠습니까?' 공자가 대답하였다. '바른 이를 등용하여 바르지 못한 자의 위에 두면 백성들이 따르고, 바르지 못한 자를 등용하여 바른 이의 위에 두면 백성들이 따르지 않습니다.'"(哀公問曰: "何爲則民服?" 孔子對曰: "擧直錯諸枉, 則民服, 擧枉錯諸直, 則民不服.")

고, 백성들이 싫어하는 바를 싫어하니, 이를 두고 백성들의 어버이라 한다.11)

이 구절은 정치의 책임윤리를 드러내고 있다. 『대학大學』의 이 사상은 그 유래가 깊은데, 『상서』 「홍범」에는 이미 "천자는 백성의 부모가 된다"12)고 하였으며, 맹자는 『상서』의 정치사상을 계승하였기에 "백성의 부모가 된다"는 책임윤리를 여러 차례 언급함으로써 집정자가 백성에 대해 맡아야 할 중대한 책임을 한결같이 규정하였다. 백성의 부모가 된다는 이러한 관념은 당연히 고대의 가家·국國 일체의 정치사상과 관련이 있는데, 만일 가정의 기본 관계가 부모-자녀의 관계라면, 백성의 부모라는 관념은 가정 외부의 사회적, 정치적 관계가 가정 내부의 부모-자녀의 관계에 비유될 수 있다는 유가의 생각을 보여 준다. 바꾸어 말하면, 군주-백성의 관계는 부모-자녀의 관계와 같으며, 이로 인해 부모-자녀의 관계에서의 상호 간의 의무, 책임, 미덕은 사회적 관계나 정치적 관계에서의 상호 간에도 적용된다. 정치는 본래 가정생활의 영역이나 다수의 낯선 이들 바깥에 존재하지만, 가국일체家國一體의 관념 아래에서는 정치운용의 근본이 더 쉽게 파악된다. 고대의 봉건제도하에서 가정은 나라보다 한 등급 아래의 토지와 백성의 체계이며, 천자와 제후로부터 경대부에 이르는 전체 봉군체계에서 비교적 낮은 등급인데, 이러한 가정과 나라의 구조적인 동질성은 '가국일체'의 관념이 형성되도록 하였다. 윤리 관념상으로는 설령 사士와 서인庶人의 가정일지라도, 효제孝悌라는 도덕적 요청에 있어서는 경대부, 제후의 가정과도 고도

---

11) 『大學』, "樂只君子, 民之父母. 民之所好好之, 民之所惡惡之, 此之謂民之父母."
12) 『尙書』, 「洪範」, "天子作民父母."

의 일치성이 있으므로, 유가에게는 "군자는 가정을 벗어나지 않고 나라에 교화를 이룬다"는 관념이 있었다. 가정 내의 생활에서 중시하는 미덕은 가정 외의 생활에서 요구하는 덕행과도 연관성이 있으므로, 가족家族의 미덕을 실천하는 데 뛰어난 사람은 또한 가족 외의 정치생활의 미덕을 뛰어나게 실천할 수 있는 사람으로도 간주되었다. 유념해야 할 것은, 유가가 정치적으로 가장 중시하는 덕목은 집정자가 "백성의 부모가 된다"는 책임윤리이지, 정부에 대한 백성들의 의무가 우선하는 것은 아니다.

2.

앞의 서술에서 유가는 정치권력의 분배와 실현을 강조하지 않았고 정치제도의 새로운 창조를 강조하지 않았다. 유가의 이상적인 정치는 훌륭한 덕성을 기초로 하는 정치이며, 정사는 덕성을 벗어날 수 없음을 강조하고 있다. 서주 이래로 끊임없이 강조해 온 정치적 지도는 반드시 덕행에 힘쓰고 백성에게 관대해야 한다는 사상은 춘추 말기에 이르러 이미 정치 전통의 중요한 요소가 되었으며, 유가는 자각적으로 이를 선양하였다. 공자가 『논어』에서 보여 준 정치문제에 대한 견해와 논평을 살펴보면, 그의 정치 이해의 근본적인 전제를 볼 수 있으니, 그 중의 중요한 핵심적 논점은 바로 "정치는 덕성을 벗어나지 않는다"라는 것이다.

공자가 보기에, 비록 공자의 정치에 대한 이해는 어떤 것은 터놓고 말한 측면과 어떤 것은 그렇지 않은 측면이 있지만, 덕행에 힘쓸 것을 강조한 것은 정치를 펴는 방법일 뿐만 아니라 정치에 대한 근본적 이해와 연관되어 있다. 정치와 도덕의 관계에서 볼 때, 공자는 정치란 도덕을 벗어날 수 없는 것이라 여겼기에 정치적 중립이 존재하지 않는다. 정치는 반드시 윤리원칙을 스스로의 기초로 삼아야 하며, 윤리나 도덕 개념을 벗어나면 정치는 더 이상 정치일 수 없으며 반드시 가치의 선악에 두고 이끌어 가야 한다.

초기 유가에서 예컨대 공자는 결코 제도개혁의 문제와 부딪히지 않았으며, 춘추 이래로 '예'를 대표로 하는 제도의 배치는 모든 정치적 관계 및 사회적 관계, 친족 관계의 규범과 제도를 확정하였는데, 이는 공자가 제도 수립의 문제와 마주하지 않도록 하였다. 공자가 마주한 문제는 기존 제도의 파괴와 회복이었지, 새로운 제도의 수립이나 구상의 문제가 아니었다. 그러므로 공자는 한편으로 제도를 회복하는 규범적 역할로서의 예의 회복을 요청하였고, 한편으로는 집정자의 덕행을 요구하는 것을 부각시킴으로써 제도의 운용을 보장하였다. 당연히 정치를 떠나서 군자의 덕행은 독립적인 의미를 갖기도 하지만, 공자는 정치문제를 논할 때 정치적 미덕을 가장 우선시하였는데, 필자는 정치적 미덕을 '집정자의 덕행' 혹은 '집정자가 정치적 영역에서 발휘하는 덕행'으로 정의한다. 정치적 미덕에 대한 중시는 유가 현인들의 정치적 이상을 불러 왔다. 그러므로 "덕으로써 나라를 다스린다"는 것은 두 가지 측면을 포함한다. 하나는 덕으로써 인도한다는 것으로 형벌과 죽임으로 나라를 다스리는 것을 반대하여 도덕적 교화와 인도를 주장하는 것이며, 또 하나는 덕으로써 정치하는 것으로 정치 지도자의 덕행을 두드러지게 하며, 정치 지도자의 덕행은 공자가 가장 중시했던 것이다.

초기 유가가 정치와 도덕의 불가분한 관계를 강조한 까닭은 다음과 같은 근거가 있다.

첫째, 『상서』 이래로 주대 정치사상에서는 이미 "하늘은 달리 친애하는 이가 없어 오직 덕이 있는 이를 돕는다"(皇天無親, 惟德是輔)는 생각을 인정하였으므로 천명·천도는 가치중립적인 것이 아니라 선善을 근본 원리로 하는 것이다. "오직 하늘만이 위대하시니, 요 임금이 그것을 본받으셨네"(惟天爲大, 惟堯則之)라는 것은 천명을 근원으로 하는 현실정치는 이러한 천명과 천도의 지배를 받으며, 그것을 법칙으로 하는 대상은 도덕과 선악을 벗어날 수 없는 것이다. 정치는 도덕적 선악을 벗어날 수 없을 뿐만 아니라, 정치의 사명은 곧 선을 드높이고 악을 없애며 덕을 존숭하고 어짊을 본받아 천명과 천도를 실현하는 것이다. 정치는 도덕과 분리될 수 없다는 이러한 관계는 정치 자체가 곧 가치 목표를 갖는 실천임을 의미한다. 예를 들어, "밝은 덕을 밝히고 백성을 가까이 하며 지극한 선에 이른다"(明明德, 親民, 止於至善)는 것은 교육의 목적이자 정치의 목적이기도 하며, 국가의 책임은 전체 사회와 백성이 '지극한 선'에 이르도록 인도하는 것이다. 우주 전체에서 보면 인간세상의 정치질서란 곧 천도질서의 일부분이며, 천도는 선악중립적인 것이 아니므로 인간의 정치도 당연히 선악으로부터 독립적일 수 없다.

둘째, 정치는 단지 선악에서 독립적일 수 없을 뿐만 아니라 큰 악을 저지를 가능성이 가장 많은 행위이다. 고대 중국의 정치사상은 역사적 경험을 바탕으로 하였으며, 특히 역사상의 폭정이나 학정에 대한 비판에 중점을 두고 있다. 그러므로 정치의 선악은 가장 중요한 선악이 되었으며, 그 기준점은 정부가 백성에게 무엇을 가져다주었느냐에 있다. 국가가 백성에게 고통과 고생을 끼친다면 악이 되며, 편안함과 교화를 준다면 선이 된다. 마찬가지로 군주나 정부의 교만과 방탕은 악이 되고 부지런하고 검약하면 선이 되며, 이 외에 정부가 전통과 신앙을 보호할 수 있는가의 여부도 관련된다. 고대 중국 특히 유가의 관념 중에서 '정치'(政)라는 개념은 유럽 고대시기의

'정치는 국가와 관련된 일'이라는 관념과 비교할 때, '백성'과 관련된 일이라는 점을 더욱 강조하고 있다. 정치는 백성의 삶을 중심에 놓고 실행하는 것이다. 그러므로 마키아벨리의 '비도덕적 정치관'과는 반대로, 고대 유가는 '도덕적 정치관'을 견지하고 정치는 선악의 속성을 갖는 것이어서 반드시 선악을 평가의 준칙으로 삼아 끊임없이 개선해야 한다고 생각했다. 정치는 도덕적 가치를 초월할 수 없으며 선악을 벗어난 정치는 존재하지 않으므로, 정치사회는 반드시 사회 주류의 도덕적 신념을 그 근거와 기초 및 보증으로 삼아야 한다. 앞에서 말했듯이, 정치에 대한 이러한 이해 속에는 심도 깊은 천도天道 자연법의 배경이 내재하고 있다.

셋째, 고대 유가는 이미 '무리 지음'(群)이 정치적 동물로서의 인간의 기본 특징이라고 인식하였는데, 아리스토텔레스가 인간은 정치적 동물이라고 생각한 것과는 달리, 고대 유가는 결코 다른 동물을 '무리'로 정의하지 않았고 인간만이 '무리'를 지을 수 있다고 인정하였으며, 인간이 능히 무리 지을 수 있음은 인간이 집단생활을 이룰 수 있는 자질과 품성을 지니기 때문이라고 하였다. 확실히, 고대 유가들은 어떠한 좋은 제도와 사회규범도 인간의 덕행을 떠나서는 독립적으로 실천할 수 없으며, 정치적 미덕을 갖춘 인간이 제도를 운용해야만 정치의 건전한 질서가 효과를 거둘 수 있다고 생각하였다. "그러므로 훌륭한 법이 있어도 혼란은 있을 것이나, 군자가 있는데 혼란하다는 것은 예나 지금이나 아직 들어본 일이 없다"[13]라고 하였다.

---

13) 『荀子』, 「王制」, "故有良法而亂者有之矣, 有君子而亂者, 自古及今, 未嘗聞也."

3.

　앞서 말했듯이 정치철학은 철학적인 방법으로 정치의 가치와 그 기초 및 근원을 논의하는 것이다. 정치철학은 어떤 정치적 가치가 추구할 만한 것인지를 연구하며, 이를 기준으로 삼아 현실정치를 움직이고 정치를 평가하고 이상적인 정치 생활을 탐구하는 것이다. 그렇다면 고대 유가들이 가장 중시했던 정치적 가치는 무엇인가? 정치적 가치는 다원적인데, 예를 들어 자유주의는 자유와 민주를 강조하고, 사회주의는 공정과 평등을 강조한다. 유가의 정치철학은 내부적으로는 비록 차이가 있지만, 대체로 고대 유가는 '올바름'(正)으로 대표되는 질서와 안정, '훌륭함'(善)으로 대표되는 미덕과 문화, '공평함'(公)으로 대표되는 정의와 대동을 강조하며, '인仁'과 '도道'를 정치운용의 기본 원리로 삼고 있다. 인은 곧 삶의 가치이자 정치적 가치이므로, "공자께서 천하에 다섯 가지를 행할 수 있으면 인하게 될 것이라고 하시니, (자장이) 그것을 여쭈었다. 대답하시기를 공경, 관대함, 신뢰, 민첩, 은혜로움이니라"[14]라고 하였다. 이 다섯 항목의 미덕은 정치행위와 결부시켜 말한 것으로, '인' 또한 정치가 추구하는 가치임을 알 수 있다. "만일 영명한 임금이 있더라도 반드시 한 세대가 지난 뒤라야 천하에 인이 행해질 것이다"[15]라는 말은, '인'이란 이러한 다섯 가지의 미덕을 가진 정치가가 힘써 실현하려는 목표임을 설명하는 것이다. 그리고 천하가 공평해진다(天下爲公)는 것은 곧 '인'의 정치적 실현이기도 하다. 맹자는 훗날 인을 인정仁政 사상으로 더욱 발전시켰으며, 인의 정치적 척도를 근본적으로 열어 밝혔다.

---

14)『論語』,「陽貨」, "孔子曰: 能行五者於天下爲仁, 請問之, 曰恭寬信敏惠."
15)『論語』,「子路」, "如有王者, 必世而後仁."

'도道'는 공자의 사상에 있어서, "선비는 도에 뜻을 둔다"(士志於道), "사람은 도를 넓힐 수 있다"(人能弘道), "아침에 도를 들으면 저녁에 죽어도 좋다"(朝聞道夕死可矣)는 것처럼 개인이 덕을 이루는 목적이기도 하며, 동시에 '도가 장차 행해진다면 이는 천명이다'(道之將行也, 命也)와 같은 정치의 목적이기도 하다. 이것은 도는 정치세계에서 시행되며 도가 천하에 행해지려면 반드시 정치를 통하여 실현되므로, "도가 행해지지 않으니, 뗏목을 타고 바다를 떠돌아야 할까 보구나"(道不行, 乘桴浮于海)라고 말한 것이다. 정치적 의미에서의 이러한 도의 실행은 '도가 있음'(有道)으로 구현되는데, 도가 있음이란 정치적 개념이며, 공자는 항상 "나라에 도가 있다"라거나 "나라에 도가 없다"라고 언급하였으니, 도가 없음이란 곧 공자가 정치 상태를 최악으로 호되게 비평한 것이다. "천하에 도가 있으면 예악정벌이 천자로부터 나오니", 도가 있음은 이상적인 정치질서이자 정치윤리의 합리적인 실현이기도 하다. 그러므로 '도가 있음'은 좋은 정치의 상태일 뿐만 아니라 이상적인 정치문명이므로, "제나라가 한 번 변하면 노나라의 경지에 이르고, 노나라가 한 번 변하면 선왕의 도에 이른다"라고 한 것이다.

근대 이래의 정치사상가들은 유학의 인치人治사상을 비평하면서 유가는 제도의 설립과 개혁, 법률의 지위나 역할에 무관심하였다고 여겼다. 가치적인 면에서 말하면, 확실히 유가의 정치철학관은 인간이 제도보다 훨씬 가치를 가지며, 도덕이 법률보다 훨씬 가치를 갖는다.

인간을 근본으로 하는 이러한 정치적 주장은 유가의 정치관에 뚜렷한 편중성과 경향성을 띠게 하였으니, 예를 들어 "사람이 없으면 정치도 없다"라는 식의 생각이다. 유가는 정치의 시행은 반드시 인간 즉 집정자의 정치적 노력과 도덕적 소양에 의거해야 한다고 생각하였다. "선량하기만 해서는 정치를 펼 수 없고, 법에만 기대서는 저절로 행하여질 수 없다"16)라는 것은 한낱 도덕적 선善에 의지해서는 결코 정치를 이룰 수 없고 법률에 의지해서만도 시행할 수 없으며, 도덕은 법령을 통해야만 정치적 실현을 이룰 수 있고 법률은 인간의 역할을 통해야만 비로소 실제적으로 실행될 수 있음을 지적하는 것이다. 『순자荀子』에서는 이러한 점을 다음과 같이 말하고 있다. "나라를 어지럽히는 군주는 있어도 혼란스러운 나라는 없으며, 다스리는 사람은 있어도 다스리는 법은 없다. 예羿의 활 쏘는 법이 없어진 것이 아닌데 예는 세세대대로 전수하지 못했고, 우禹임금의 법도는 여전히 있는데 하나라는 세상의 왕 노릇을 하지 못하였다. 그러므로 법은 홀로 설 수 없고 관례는 스스로 행해지지 않으니, 그러한 사람을 얻으면 나라가 존속하고 그러한 사람을 잃으면 망하게 된다. 법은 다스림의 단서요, 군자는 법의 근원이다."17)

헤겔의 법철학적 용어로 말하면, 정치적 보편자는 주관적 측면과 객관적 측면으로 나누어 볼 수 있다. 주관적 측면이란 군자의 양심이며, 객관적 측면이란 국가제도와 법률이다. 사실 헤겔도 스스로 존재하며 행위하는 정치적 보편자로서의 주관적 측면을 언급하였는데, 그는 국가 관리의 직무가 제멋대로 주관적 목적을 추구할 수 없도록 하려면 반드시 개인의 이익을 희생해야 하며, "공평무사하고, 공적인 것을 소중히 여겨 법을 지키며 온화하고 돈후함이 습관이 되기 위해서는 직접적인 도덕과 이성적인 교육을 시행해야 한다"라고 생각했다.18) 헤겔은 또한 '교양 있는 관료' 등에 대해서도

---

16) 『孟子』, 「離婁」, "徒善不足以爲政, 徒法不足以自行."
17) 『荀子』, 「君道」, "有亂君無亂國, 有治人無治法. 羿之法非亡也, 而羿不世中, 禹之法猶存, 而夏不世王. 故法不能獨立, 類不能自行, 得其人則存, 失其人則亡. 法者治之端也, 君子者法之原也."
18) 馬克思(Karl Marx), 「黑格爾法哲學批判」, 『馬克思恩格斯全集』 第1卷(人民出版社, 1965年 10

언급하였다. 사실, 아리스토텔레스도 "정치적인 사무를 배우는 사람은 마땅히 그들이 이미 알고 있는 것, 자신의 습성과 품격의 훌륭한 훈련, 그리고 윤리적인 것으로부터 시작해야 한다"라고 말한 바 있다. 유가의 정치관은 확실히 정치의 주관적 측면에 치중하고 있는데, 이는 유가가 본질적으로 정치제도 등의 객관적 측면에 관심을 두지 않았다는 것을 의미하는 것이 아니다. 그 주요 원인은 역사적으로, 특히 공자의 시대에 있어 유가의 생활이 이미 정해진 제도의 체계 속에서 커다란 제도 변혁이나 새로운 제도 구상의 도전에 직면하지 않았기 때문이다. 이러한 상황에서 정치의 객관적 측면은 당연히 부각되지 않았으며, 고정불변한 제도의 틀 속에서 어떻게 그 정상적인 기능을 실현하는가 하는 것이었으므로, 정치의 주관적 측면이 부각되었던 것이다. 현대 유학에 대해 말하면, 현대사회의 정치의 법률과 제도가 중요하지 않다고 여기는 것은 더더욱 아니며, 바로 유가의 입장에 바탕을 두고서 제도를 설립하는 동시에 집정자와 관료들의 정치적 미덕을 수립하고 정치적 덕행이 정치행위에 미치는 의미를 항상 잊지 말아야 한다는 것이다.

현대 정치철학은 정치가 도덕에서 독립할 수 있다고 주장하는데, 이는 곧 정치적 주장, 제도 및 원칙이 사회의 도덕문화를 벗어날 수 있으며, 정부는 어떠한 도덕윤리적 원칙도 내세우지 않아야 한다는 것이다.[19] 사실 이것은 허구이고, 정치의 탈도덕화는 현실적으로 매우 위험한 것이며 정치를 단지 1인 1표의 선거 게임으로 전락시킬 뿐이어서, 정치가 사회, 질서, 윤리 및 도덕에 대해서 응답할 수 없게 하고, 사회정치 생활에서 도덕적 결핍을

月), p.290; 黑格爾(Hegel), 『法哲學原理』, pp.307 · 314 참고.
19) 萬俊人, 『政治哲學的視野』(鄭州大學出版社, 2008), pp.152~153 참고.

야기하게 되므로, 더 이상 튼튼한 버팀목으로서의 전통적 도덕의 힘이 없다면 정치는 사회를 도덕적 혼란으로 내몰게 될 것이다. 정부는 특정한 어떤 학파, 유파 및 교파와 한데 묶이지 않아도 되지만, 사회생활에 대한 기본적인 규범 및 인간으로서의 미덕, 전통에 대한 기본적 가치는 반드시 분명하게 인정하고 선양해야 하니, 이러한 것을 떠나서는 정치의 정당함을 이야기할 수 없을 뿐만 아니라 정치 그 자체마저도 문제가 될 것이다. 미국의 뉴 휴머니즘의 대가인 어빙 배빗(Irving Babbitt)은 『민주주의와 지도력』(*Democracy and Leadership*)에서 특별히 공자와 아리스토텔레스를 함께 거론하고 있다. 그는 공자의 가르침은 민주적 지도자에게 가장 필요한 자질을 제공할 수 있으며, '자신의 몸가짐을 원칙으로 삼는' 유가의 정신은 단지 '추상적 정의'(justice in the abstract)에만 그치는 것이 아니라 '정의로운 인간'(just man)을 만들어 낼 수 있는데, 이것이 유가가 현대 민주주의에 공헌할 수 있는 것이라고 생각한다.[20]

총괄해 보면 공자의 '덕으로써 인도하고' '덕으로써 정치한다'는 것은 '정치로써 백성을 다스리고' '정치로써 백성을 바로잡는다'는 고대의 관념에 대한 중대한 전환이다. 고대 유가는 정치 과정에 대한 정치적 덕행의 중요성을 강조하고 정치의 본질은 바로 도덕적 교화라고 여겼으며, 아울러 훌륭한 덕성을 정치의 기초로 삼고 선을 정치의 목적으로 삼으며 인(仁)으로 정치적 실천에 관통하는 것을 견지하였으니, 이는 현대사회의 정치제도의 조건에서도 여전히 중요한 의미를 지닌다.

---

20) 余英時, 「儒家思想與日常人生」, 『現代儒學論』(上海人民出版社, 1998), p.249에 수록됨.

제13장 유가의 교육사상

중국의 교육사상은 역사가 유구하다. 2500년 전의 공자는 생전에도, 그리고 사후에도 줄곧 위대한 교육가로 여겨졌으며, 공자의 사상은 넓은 의미에서 볼 때 인간의 교육에 관한 사상이었다. 공자의 인문학적 교육의 이념과 실천은 중국의 전통적 교육에 가장 중요한 영향을 끼쳤다. 이 글에서는 '배움'(學)이라는 관념을 주제로 공자를 위주로 한 유가의 교육이상에 대해 논의하고자 한다. 우선 공자가 교육과 지식학습을 중시하였음을 설명하고, 이어 공자의 교육은 지식으로서의 '학문學文'을 중시하였으며, 덕성으로서의 '도를 배움'(學道)을 더욱 강조하였음을 지적하고자 한다. 아울러 '성인도 배울 수 있다'(聖人可學)는 관념의 유가 교육사상의 특징을 해석하는 데에 있어서의 의미를 밝히고, 특히 유가가 자아학습 관념의 중요성을 강조했음을 지적하며, 끝으로 유가의 교육 이념과 목표에 관하여 서술하고자 한다.

1. 배움을 좋아함

고대 그리스에서는 '지혜에 대한 사랑'(the love of wisdom)을 철학(philosophy)의 정신적 특징으로 생각하였는데, 이는 이후 서양문화에 매우 큰 산파 역할을 하였다. 고대 중국철학은 지혜에 대한 사랑을 특징으로 강조하지 않았고, 일찍이 수많은 학자들은 '지혜에 대한 사랑'과 대비를 이루는 '밝은 덕'(明德)을 중국철학의 특징으로 생각하였으니, 이는 유가 철학사상에서 볼 때 이치에 맞다.

만일 '사랑'(愛)은 애호愛好 또는 좋아함(喜愛)이고 '지혜'(智)는 교육 혹은 배움과 관련이 있다고 한다면, 그리스의 '지혜에 대한 사랑'이라는 성향과 비교해 볼 때 유가사상 특히 공자사상 속에는 더욱 유의할 만한 관념이 있으니, 이것은 곧 '호학好學' 즉 '배우기를 좋아함'이며 영어로는 the love of learning으로 번역할 수 있다. '호학'은 공자의 사상 중에서 결코 일반적인 개념이 아니다. 긍정적으로 말해서 '호학'은 공자의 사상 중에서 핵심적 의미를 갖는 근본 관념이며, 그의 교육사상뿐만 아니라 전체 사상 중에서도 특별히 중요한 위치를 차지한다. 이러한 점은 이전에는 마땅한 중시를 받지 못한 것 같다.

예를 들어 공자는 다음과 같이 말한 적이 있다.

열 집 정도 되는 조그만 고을에도 충정과 신의가 나와 같은 자가 반드시 있을 것이나, 나처럼 배움을 좋아하는 자는 없을 것이다.[1]

이는 바로 '충정과 신의의 덕성'을 지닌 사람은 그리 드물지 않으나, '배우기를 좋아하는' 사람은 매우 드물다는 것을 말하고 있다. '충정과 신의'는 춘추시대의 가장 기본적인 덕성으로서, 이 문장에서 공자는 '호학'을 '충정

---

1) 『論語』,「公冶長」5:28, "十室之邑, 必有忠信如丘者焉, 不如丘之好學也." (이하 『論語』의 인용은 편명과 편장번호만 표기하며, 편장번호는 楊伯峻의 『論語譯注』를 따른다.)

과 신의'보다 더욱 쉽지 않은 소중한 품성으로 보고 있음을 알 수 있다. 비록 공자의 전체적인 덕성의 계보 중에서 '호학'의 등급이 반드시 인과 충보다 훨씬 높다고 말할 수는 없지만, 공자에게 있어서 '배움을 좋아하는' 품성이 도덕과는 다른 어떤 실천적인 방향 즉 교육의 활동으로 향하고 있음은 확실하다.

또 다른 하나의 예는 노애공魯哀公이 공자와 대화를 나누다가 제자 중에 누가 배움을 좋아하는지를 물었는데, 공자는 다음과 같이 대답하였다.

안회라는 자가 배움을 좋아하여 노함을 남에게 옮기지 않고 잘못을 두 번 다시 하지 않았는데 불행히도 일찍 죽었습니다. 이제는 죽고 없으니 배우기를 좋아하는 자를 들어보지 못하였습니다.[2]

공자 문하에는 현인이 70인에 제자가 무수히 많았으나, 공자는 안회가 "배우기를 좋아한다"라고 유달리 칭찬하였으며 안회 이외에는 "배우기를 좋아하는 이를 듣지 못했다"라고 하였으니, 이는 확실히 공자가 '호학'을 매우 중요하고 귀한 품성으로 보고 있음을 다시 한 번 증명하는 것이다.

또 다른 『논어』의 기록을 보자.

계강자가 제자 중에 누가 학문을 좋아하느냐고 묻자, 공자가 대답하였다. "안회라는 자가 있어 배움을 좋아했는데 불행히도 일찍 죽었습니다. 이제는 죽고 없습니다."[3]

---

2) 『論語』, 「雍也」 6:3, "有顔回者好學, 不遷怒, 不貳過, 不幸短命死矣. 今也則亡, 未聞好學者也."
3) 『論語』, 「先進」 11:7, "季康子問弟子孰爲好學, 孔子對曰: 有顔回者好學, 不幸短命死矣. 今也則亡."

이 문장은 위에서 든 예와 같은데, 공자가 호학을 중시하고 안회의 호학에 대해 칭찬한 것이 일관된 것이었음을 보여 준다.

위에서 든『논어』의 세 문장을 세밀히 이해하고 음미해 보면,『논어』라는 책 전체에서 "배우고 때에 맞추어 익히니, 또한 즐겁지 아니한가"라는 구절을 맨 앞에 둔 것은 결코 우연이 아니었음을 알 수 있다. 왜냐하면 공자가 '배움'(學)과 '호학好學'을 중시한 것은 분명히 일반적인 것이 아니기 때문이다.

이리하여 우리는 공자가 말한 "나는 열다섯에 배움에 뜻을 두었고, 서른에 자립하였으며"에서의 '배움에 뜻을 두는'(志於學) 것의 의미도 일반적인 것이 아니라는 것을 알 수 있다. '지어학志於學'의 지志 역시 곧 '호학'의 지志이므로, '배움'과 '호학'은 공자사상의 발생학적 출발점이기도 하고 공자사상의 생명에 있어서 논리적 출발점이기도 하니, 이는 공자사상의 중요한 주춧돌이다.

그렇다면 이제 '호학'이 일종의 덕성 혹은 미덕인지를 물어야 한다. 표면적으로 보면, 호학은 일반적으로 공자가 말하는 어짊(仁), 지혜(智), 용기(勇)와 같은 덕성과 달리 덕성에 속하지 않는 듯하다. 하지만 이로부터 공자가 안회를 '배우기를 좋아하는' 유일한 사람으로 부른 것과 또한 안회를 제자 중에 '덕행'으로 뛰어난 무리에 귀속시켰는지를 어떻게 해석해야 하는가?[4] 만일 호학이 덕성에 속하는 것이라면 어짊, 지혜, 용기라는 덕성과는 어떤 구별이 있는가? 아리스토텔레스는『니코마코스 윤리학』에서 다음과 같이

---

4)『論語』「先進」에 "덕행에는 안연, 민자건, 염백우, 중궁이 뛰어나고, 언술에는 재아, 자공이 뛰어나며, 정사에는 염유, 계로가 뛰어나고, 문학에는 자유, 자하가 뛰어나다"라고 기록되어 있다.

말하고 있다.

덕성은 두 가지로 나눌 수 있는데, 하나는 이지적인 것이며 하나는 윤리적
인 것이다. 이지적 덕성이란 대개 교육에서 생겨나고 길러지는 것이므로 경
험과 시간을 필요로 한다. 윤리적 덕성은 풍속과 습관에서 훈도되는 것이
다.…… 우리의 윤리적 덕성이란 저절로 생겨나는 것은 하나도 없는데, 왜
냐하면 저절로 있는 것은 습관에 의해 변화될 수 있는 것이 하나도 없기
때문이다.[5]

이지적 덕성의 양성은 교육과 관계가 있으며, 호학도 당연히 교육에 속
하는 범주이므로, 교육과 관련지어 말하면 호학과 이지적 덕성은 일치점이
있다. 이지적 이성은 이성을 적절하게 운용하는 덕성으로서 일종의 우수한
능력으로서의 호학과는 다른 점이 있으며, 동시에 공자도 윤리적 덕성이
교육과 관계가 없다고 생각하지 않았다. 그러나 어쨌든 간에 공자는 '호학'
을 '윤리적 덕성'과는 구별되는 중요한 품성 및 활동으로 보았다.

'호학'이 공자의 사상에서 차지하는 이러한 중요성은 '육언六言 · 육폐六蔽'
에 관한 언급에서 가장 두드러지게 표현된다.

선생님께서 말씀하셨다. "유(子路)야, 너는 육언과 육폐를 들어 보았느냐?"
유가 대답했다. "아직 못 들어 보았습니다." 공자가 말했다. "앉아라, 내가
너에게 말해 주마. 인仁을 좋아하되 배우기를 좋아하지 않으면 그 폐단은
어리석음(愚)이고, 지혜(知)를 좋아하되 배우기를 좋아하지 않으면 그 폐단은
방종(蕩)이며, 신의(信)를 좋아하되 배우기를 좋아하지 않으면 그 폐단은 남

---

5) 苗力田 譯, 『尼各馬科倫理學』(中國社會科學出版社, 1992), p.25.

을 해침(賊)이고, 곧음(直)을 좋아하되 배우기를 좋아하지 않으면 그 폐단은 각박함(絞)이고, 용맹(勇)을 좋아하되 배우기를 좋아하지 않으면 그 폐단은 난폭함(亂)이고, 강함(剛)을 좋아하되 배우기를 좋아하지 않으면 그 폐단은 경솔함(狂)이다."6)

이 문장은 매우 중요한데, 덕성론의 측면에서 볼 때 이러한 개별적인 덕성들이 인간에 대해 갖는 의미는 독립적인 것이 아니라 다른 덕성과 더불어 상호 보완적으로 그 기능을 발휘한다는 것을 보여 주고 있다. 여러 덕성들이 상부상조해야만 군자 혹은 성인의 조화롭고 치우치지 않는 인격을 함양할 수 있으며, 덕성의 상호 보완적인 구조 속에서 '호학'은 의심할 바 없이 뚜렷한 위상을 갖게 된다. 이러한 어짊(仁), 지혜(知), 신의(信), 곧음(直), 용맹(勇), 강함(剛)이라는 여섯 가지의 덕성은 모두 윤리적 덕성이지만, 윤리적 덕성에 대한 추구는 호학을 벗어날 수 없다. 모든 윤리적 덕성이 조화롭게 그 적극적인 역할을 발휘하려면 호학의 덕성과 실천을 벗어날 수 없으며, 그렇지 않다면 이러한 윤리적 덕성이 일으키는 작용은 치우쳐서 바르지 않게 된다고 공자는 강조하였다. 이러한 사상은 각각의 덕성들이 서로 협력하고 제약하고 보완해야 한다고 여기는데, 왜냐하면 개별적인 덕성은 실천행위 속에서 병폐가 있을 수 있기 때문이다. 동시에 호학은 우수한 능력 또는 특기일 뿐만 아니라 일종의 품성의 취향이기도 하니, 이러한 능력과 취향은 분명히 지식의 학습과 교육 과정을 지향하게 됨을 볼 수 있다.7) 이렇게 윤

---

6) 『論語』, 「陽貨」 17:8, "子曰: '由也, 汝聞六言聞六蔽矣乎? 對曰: '未也.' '居, 吾語女. 好仁不好學, 其蔽也愚, 好知不好學, 其蔽也蕩, 好信不好學, 其蔽也賊, 好直不好學, 其蔽也絞, 好勇不好學, 其蔽也亂, 好剛不好學, 其蔽也狂.'"

7) 고대 그리스어 중의 오늘날 德性으로 번역되는 'arete'의 원의는 특기와 능력을 의미한다.

리적 덕성과 이지적 덕성이 결합되었고, 윤리적 덕성과 교육(학습) 활동이 결합되었다.

공자가 여기서 말한 것이 특정한 겨냥점이 있었든 아니든 간에, 앞에서 서술한 공자가 일생 동안 '호학'을 매우 중시했던 것과 대조하면 '육언육폐'의 주장은 결코 공자의 우발적인 견해가 아니며, 이는 공자의 윤리와 이지理智, 덕성과 학습에 대한 전체적이고 균형 잡힌 이해를 드러내는 것이다. 어질고 지혜롭고 용감하며 강직한 덕성이 있지만 배우기를 좋아하지 않으면 덕성은 아직 완전하지 않아 잘못을 저지르기 쉽다. 그러므로 각각의 윤리적 덕성은 반드시 배우기를 좋아하는 이지적 덕성과 연계하여 서로 보충해야 하며, 나아가 배움의 실천적 결과를 통해 윤리적 덕성을 도와 보완해야 하는데, 그렇지 않으면 이러한 덕성은 실천 행위 속에서 잘못을 초래하게 되므로, 이로부터 우리는 공자가 교육과 지식 학습을 중시했음을 알 수 있다.

'호학'은 이러한 구조 속에서도 결코 독립적이거나 자족적인 것이 아니지만, 만일 '배우기를 좋아하지' 않으면서 인仁과 신의(信)만 좋아한다면 공자도 그 자체의 공자가 될 수 없고, 교육가로서의 공자가 될 수 없으며, '배움에 싫증내지 않는'(學而不厭) 공자가 될 수 없을 것이다. 공자가 후세에 드리운 모습 중에서 '호학'은 한결같이 중요한 측면으로서 당대唐代 이전의 유학에서는 이에 대한 의문이 없었다.

2. 도를 배움

호학好學은 공자의 사상에서 중요한 가치이자 덕성으로서 인간의 일생 속에서 쉬지 않고 체현된다. 이는 배움의 실천이란 삶을 마칠 때까지 지속해 나가는 것임을 의미하며, 공자의 평생 배움에 대한 이상을 구체적으로 드러낸 것이다.

만일 공자가 '호학'을 제창했다고 한다면, 공문孔門에서 배우는 내용은 무엇인가? 송대의 유가들은, 공문에서는 "무엇을 배우기를 좋아한다는 것인가"라는 문제를 제기한 바 있다. 정이程頤는 다음과 같이 말하고 있다.

> 성인의 문하에 그 제자가 삼천이었으나, 안자가 배우기를 좋아한다고 유독 칭찬하였습니다. 시·서·육예는 삼천의 제자가 익혀 통달하지 않음이 없었는데, 안자가 홀로 좋아했다는 것은 어떤 배움입니까?[8]

사서史書에서는 공자는 육예로 사람을 가르쳤는데 육예란 '예법·음악·활쏘기·수레 몰기·서법·산법'(禮樂射御書數)이며, 또한 공자는 일찍이 육경을 정리하는 데 힘을 쏟았으니, 곧 '시경·서경·역경·예기·악경·춘추'(詩書易禮樂春秋)이다. 『주례』와 『예기』에 근거하면, 시·서·육예는 공자 이전의 춘추 후기에 이미 귀족교육의 기본 내용이었다.[9] 『사기』에서는 공자 문하에는 "제자가 대략 3천 인이었는데, 몸으로 육예에 통달한 이가 72인이었다"라고 하였으니, 여기서 말한 육예란 곧 예법·음악·활쏘기·수레 몰기·서법·산법이다. 한대 이후의 유가들은 육예를 육경이라고 풀이하였다.

---

8) 程頤의 말은 「顔子所好何學論」(『二程集』, 中華書局, 1980), p.577 참조. "聖人之門, 其徒三千, 獨稱顔子爲好學. 夫詩書六藝, 三千子非不習而通也, 然則顔子所獨好者, 何學也?"
9) 『周禮』, 「地官之大司徒」, "삼일 간 六藝를 익히니, 禮·樂·射·御·書·數이다."(『周禮正義』, 中華書局, 1987, p.756.); 『禮記』, 「王制」, "樂正은 四術을 높이고 四敎를 세우며, 선왕의 법도를 따라 시·서·예·악으로 士를 양성한다. 봄과 가을에는 예·악으로 교육하고, 여름과 겨울에는 시·서로 교육한다."(『禮記集解』, 中華書局, 1989, p.364.)

공자는 이전의 귀족교육이었던 시·서·육예를 누구에게나 차별 없이 가르치는 모든 인간교육으로 확대함으로써 그것을 공자 문하의 일반적인 교육 내용으로 삼았고, 지식의 해방을 크게 촉진시켰다. 하지만 기술로서의 육예와 경전으로서의 육경은 다르니, 후자는 전적으로 경전의 교육이고 전자는 곧 실천적 성격의 기예이다. 공자는 두 가지 중에서 경전의 교육을 더욱 중시하였다. '배우기를 좋아한다'는 것의 대상은 당연히 이러한 내용을 포함하고 있으며, 이는 공자가 경전을 핵심으로 하는 인문 교양과 문화 전승을 교육의 기본 내용으로 인식했음을 의미한다.

그러나 육예와 육경은 공자의 교육에서 단지 지식교육의 범위일 뿐 결코 교육의 전체적인 내용은 아니며, 심지어 『논어』에서의 공자의 가르침은 거의 시·서·육예 이외의 내용이었다. 『논어』에 따르면, 공자문하는 '문장(文), 덕행(行), 충정(忠), 신의(信)'10)의 '사교四敎'로 분류되었고, 후인들은 또한 「선진」편의 '덕행德行, 언술(言語), 정사政事, 문학文學'11)을 사과四科로 칭하였다. 이를 살펴보면 기술로서의 육예는 기초과정이고 경전으로서의 육예는 전공과정이지만, 덕행은 전인교육의 핵심이었다. 그러므로 '사교'와 '사과'의 논법은 '육예'의 논법보다 공자의 교육이념과 실천성을 훨씬 폭넓게 반영하는 것 같다. 더욱 중요한 것은 공자가 공자가 된 까닭인데, 공자의 교육이 『주례』 육예에서의 귀족 자제의 교육과 다른 점은 육예 교육을 모든 인간의 교육으로 확대한 것은 물론, 그의 교육이념이 이미 『주례』의 육예를 넘어서서 심지어 주대의 경전교육을 뛰어넘었다는 데에 있다. 이는 인문지식을 기초로 하여 보편적이고 자유로운 인격 교육으로 발전시킨 것이다.

---

10) 『論語』, 「述而」 7:25.
11) 『論語』, 「先進」 11:3.

『논어』에서는 '어떠한 인격을 갖춘 사람이 되는가'가 교육의 가장 중요한 핵심 정신이 되었으니, 이는 공자 이전의 춘추시대에는 없었던 것이다. 바로 이러한 기초 위에서 공자는 '군자'의 이념을 핵심으로 하는 '도를 배우는'(學道) 교육의 문제를 제기하였다.

교육 혹은 교육을 받는다는 것은 공자에게 무엇을 의미하고 있는가? 이 문제는 공자에게 있어서 대부분 '배움'(學)이라는 형식으로 제기되고 있다. 요컨대 공자의 사상에서 '배움'(學)이라는 개념은 학습學習일 뿐만 아니라 공자 자신에게는 '교육'의 의미를 갖기도 한다. 바꾸어 말하면, '배움'(學)은 공자와 유가사상에서 협의와 광의로 나누어진다. 좁은 의미의 '배움'은 학습이며 '사유'(思)와 상대적인 개념이다. 그러므로 "공자께서 말씀하셨다. '내가 하루 종일 먹지도 않고 자지도 않으면서 생각에만 빠져 보았는데 무익하였으니, 배움만 못하더라"[12]라고 하였다. 또한 '배움'은 '덕을 닦음'(修德)과도 상대적인 개념인데, "덕을 닦지 못함, 배운 것을 강론하지 못함, 의를 듣고 실천으로 옮기지 못함, 불선을 고치지 못하는 것, 이것이 나의 걱정거리이다"[13]라고 하였다. 넓은 의미의 '배움'이란 인간에 대한 총체적인 교육이라고 할 수 있다. 공자는 좁은 의미의 '배움'을 또한 '글공부'란 뜻의 '학문學文' 곧 지식의 학습이라고 불렀으니, 그러므로 공자의 가르침은 효성, 공경, 신의, 어짊(孝悌信仁)을 실천하는 것으로부터 시작하였고, "행하고 남는 힘이 있거든 글을 배워라"(行有餘力, 則以學文)[14]라고 권고하였다. 넓은 의미의 배움은 지식의 학습일 뿐만 아니라 덕행의 배움을 기초로 한다. 그러므로

---

12) 『論語』, 「衛靈公」 15:31, "子曰: 吾嘗終日不食, 終夜不寢, 以思, 無益, 不如學也."

13) 『論語』, 「述而」 7:3, "德之不修, 學之不講, 聞義不能徙, 不善不能改, 是吾憂也."

14) 『論語』, 「學而」 1:6.

자하子夏는 "어진 이를 어질게 여김을 미색을 좋아함과 바꾸어 하고, 부모를 섬김에 능히 그 힘을 다하며, 임금을 섬김에 능히 그 몸을 바치고, 벗과 더불어 사귐에 말에 믿음이 있다면, 비록 배우지 않았다고 하더라도 나는 반드시 그를 배웠다고 할 것이다"15)라고 하였는데, 이 역시 공자의 사상을 반영한 것이라고 할 수 있다. 여기서 '아직 배우지 않았다'는 말의 배움(學)은 당연히 학문學文을 가리키며, 효성, 공경, 충정, 신의를 능히 행할 수 있다면 그를 "배웠다고 말하겠다"는 말에서의 배움(學)은 학문學文의 배움(學)이 아니라 바로 도덕교육 및 인격교육이니, 이것은 곧 공자의 총제적 의미로서의 '배움'(學)이라는 개념을 구체적으로 드러낸 것이다. 그러므로 공자는 "군자는 먹음에 배부름을 구하지 않고, 거처할 때 편안함을 구하지 않으며, 일을 민첩히 하고 말을 삼가고, 도가 있는 이를 찾아가 질정한다면, 배움을 좋아한다고 할 만하다"16)라고 말하였다. 물질적 누림을 추구하지 않고 정신적 만족과 인격의 완전함을 추구하여 부지런하고 삼가면서 진리를 깨달은 이에게 배우려고 한다면, 이것이 바로 배움을 좋아하는 것이다. 여기서의 배움을 좋아한다는 것은 좁은 의미에서의 글공부(學文)의 배움(學)이 아니라 '군자'의 배움(學) 곧 인격을 추구하는 사람과 정신적 이상을 가진 사람의 '배움'(學)이 된다. 교육의 측면에서 보자면, 여기서의 '배움'은 모두 일반적인 인문교육의 의미를 지니며, 글공부(學文)에 국한되지 않는다. 배움(學)의 광의와 협의의 두 가지 의미와는 상대적으로, '호학'도 마땅히 이중적 의미를 지녀야 한다.

---

15) 『論語』, 「學而」 1:7, "賢賢易色, 事父母能竭其力, 事君能致其身, 與朋友交言而有信, 雖曰未學, 吾必謂之學矣."
16) 『論語』, 「學而」 1:14, "君子食無求飽, 居無求安, 敏於事而愼於言, 就有道而正之, 可謂好學也已."

학문學文에 대해 말하면, 배움(學)은 지식 특히 예악 지식과 경전 지식에 대한 학습을 의미한다. 공자 문하에서 이른바 '학문學文'이란 이것을 가리키는데, '책을 읽는'(讀書) 것의 배움(學)은 이를 가리키며,17) '많이 배워서 깨닫는'(多學而識) 것의 배움(學)도 역시 이를 의미한다. 이른바 '문장에서 널리 배우는'(博學於文) 것은 이러한 학문의 배움(學)을 가리키고,18) 배움에 싫증나지 않는다(學而不厭)는 것의 배움(學)도 주로 학문의 배움(學)을 가리키며, '덕을 닦지 못함'(德之不修)과 상대되는 '배운 것을 강론하지 못함'(學之不講)의 배움(學)도 학문의 배움(學)을 가리키는 것이다. 경전의 학습에 대해 『논어』에서 언급한 것으로는 '역을 배우고'(學易), '시를 배우며'(學詩), '예를 배운다'(學禮)는 것이 있다. 공자는 경전에 대한 학습과 전승을 매우 중시하였으며, '글'(文)은 배움(學)과 호학好學의 상징적이고 함축적인 의미였다. 이는 후대 유학의 주요한 특징이 되었을 뿐만 아니라, 중국의 교육 실행에도 커다란 영향을 끼쳤다.

그러나 앞에서도 말했듯이 공자가 주장한 배움(學)은 경전과 지식의 학습 이외에도, '예로 단속하고'(約禮) '덕을 닦아야'(修德) 하며, 덕행과 정사 방면에서도 실행하여 성취가 있어야 하는데, 이러한 것들도 모두 배움(學)에 포함된다. 그러므로 공자는 애공의 질문에 다음과 같이 대답하였다. "안회라는 이가 있었는데 배움을 좋아하여, 노함을 남에게 옮기지 않으며 잘못을 두 번 다시 반복하지 않았다."19) 배우기를 좋아한다는 것은 이러한 의미에서 곧 도를 배우는 것과 덕을 배우는 것을 가리키니, 이러한 배움(學)은 품성

---

17) 『論語』, 「先進」 11:25.
18) 『論語』, 「雍也」 6:27.
19) 『論語』, 「雍也」 6:3, "有顔回者好學, 不遷怒, 不貳過."

(品質)과 덕성德性의 획득과 고양이다. 그러므로 이러한 배움(學)은 또한 '도를 배우는 것'(學道)이라고 할 수 있는데, 군자나 소인이나 모두 도를 배워야 한다. 기술의 배움과 비교하여, 공자는 "모든 장인은 공방에서 자신의 일을 이루고, 군자는 배움으로써 그 도에 이른다"20)라고 강조하였다. 그러므로 군자의 배움의 요점은 도를 배움에 있으며, 『예기』에서는 이를 "덕을 닦고 도를 배운다"21)라고 하였다. 이러한 배움(學)은 당연히 특수한 기능(예컨대 농사)에 중점을 두지 않으므로 "군자는 하나의 틀로 고정된 그릇과 같지 않으며"22), 군자가 상징하는 것은 완전한 인격이지 어떤 전문적 기술이나 기예가 아니다. 이러한 배움(學)은 실제적으로는 주로 정치 지도자의 배움이나 배워서 정치 지도자가 되는 것을 의미한다. 배워서 정치 지도자가 되는 이러한 배움은 결코 정치적 통솔력을 하나의 기술로 보는 것이 아니라, '예를 좋아하고, 정의를 좋아하며, 신의를 좋아하는'23) 것을 배움으로써 정치 지도자로서의 자질과 능력을 갖추는 것이다.

공자사상의 전체적인 체계에서 볼 때, 가장 중요한 것은 '배움'(學)의 목표란 배워서 군자가 되는 것이며, 이것이 『논어』 전체의 주지이다. 훗날 당나라의 유학자이자 교육자였던 한유韓愈(768~824)는 교육자의 첫째 임무란 '도를 전하는 것'(傳道)이며 그 다음이 지식의 '전수'(授業)나 '의혹의 해소'(解惑)라고 분명히 밝힌 바 있다. 그러므로 가르침의 측면에서 말하자면 '도를 전하는 것'(傳道)이 우선이며, 배움의 측면에서는 '도를 배우는 것'(學道)이 우선이다.

---

20) 『論語』, 「子張」 19:7, "百工居肆以成其事, 君子學以致其道."
21) 『禮記』, 「燕義」, "修德學道."
22) 『論語』, 「爲政」 2:12, "君子不器."
23) 『論語』, 「子路」 13:4, "好禮好義好信."

공자는 군자는 '도를 배워야' 하며 보통 사람들도 도를 배워야 한다고 주장했는데, 도를 배운다는 것은 글을 배운다는 것과 상대적이다. 정치적으로 보면 군자가 도를 배우는 것은 훌륭한 지도자가 되기 위함이고, 보통 사람이 도를 배우는 것은 훌륭한 공민이 되기 위함이다.[24] 이른바 글을 배운다는 것은 도를 배운 뒤의 일이며, 사람이 능히 효도, 공경, 충정, 신의를 행하여 "행하고 남는 힘이 있거든 글을 배우라"[25]는 것이니, 이는 주로 보통 사람에 대해 말한 듯하다. 그러나 어쨌든 도는 가장 요긴한 것이므로 "아침에 도를 들으면 저녁에 죽어도 좋다"[26]라고 하였으며, 배움을 좋아한다는 것의 의미 중 하나는 "죽음에 이를 때까지 지키고 도를 잘 행하여"[27] 도의 정의를 지키는 것이다. 그러므로 배움의 가장 중요한 임무는 "도에 뜻을 두는"(志於道) 것이며, 마지막에는 "예술에서 노니는"(遊於藝)[28] 것이다. "군자는 배움으로써 도에 이르는"[29] 것이니, 도를 추구함은 군자의 배움에 있어서 한결같은 목표이다.

『예기』 「학기」에도 "옥은 쪼지 않으면 그릇이 되지 못하며, 사람은 배우지 않으면 도를 알지 못한다. 이런 까닭에 옛날의 왕은 나라를 세워 백성의 군주가 됨에 가르치고 배우는 일을 우선하였다"[30]라고 말하고 있다. 이 또한 배움의 목적은 '도를 아는 것'이며 배움은 사람으로 하여금 군자가 되게 하는 것인데, 군자의 모범은 백성을 교화하고 아름다운 풍속을 이루는 사회

---

24) 『論語』, 「陽貨」 17:4.
25) 『論語』, 「學而」 1:6, "行有餘力, 則以學文."
26) 『論語』, 「里仁」 4:8, "朝聞道, 夕死可矣."
27) 『論語』, 「泰伯」 8:13, "守死善道."
28) 『論語』, 「述而」 7:6.
29) 『論語』, 「子張」 19:7, "君子學以致其道."
30) 『禮記』, 「學記」, "玉不琢, 不成器, 人不學, 不知道. 是故古之王者建國君民, 教學爲先."

정치적 작용이 있음을 강조하였다. 이러한 의미에서 유가의 교육이념은 종종 사회 및 정치와 연관되어 실용주의적 입장에 접근하고 있다.

3. 성인은 배워서 될 수 있다

사실에 관한 지식은 가르칠 수 있는 것이지만, 덕성과 인격에 관한 지식은 다른 점이 있다. 플라톤은 『미노스』(Minos)에서 소크라테스와 미노스의 대화를 통해 '훌륭한 덕성(美德)은 가르칠 수 있는 것인가'의 문제를 제기하고 있다.[31] 이 문제는 당연히 두 가지 측면을 포함하는데 첫째, 스승은 훌륭한 덕성을 다른 이에게 가르칠 수 있는가? 둘째, 학생은 스승의 가르침으로부터 훌륭한 덕성을 배울 수 있는가? 라는 문제이다. 플라톤의 말에 따르면, 소크라테스는 처음에는 훌륭한 덕성이 무엇인지를 모르는 사람은 다른 이에게 훌륭한 덕성을 가르칠 수 없다고 하였지만, 마지막에는 훌륭한 덕성은 가르칠 수 없다고 분명히 주장하였다. 그의 논점은 주로 스승 즉 교육자의 입장에서 착안한 것이다.

이 문제를 공자와 유가에게 묻는다면 우리는 어떤 답을 얻을 수 있을까? 이 문제에 간단히 대답하기란 쉽지 않다. 그러나 우리는 "훌륭한 덕성은 가르칠 수 있다"라고 쉽게 대답할 수는 없을지라도 "훌륭한 덕성은 배울 수 있다"라는 명확한 대답을 얻을 수는 있다. 이에 대해서는 송대 주돈이周敦頤 (1017~1073)의 『통서通書』에서 분명히 말하고 있다. "'성인은 배울 수 있는 것입니까? 대답하되, '배울 수 있다.'" 정이程頤(1033~1107)도 다음과 같이 말하

---

31) 王曉朝 譯, 『柏拉圖全集』, 卷1(左岸文化事業有限公司), p.474.

고 있다. "'성인이란 배워서 이를 수 있는 것입니까?' 대답하되, '그렇다.'"[32] 이른바 성인은 배울 수 있다는 것은 곧 성인의 덕은 배울 수 있다는 것을 말하며, 성인의 덕을 배울 수 있을 뿐만 아니라 인간은 성인의 덕을 배움으로써 성인이 될 수 있다는 것이다. 소크라테스와 플라톤이 질문한 '덕성은 가르칠 수 있는 것인가'라는 문제에 대하여, 중국 고대의 유가들은 '성인은 배울 수 있는 것인가'라는 방식으로 그들의 문제의식을 표현하였다. 그러므로 우리는 유가들이 '성인은 배울 수 있다'는 관념을 통해 '훌륭한 덕성은 배울 수 있음'을 긍정했다고 볼 수 있다. 당연히 가르침과 배움은 다른 것이지만, 둘 다 '교육'의 범주에 속하는 것이다. 만일 소크라테스와 플라톤의 문제를 '훌륭한 덕성은 교육을 통해서 획득될 수 있는가'라는 물음으로 바꾼다면, 유가들이 덕성도 배울 수 있으며 성인은 배워서 될 수 있다고 긍정한 것은 곧 덕성과 교육의 관련성을 긍정했다고 봐야 한다. 플라톤 이후에 아리스토텔레스가 이 문제에 대해 내린 대답은, 이지적 덕성은 교육을 통해 얻어질 수 있지만 윤리적 덕성은 교육으로부터 얻어지는 것이 아니라는 것이다. 하지만 유가들은 윤리적 덕성도 '배움'(學)을 통해 얻어질 수 있다고 주장하였다.

성인은 배울 수 있다는 관념은 사실 선진시기에 이미 숙성된 것으로, 순자(B.C. 298~B.C. 238)는 다음과 같이 말하고 있다.

> 배움은 어디에서 시작하고 어디에서 끝나는가? 이르되, 그 방법에 있어서는 경전을 암송하는 것에서 시작하여 『예기』를 읽는 데서 끝난다. 그 뜻에 있

---

32) 周敦頤의 말은 『通書』「聖學」第20, "聖人可學而至歟? 曰: 然."(『周敦頤集』, 中華書局, 1990, p.29)에 보인다. 程頤의 말은 「顔子所好何學論」(『二程集』, 中華書局, 1980, p.577)에 보인다.

어서는 사가 되는 것에서 시작하여 성인이 되는 것에서 끝난다.[33]

'방법'(數)은 과정의 단계를 가리키며, '뜻'(義)은 교육의 목표를 가리킨다. 순자는 '배움'이란 성인과 같은 사람이 되는 것을 목표로 하며, 성인은 배워서 도달할 수 있는 존재라고 생각했다. 만일 수학의 계산이 선생이 가르쳐 알게 할 수 있는 것이라고 한다면, 확실히 공자에서 순자에 이르기까지 모두 덕성이 스승의 가르침에 의해서만 얻어지는 것은 아니라고 생각할 것이다. 사실, 수학 계산의 능력도 학생의 노력이 필요하며 어떠한 수학 지식의 습득에도 가르침뿐 아니라 배움과 익힘("배우고 때때로 익힌다")이 필요하다. 이러한 이치와 마찬가지로 훌륭한 덕성은 결코 스승의 가르침에만 의지하지 않는다. 그러나 다른 한편으로, 공자와 후대의 유가들이 강학을 천직으로 삼은 것은 제자를 밝게 가르쳐 군자의 인격과 덕성을 배우도록 함이었으며, 유가는 교학 활동 속에서 덕성에 관한 많은 의문점을 반복하여 토론하기도 하였다. 이러한 의미에서 덕성의 함양은 '가르침'(敎)과 관련이 있지만, 당연히 완전한 덕성의 함양이란 '가르침'에만 의존하는 것이 아니라 '가르침-배움'의 연속 과정이다.

성인은 배울 수 있는 것이라는 관념은 교육의 입장에서 볼 때 배움을 통해 덕성의 발전을 획득하는 것이며, 군자는 공자가 이상적인 인격으로 특별히 사용한 개념이었다. 공자의 전체적인 사상 체계에서 볼 때 가장 중요한 것은, '배움'의 목표란 배워서 군자가 되는 것이며 군자의 인격 태도로 '배움'에 몸담는 것인데, 이는 『논어』 전체의 주지이다. 공자 이전의 '군자'

---

33) 『荀子』, 「勸學」, "學惡乎始? 惡乎終? 曰: 其數則始乎誦經, 終乎讀禮. 其義則始乎爲士, 終乎爲聖人."

라는 말은 통치계급을 가리키는 것이었지만, 공자에서부터 이상적인 인격을 나타내는 명칭으로 바뀌었는데, 이것은 공자가 고대 인문주의 교육에 근본적인 공헌을 한 것이다.

성인은 배울 수 있는 것이라는 교육이념은 유가 주류의 인성론과 서로 관련된다. 맹자의 성선설(人性善) 관념은 송대 이후로 가장 영향력을 가진 인성론이 되었는데, 이러한 성선설은 인간의 본성은 사회 계급, 직업 차이 및 교육 수준에 관계없이 본래 선한 것이라고 생각한다. 선은 인간과 동물의 근본적인 차이를 드러내며, 인간이 스스로를 교육하고 발전시킬 수 있는 내재적 근거이기도 하다. 개별적 인간이 불선을 행한다면 그것은 결코 인간의 본성이 결정한 것이 아니며, 사회 환경과 습관이 그렇게 만든 것이다. 인간의 본성이 훌륭하고 아름답다는 신념은 유가의 교육사상으로 하여금 인간에 대해 불신의 태도를 갖게 하는 것이 아닌, 인간이 스스로를 교육하고 발전시킬 수 있는 능력을 최대한 믿도록 하는 것이었다. 그러므로 지도자의 행위가 선을 지향한다는 것은, 가혹한 형벌이나 엄혹한 법령에 기대지 않고 인간 본성의 자각을 통하여 사회가 방향을 잃고 타락함을 타파하는 것이다. 이것은 인간의 존엄성을 가장 근본적으로 긍정하는 사상이다.

4. 자신을 위한 학문

'성인은 배울 수 있다'라는 관념은, 확실히 교육자에 대해 말한 것이 아니라 학습자에 대해 말하는 것이다. 그것의 중점은 교육자가 어떻게 가르치는가가 아닌 학습자가 어떻게 배우는가의 문제로, 학습자가 스스로 어떻게 덕성을 배워서 획득하고 성현이 되는가가 중점이 된다. 여기에서도 유가의 교육사상이 더욱 관심을 갖는 것은 가르침이 아니라 배움이라는 것을 볼 수 있는데, 이는 유가 교육사상의 특징이다.

『논어』 텍스트를 살펴보면 '배움'(學)이라는 글자가 사용된 빈도는 매우 높지만, '가르침'(教)이라는 글자의 사용 빈도는 매우 낮다. 이러한 대조는 공자가 '배움'(學)을 교육과정의 가장 중요한 요소로 보았음을 드러낸다. 따라서 훌륭한 덕성은 주로 '배움'에서 얻어지는 것이다. 공자가 이해한 교육은 단지 가르침만이 아니며 배움을 더욱 강조하였으니, 교육은 본질적으로 말하면 인간이 자기 자신을 추구하는 과정이다. 공자는 "옛날의 배우는 자는 자기를 위해 배웠고, 지금의 배우는 자는 남을 위해 배운다"[34]라고 말했는데, 남을 위해 배운다는 것은 남에게 보여 주는 것이고, 자기를 위한다는 것은 자신의 인격과 정신적 성장을 위한 것이다. 이러한 관점에서 보면 교육의 주체성은 자기로부터 말미암는 배움으로써 체현되며, 인간은 자신을 위해 자발적으로 배우는 것이다. 교육의 정신은 바로 피교육자가 스스로 움직여 배우게 하는 것이므로, "인을 행하는 것이 자기로부터 말미암아야지 남에게서 말미암을 것인가?"[35]라고 하였다.

배워서 성인이 된다는 관념은 교육목표에서 교육의 인문적 성격을 확정할 뿐만 아니라 '교육'의 중점을 가르침이 아닌 배움에 두게 하였다. '배움'은 스승에게서 배우는 것 즉 가르침의 내용을 포함하지만, 그보다는 학습자가 스스로 노력하여 배우고 실천하는 하는 것을 더욱 강조하는데, 특히 이러한 배움은 학습자가 자발적으로 배우며 죽을 때까지 추구하는 평생 교육

---

34) 『論語』, 「憲問」 14:24, "古之學者爲己, 今之學者爲人."
35) 『論語』, 「顏淵」 12:1, "爲仁由己, 而由乎人哉?"

이기도 하다. 이러한 자각은 당연히 교육자의 계발, 인도, 모범이 필요하지만 학습자 자신의 노력이 더욱 필요하다. 그래서 공자가 말하는 '배움'은 실천을 포함하며, 군자의 인격은 배움과 함양 그리고 덕성의 부단한 자기 훈련을 통해 도달할 수 있는 것이다.

　　교육에서는 학습자의 지위가 가장 중요하므로 배움은 교육 과정의 가장 중요한 요소이다. 교육의 과정은 주로 학습자가 스스로 끊임없이 배우는 과정이기 때문에, 비록 가르침이 중요한 위치를 차지한다고는 하지만 상대적으로 학습자 스스로의 배움이 더욱 중요하다. 덕성의 교육에 대해 말하면, 교육자의 가장 기본적인 책임은 피교육자 특히 세계관을 형성해 가고 있는 청소년들에게 이상적인 인격의 덕성을 제시하고, 학습자의 경앙심을 불러 일으켜 그러한 사람이 되기를 바라게 하며, 이상적인 인간의 덕성을 자신의 덕성과 품성 및 일생의 선택이 되도록 하는 것이다. 그러나 성현이 된다는 것은 엄밀히 말하면 스승이 '가르쳐 알게 하는'(敎會) 것이 아니며, 덕성의 지식이 비록 무엇을 아는 것(knowing what)일 수는 있지만 덕성을 배워서 알게 하는 지식은 스스로의 실천 속에서 얻어 가야 하므로 스스로 완성하는 것이다. 교육자의 책임이란 학습자에게 무엇이 군자인지, 또한 군자가 어떠한 상황에 처하여 어떠한 덕성을 발현하는지를 알려 주어 학습자가 교육 과정 속에서 '떨쳐 일어나게'(興起) 하고 고매한 인격을 우러르게 함으로써, 자신의 생활 속에서도 그를 좇아 실천하며 인격의 추구를 삶 속의 중요한 임무로 생각하게 하는 것이다. 그러나 스승의 가르침은 배우는 이로 하여금 '앎이 그에 이르게'(知及之) 할 수 있을 뿐이며, 만일 스스로의 노력과 실천이 없다면 "설령 그것을 얻더라도 반드시 잃게 된다."[36] 스승이 가르치는 것은 앎(知)이며, 스스로 배우는 것은 실천(行)이다.

유가는 주로 '배움'을 학습자가 자발적으로 일생 동안 실천하는 행위로 이해한다. 덕성이란 결코 방정식 같은 지식처럼 교실에서 가르칠 수 있는 것이 아니라, 옳음과 그름, 고매함과 저속함에 대한 부단한 교육 중에서 인간의 도덕심과 삶 속에서의 선택의 능력을 끌어내고, 아울러 인간이 일상생활에서 그것을 체현하게 하는 것이라고 할 수 있다. 그러므로 유가의 중요한 문제는 인과 덕에 대한 정의나 분석이 아니며, 이러한 분석이 덕성의 양성에는 실제적인 효용이 없다고 생각한다. 유가의 교육에서 관심을 갖는 것은 어떻게 행위해야 인(仁)의 덕행인지, 인은 어떠한 실천을 의미하는지, 어떠한 사람이라야 인을 실천하는 사람이라 할 수 있는지, 군자 곧 고매한 인간은 어떠한 덕행을 갖추어야 하며 그들의 실천 원칙은 무엇인지, 군자가 되려면 어떠한 덕행과 행위 원칙을 갖추어야 하는지, 이러한 덕행과 원칙을 갖춘 사람은 어떤 정신적 경지에 이를 수 있는지(어진 이는 근심하지 않고, 지혜로운 이는 미혹되지 않으며, 용감한 이는 두려워하지 않는다), 군자는 무엇을 선택하고 버리는지 등의 문제이다. 『논어』에서 가장 빈번히 나타나는 어법은 "군자는······ 하지만······ 않는다" 혹은 "군자는······ 하며, 소인은······ 한다"의 형식이며, 이는 군자의 삶의 상태와 태도를 서술하고 있다.

교육은 바로 학습자의 자발적인 배움이므로, 공자와 초기 유가는 "옛날 배우는 자는 자기를 위해 배웠고, 지금 배우는 자는 남을 위해 배운다"는 것과 "군자는 자신에게서 찾고, 소인은 남에게서 찾는다"라고 강조하였다. 배움이란 배워서 군자가 되는 것이며, 자기를 위한다는 것은 곧 자신의 정신적·인격적으로 충실한 발전을 위해서 배우는 것이므로, 유가와 중국철

---

36) 『論語』, 「衛靈公」 15:33, "雖得之, 必失之."

학의 정신은 이상적인 인격은 무엇인지, 인간의 본성은 무엇인지, 인간의 본성을 실현하는 수신의 방법은 무엇인지 등의 문제에 관심을 갖는다. 이러한 문제의식도 유가의 교육 이념과 실천을 지배하였다.

5. 인간다움의 길(成人之道)

그렇다면 유가의 입장에서 볼 때 '가르침'의 효용은 어디에 있는가? 스승의 가르침은 지식의 전수 외에도, 도덕적 본보기를 일러주고, 또한 인간사에 대한 도덕적 평가를 통해 학생들의 덕성이 발전하도록 고무하고 이끌어 주는 것이다. 교육자의 임무는 학습자에게 무엇이 위대한 정신이고 무엇이 고매한 인격인지를 알려줌으로써 학습자가 스스로를 함양하여 고매한 인간이 되도록 인도하는 것이다. 이것은 고전적인 교육의 공통된 주지이며, 고대의 귀족교육과 밀접한 관계가 있다. 유가의 교육자는 결코 학습자에게 왜 배워서 고매한 인격이 되어야 하는지를 말하려고 의도하지 않으며, 더욱이 고매한 인간이 되면 실제적으로 어떤 좋은 점이 있는지를 증명하려고 하지 않는데, 이것은 그들에게 있어 말하지 않아도 자명한 전제이기 때문이다. 고전 유가에서 스승의 도리란 다만 어떠한 인간이 고매한 인간이며, 고매한 인간은 구체적으로 어떤 덕성을 갖고 있는지, 인간은 어떻게 자신을 수양하여 이러한 덕성을 함양함으로써(혹은 이러한 덕성을 발휘함으로써) 성인聖人의 경지에 도달할 수 있는지를 힘써 설명하려고 할 뿐이다. 그러므로 공자 교육의 중점은 구체적인 예제禮制의 지식이 아니며 심지어는 경전의 지식도 아니었다. 예에 대해서는, 공자는 그것을 규범적 총칙으로 삼아 인간의 행위를 평가하였는데, 예는 여기서 도덕행위의 원칙이 되며, 덕성과 행위의 평가에 관여한다. 경전에 대해서는, 공자가 관심을 갖는 것은 어떻게 하면 경전의 말이 지니는 권위를 활용하여 경전을 규범적 교훈으로 삼고, 그 가치의 의미를 확대하여 윤리적 교훈의 기능을 발휘하도록 하는가 하는 것이었다. 유가가 경전을 전승하는 것은 당연히 그 문헌의 지식적 의미도 중시하였지만 그 가치적 의미와 비교하면 부차적이다. 이러한 의미에서 볼 때, 공자가 말하는 '가르침'(敎)과 그가 전수하는 데 중점을 두었던 지식은 도덕적 지식이라고 해도 안 될 것이 없다. 유가에 있어서는 이론적으로나 실제적으로 인격적 이상을 긍정하고 수립하는 것이 '가르침'의 중요한 측면이므로 사士와 군자의 덕성을 논하는 내용이 『논어』에서 차지하는 분량이 가장 많으며, 이로써 찬양과 폄론을 통해 인간의 도덕적 정의감과 공적인 봉사정신을 함양하고자 하였다.

사士이든 군자이든 간에, 유가의 '배움'이란 곧 배움으로써 고매한 인격, 완전한 인격, 다방면으로 훌륭한 품성을 갖춘 인격이 되는 것이다. 고매한 인격을 추구하는 인간의 육성 및 덕성 교육을 중심으로 한 완전한 인격의 배양은 유가의 교육 목표이자 이상이며, 이천여 년 간 유가 교육의 역사적인 실천이기도 하였다. 중국 고대의 교육 이념은 '인간다움'(做人)이며, 배워서 군자가 되고 성인에 이른다는 것은 '어떠한 인격의 사람이 되는가'가 유가 교육관의 근본적인 문제임을 구체적으로 드러내었다. 공자와 이후의 유가는 교육의 최고 이상을 배우는 이가 성현이 되는 것으로 정의하였다. 고대의 교육과 학습에서 가장 중요한 것은 도덕의 본보기를 설정하는 것이며, 이는 인문주의 문화 속에서 성인의 모습으로만 도달할 수 있다. 중국에서는 그것이 비록 고대 성왕聖王의 계보처럼 구체적인 인격을 가진 것일 수 있지만, 대개의 경우 유가문화 속에서 '군자의 인격' 및 '군자의 품성'에 대한 숭상과 표현이었으며, 이를 통해 피교육자에 대한 도덕적 감화를 가져왔으며 피교육자로 하여금 배움에 힘써 이러한 인격이 되도록 하였다.

공자는 군자의 인격과 덕성 중에서 인을 가장 중시하였으며, 인은 공자의 도덕교육의 중심 관념이었다. 후대 유가들의 『논어』 해석에 따르면 인은 인간의 완전한 덕성인데, 바꾸어 말하면 인은 어떤 한 방면의 덕성이 아닌 총체적인 품성과 덕성을 대표하는 것이다. 좁은 의미에서의 인은 옳음, 예의, 지혜, 신의(義禮智信)와 구별되며, 넓은 의미에서의 인은 이를 포함한다. 이러한 인은 인간의 완전한 덕성이므로, 이것은 공자 및 유가의 교육이념이 완전한 덕성을 갖춘 인간의 육성에 중점을 두었음을 의미한다. 옛날의 예(古禮)에서는 '성인成人'은 성년을 가리켰는데, 공자는 '성인'의 관념을 완전히 갖추어진 인격의 개념으로 바꾸었다. 즉 지혜, 무욕, 용감, 예악, 기예 등의 여러 방면의 덕성을 갖춘 인간이 '성인'이며, "이익을 보면 의로운가를 생각하고, 위태로움을 보면 목숨을 바치는" 사람이 '성인'이다.[37] 『관자』에서 "지혜롭고 어진 이를 성인이라 이른다"[38]라고 한 것도 분명히 이 점을 설명한 것이다. 훗날 순자도 덕성의 품행을 갖춘 사람이 성인이며 덕성이 완전하고 훌륭한 사람을 '성인'이라고 했으니, 군자는 곧 완전한 인격을 갖춘 사람이 되어야 하므로 "군자는 덕성의 완전함을 귀하게 여긴다"[39]라고 한 것이다. 또한 송대의 신유가인 소옹邵雍(1011~1077)은 완전한 덕성을 갖춘 사람을 '전인全人'[40]이라고 일컬었다. 이러한 교육은 그 본질이 한 개인의 총체

---

37) 『論語』, 「憲問」 14:12, "見利思義, 見危授命."
38) 『管子』, 「樞言」, "既智且仁, 是謂成人."
39) 『荀子』, 「勸學」, "君子貴其全也."
40) 『宋元學案』, 「百源學案」.

적인 정신적 성장과 전체적인 덕행의 삶에 기여하는 것이지, 어떤 전문적인 기능으로 실현할 수 있는 것이 아니므로 당연히 한 개인을 특정 분야의 전문가로 교육하려는 것이 아니다. 이러한 의미에서 말하면, 공자 이전에 만일 '유사儒士'가 있었다면 이러한 유사들도 전인교육의 이념을 확립하지 못했을 것이며, 공자와 공자 이후의 유가들에 와서야 비로소 전인교육의 이념을 확립하게 된 것이다. "군자는 그릇과 같지 않다"(君子不器)라는 말은 이러한 이념의 표출이라고도 말할 수 있다.

교육에 있어서 '도道'는 덕성을 중심으로 하는 완전한 인격의 모습을 대표하며 교육의 목표이자 이상인데, 이는 공자가 개창한 유가교육의 실천에서 한결같이 강조한 것이다. 중국 고대의 교육은 한결같이 '인간다움'(做人)을 배우는 것을 강조한다. 품격 있는 인품을 가장 중요한 것으로 여기는 인간 및 고매한 인격을 추구하여 공명과 이욕을 하찮게 여기는 사람, 이러한 인간을 길러내는 것이 유가 교육의 근본적인 목표이다.

성인聖人을 귀감으로 삼아 총체적인 삶의 목표를 다지고, 잠언과 모범으로 감화의 교육을 행하는 이러한 교육을 철학에서는 덕성 중심의 교육 또는 품성 특성의 교육이라고 한다. 유가는 훌륭한 덕성의 인품을 교육의 핵심으로 하며, 인간이 자발적으로 자신의 품성을 책임지는 데 충실하여 기꺼이 성인聖人이 되는 배움을 추구하도록 한다. 그러므로 철학에서 가장 중요한 것은 결코 존재론의 '옳음'(是)이 아니라 윤리학의 '덕성'(德)이며, 중요한 것은 '앎'(知)뿐만 아니라 '실천'(行)도 중시해야 한다. 철학에서의 성선론은 곧 인간의 본성(人性)이 모든 품성과 덕성(品質德性)을 기르는 자기 자신의 근원이 될 수 있음을 힘주어 설명하며, 도덕적 이상을 대표하는 성인을 배움의 목표이자 동력으로 삼고 있다.

이상의 논의를 총괄해 보면, 유가의 교육이념은 경전의 인문교양을 중시하고 군자의 모범을 배움의 본보기로 삼으며, 덕행을 지식보다 우선시하고 성인聖人의 인격을 교육의 육성 목표로 삼으며, 성인成人 또는 전인全人의 교육이념을 강조하고, '배움'(學)과 스스로의 주동성이 교육과정에서 지니는 의미를 부각시키며, 인간을 총체적으로 향상된 고매한 인간으로 변화시키는 데에 초점을 두고 있다. 유가의 교육사상은 단순히 좁은 의미에서의 교육에 대한 인식만이 아니라, 모든 고전시대의 '인간'에 대한 이해를 함축하고 있다.

제14장 현대신유가의 '철학' 관념

― 웅십력熊+力을 중심으로

　　이 글에서 말하는 '현대신유가'는 '5·4' 이후에 출현한 제1세대 신유가를 가리키며, 이른바 '당대신유가'와는 구별된다. 이 글에서는 웅십력을 위주로 하면서 웅십력, 양수명梁漱溟, 마일부馬一浮의 '유학'과 '철학'에 관련된 관념을 대조함으로써, 20세기 중국철학의 구축에 관한 몇 가지 기본 문제를 검토하고자 한다.

1.

　　20세기의 중국문화에서, 중국 고전철학의 계승과 발전의 중요한 과정 중 하나는 철학의 재구축과 관련된 노력이었다. 즉 서양철학의 이론, 관념 및 방법을 대조하고 흡수함으로써 중국철학의 철학체계를 새로이 구축하고, 근대성을 갖춘 철학체계를 수립하며, 또한 중국철학 전통의 본체론과 우주론의 특징을 드러내어, 세계철학에서의 한 자리를 차지할 수 있게 하려는 것이었다. 이러한 면에서, 그 밖의 고대 사상의 유파를 선양하는 데 뜻을 두었던 학자들과 비교하면, 현대신유가는 탁월한 성취를 거두었다고 할 수 있다. 당연히, 각각의 현대신유가들은 무엇이 유가사상(유학)의 핵심인가에 대한 인식이 달랐기에 그들이 착수한 방향도 달랐고 구축한 체계 역시 서로 달랐다. 중국철학의 계승과 발전이라는 측면에서 볼 때, 그와 동시대인들은 웅십력의 철학 체용론을 가장 특색 있고 가장 성공한 하나의 체계라고 공인하고 있다.

웅십력의 철학에서 가장 두드러진 부분은 방대한 체계와 정밀한 사유에 바탕한 본체-우주론이다.[1] 그러나 웅십력의 이러한 '철학' 활동은 비판도 받았는데, 가장 호된 비판을 한 사람은 그와 관계가 가장 깊었던 또 한 명의 현대신유가 대표인 양수명이었으며, 그의 비판은 특히 '철학' 방면에 집중되어 있었다. 여기서 우리는 현대신유가들 내부에서의 '철학' 문제와 관련된 관념의 차이를 엿볼 수 있다.

웅십력은 1950년에 양수명에게 보낸 서신에서 다음과 같이 말하고 있다.

> 철학의 뜻은 지혜를 사랑함(愛智)이 아니며, 그 후로도 수많은 철학의 학파들이 있소. 게다가 학술의 정의는 모두 그대가 충심으로 바라지 않는 바의 것이오. 철학은 본디 이지적 사변(理智思辨)을 잃지 않아야 하지만, 이지적 사변의 영역에만 국한되어서는 안 되오. 이것을 논의하자면 매우 번거로운 일이오. 중국의 학문이 비록 오래전에 끊어졌다고는 하나, 유가와 도가 그리고 다른 사상이 요행히도 살아남았고 그것을 철학이 아니라고 할 수 없으니, 그것이 종교도 아니요 예술도 아닌 까닭이요 그것이 이지적 사변을 잃지 않은 까닭이오. 하지만 그 조예(造詣)는 이지적 사변에 국한되지 않으니, 이것이 마땅히 철학의 정통인 것이오. 그대가 만일 중국철학도 없애려 한다면

---

1) 郭齊勇은 "웅십력의 우주론은 일반적인 우주론이 아닌 '本體-宇宙論'이다"라고 밝힌 바 있다. 郭齊勇의 『熊十力思想硏究』(天津人民出版社, 1993), p.52 참고.

중국에는 도대체 어떤 것이 남겠소? 스스로 훼손하고 버림이 너무 심하지 않겠소?[2]

서양철학은 철학을 지혜를 사랑하는 학문일 뿐이라고 여기며, 양수명도 철학을 지혜를 사랑하는 것일 뿐이라고 하는데, 웅십력은 철학에는 수많은 형식이 있으며 결코 단순히 지혜를 사랑하는 학문만은 아니라고 생각한다. 지혜를 사랑한다는 것은 철학의 이지적 사변이라는 측면을 구현하지만, 철학은 결코 이지적 사변의 측면에 국한되는 것은 아니다. 여기에서 우리는, 논의의 시작부터 웅십력이 서양철학의 전통적 입장에서만 '철학'을 이해하는 것이 아니라 세계의 다원적인 철학사상의 전통으로부터 철학의 '정의'를 보고 있음을 알 수 있다. 웅십력이 보기에는 중국철학의 유가와 도가 등의 특징은 이지적 사변을 가지고 있을 뿐만 아니라, 더욱이 이지적 사변을 넘어서는 측면이 있다. 여기에서 웅십력은 이지적 사변을 넘어서는 것이 무엇을 의미하는지를 설명하지는 않았는데, 이는 내적으로 체득하는 학문을 가리키는 것으로 보인다. 그는 이지적 사변이 있으면서도 이지적 사변에 국한되지 않는 이러한 철학이야말로 마땅히 철학적 정통으로 여겨져야 하며, 이지적 사변만 있거나 내재적 체험만 있다면, 이는 완전한 철학 형식이 아니라고 생각한다. 웅십력의 이러한 견해, 즉 철학은 고대 그리스의 '지혜를 사랑함'이라는 의미에서의 이론적 행위로만 이해되어서는 안 되며 이지적 사변 이외의 다른 사상 활동을 포함해야 한다는 생각은, 그가 맹목적으로 유럽 중심의 철학관을 받아들이지 않았으며, 유럽 중심이 아닌 일종의 보편

---

2) 「與梁漱溟書」(1950), 『十力書簡』(油印本, 景海峰 編選, 深圳大學國學研究所, 1985年 11月), p.17.

주의적 입장에서 철학을 다루어야 함을 말한 것이다.

그는 1951년에 양수명에게 쓴 또 다른 편지에서 이에 관해 논하고 있다.

중국의 학술을 그대는 철학이 아니라고 하고 혹은 주의主義, 사상, 예술이라
고 해도 무방하다고 말하오만, 나는 그러한 주장에 동의할 수 없소. 철학이
라는 것은 곧 근거와 체계가 있는 사상을 가리켜 말할진대 공상이나 환상이
아니기에 근거가 있다고 말하는 것이며, 사실에 토대하여 진리를 탐구하고
그것을 분석하고 궁구해 보면 하나의 문제에서 갖가지 문제가 되풀이되어
나오며 천 갈래 만 갈래로 복잡하되 어수선하지 않으니 그것을 모으면 근본
(元)이 있기에 체계라고 말하는 것이오. 사상의 방대함과 정밀함이 이와 같
으니 철학이라고 일컫는 것이오.…… 주의라는 것은 그 사상의 전 체계를
종합하거나 혹은 근본적인 의미를 밝혀 사람들에게 명백히 드러내 보여 주
므로 주의라고 말하는 것이오. 어찌 학술을 이루지 못하였는데 주의라고 할
수 있단 말이오? 예술은 필경 정감의 경지이니, 해석함으로 말미암아 깊은
해석됨에 이르는 것은 아니오(해석함을 지혜라고 하고, 해석됨은 이치라고
하오).[3]

물론 중국학술을 철학이 아니라고 하는 것과 중국학술 중에 철학이 없
다고 하는 것은 두 개의 다른 명제이지만, 양수명의 뜻을 살펴보면 그는
중국의 유가와 도가는 철학이 아니라고 여기고 있다. 웅십력은 그와 달리
유가와 도가를 철학이라고 여겼는데, 이는 문화민족주의적 필요에서 나온
것일 뿐만 아니라 그의 철학에 대한 이해와도 관련이 있다. 여기에서 웅십
력은 철학의 정의를 제시하였으니, 즉 철학은 근거와 체계가 있는 사상이고

---

3) 「與梁漱溟」(1951.5.24), 『十力書簡』, p.25.

그 특징은 방대하고 정밀하며, 지혜로 말미암아 이치에 깊이 도달할 수 있다. 그러므로 웅십력은 이러한 관점에 근거하여, 양수명이 철학적 방법으로 중국학술을 연구하는 태도를 반대하는 것에 대해서 이의를 분명하게 제기하고 있다.

사실, 이러한 토론은 아무런 까닭 없이 제기한 것이 아니라 바로 웅십력이 자신의 이론 활동에 대해 일종의 변론을 한 것이다. 몇 년 뒤, 그는 다시 양수명에게 서한을 보내 이에 대해 논의하고 있다.

> 나는 서양 고대철학의 우주론, 본체론 등의 논조를 즐겨 사용하여 동양의 옛사람들의 신심성명身心性命이 실질적이고 유익한 학문이라고 말하는데, 그대는 이를 찬성하지 않는다고 표명하였소. 이것은 그대뿐이 아니라 구양(歐陽竟無)선생과 일부(馬一浮)도 줄곧 찬성하지 않는 바이오. 내가 홀로 즐겨 쓰는 까닭이 있으나, 당신들은 나의 깊은 생각을 이해하지 못하고 있소. 옛 선현(古哲)들이 남긴 현존하는 책 중에는 확실히 우주론의 이론이 없소. …… 내가 책을 저술하는 것은 분명히, 철학적인 방식으로 체계적인 우주론을 구축하려는 것이오. 이것이 구축된 뒤라야 신심성명이 공부에 들어맞음을 논하기에 쉬울 거요. 나의 이러한 뜻을 그대는 분명히 불필요하다고 여길 것인데, 마일부는 예전에도 불필요하다고 여겼지만 내가 하는 일을 반대하지는 않았소. 그대는 주관적인 태도가 너무 심해서 전체적인 실정을 살피지 않으오. 나는 중국의 학교에서 세력을 차지하고 있는 이들이 국학이라는 학문을 인정하지 않기에 신심성명 같은 용어를 싫어하며, 더 이상 그들이 이러한 공부를 하도록 인도할 수 없다고 줄곧 느끼고 있소. 나는 이에 절망감이 들어, 문을 걸어 닫고 체계적인 이론을 구축하는 데 몰두할 것이오.[4]

---

4) 「與梁漱溟」(1957.6.25), 『十力書簡』, p.36.

웅십력은 본체론과 우주론에 관해 논하는 것을 좋아한다고 직접적으로 인정하고 있다. 그러나 여기에서의 논법을 따르면, 그는 사상의 중점에 있어서 양수명과 마일부와 마찬가지로 신심성명을 중심으로 하고 있으며, 우주론은 결코 그의 사상의 궁극적인 관심사가 아니다. 웅십력에게 있어서 우주론은 신심성명이 유익한 학문이라는 것을 설명하는 일종의 방식이며, 또 한편으로 우주론은 이론적, 논리적으로 신심성명이라는 학문의 전제가 될 뿐이다. 동기 면에서 볼 때, 그가 체계적인 우주론을 구축하려는 까닭은 소극적으로 말하면 중국대학의 철학학계의 인정을 받으려는 것이며, 적극적으로 말하면 중국대학의 철학자들이 신심성명의 공부를 하도록 인도하려는 것이었다. 사실, 웅십력과 양수명 등의 근대적인 대학체계 밖의 중국철학자들(비록 웅십력과 양수명은 초기의 북경대학에서 가르친 적은 있었지만)과 대학에서 서양철학의 훈련을 받았던 철학교수들 간에 어떤 긴장이 있었다고는 하지만, 그의 신유식론 철학은 결코 대학의 철학교수들을 변론의 대상으로 하여 글을 쓸 수는 없었다. 그러므로 이러한 측면에서 볼 때 대학의 철학교수들을 계도하려고 했다기보다는 웅십력의 서양철학의 본체론에 대해 관심을 가진 동시에, 이에 응답하고자 하는 마음을 품고서, 유가사상에 서양철학도 인정할 수 있으면서 유가의 뿌리를 벗어나지 않는 본체론 철학을 구축하고자 했다.5) 이로 인해 그의 철학은 결코 대학의 철학자를 계도하기 위한 것이 아닌 서양철학에 대한 응답이었다. 이러한 '연결지어 말하는 방식의' 현대적인 재구축은 유가사상의 본체론의 벼리가 드러날 수 있게 할 뿐 아니

---

5) 웅십력은 唐君毅에게 보낸 답신에서, 新論은 "또한 서양철학사상에 견주어 이론 체계를 세우고, 동양철학의 골수와 면모를 완성하는 것이라네"라고 언급했다.(『十力語要』, 中華書局, 1996, p.125.)

라, 유가를 유럽 중심론의 영향을 받은 철학자들에게 철학으로서 인정받을
수 있게도 한다.

같은 편지에서 웅십력은 또 다음과 같이 밝히고 있다.

> 결국 나는 우주론에서 체와 용은 둘이 아니다(體用不二)라는 주장을 펼쳤는
> 데, 이에 대해 영원토록 추호의 의심이 없을 것이라고 믿고 있네. 과학의
> 자료를 운용할 수 없는 아쉬움은 체용론의 뒤에 이미 언급한 바 있는데, 현
> 명한 후학들이 이 작업을 이어 주기를 바라고 있다네. 이것이 이루어져야
> 비로소 신심성명을 논할 수 있을 것이네.…… 뜻에 구분이 있으니, 본체론
> 과 우주론 이러한 용어로 구분하면 좋을 듯하네. 그러나 서양인들의 논법은
> 흔히 우주와 인생을 나누는데, 이는 옳지 않다네. 베르그송(Bergson)이 말하는
> 생명의 경우에는 이를 나누지는 않았지만, 아쉽게도 참된 생명을 제대로 얻
> 지는 못하였네. 『역易』에서의 건곤乾坤의 뜻은 분명히 우주와 인생을 일체一
> 體로 융합하여 말하였으니, 나는 이를 들어 우주론을 논하였네.6)

웅십력은 먼저 본체론과 우주론을 구축해야만 신심성명을 논할 수 있다
고 여겼지만, 왜 먼저 우주론을 논해야만 인생론을 논할 수 있는지는 설명
하지 않았다. 비록 중국 고대철학 중에도 근본으로부터 말단을 유추하는
논법이 있었지만, 웅십력 사상에서의 심학心學의 특징을 고려할 때 여기에
서 그는 서양철학의 사유방식의 영향을 받아서 우주론이 인생론의 논의 전
제라고 인정한 것 같다. 웅십력이 보기에 철학은 사상체계로서 그 안에 다
른 부분을 포함하고 있는데 이러한 부분을 어떻게 구분하는가는 중국 고대
의 분류 방식을 고수할 필요가 없으며, 서양철학에서의 본체론과 우주론에

---

6) 『十力語要』(中華書局, 1996), p.37.

관한 구분이 매우 좋으므로 이를 흡수하고 채용해야 한다고 여긴다. 또한 그는 서양이 본체론과 우주론을 철학의 기타 부분과 확연히 구분하여 서술하고 크게 발전시킨 것은 취할 만한 점이지만, 서양철학은 우주론과 인생론을 분리하며 만물의 존재와 인간의 존재를 분리하는 경향이 있는데, 이것은 취할 바가 못 된다고 지적하기도 하였다. 그의 철학은, 우주론에서는 수렴과 발산의 상호작용과 양이 음을 주관한다는 것에 대해 논의하며, 인생론에서는 마음이 사물을 주재하고 마음이 사물을 주관한다는 것에 대해 논의하고 있는데, 이는 곧 우주론과 인생론을 일체일관一體一貫으로 하여 양자를 소통시키고 우주론으로 인생론을 설명하려는 적극적인 의도이며, "우주와 인간의 삶을 일체로 융합하여 논의하는 것, 이것이 서양의 학술과 다른 것이다."[7] 따라서 웅십력은 우주론 자체를 논하는 것은 전혀 잘못이 없으며, 우주론과 인생론을 분리하여 서로 관계가 없다고 하는 것이 잘못이라고 생각한다.

웅십력은 같은 날 임재평林宰平에게 보낸 답신에서도 다음과 같이 말하고 있다. "동양의 옛 학문은 마음(心)을 제외하면 뿌리가 없는 것입니다. 만일 과학철학이 유물심적 근원은 곧 외물이라고 주장한다면, 옛 학문은 그 뿌리가 끊기게 되어 지혜와 도덕의 원리, 수양의 공부는 모두 흔들리지 않는 것이 없을 것입니다.…… 제가 지금 쓰고 있는 원고는 존심存心이라는 두 글자에만 집중하고 있을 뿐입니다."[8] 여기서의 원고란 『명심편明心篇』을 가리킨다. 마음을 보존한다(存心)는 주장은 같은 날 양수명에게 보낸 답서에서도 다음과 같이 말하고 있다. "습재(옮긴이 주: 顏元의 호, 『习斋四存編』을 저술함)

---

7) 「與梁漱溟」(1957.6.25), 『十力語要』, p.38.
8) 「與林宰平」(1957.6.25), 『十力語要』, pp.34~35.

의 네 가지의 보존(四存)에서 나는 일존一存을 중시하여 이 마음을 보존하라고 말하는데, 이것을 보존하지 못한다면 옛 학문은 완전히 무너질 것이오."9) 이로부터 우리는 웅십력이 본체론과 우주론을 구축하고자 노력하는 동시에, 또한 마음을 보존하는 학문이 동양 학술의 뿌리이자 밑바탕임을 강조하고 있음을 볼 수 있다.

2.

웅십력의 이러한 견해는 철학의 적극적인 의미를 인정하는 동시에, 철학 내부적으로 선후를 논함에 우주론을 우선하고, 경중을 논함에 인생론이 중요하며, 천인 관계로 논하면 우주와 인간의 삶은 통체일관通體一貫이라는 전통적 방식으로 표현할 수 있을 듯하다. 이러한 생각은 웅십력에게 있어서 일관된 것이었다.

웅십력의 사상에 따르면, 이른바 인생론의 중요성은 철학의 이론체계에서 신심성명에 관한 부분이 이론적으로 우주론보다 훨씬 중요하다는 것을 의미하는 것만이 아니라 신심성명을 실천하는 것이 진리로 들어가는 근본적인 방법이라는 것을 의미한다.10) 그는 『십력어요十力語要』의 첫 번째 편지인 장계동張季同에게 쓴 서신에서 "동양의 학술은 궁행躬行으로 귀결되니, 맹자가 '몸소 실천하고 본성을 다한다'는 말이 그 궁극적 준칙이라네"11)라고

---

9) 「與梁漱溟」, 『十力語要』, p.37.
10) '진리'의 의미에 관해서는, 웅십력은 玄學의 진리 의미에는 3가지가 있는데 그 주요한 의미는 實體이며, 과학의 진리 의미에는 6가지가 있는데 그 주요한 의미는 객관적 법칙이라는 견해를 제시한 바 있다. 「答唐君毅書」, 『十力語要』, pp.135~137을 참조할 것.
11) 「與張季同」, 『十力語要』(中華書局, 1996), p.2.

말하고 있다. 또 다른 편지에서는 "이 땅의 선현들은 우주와 인간의 삶의 참됨(眞際)을 깊이 궁구함에 있어서 그 착수처는 자신에게 돌이켜 몸과 마음이 실천하는 데에 있어야 하는 것이지, 쓸데없이 이론이 되는 것을 하찮게 여기셨네. 비록 지식을 버리는 것에서 시작하지는 않았지만, 궁극으로 도달하는 것은 진리를 체인하여 진리와 하나가 되는(體眞理而与之为一) 데에 있네"[12]라고 말하고 있다. 이는 중국철학의 목적이 진리를 체인體認하는 것이며, 또한 정신과 생명에서 진리와 하나가 되는 것임을 의미한다. 그러므로 인생론의 중요성은 목적적인 것일 뿐만 아니라 방법적인 것이기도 하다.

웅십력이 보기에는, 자신에게 돌이켜 실천하는 것이 우주와 인간의 삶의 참됨을 탐구하는 요체인데, 바로 우주의 본체가 곧 삶의 본체이기도 하기 때문이다. 그러므로 그는 "철학에서의 우주론, 인생론 그리고 지식론은 서양에서는 비록 이와 같이 구분하지만, 중국철학에서는 이에 맞추어 너무 구분하는 것은 적합하지 않은 듯하네. 우리 마음의 본체는 곧 천지만물의 본체이니, 우주와 인간의 삶을 어찌 두 조각으로 나누어 탐구할 수 있겠는가? 치지致知의 궁극은 돌이켜 조용히 깨달음으로 귀결되니, 이것은 서양의 지식론과는 같은 것으로 볼 수는 없을 것이네"[13]라고 말하고 있다. 그는 서양의 지식론이 과학을 발전시키는 데 유리함을 지적하는 한편, 중국철학의 치지론致知論은 우주와 인간의 삶을 소통시키고 본체를 몸소 깨닫는 데에 유리하다고 강조하고 있다. 이로써 우리는 웅십력의 철학관에서 우주의 본체가 곧 우리 마음의 본체이며, 자신을 돌이켜 체인하는 것이 곧 본체를 깨달을 수 있는 것이라는 자신의 철학적 주장을 전제해 두었음을 알 수 있다.

---

12) 「與張君」, 『十力語要』, p.3.
13) 「答謝石麟」, 『十力語要』, p.61.

웅십력은 중서철학의 문화 문제에 대해 장동손張東蓀과 여러 차례 토론하면서 다음과 같이 말하였다. "(나의) 이 편지는 동양의 학문을 철학으로 여기는데, 오늘의 학자들이 보기엔 꼭 그런 것 같지는 않소. 그러나 아우는 줄곧 철학은 본체론만이 그 본분 안의 일이고, 이것을 제외하면 대부분 이론과학에 속한다고 주장하니, 오늘날 성행하는 해석학파는 일종의 논리의 학문일 뿐이어서, 이는 실로 학자들에게 도움이 될 것이지만 철학의 정통은 아닐 것이오. 오늘의 학자들은 본체론을 내던져 버리고, 아우는 끝내 궁극만화窮極萬化의 근원으로만 여기니, 이는 학문이 폐허로 돌아갈 뿐이오.…… 본체를 봄에 있어서 동양의 학문보다 절실한 것은 없소."[14] 이는 다음과 같은 사실을 표명한다. 웅십력은 20세기 초 세계철학의 반형이상학, 반본체론 사조를 잘 알고 있었지만, 철학은 본체론을 위주로 하여 우주만상의 변화의 근원을 깊이 탐구해야 한다는 주장을 견지하였고, 아울러 동양의 중국철학이 본체를 볼 수 있는 최고의 방법이라고 굳게 믿었으니, 따라서 동양의 학문은 철학임에 틀림없을 뿐만 아니라 철학의 올바른 방향을 대표하는 철학의 정통이라는 것이다. 그는 또 다음과 같이 말하고 있다.

어제 임재평林宰平이 이곳에 들러서 말하기를, 서양인들의 '철학'이라는 단어는 본래 지식적인 것인데, 아우(웅십력)가 중국의 학문을 철학이라고 여기면서 지식과 수양의 일치를 주장하니, 이는 아마도 서양철학을 연구하는 이들에게는 받아들여지지 않을 듯하므로 굳이 철학이라는 용어를 사용하지 않아도 좋을 듯하오.…… 아우는 과학과 철학의 영역을 구분하여, 과학은 외부세계의 존재를 가정하므로 이치는 외물에 존재하며, 이치를 궁구하는 것

---

14) 「與張東蓀」, 『十力語要』, p.71.

은 반드시 순수한 객관적인 방법을 사용해야 하니 따라서 이것은 지식의 학문이고, 철학은 우주, 생명, 진리, 지식을 관통하여 하나가 되고 본래 안과 밖이 없으니, 도는 자신을 돌아봄에 있어서 실천이 없으면 깨달을 수가 없으므로, 이것은 수양의 학문이라고 주장하였소. 이렇게 말하면 철학 외에 따로 비철학적이고 비종교적인 분과를 설립할 필요가 없는 것이오.…… 아우는 철학의 영역은 이미 확정되어 있어 곧 본체론을 그 영역으로 한다고 여겨서, 중국과 서양 학자들의 본체에 대한 탐구는 그 방법과 공부가 각각 환경과 습속에 따라 다름이 있는 것이오. 그에 따라 그 성취도 각기 다르니, 이것은 무릇 일치하면서도 만 갈래 생각이 있음을 족히 표징하고, 길은 달라도 같음으로 귀결되는 이치에 거슬리지 않는다고 생각하오.[15]

임재평의 견해에 의하면, 서양의 철학은 형이상학을 포함하며 모두 지식 형태의 철학으로 인간의 심신수양과는 관계가 없고, 중국의 학문은 수양을 강조하고 지식과 수양의 일치를 주장하므로 이는 단순히 지식을 강조하는 서양의 철학적 전통과는 다르며, 서양철학의 시각에서 볼 때 중국의 학문을 철학으로 인정하기가 쉽지 않으니, 따라서 '철학'이라는 명칭으로 중국사상이나 동양사상을 지칭할 필요가 없는 것이다. 장동손은 종교와 철학 이외에도 일종의 철학도 종교도 아닌 학술이 있으며 철학과 종교의 성질을 겸하고 있는데, 중국의 학술은 아마도 이에 해당할 것이라고 주장하고 있다. 웅십력의 견해는 이와 달리, 학술에는 과학과 철학의 두 종류만 있으므로 철학 이외에 따로 철학도 종교도 아닌 어떤 분류를 할 필요가 없다고 보고 있다. 인식론이 바뀐 서양철학의 사조를 마주하여 웅십력은 여전히 철학은 본체론을 자신의 영역으로 삼아야 한다고 고수하며, 서양은 지식으

---

15) 「與張東蓀」, 『十力語要』, p.72.

로 본체를 탐구하고 중국은 수양으로 본체를 깨닫는 것이니, 이것이 바로 근본은 하나이지만 만 갈래의 생각이 있고, 하나로 귀결되나 만 갈래의 길을 지니는 것으로서, 서양과 중국의 학술은 모두 철학으로 통칭할 수 있다고 밝히고 있다. 확실히 웅십력은 결코 서양철학의 전통을 '철학'의 유일한 이해로 여기지 않았으며, 서양과 중국을 다른 방법과 여러 생각으로 보고 '철학'을 서양의 지식 중시형과 동양의 수양 중시형이라는 사상체계의 '통칭'으로 삼았다.

웅십력은 또 이탈리아인인 마그리니(Magrini)에게 답한 장문의 서한에서 다음과 같이 말하고 있다.

> 진리는 다름 아니라 곧 우리 인간 생명의 원리이자 우주 형성의 원리이기도 하오. 그러므로 진리에 대해 말하면 인간의 생명과 대자연 곧 우주는 서로 융합되어 분리할 수 없는데, 동일하게 이 진리의 현현顯現이기 때문이오……무릇 철학이라고 하는 것은 만물의 변화를 궁구하고 그 근원을 탐구하고 온갖 이치(理)에 통달하여 그 궁극(極)을 이해하는 것으로서, 반드시 실체인 몸과 마음의 실천 속에서 엄밀하게 체험되는 고요하고 은밀한 경지오……반드시 알아야 할 것은, 철학이 연구하는 것은 진리이나, 진리는 반드시 몸소 실천하여야 비로소 드러나는 것이지, 진리를 마음 밖의 외물로 여겨 인간의 지식으로 해석하여 알 수 있는 것이 아니오. 진실로 말하건대, 우리는 반드시 속마음(內心)의 수양을 해야만 명각明覺에 이르게 되니, 이것이 곧 진리의 드러남(呈顯)이오. 이렇게 해야 비로소 명각과 진리가 둘이 아님을 알게 되니, 중국철학이 밝히 드러내는 것은 오로지 이뿐이오.[16]

---

16) 「答馬格里尼」, 『十力語要』, pp.142·144.

그러므로 웅십력은 다음과 같이 강조한다. "철학이 연구하는 것은 모든 사물의 근본 원리로서, 바꾸어 말하면 인간생명의 원리와 우주형성의 원리이오. 무릇 인간생명의 원리와 우주형성의 원리는 본래 둘이 아니므로, 이러한 원리는 객관적인 것이 아니며 외재적인 것이 아니오. 만일 이러한 원리의 실제實際를 궁구하려면 스스로 마음의 수양공부가 없으면 안 되오. 오로지 마음의 수양공부가 깊고 순일할 때에야 비로소 이러한 원리가 드러나게 되며, 저절로 밝아지고(自明) 스스로 알게 되고 스스로 깨닫게 되는 경지에 이르는 것이오. 앞에서 체인이라고 말한 것이 바로 이것이오. 그러므로 철학은 지식의 학문이 아닌 스스로 밝아지고 스스로 깨닫는(自明自覺) 학문인 것이오."17) 이러한 논의는, 웅십력이 수양을 철학으로 여긴 것은 결코 정신 발전의 전체성을 강조하는 데서 나온 것이 아니며, 그 근본 원인은 수양을 해야만 본체를 몸소 깨달을 수 있다고 여겼기 때문이니, 이러한 의미에서 수양이란 본체론과 무관한 도덕적 수양의 행위가 아니라 본체론의 중요한 부분이 되고 있음을 표명하고 있다.

당연히 여기서 언급한 것은 웅십력의 철학 관념에 관한 이해만이 아니라 그 자신의 철학적 경향을 언급한 것이기도 하다. 그는 동양과 서양에는 모두 철학이 있으며 동서양의 철학에는 서로 다른 특징이 있다고 생각하지만, 동양의 철학이 정통이라고 여긴다. 지식과 수양을 함께 중시하는 입장에서 웅십력은 "나는 서양의 학자들이 본체를 탐구하는 정신은 실로 경탄할 만하다고 말하나, 그 본체론은 아마도 희론(戲論18))일 것이네"19)라고 여긴

---

17) 『十力語要』, p.145.
18) 옮긴이 주: 戲論(prapañca)은 龍樹가 쓴 『中論』에 나오는 개념으로, 진리에 어긋나고 그릇된 집착과 차별에서 비롯되어 사람들을 망상의 세계 속에 빠뜨리는 전도된 인식이나 망상에서 비롯된 허망한 언어, 무의미한 말을 가리킨다.

다. 그는 또 다음과 같이 말하고 있다. "서양의 근세에는 본체에 관한 논의가 드물며, 그 이전에 본체를 논의한 것은 모두가 사유 구조로 인하여 희론이 되었고, 시종일관 밖으로만 탐구하였으니 장님 코끼리 만지기 식이었을 따름이오. 신론新論은 서양을 살펴보아 그 잘못을 답습하지 않으며, 분석에서 시작하나 자신을 돌아보는 데서 마치는 것이오."[20] 요컨대 웅십력은 우주론과 본체론을 구축하는 동시에 개인의 생명은 곧 우주의 생명이며 인간은 마음의 수양을 통해서만 마음속에서 진리를 드러나게 할 수 있으며, 철학은 단순한 지식의 학문이 아닌 청명함을 함양하는 학문이라는 것을 곳곳에서 강조하고 있다.

3.

'철학'이라는 문제에 있어서 양수명은 웅십력의 견해와 다르다. 『양수명전집』의 '어떤 선생에게 드리는 편지'에서 다음과 같이 말하고 있다.

철학은 서양의 산물이고, 우주의 근본 문제에 대해 추측하고 헤아리는 것은 모두 제6식識의 소위所爲이니, 불교도의 말류인 모든 논사들도 이 길에 빠지는 것을 면하기 어려울 것입니다. 그러나 옛 부처는 몸소 깨닫고 언어에서 벗어났으니, 전식轉識하여 지혜를 이루는 일은 제6식의 소위로 보건데 이는 단지 희론戱論에 불과할 따름이니, 하늘과 땅만큼 다른 것을 어찌 서로 견줄 수 있겠습니까? 선생님의 서한에서는 이를 비교해야 한다고 하시는데, 제

---

19) 「答唐君毅」, 『十力語要』, p.140.
20) 「答胡生」, 『十力語要』, p.278.

생각으로는 근본적인 착오인 듯합니다.[21]

이 견해에 따르면, 철학은 단지 희론이고 '식견識見'일 뿐이지 '지혜'가 아니며, 참된 지혜란 '몸소 증험하고 명언에서 벗어나는 것' 곧 개인의 체험에 호소하고 명언名言에서 벗어나는 논의인 것이다. 그는 동양의 지혜의 학문을 철학과 서로 비교하는 것을 근본적인 착오라고 생각한다.

양수명은 『면인재독서록勉仁齋讀書錄』 중의 「웅십력의 저서들을 읽고 나서」라는 글의 제5 부분에서 웅십력 저술들의 득실을 평론하면서, 유학을 철학과 같은 것으로 볼 수 없다고 더욱 분명히 밝히고 있다.

유가의 신심성명의 학문에 관해서 말하면 오늘날 '철학'이라고 일컫는 것과 동일시할 수 없는데, 웅십력 선생은 실로 모를 리 없건만 한사코 시류를 좇아 맘대로 이 또한 철학이라고 부른다. 이는 곧 의식적이든 무의식적이든 유가의 특징을 모호하게 하는 것으로, 원래 유가(原儒)의 임무를 다하지 않은 것이다. 선생은 근본적인 곳에서부터 학술의 내재적 의미 분류를 정리하여 근대 이후의 서양 학술풍조의 천박한 오류를 철저히 바로잡고 동양의 옛사람들의 학문이 학술상에서 가져야 할 위치를 정확하게 밝히지는 않고, 그저 '철학은 어떠어떠해야 한다'고만 강조하니 이는 매우 충분하지 못한 것이다.…… 이미 맘 내키는 대로 시류를 좇아 유학을 서양인들이 말하는 철학에 귀속시켜 자신의 입장을 완전히 잃어버렸는데도, 철학을 연구하는 이들에게 일반적으로 통용되는 연구는 버리고 자신이 닦은 공부를 기어이 따르게 하는 것이니, 어찌 옳은 것이겠는가?[22]

---

21) 『梁漱溟全集』 第8卷, p.315.
22) 『梁漱溟全集』 第7卷, p.755.

316 | 진래 교수의 유학과 현대사회

양수명이 보기에 유학의 기본적 특징은 신심성명의 학문이니 유학은 철학으로 부르거나 어떤 철학으로 귀속할 수 없고, 만일 유학을 철학이라고 부른다면 유학의 특징을 모호하게 만들게 된다. 그는, 웅십력이 이를 명확히 이해하고 있었으나 웅십력의 의도는 서양의 철학과 동양의 학술을 모두 철학이라 칭하고 그 둘을 철학의 다른 구체적인 표현으로 보아 이로부터 철학은 동양철학을 정통으로 삼아 지식과 수양을 함께 중시할 것을 주장하는 것이라고 생각한다. 양수명은 이러한 방법이 매우 불충분한 것이어서, 한편으로는 사람들이 유학을 일반적인 철학으로 여겨 유학의 신심성명의 학문으로서의 근본적 특징을 이해할 수 없게 하며, 다른 한편으로는 심신수양의 학문으로써 철학의 내포를 확대시키고 일반적으로 철학을 이지적 사변으로 여기는 이들을 심신의 학문으로 바꾸도록 요구하는 것은 현실적이지도 않고 적합하지도 않은 것이라고 생각한다. 양수명은 웅십력의 이러한 의도를 '우선 섞어 버리고 다시 끌어내기'(先混進去, 再拖過來), 즉 우선 유학을 철학에 혼입하고 다시 일반적으로 철학을 연구하는 이들을 심신의 학문 쪽으로 끌어들이는 것이라고 요약한다. 여기서 우리는 양수명이 '철학'을 이해하는 관점이 완전히 서양의 지식 전통에 한정되어 있으며, 그 자신은 이렇듯 교착된 이해를 가지고 있으면서도 웅십력에게 학술 분류를 정리하여 서양 학술풍조의 실패를 바로잡도록 요구하고 있음을 볼 수 있는데, 이는 모순인 것 같다.

이로부터 양수명은 웅십력의 학문에 대해서 단호한 비판을 가하였으며, 특히나 웅십력이 "철학적 유희를 병적으로 좋아한다"(癖好哲學這把戲)라고 비판하였다.

웅십력 선생은 그것이 지식을 초월하고 이론을 중시하지 않는 일면이 있음을 굳이 스스로 강조하며, 지식으로 헤아리고 억측으로 구상하며 모든 것을 밖을 향하여 탐구하는 잘못을 극력 배척하고 있는데(이는 동양의 이론을 대표한다), 그러나 동시에 그것이 사변에 의지하는 측면과 또한 현묘한 생각(玄想)을 매우 중시한다고 하는 점도 인정하고 있다. 이것은 서양철학의 장점을 흡수하여 본체론과 우주론 등을 구축하려는 의도인데, 말끝마다 '안으로 중험하고 언어를 벗어난다'라든가 '인류 일상 속에서 신묘한 변화의 헤아릴 수 없음을 체인하는' 것을 철학의 요지라고 하지만, 실제로는 스스로 실천하여 깨닫는 실천은 하지 않고 사상적 유희에만 빠져 있다.…… 철학(지혜를 사랑하는 학문)은 본디 고대 그리스인들로부터 주창되었으나, 후에 서양인들이 발전시킨 것이다. 동양의 옛사람들의 지향과 취향은 이와 달라서, 철학은 독자적인 학문으로서 성공적으로 추구되지 않았다. 만일 동양의 옛사람들에게도 철학이 있었다고 한다면, 그것은 인도에서는 종교생활 속에서 뜻하지 않게 생겨난 일종의 부산물일 뿐이며, 중국에서는 도덕생활 속에서 뜻하지 않게 생겨난 일종의 부산물일 뿐이다. 다만 이러할 따름이다.[23]

이것은 웅십력이 동양의 심신의 학문(身心之學)을 인정하는 동시에 사변과 현상玄想을 인정하고 서양철학의 장점을 흡수하여 본체론과 우주론을 구축하는 것에 대하여, 양수명이 매우 큰 불만과 부정의 태도를 표명한 것이다. 양수명이 보기에는, 유학에 있어서의 사변과 현상은 도덕생활 중의 부산물일 뿐이다. 웅십력이 지식과 수양을 함께 중시하고 서양철학을 흡수하려고 노력했던 입장과 비교할 때, 양수명은 확실히 보수적인 태도에 치우쳐 있으며 또한 상당히 반주지적 경향을 가지고 있다.

이리하여 양수명은 이 글의 제7장에서 "그의 본체론과 우주론은 심각한

---

23) 『梁漱溟全集』 第8卷, p.757.

실패이다"라는 표제를 붙이고 웅십력을 힐난하고 있다. "웅 선생은 종교를 가벼이 여기고 철학을 너무 좋아하여 그가 말하는 철학은 더욱 본체론을 염두에 두게 되는데, 이는 모든 그의 저서에서 누누이 뚜렷하게 말하고 있는 것이다. 하지만 웅 선생은 종교와 결합하지 않는다면 본체론은 진작에 길이 끊겼다는 것을 모르고 있다."24) 종교 문제에서의 두 사람의 다름은 잠시 논외로 하더라도, 양수명은 웅십력의 본체론과 우주론에 대해 완전히 부정적인 태도를 가지고 있다고 할 수 있는데, 그가 보기에는 웅십력의 본체론과 우주론의 구축은 불필요한 것일 뿐만 아니라 '심각한 실패'였다. 왜 웅십력의 본체론이 심각한 실패인가. 양수명의 뜻을 미루어 볼 때, 이러한 이론의 해석은 마치 '몸소 증험하고 언어를 벗어난다'(親證離言)는 옛 학문의 종지와 위배되는 것 같다. 사실 양수명은 만년의 저술인 『인간의 마음과 삶』(人心與人生)에서 과학의 심리사에 대해 상당히 많은 분량으로 서술하고 있을 뿐만 아니라 개체로서의 생명은 곧 우주생명의 본체 우주론이라고 천명하고 있지만, 그 자신도 결코 '몸소 증험하고 언어를 벗어난다'는 것의 종지를 견지할 수 없었다.

양수명은 또 다음과 같이 지적하고 있다. "본체론은 본래 지식욕이 강한 서양인들에게서 나온 것이다. 이것은 각각의 사물에 대하여 절실하게 지식을 추구하는 데서 더 나아가, 경솔하게도 만물에 내재하고 상통하는 본체에서 만들어진 각종 발상을 알고자 하였지만, 바깥으로 추구된 지식이 이미 주체와 객체의 대대對待 속에 빠져 버렸음을 깨닫지 못하였으니, 일찌감치 본체와는 동떨어진 것이다."25) 이는 임재평, 장동손, 구양경무 등의

---

24) 『梁漱溟全集』 第8卷, p.759.
25) 『梁漱溟全集』 第8卷, p.762.

견해와 비슷한 것으로,26) 양수명은 본체론은 지식욕에서 나왔으며 서양인들은 지식욕이 강하여 구체적인 사물의 지식 위에서 만물에 상통하는 본체를 더욱 탐구할 것을 요망하였기에 본체론이라는 구상을 낳게 되었다고 생각한다. 그는 본체란 인간의 마음(吾心)과 상대되어질 수 있는 외재적 객체가 아니므로, 지식의 측면에서 출발하여 본체를 탐구하는 것은 옳지 않다고 여긴다. 이것은 분명히 본체는 존재하는 것이지만 지식론의 방법으로는 탐구할 수 없을 뿐이며, 본체와 내 마음의 심체는 주체와 객체의 상대적 관계가 아니고, 본체와 본심은 하나이지 둘이 아니라고 여기는 것이다. 사실 이러한 견해는 웅십력과 일치하는 것이며, 여기에서의 논법에 따르면 논리에 부합하는 결론은 본체를 탐구하는 서양 지식론의 방식을 바꾸고 본체에 접근할 수 있는 방식을 구축해야 하는 것이지, 본체론을 없애는 것은 아니다.

양수명은, 공문孔門의 학문은 "몸소 실천하고 본성을 다하는 것일 뿐"이고, 동양의 옛 학문은 "자신의 생명을 돌아보는 것이고, 심체를 깊고 맑게 하는 데 힘쓰는 것"27)이며, 또한 공자와 유학은 지식적 학문이나 철학적 사변이 아닌 '삶의 실천적 학문'28)이라고 생각한다. 그의 이러한 논법은 유가의 학문에 대해 확실히 포괄적이지 않은 것으로서, 비록 '신심성명의 학문'의 견해가 보이지 않는 것은 아니지만, 이러한 논법 속에는 유학의 정치, 사회, 윤리, 지식, 초월적인 측면이 모두 은폐되어 있고 유학의 본체론과

---

26) 구양경무의 주장은 아직 접해 보지 못했으나, 呂瀓이 웅십력에게 보낸 서한에서 다음과 같이 말하고 있다. "玄철학, 본체론, 우주론을 운운함은 서구의 학자들은 자신이 가진 것들에 근거하여 판단하고 범위를 넘어선 것에 불과하니, 차라리 배우지 않으면 자신을 보존할 수 있을 것이다. 그런데 반드시 공자와 부처의 말로써 추론하여 함정에 빠지고 마니, 이러한 방법은 잘못이다."(郭齊勇, 『熊十力思想硏究』, p.36에서 재인용.)

27) 「重讀馬一浮先生濠上雜著」, 『梁漱溟全集』 第7卷, p.849.

28) 「東方學術概觀」, 『梁漱溟全集』 第7卷, p.332.

우주론의 발전도 가로막혀 있을 뿐만 아니라 유학과 불학, 선학仙學의 차이도 변별할 수 없으며, 단지 부각되는 것은 '신심성명'의 학문일 뿐이다. 유학을 일종의 심성의 종교로 이해하는 데 편중된 이러한 견해는, 양수명 자신이 사회 개조에 중점을 두었던 새로운 유학 향촌자치(鄉治)의 실행과도 조화를 이룰 수 없는 것이다.

4.

웅십력이 위에서 언급했듯이, 마일부도 본체론과 우주론을 구축하려는 웅십력의 노력 방향에 찬성하지 않는다.

마일부의 저술에서 가장 주요한 특징은 '학문'에 관해 논한 것이다. 그는 「양석정에 답함」(答楊碩井)이라는 서한에서 "학문으로써 덕을 이루는 것이니, 덕이 이루어지지 않으면 학문이 무슨 소용이 있겠습니까? 그대는 여전히 견문과 지식의 이해를 학문으로 여기니, 그것이 실천과 관계가 없다고 말하는 것입니까?"29)라고 말하고 있다. 또한 "근래에 홍범洪範을 강론하여 아직 끝나지 않았는데, 제자서(諸子)를 마치 뜻풀이로만 본다면 그다지 큰 이로움이 없을 것이며, 사실 자신에게 절실하게 노력을 기울이지 않는데 어찌 많은 말이 필요하겠습니까?"30)라고도 말하고 있다. 그는 '학문'을 지식의 이해나 뜻풀이로만 이해하는 것에 반대하고, 학문을 하는 목적은 모두 덕을 이루는 것에 있다고 주장한다. 마일부는 예나 지금의 문인들이 학문을

---

29) 「答楊碩井三」, 『爾雅臺答問』, 卷1, 『馬一浮集』 第1冊, p.498.
30) 「答楊碩井四」, 『爾雅臺答問』, 卷1, 『馬一浮集』 第1冊, p.499.

하는 것은 다만 '문장을 일삼을'(以文爲事) 뿐이어서 의리義理와는 관계가 없는 것이며, "예컨대 요즈음 고문가라고 불리는 이들은 오로지 문장만을 일삼으니, 비록 의리를 언급한다 하더라도 문장의 수사에 뜻을 두어 문집이 세상에 전해지기를 바랄 뿐이다"[31]라고 지적하고 있다. 그는 학술을 자신에게 절실하게 실천하는 것과 분리하려는 이러한 경향을 매우 강하게 비판하고 있다.

마일부는 복성서원復性書院 학칙의 첫머리에서 다음과 같이 요지를 밝히고 있다. 서원이 학문을 주창하는 것은 "학문이란 마음을 세우는 근본과 힘써 행하는 바의 요체를 밝히는 것이며, 말을 하면 그대로 행하고 평생토록 본보기로 삼으며", "곧 그러한 덕을 이루는 것을 도와 옳은 데로 나아가 잘못을 고치되 자신도 모르게 하는 것이다."[32] 그는 다른 이에게 보낸 답신에서 다음과 같이 말하고 있다. "요즈음 서원에서 강론하는 것은 자신에게 돌이켜 찾는 것을 우선하고 두루 듣는 것은 뒤로 하며", "오로지 지식의 이해에 치중하는 것은 학문을 하기에 부족하니, 이를 뒤로 해야 뜻을 두고 수양을 붙잡을 수 있으며 덕으로 나아감을 기대할 수 있을 것이오. 강론과 학습은 다만 보조적인 것일 뿐이며, 모든 힘을 나 자신에게 쏟아야 하오."[33] 이러한 것은 오로지 지식의 이해에 치중하는 것을 반대하고, 유학의 자신에게 돌이켜 수양을 지속하는 것을 강조하며, 지식과 수양을 대립시킨 것으로, 이는 양수명의 견해와 일치하는 점이 있다.

마일부는 '당시 학자들의 철학을 연구하는 방법 및 비평적 태도로' 유학

---

31) 「答楊霞峰」, 『爾雅臺答問』, 卷1, 『馬一浮集』 第1冊, p.499.
32) 「復性書院學規」, 『復性書院講錄』, 卷1, 『馬一浮集』 第1冊, p.105.
33) 「答程德溥一, 二」, 『爾雅臺答問』, 卷1, 『馬一浮集』 第1冊, pp.503~504.

을 연구하는 것에 대해 불만을 드러내었으며, "중국의 선현들은 자신들의 체험에서 얻은 것으로써 학설을 밝혔으니, 처음에는 우주론과 심론이라는 명칭이 없었으며", "의리義理의 언사로 서양철학에 견주어 덧붙이는 것을 좋아함은 지혜와 총명이 지나친 듯하다"[34]라고 여겼다. 이러한 것들은 비록 웅십력을 겨냥하여 말한 것은 아니지만, 그 역시 양수명 등과 마찬가지로 우주론 등의 서양철학의 범주를 사용하여 중국 고대 선현들의 사상을 연구하는 것에 찬성하지 않음을 표명한 것이다. 그는 서원에서 배우는 것과 철학은 다른 것임을 다음과 같이 분명히 밝히고 있다. "서원에서 강론하는 것의 요체는 경학에 근본을 두고 자기의 본성(自性)이 본래 가지고 있는 의미를 밝혀내는 데 있으니, 지금 철학을 연구하는 이들과는 같이 논할 수 없는 것이네. 지혜 있는 이들이 좋아하고 숭상하는 것은 철학을 연구하는 데에 있으니, 만일 오늘날 철학을 연구하는 이들이 일반적으로 취하고 있는 객관적인 태도로 이를 과거시대의 일종의 철학사상으로 보아 연구한다면 아마도 큰 이로움은 없을 듯하네." "지혜 있는 이들에게 이러한 철학사상을 잠시 접어두고 오로지 중국 성현들의 경전과 염낙관민(濂洛關閩[35])의 유가들이 남긴 저작을 읽도록 권고하며", "착실하게 수양공부를 하여 자신의 심성과 의리의 단서를 깨닫게 하는 것이라네."[36] 마일부가 보기에는 철학은 밖으로 탐구하는 것이고 객관적인 것이며, 유학은 안으로 성찰하고 함양하는 것이다.

서원에서 배우는 것의 성격은 '성인의 학문'이며, 그는 이에 관하여 분

---

34) 「答程德溥一, 二」, 『爾雅臺答問』, 卷1, 『馬一浮集』 第1冊, p.503.
35) 옮긴이 주: 송대유학의 4대 학파. 濂(周敦頤), 洛(程頤,程顥), 關(張載), 閩(朱熹).
36) 「答許君」, 『爾雅臺答問』, 卷1, 『馬一浮集』 第1冊, p.527.

명하게 주장하고 있다. "학자는 성인이 되는 것을 배우는 것이네. 이치를 궁구하고 본성을 다하는 것이 곧 학자의 본분이고", "이치를 궁구하고 본성을 다하는 것을 버리고 달리 배운다면, 그 배우는 것은 무엇을 위한다는 것인가?"[37] "이는 반드시 절실하게 체득해야 하고, 이를 꾸준히 지속한다면 활연관통할 수 있다네. 단지 경전을 섭렵하는 데 일삼는 것은 겉핥기로 읽는 것이니, 몸과 마음과는 관계가 없는 것이라네."[38] 그는 더욱이 다음과 같이 말하고 있다.

오늘날의 과학과 철학의 방법은 대체로 경험, 추론, 관찰, 사상事相에 기초하여 분석을 하는데, 비록 그 깊이와 넓이에 있어서 성취한 바가 각기 장단점이 있으나 그것은 비량하여 알게 되면 똑같이 하나가 된다네. 생각을 기울이고 애써서 탐색함은 마치 두더지가 들판의 교사郊祀에 쓰이는 소를 잡아먹는 격이거나, 근거 없는 것으로 헤아려 탐구함은 원숭이가 물에 비친 달을 따려는 격이라네. 그것의 장점은 이론체계에 사고가 매우 치밀하다는 것이지만, 억지로 끼워 맞추려는 것으로는 자득自得할 수 없는 것이니, 중국의 성인들이 조리條理에서 시작하여 조리로 마치는 것으로 보면, 비록 하늘과 땅 차이로도 비유할 수 없을 정도이네. 군족을 분류하고 사물을 변별하는 것은 반드시 현묘한 깨달음(玄悟)에 바탕하며, 신령한 것을 궁구하고 만물의 변화를 이해하는 것은 곧 성스러운 증득(聖證)에 근본하니, 답습하여서 얻을 수 있는 것이 아니라네. 그대는 오늘날 학자들의 책에 대해 많이 보고 널리 취할 수 있다고 믿고 있는데, 유가 본원本源의 학문에는 아직 힘을 쏟지 않아 자신에게서 그것을 얻을 수 없음이 안타까울 뿐이네.[39]

---

37) 「答吳君」, 『爾雅臺答問』, 卷1, 『馬一浮集』 第1冊, p.510.
38) 「答池君」, 『爾雅臺答問』, 卷1, 『馬一浮集』 第1冊, p.511.
39) 「答張君」, 『爾雅臺答問』, 卷1, 『馬一浮集』 第1冊, p.519.

양수명은 철학을 제6식識의 학문으로 여기며, 마일부도 철학을 비량比量의 학문으로 보는데, 비량은 곧 지식을 탐구하는 학문이다. 마일부가 보기에는 유가의 학문은 '자득'의 학문이며, 자득은 곧 심성에서의 체험이다. 그러므로 유가의 성학은 현묘한 깨달음과 몸소 증득하는 학문이지, 지식과 견문으로 도달할 수 있는 학문이 아니다. 여기서 말하는 현묘한 깨달음이란 결코 본체에 대한 사변이 아닌 내적인 체오體悟이다.

마일부가 위에서 말한 관점은 그의 육예六藝사상과 서로 연관된 것이다. 그는 "모든 학술은 육예로 통합되니", 서양의 학술도 육예로 통합되며 모든 인류의 생활은 육예에서 벗어나지 않는다고 생각한다. 마일부는 특히 "그러므로 지금 육예의 도를 홍양하고자 함은 결코 좁은 의미에서 중국문화의 정수를 보존하고 단독으로 우리 민족의 정신을 발양하려 함이 아니라, 이러한 문화 보편적인 것을 전 인류에 파급하려는 것이다"[40]라고 말하고 있다.

웅십력과 현대신유가의 철학에 대한 시각을 비교해 보면, 양수명은 유학에 대해 일종의 원리주의(fundamentalism)를 취하여 유학의 문호를 고수하고 철학을 단지 서양문화의 특수한 전통으로 보고 있는 것 같다. 한편, 양수명의 시각은 보편주의가 아닌 어떤 특수주의를 띠는 것으로, 즉 동양의 성학은 심신의 학문(身心之學)이고 서양철학은 지식의 학문으로 서로 다르며, 각자 자신의 문화적 전통에 부응하였기에 각자의 학문에서 하나의 통일된 형태가 없으며 또한 필요하지도 않다고 생각한다. 그는 현대의 학술 영역에서 이 두 종류의 학문을 어떻게 합리적으로 자리매김해야 하는지에 대해서는 아무런 언급을 하지 않았다. 이러한 입장은 다원적 문화주의와 배치되지

---

40) 『泰和宜山會語』, 『馬一浮集』 第1冊, p.23.

않는 것으로 보이지만, 쉽게 상대주의로 이끌고 있다. 단일적이고 간명한 마음의 태도로는 유학이 현대에 있어서 여러 가지의 존재 방식과 발전 방식이 있을 수 있음을 상정할 수 없다. 예컨대, 현대의 학술-교육 편제 중 유학의 철학적 방향을 발전시키는 것은 유학의 기타 학문전승 방식과 병존할 수 없으며, 또한 서원 전통의 강학 및 수양과 병존할 수 없다. 양수명과 비교한다면 마일부의 육예설은 일종의 중국본위의 보편주의로서의 주장이며, 그는 육예로 모든 학술을 통합하여 육예는 어디에나 다 적용되는 보편적인 범주이며 근대 서양이 발전시켜 온 모든 학술은 육예에 귀속되어야 한다고 생각하는데, 이는 중국 고대의 육예체제가 근대 이래로 서양이 발전시켜 온 학술체계보다 훨씬 보편성이 있다고 말하는 것에 다름 아니다.

이러한 사실이 의미하는 것은, 양수명과 마일부의 시각은 다소 보수적이어서 세계문화의 발전적 조류에 부응할 수 없다는 것이다. 이들과 비교하자면 웅십력의 주장이 훨씬 합리적이라는 것은 틀림없으며, 웅십력은 서양철학의 장점을 흡수하여 중국철학의 단점을 보완하고 또한 철학을 서양 전통의 지혜를 사랑하는 학문이라는 의미를 넘어서는 것으로 이해하였으며, 철학의 관념 속에 동양과 중국의 전통적 학술 의미를 추가하여 철학의 세계성을 확장하고자 모색하였다. 비록 그의 중국철학에 대한 이해는 자신의 심학心學적 주장을 위한 색채를 훨씬 많이 띠고는 있지만, 이러한 주장은 다원문화의 가치에 부합하며 또한 다양한 차이를 인정하는 동시에 하나의 원리를 여전히 긍정하고 있다. 나아가 웅십력은 실제로 자신의 본체론-우주론 체계를 구축하였으며, 20세기의 중국철학과 세계철학에 중요한 공헌을 하였다.

서양 근대철학의 발전에 있어서 인식론으로의 전환은 본체론이 더 이상

철학의 중심이 아님을 의미한다. 칸트와 헤겔 이후로 본체론은 점점 쇠퇴하였으며, 마르크스의 형이상학에 대한 전복은 철학의 변혁을 촉진시켜 반형이상학이 조류가 되었다. 20세기 초에 이르러서는 이른바 '철학혁명'이 출현하였는데 언어학으로의 전환은 전통적인 본체론의 의미를 해체하는 데 초점을 두었으며, 20세기 말에는 더욱이 '철학의 종말'이라는 주장도 출현하게 된다. 이러한 발전에서 볼 때, 고대에 중시했던 본체론과 우주론을 현대에 재구축하는 의미는 아마도 성립되기 어려울 것 같다. 그러나 사실, 20세기의 서양철학의 전통에 대한 반성에 따라 본체론의 부흥도 수시로 출현하고 있다. 사유의 논리에서 볼 때 인간의 존재나 인식에 대한 것을 막론하고 근원적인 사고는 결국 정신의 내재적인 요구이며 세계의 통일 기초이자 사물이 존재하고 변화하는 근거이므로, 사고의 순서에 있어서 결국은 구체적인 철학적 고찰에 앞서는 것이다. 현대과학의 발전은 새로운 우주관을 만들어 내고 있으며, 물질의 기본 요소와 시간 속에 광범위한 미립자가 존재하고 있다는 생각은 점점 부정되고 있다. 이를 대체하여 출현한 것이 과정의 흐름으로서의 끊임없이 변동하는 우주의 모습인데, 우주는 갈수록 변동될 수 있는 총체로 경험되고 있다.[41] 이러한 시각에서 볼 때 웅십력 철학의 본체론과 우주론은 확실히 중요한 의미를 가지고 있다.

20세기에 중국철학은 강력한 전복의 힘과 맞닥뜨렸다. 그뿐만 아니라 서양철학의 전통도 근본적인 도전을 받게 되었다. 이러한 상황 속에서, 어떻게 고대 혹은 과거의 철학을 돌파하고 넘어설 것인지의 문제를 받아들이고, 해석과 발전을 통해 동서양의 철학적 전통을 어떻게 새롭게 빚어낼 것

---

41) 張汝倫, 『海德格爾與現代哲學』(復旦大學出版社, 1995), p.96 참고.

인가 하는 것이 매우 중요한 과제로 대두되었다. 근대철학 발전의 대세는 웅십력도 깊이 이해하고 있었다. 그는 본체론이 서양의 옛 철학이 즐겨 논의하던 것이나 근래에는 홀시되었다고 이해하였지만, 철학에 대한 본체론의 근본적인 의미를 고수하고 중국철학의 정신을 구현한 근대화된 본체-우주론을 발전시키고자 노력하였다. 웅십력은 그의 철학을 구축함에 있어서 중국철학을 총괄하는 바탕 위에서 서양의 유물론과 유심론 등의 철학적 사고를 흡수하였고, 서양철학의 동양철학에 대한 도전에 대답하는 데 적극적인 노력을 기울였으며 자신의 변별된 철학 체계를 성공적으로 구축하였다. 이러한 철학 체계의 깊이와 넓이 및 독특함은 웅십력의 철학을 의심할 여지없이 근대 중국철학이 세계로 나아가는 전범이 되게 하였다.

제15장 서로 상대방을 중시하다
─ 양수명梁漱溟의 유가윤리관

    나는 양수명의 만년 저작인 『인간의 마음과 삶』(人心與人生, 1975)에 관한 논문의 맺음말에서 다음과 같이 언급한 바 있다. "양수명의 '사실로 이상을 실증하는' 이러한 신념은 그의 일생을 관통하고 있는데, 비록 그가 만년에 마침내 자신의 심리학 저작을 완성한 공로는 인정할 만한 것이지만 사실 양수명이 심리학에서 거둔 성과의 가치는 그다지 크지 않으며, 양수명의 보다 중요한 공헌은 역시나 그의 윤리학의 일부분에 있다."[1] 이 글에서는 양수명의 윤리사상에 대해 서술하고 논의를 덧붙임으로써 현대성 윤리에 대해 유가적 전통이 취한 반응을 살펴보고, 끝으로 그의 '타자他者' 우선의 윤리사상에 대하여 간략하게 논의하고자 한다.

1.

    『인간의 마음과 삶』의 인심론人心論의 뒷부분에서, 양수명은 이른바 인생론人生論으로 들어가고 있다. 양수명은 인생론에서, 그가 일찍이 제기했던

---

1) 陳來, 『現代中國哲學的追尋』(人民出版社, 2001), p.275.

인류가 고대로부터 직면했던 '삶의 3대 문제', 곧 ① 인간의 물질에 대한 문제, ② 인간의 인간에 대한 문제, ③ 인간의 자기생명에 대한 문제를 여전히 고수하면서 다음과 같이 밝히고 있다. "인류의 3대 문제에 관한 이 주장은 내가 50여 년 전에 발표한 것으로, 예전 저술인 『동서문화와 그 철학』의 이론에서 근본적인 관념이었다. 지금 보면 이 책은 잘못된 곳이 많아서 그대로 놔둘 수 있는 부분은 매우 적지만, 그 근본적 관념은 바꿀 수 없는 것이다. 그러므로 이후에 쓴 『중국민족 자구운동의 최후각오』(中國民族自救運動之最後覺悟)에서 더욱 자세히 설명을 한 까닭은, 처음 저작을 비교적 타당하고 이치가 있다고 본 것이다."[2] 양수명은 여기에서 이미 삶의 3대 문제에 대한 사상 발전의 실마리를 짚어 내고 있지만, 상세한 서술을 덧붙이지는 않았다.

다음으로, 양수명은 인간 삶에서의 도덕적 실천에 대해 다음과 같이 말하고 있다. "인류의 생명에는 개체적인 측면과 집단적인 측면이 있으며, 삶의 실천에 있어서도 반드시 구분해서 말해야 한다. 앞 장에서는 주로 개체적인 측면에 대해서 도덕적 진리는 스스로 깨달아 향상시키고 몸으로 마음을 좇아야 한다고 말하였다. 이 장에서는 인류의 사회생활 중에서의 도덕이란 윤리적 정의情誼를 힘써 다하는 데 있음을 자세히 서술하고자 하며, 이는 '인륜에 힘씀'(盡倫)이라는 말로 총괄할 수 있다."[3] 양수명의 이러한 사상은 '도덕'이란 인간심성의 자각과 향상에 대해 말하는 것이며, '윤리'란 인간이 인륜 관계 속에서 그 의무를 다해야 한다는 것에 대해 말하는 것임을 의미한다. 다시 말해서, 이러한 견해는 도덕을 주관적인 내심의 상태로 보고 윤

---

2) 『梁漱溟全集』 第3卷(山東人民出版社, 1990), pp.716~717.
3) 『梁漱溟全集』 第3卷(山東人民出版社, 1990), p.726.

리를 객관적인 인륜 관계로 보는 것으로, 이는 헤겔의 도덕과 윤리에 대한 견해와 비슷하다.[4]

'윤리'에 관해 양수명은 『인간의 마음과 삶』의 제18장에서 다음과 같이 말하고 있다.

> 인류는 이지理智가 발달하였기 때문에 특히 감정(이것은 동물이 미칠 수 있는 것이 아니다)이 풍부한데, 감정은 주로 사람과 사람이 서로 감화를 받는 데(인간은 천지만물에 대해서도 감정이 있지만, 서로 감화된다고 말할 수는 없다)에 있으며, 윤리적 감정이라 함은 곧 이를 가리키는 것이다. 윤倫은 윤의 짝(倫偶) 즉 생활 속에서 서로 관계된 쌍방을 일컫는데, 그들이 오랜 시간을 함께 지내든 일시적으로 만나든지는 논할 필요가 없다. 이렇게 서로 관계된 생활 속에서의 사람과 사람의 정감을 윤리라고 한다. 윤리의 이치란 무엇인가? 곧, 피차간에 서로 배려하는 것일 따름이다. 좀 더 자세히 설명하자면, 그러한 이치에 도달하기 위해서는 마땅히 피차간에 서로 상대방을 존중하고, 자기 쪽을 위해 상대방을 무시하지 않아야 한다.[5]

'감정'의 측면으로부터 '윤리'에 개입하는 양수명의 이러한 논의는 매우 주의할 만한 가치가 있다. 여기에서의 '감정'은 희노애락의 감정이나 남녀의 사랑에 대한 욕구를 가리키는 것이 아니라, 사람과 사람 사이에서 의사擬似가족 구성원 간의 친밀하고 서로 아껴 주는 감정을 가리킨다. 양수명은 윤리倫理라는 것의 윤倫은 곧 인간관계 속의 쌍방이며, 리理는 곧 인간관계에서의 쌍방이 서로 감화를 받는 정리情理라고 생각한다. 그가 말하는 '윤倫'은

---

4) 査爾斯·泰勒(Charles Taylor), 『黑格爾與現代社會』(聯經出版公司, 1990), pp.132~133을 참고할 것.
5) 『梁漱溟全集』 第3卷, p.726.

맹자의 '인륜人倫' 관념에 부합하는 것이며, '리理'는 감정(情)을 떠날 수 없는 것이기에 강제로 복종하는 외재적인 규율이 아니다. 양수명은 사람과 사람 사이에서의 적극적인 도덕 감정을 윤리 관계의 기반이자 원칙으로 보고 있다. 이러한 정의情誼나 윤리를 관념으로 표현한다면 곧 '상대방을 존중한다'는 것이다. 당연히 지적해야 할 것은, 이른바 '서로 상대방을 존중한다'는 것은 양수명의 중국문화에 대한 사회학적 관찰이며, 모든 상대적인 사회적 윤리 관계를 초월하는 원칙적 요구이기도 하다. 그러나 이것은 결코 한 개인이 상대방을 존중한다는 것이 반드시 상대방도 나를 존중해야 한다고 말하는 것은 아니다. 그러므로 이상적인 사회란, 각각의 윤리적 상대 관계(부자, 부부 등) 속에서 '서로 상대방을 존중하기'를 바라며, 개인에 대해 말하면 윤리의 원칙은 곧 '상대방을 존중하는 것'이다.

양수명은 몸과 마음의 구분으로부터 출발하여, 상대방을 존중하는 것은 인간의 '마음'으로부터 비롯되는 결과이며, 만일 '몸'에서 비롯된다면 인간은 자기 자신을 위하게 될 것이라고 생각한다. '마음을 보존하는'(存心) 사람이라야만 자신의 육체의 한계를 넘어서서 '마음속에 상대방을 품을 수' 있다. 한 걸음 더 나아가 말하면, 마음을 보존하는 사람은 단지 마음속에 상대방을 품는 것뿐만이 아니라 심지어는 상대방을 위하여 자기 자신마저 잊게 되는데, 그는 다음과 같이 말하고 있다. "예를 들어, 어머니는 아기에게 늘 이렇게 하질 않는가? 무릇 경중은 다르나 상대방을 극진히 보살피는 갖가지의 모든 마음을 통칭하여 윤리적 정의(倫理情誼)라고 한다. 정의情誼는 정의情義라고도 하는데, 의義는 의무이며, 인간이 사회 속에서 각종 윤리상의 의무를 다할 수 있다면 사회에 대한 공헌이 이보다 클 수는 없으니 이를 곧 도덕이라고 한다."6) 이러한 심신설身心說은 맹자사상의 계승이라고 할 수 있으며, 그가 말하는 '마음'(心)이란 감성적 소아小我를 초월한 도덕심을 가리키는 것임은 의심할 바가 없다. 양수명은 윤리를 일종의 심정心情이라고 말하고 있는데, 이러한 것은 모두 전통적인 심학心學의 논법과 일치한다.

2.

지금 우리는 양수명이 제시한 실마리에 근거하여 그의 이러한 윤리관의 발전과 진전에 대해 추적하고 있다.

1920년대 초에 이미 양수명은 『동서문화와 그 철학』에서 도덕감정을 중시하고 있음을 다음과 같이 언급하였다.

> 효성과 공경은 실로 공자의 가르침에서 유일하고 중요한 주장인데, 공자의 이 효성과 공경도 별다른 뜻이 있는 게 아니라 사람들에게 공자처럼 정감이 풍부한 생활을 하도록 하려는 것이니, 자연히 사람들에게 정감이 발단하는 곳으로부터 시작하도록 하는 것일 뿐이다.…… 7)

그는 또 말한다.

> 서양인에게는 나(我)가 있으나 중국인에게는 나(我)가 필요치 않다. 곧 어머니의 아들에 대한 정감에는 아들은 있고 자기는 없는 듯이 하고, 아들의 어머니에 대한 정감은 어머니는 있고 자기는 없는 듯이 한다. 형이 동생에 대하여, 동생이 형에 대하여, 또한 친구끼리 사귐에 있어서 남을 위함에 자신

---

6) 『梁漱溟全集』 第3卷, p.727.
7) 『梁漱溟全集』 第1卷, p.467.

의 이익을 도모하지 않으며, 자기를 굽히고 타인을 따를 수 있는 것이다. 중국인은 남과 나의 경계를 나누지 않으며 어떤 권리나 의무를 따지지 않으니 이른바 효성, 공경, 예의, 사양의 가르침이란 언제 어디서나 정감을 중시하고 나를 없애는 것이다.[8]

양수명이 보기에 중국인이 인간관계를 처리하는 태도는 가정 관계로 서로를 대하는 경향을 갖고 있는데, 예를 들면 모자간, 형제간의 관계와 같은 것이다. 이러한 태도가 바로 '자기를 굽히고 남에게 양보하며', '정감을 중시하고 나를 없애는' 것이다. 그는 훗날, 자신이 이해한 중국문화의 인간관계에서의 이러한 처리 태도와 경향을 바로 '윤리'의 내용으로 삼고 있다.

삶의 3대 문제에 관한 논법은 사실, 『동서문화와 그 철학』에서는 결코 훗날의 『인간의 마음과 삶』에서 말한 '인간의 물질에 대한', '인간의 인간에 대한', '인간의 자신에 대한' 논법과 같이 분명하게 강조하지는 않았다. 양수명이 삶의 3대 문제에 대해 적극적으로 논술하고 있는 제3장은, 이러한 3대 문제를 '만족할 수 있는' 물질세계, '만족스럽다고는 할 수 없는' 타심他心의 세계, '결코 만족할 수 없는' 인과세계[9] 혹은 '앞을 향하는 추구', '중도를 취하는 조화', '뒤로 향하는 추구'라는 세 가지 방향[10]에 직면하고 있다고 강조하고 있다. 그러나 그는 이 책 끝부분의 한 곳에서 이에 대해 확실히 언급하고 있다.

인류의 첫걸음의 문제는 생존을 도모하는 것이었다.…… 모든 의식주와 갖

---

8) 『梁漱溟全集』 第1卷, p.479.
9) 『梁漱溟全集』 第1卷, p.439.
10) 『梁漱溟全集』 第1卷, p.382.

가지 물질적 수요는 모두 자연계에서 얻어야 하는 것이다. 그러므로 이 시기의 태도는 당연히 앞으로 향하는 추구이어야 한다.…… 인류는 장차 인간의 물질에 대한 문제의 시대로부터 인간의 인간에 대한 문제의 시대, 즉 앞에서 말한 두 번째 종류인 타심他心 문제의 시대로 넘어가게 되지만, 자연을 정복하는 그러한 태도는 사람과 사람 간에는 적용될 수 없다.…… 11)

양수명은 여기에서 '인간의 물질에 대한 문제'와 '인간의 인간에 대한 문제'를 확실히 언급하고 있는데, 다만 세 번째 문제를 인간의 자신에 대한 문제로 총괄하지는 않았다.

그러므로 양수명 스스로도 말했듯이, 『중국민족 자구운동의 최후각오』에서 비로소 삶의 3대 문제를 더욱 타당하고 분명하게 서술하였다. 1933년에 출판된 이 책은 양수명이 1930~1932년에 쓴 글들을 수록하였는데(『村治論文集』이라고도 함), 그 중 가장 중요한 글은 이 책과 같은 제목의 논문이다. 양수명은 훗날 그의 저작에서 이 책의 중요성을 여러 번 언급하였는데, 그도 그럴 것이 1940년대 말에 쓴 『중국문화요의中國文化要義』의 중요한 여러 논점들이 이 책에서 이미 틀을 갖추고 있다. 예를 들면, 사회제도의 구조를 중시하여 중국의 2대 특징을 '장구한 세월 동안 불변한 사회', '종교가 거의 존재하지 않는 삶'이라고 한 것과 같은 것들이다.

양수명은 이 글에서 다음과 같이 말하고 있다.

인류의 생활에서 마주친 문제는 세 가지 다른 점이 있으며, 인류의 생활에서 인간이 취한 태도는 세 가지 다른 점이 있는데, 이로 인해 인류의 문화에

---

11) 『梁漱溟全集』 第1卷, p.494

는 순서가 다른 세 시기가 있다. 첫 번째 문제는 인간의 '물질'에 대한 문제이고, 두 번째 문제는 인간의 '인간'에 대한 문제이며, 세 번째 문제는 인간의 '자신'에 대한 문제이다.[12]

1930년에 발표한 이 글은 『동서문화와 그 철학』에서의 3대 문제를 인간의 물질에 대한, 인간의 인간에 대한, 인간의 자신에 대한 문제로 명확히 서술하고 있다. 사실, 양수명의 3대 문제와 세 가지 방향에 관한 주장은 일종의 모순을 내포하고 있다. 이것은 곧, 만일 문제를 해결하는 세 가지의 방향, 방법, 태도인 a, b, c가 세 가지 다른 문제인 A, B, C에 각각 대응하는 해결책이지 동일한 문제에 대한 세 가지 다른 태도가 아니라면, 어떤 태도가 가져온 '이름' 혹은 '늦음'을 추상적으로 말할 수는 없다. 우리는 단지 어떤 한 문화가 직면하고 있는 주요 문제가 어떤 것이기 때문에 그 문화의 주도 경향이 어떤 것이라고만 말할 수 있으며, 혹은 어떤 한 문화에서 어떤 한 가지 문제(예를 들어 A)에 대해 이 문제에 대응하는 태도(예를 들어 b)를 잘못 사용했다고 즉, 태도 b를 잘못 사용하여 문제 A를 해결하는 것이라고만 말할 수 있다. 여기에는 이름과 늦음이라고 하는 문제는 전혀 없는 것이다.

3.

'윤리'의 문제로 돌아와서 논의하자면, 양수명은 이 글에서 윤리란 곧 삶에서의 인간과 인간의 관계(필자의 생각으로는 사실, 마땅히 인간과 인간의 관계에 대한 태도이어야 한다)이므로 윤리문제는 삶의 첫 번째 문제에 속하는 것이 아

---

12) 『梁漱溟全集』 第5卷, p.74.

니라 두 번째 문제에 속하는 것이며, 또한 이로 인하여 윤리문제를 해결하는 데는 두 번째 종류의 삶의 태도가 필요한 것이니 앞으로 향하여 갈 수 없고 억지로 정복할 수 없으며, 윤리 관계는 또한 마땅히 가정의 천륜으로써 바탕을 삼아야 한다고 제시하였다. 양수명은 또 다음과 같이 말하고 있다. "…… 두 번째 태도는 두 눈을 항상 자신의 가정으로 되돌아보고, 잘못의 원인을 돌아보아 자신에게서 찾고, 그것을 내 안에서 최선을 다하며, 나와 상대방의 사이를 조화롭게 융화시키는 것이다."13) "우리는 이때에 '돌이켜 자신에게서 찾고', '그것을 내 안에서 최선을 다할' 뿐이며", "윤리 관계를 잘 처리하는 것은 본래 쌍방이 각자 자신의 도리를 다하는 데 있지만, 이것은 제3자만 그것을 언급할 수 있는 것이며 당사자 쌍방은 먼저 자기 자신에게 그 도리를 다했는지의 여부(이 우선(先)은 영원히 다함이 없는 우선이다)만 물을 수 있는 것이므로, 이로부터 모두가 자신만을 탓하고 남을 탓할 수 없음을 인정하게 된다."14) 여기에서 우리는, 양수명이 '가정의 천륜'을 윤리의 원형으로 삼고 있으며, 인간의 천륜 속에서의 태도를 윤리적 이치의 바탕으로 삼고 있음을 볼 수 있다. 그것이 두 번째 방향에 속한다는 것에 대해 말하자면, 양수명은 분명히 인간이 윤리문제를 해결하는 태도는 '돌이켜 자신에게서 찾고', '그것을 내 안에서 최선을 다하는 것', 곧 자기 자신에게 요구하고 남에게 요구하지 않는 것이어야 한다고 여기고 있다.

끝으로 그는 다음과 같이 설명하고 있다.

윤리 관계란 본래 가정에서 시작되는 것으로, 사회생활과 국가생활에까지

---

13) 『梁漱溟全集』 第5卷, p.74.
14) 『梁漱溟全集』 第5卷, pp.88~89.

더욱 확대된다. 군주와 신하, 관리와 백성은 부모와 자식의 관계에 비유되며, 주인과 머슴, 스승과 제자, 사회의 모든 친구와 동료는 형제 관계나 부자 관계에 비유된다. 윤리에 있어서 어느 한쪽도 마땅히 자신이 다해야 할 의무가 있으므로 윤리 관계는 곧 일종의 의무 관계를 나타내며, 개체로서의 한 인간은 자기 자신을 위해서 존재하는 것이 아니라 마치 타인을 위해 존재하는 것과 같다.[15]

사실, 양수명이 말하는 윤리 관계란 큰 의미에서는 가정화된 인간관계를 가리킨다. 여기에서 이미 '상대방을 존중한다'라는 논법이 생생하게 드러나고 있다. 이러한 견해는 약간 뒤에 나온 「우리 정치에서 첫 번째 통하지 않는 길」(我們政治上的第一個不通的路)이란 글에서 다시 한 번 자세히 밝히고 있다.

1932년 후반에서 1936년 사이의 중요한 논문들은 양수명의 세 번째 저작인 『향촌건설이론』에 수록되었는데, 1933년에 쓴 『향촌건설개요』(鄕村建設提綱)에서 다음과 같이 말하고 있다.

향촌건설이 조직구조를 다시 세우고 새로운 치도 원리를 여는 까닭을 밝히려면, 우선 중국 구 사회의 조직구조 및 이른바 치도 원리에 대해서 언급해야 한다. (갑) 옛 서양에서는 개인이 교회와 연결되어 있었고, 근세에는 개인이 국가와 연결되어 있었다. 특히 근세 이래로 개인주의가 성행하여 마침내 개인본위의 사회를 형성하였는데, 그 폐단을 감당하지 못하게 되자 거꾸로 사회본위의 사회로 바꾸려는 시도를 하였다. 구 중국사회는 이 두 가지 방식과 유사한 것이 전혀 없었으며, 곧 윤리를 본위로 삼은 듯하다. 인간의

---

15) 『梁漱溟全集』 第5卷, p.94.

삶에는 반드시 서로 관계되는 사람이 있는데 이것이 곧 천륜이며, 인간의
삶은 처음부터 마지막까지 사람과 사람의 상호 관계 속에 있게 되니 이것이
곧 윤리이다. 친밀하게 서로 관계되는 정은 천륜의 혈육에서 나오며, 곧 서
로 관계되는 모든 사람에 이르기까지 자연히 그러한 정이 없을 수 없으니,
이는 정의情誼가 있는 곳으로 의무가 거기에서 생겨난다. 부모의 의무는 자
애로움이고 자식의 의무는 효이며, 형의 의무는 우애이고 동생의 의무는 공
경이니, 부부와 친구로부터 모든 관계된 사람에 이르기까지 자연히 서로 마
땅히 다해야 할 의무가 있는 것이다. 윤리 관계란 곧 일종의 의무를 나타내
며, 개체로서의 한 인간은 자기 자신을 위해서 존재하는 것이 아니라 마치
다른 사람을 위해서 존재하는 것 같다. 근세의 서양인들은 이와 반대로 어
디든지 자기본위주의를 드러내며, 모든 것은 권리 관념으로부터 출발한
다.16)

양수명에게 '개인본위'란 개인주의로 윤리문제를 해결하는 근본적인 태
도를 의미하는데 그것이 구현된 것이 곧 근대 이래의 구미 자본주의 사회이
고, '사회본위'란 집단주의로 윤리문제를 해결하려는 근본적인 태도를 의미
하며 그것이 구현된 것이 소련이 대표하는 사회주의 사회이며, '윤리본위'
란 전통적 중국의 사회문화가 윤리문제를 대응하는 태도인데, 이러한 태도
는 천륜 관계에서 발전해 온 '서로 타인을 위해서 존재하는' 정의情誼적 의무
에 바탕하고 있다. 그는 특히, 개인본위는 '권리' 관념을 그 표현으로 삼으
며, 윤리본위는 이와는 전혀 달라서 '의무'를 그 근본 관념으로 삼는다고
지적하였다.
'서로 타인을 위해서 존재하는' 이러한 윤리 태도는 양수명이 화북향치

16) 『梁漱溟全集』 第5卷, p.370.

華北鄕治(華北村治)를 실행하면서 점점 더 체득하게 되었고, '존중'이라는 개념을 덧붙여 표현하고 있다. 이것은 분명히 양수명이, 가정윤리에서의 혈육 간의 친밀한 감정 태도를 가정 이외의 사회로 그대로 옮겨올 수 없으며, 사회윤리는 반드시 혈육 간의 친밀한 감정을 더욱 보편적 의미를 지닌 '존중'으로 발전시켜야 한다는 것을 사회적 실천 속에서 깊이 이해하게 되었기 때문이다. 이는 또한 양수명이 전통윤리에 대해 일종의 현대적 전환을 시도했음을 보여 주고 있다. 그는 1934년의 『촌학향학석의村學鄕學釋義』란 글에서 다음과 같이 설명하고 있다. 향학과 촌학은 향촌조직으로서, 이러한 조직은 한편으로는 근대 서양의 집단생활을 진보시킨 정신을 전적으로 수용하였으며, 또 한편으로는 중국문화의 '윤리주의'와 '인간의 향상'(人生向上)이라는 두 가지 특징을 충분히 수용하였다. 이 두 가지 특징은, 바로 그가 훗날 『인간의 마음과 삶』에서 말한 바와 같이, 윤리주의란 윤리정신을 의미하며, 인간의 향상은 도덕정신을 의미하는 것이다. 그는 다음과 같이 말하고 있다.

> 윤리주의의 요점은 바로 상대방을 존중하는 것이며, 마치 자기가 없는 듯하는 것은 개인본위가 자기로부터 출발하는 것과 상반된다. 서양인들의 개인본위와 사회본위에 대한 논쟁은 중국인들의 윤리본위 속에서 완전히 해결할 수 있다. 개인본위이니 사회본위이니 하는 두 말은 모두 통하지 않으며, 갑은 을을 존중하고 을은 갑을 존중해야 하는 것이지, 당신은 나를 존중해야 하지만 나는 당신을 존중하지 않는다고 말할 수는 없다. 집단은 개인을 존중해야 하며, 개인 역시 집단을 존중해야 한다. 우리들의 이러한 태도는 서양의 견제와 균형의 원칙과는 상반되며, 이 태도는 윤리주의로부터 나온 것이다.[17]

---

17) 『梁漱溟全集』 第5卷, p.440.

이리하여 양수명은 앞에서 언급했던 중국식 윤리태도를 '윤리주의'로 총괄하고, 이러한 윤리주의의 요점을 "상대방을 존중하고 마치 자기를 없는 듯이 한다"는 것으로 귀납하였다. 그는 서양에서의 개인본위냐 사회본위냐에 관한 논쟁은 중국의 윤리주의에서 보면 모두 한쪽으로 치우친 것이며, 상대방에 대한 존중을 소홀히 하였다고 여긴다. 양수명의 윤리주의의 주장에 따르면, 서로 상대방을 존중하고 마치 자기가 없는 듯이 하면 곧 쌍방의 상호 존중을 실현할 수 있다. 양수명은 이러한 윤리 관계는 전통적 오륜五倫의 인간관계나 현대사회에서의 가정을 초월한 개인과 개인의 관계일 뿐만 아니라, 동시에 개인과 집단의 관계를 포함하고 있다고 인식하였다. 그의 윤리주의의 입장과 요점은 바로 모든 윤리 관계에서 상대방을 존중하는 것이므로, 이러한 주장에는 이미 가정 윤리에 대한 창조적 전환이 내포되어 있다.

양수명은 1934년에 쓴 글에서도 이에 대해 언급하고 있다.

중국의 윤리는 정의情誼에서 비롯된 것이므로, 자기 자신을 중심으로 하지 않고 상대방을 소중히 여긴다. 만일 자기를 중심으로 한다면 윤리의 뜻에 부합하지 않게 된다. 윤리가 상대방을 소중히 여기면, 사람과 사람의 관계는 연쇄적으로 친밀하게 융합된 상태에 이를 수 있다.…… 중국은 예로부터 오륜이 있는데, 우리는 지금 거기에 일륜一倫을 더 보탤 수 있으니, 곧 집단은 개인에 대해, 개인은 집단에 대해 서로 간에 서로 존중하고 서로 의무를 갖는 것이 그것이다.[18]

---

18) 「我的一段心事」, 『梁漱溟全集』 第5卷, p.537.

이로써 우리는, 양수명이 1930~1934년에 중국의 윤리정신을 "상대방을 존중한다"는 것으로 총괄하고 또한 이러한 윤리정신을 '윤리'의 본질로 삼았으며, 그의 이러한 사상은 점진적으로 형성된 것임을 알 수 있다.

4.

양수명에게 있어서, 이러한 중국 윤리사상의 근원은 바로 공자가 주창했던 윤리이다. 그러므로 그가 말하는 '중국윤리'나 '윤리'는 실은 유가의 윤리로서, 다만 그의 유가윤리에 대한 인식이 일반적인 유학 연구자들이나 종교 연구자들과는 다를 뿐이다. 곧 경전에서 언급한 논의들에 대해 총괄한 것이 아닌, 자신의 중국 사회문화에서의 생활 체험과 촌치村治 실행에서의 관찰에 근거하여 도출해 낸 현대적인 표현으로 사회학자나 인류학자에 가까운데, 그가 취한 경로와 방법은 주목할 만한 가치가 있다. 이것은 그가 훗날 베버의 『중국의 종교』에 필적할 만한 『중국문화요의中國文化要義』와 같은 사회과학 저술을 쓸 수 있었던 원인이기도 하다.[19] 양수명의 이러한 유가윤리문화의 정신적 기질에 대한 인식 및 유가의 윤리정신과 서양의 근대 윤리정신의 차이를 파악하는 것을 중시하는 방법은 당대의 도덕철학이나 윤리학에서는 거의 언급하지 않았던 것이고, 주로 문화철학과 비교문화 분야에서의 논의영역과 연관된다. 이것은 확실히 양수명이 초기에 동서문화

---

19) 물론 고대의 유가경전에도 이러한 방면의 언급이 없는 것은 아니다. 특히 예에 관한 책에는 예를 들어, "무릇 예란 자신을 낮추고 남을 높이는 것이다"(『禮記』, 「曲禮」)라든지, "군자는 남을 귀히 여기고 자신은 낮춘다"(『禮記』, 「坊記」)라든지, 또한 군자의 공경과 사양, 존중과 사양 등에 관한 언급이 있다. 사실 양수명의 논법은 '충서의 도'에 대한 현대적 표현이라고 할 수도 있다.

와 그 철학에 관심을 쏟았던 것과 일치하고 있다.

『중국민족 자구운동의 최후각오』에서 그는 다음과 같이 지적하고 있다.

중국에 '윤리'가 있게 된 것은 아마도 공자의 힘이 가장 클 것이며, 이 윤리
는 또한 수천 년 동안 예속禮俗 제도의 중심적인 뼈대가 되었고 큰 변화가
없었다.…… 중국인들이 만일 루소가 말한 것처럼 안락하고 행복했다면 오
로지 이 윤리의 덕택일 것이다.[20]

중국은 삶의 두 번째 태도로 들어갔기에 종교가 필요치 않게 되었다! 더 이
상 큰 종교가 하나도 없었다면, 그렇게 큰 사회를 이룬 중국인의 삶은 또
무엇에 의지하여 안심하고 생업에 종사하고 지속하여 나갔던 것일까? 나의
대답은, 중국인이 의지한 것은 삶의 두 번째 태도를 대표하는 이른바 공자
일파의 사상과 학문 그리고 예속제도였다는 것이다.[21]

중국인들이 삶의 두 번째 태도로 깊이 들어가게 된 까닭은 사방 어디서나
예속이 같아서 수천 년 간 변하지 않았기에, 현명하고 지혜로운 이들은 모
두 이 길의 학문이나 일에 마음을 쏟았으며, 인도인들처럼 세 번째 태도로
깊이 들어가서 총명과 지혜를 모두 종교에 써 버렸지만, 공자는 이 문을 크
게 열어서 길을 깊이 보여 줌으로써, 후세 사람들이 그것을 받아들이고 사
용함에 다함이 없으니, 마침내 한 번 들어가서 나올 수 없게 되었다.[22]

국가와 사회에도 모두 그것을 가정화하였으니 정의情義는 더욱 중시되었고,
무릇 중국의 이른바 리理 혹은 예禮라는 것은 모두 이러한 정의를 가리켜

---

20) 『梁漱溟全集』 第5卷, p.86.
21) 『梁漱溟全集』 第5卷, p.75.
22) 『梁漱溟全集』 第5卷, p.85.

말하는 것이다. 중국은 이렇게 광대한 지역성 때문에 각 지방의 특색과 풍습이 다르고, 말소리의 격차가 크며, 교통이 불편하였으나, 문화의 통일을 유지하고 수립할 수 있었는데, 대개 하나의 민족사회가 공통으로 믿고 깨닫고 생육하고 살아가는 데는 하나의 정신적 중심이 있는 것이니,…… 이 정신적 중심이란, 다른 지역의 사회에서라면 반드시 큰 종교였겠지만, 우리에게는 단지 공자가 창도한 이러한 윤리였을 뿐이다.[23]

양수명은 이른바 중국의 윤리적 삶의 태도는 바로 공자가 개창하고 계발한 것이며, 공자의 사상이 여기에 결정적인 역할을 했다고 생각한다. 삶의 두 번째 문제를 해결하는 올바른 태도는 곧 중국의 윤리적 태도이며, 삶의 두 번째 태도의 대표는 곧 공자 학파의 사상문화이자 또한 유가의 사상문화이기도 하다. 공자의 사상적 특징은 앞에서 서술한 윤리문제를 해결하려는 태도이며, "공자의 가르침은 결국 사람으로 하여금 고개를 돌려 자기를 살펴보고, 자기 스스로 힘써 노력하며, 인간 스스로 성찰하고 도모하도록 일깨우는 것이니,…… 중국인은 공자의 가르침을 따라 사회에서 커다란 성취를 무수히 이루어 냈으며, 도덕으로 종교를 대체하였던 것이다."[24]

그러므로 이상의 양수명의 윤리론은, 서술상으로는 비록 '윤리'는 어떠어떠하다는 식으로 일반적으로 말하고 있지만, 사실 그가 말하는 윤리(또는 윤리적 태도)는 모두 유가의 윤리이며, 유가의 인간과 인간의 관계에 대한 태도이다. 바꾸어 말하면, 그가 말한 윤리 관계, 윤리주의, 윤리본위는 사실 모두 유가의 윤리인 것이다. 그러므로 '상대방을 존중한다'는 것은 당연히 양수명의 유가윤리에 대한 독특한 이해이자 발전이고 해석이며 표현인 것

---

23) 『梁漱溟全集』 第5卷, p.587.
24) 『梁漱溟全集』 第5卷, p.79.

이다.

유가윤리에 대한 이러한 표현은 그 성격상 주로 유가윤리문화의 '정신적 기질'에 대한 체득과 표현, 또는 중국과 서양의 도덕의 차이의 방향을 비교한 것이지, 결코 유가윤리의 덕성, 원칙, 이상, 규범에 대한 구체적인 연구가 아니다. 하지만 이것은 양수명의 유가윤리에 대한 인식의 깊이에는 전혀 영향을 미치지 않는다. 이러한 논의는 비록 동서문화의 비교라는 틀속에서 비롯된 것이기는 하나, 유가윤리에 대한 이러한 이해와 발전은 가벼이 볼 수 없는 의미를 지니고 있음에 틀림없는 것이다.

5.

양수명이 『동서문화와 그 철학』에서 중국인이 전통적 오륜 관계에 처신하는 태도는 '자기를 굽히고 남에게 양보하는' 것이라고 말한 바와 같이, 유가윤리의 정신에 대하여 1930년대의 양수명도 여전히 늘 유사한 논법을 사용하고 있는데, 예를 들면 다음과 같다.

> 윤리 관계는 중국인을 온통 뒤덮고 있어서, 실로 '천지지간에 피할 곳이 없다.' 이러한 갖가지 관계를 어떻게 잘 대응하는가는 확실히 중국인의 삶에서 가장 중요한 문제이다.…… 이 때문에 '자기에게 책임지우는 것'은 마침내 중국인이면 모두가 부인할 수 없는 원칙으로 받아들이며, '남에게 양보하는 것'은 중국인이 늘 습관적으로 행위하고 실천하는 일이 된다.…… 윤리 관계 속에서 한 개인은 마치 자기 자신을 위해서 존재하지 않는 것 같으며, 다른 사람을 위해서 존재하고 있는 것 같다. 이것은 분명히 인간이면 가지고 있는 '자기본위주의'로는 대신할 수 없는 것이다.[25]

당연히 실제의 사회적 행위에서 볼 때 중국인이 모두 '자기에게 책임지우고' '남에게 양보하는' 것은 결코 아니지만, 이러한 것으로 양수명에게 질의할 필요는 없다. 사실, 양수명의 이러한 주장의 의미는, 중국인이 행위로 실천할 수 있느냐 없느냐에 관계없이 일반적인 중국인은 모두 '자기에게 책임지우고 남에게 양보하는' 것을 당연한 원칙으로 받아들이기에, 결코 관념적으로나 가치적으로 '자기 자신을 크게 떠벌리는' 행위를 선호하지 않는다는 것이다. 바로 이러한 점에서 중국의 전통윤리와 서양 근대의 '자기중심주의'는 구별된다.

양수명이 보기에는 당연히, 중국인은 실제 행위에서 서양인에 비해 훨씬 더 다른 사람에게 양보하는 것을 실천하고 있다. 1936년에 쓴 『중국 사회구조의 문제』는 중국 사회구조의 특징을 설명하는 데 중점을 두고 있는데, 여기에서도 중국과 서양의 차이에 대해 특별히 논의하고 있다.

> 윤리란 곧 정의적 의무 관계를 가리키는 것으로, 서로 존중하고 배려하며 상호 간에 의무를 져야 하는 것이다. 극단적으로 말하면, 윤리의 의미는 자기를 희생하고 상대방을 위하는 것이다.…… 서로 간에 자기를 희생하고 상대방을 위하는 마음이 있으려면 서로 상대방을 존중해야 한다. (중국인은 어디서나 상대방을 존중하나, 서양인은 어디서나 개인을 근본으로 하며 자기를 중심으로 여긴다.)…… 상대방을 존중하고 귀중히 여기는 태도에는 '양보'(讓)의 정신이 깔려 있으며, 자기를 중심으로 하는 서양인의 개인본위는 곧 일종의 '경쟁'(爭)의 정신이다.…… 중국에서는 가정생활의 중요성으로부터 윤리가 출현하였으며, 윤리란 본래 가정의 혈육 관계를 가리키는 것이지만 중국의 윤리는 가정에 국한되지 않고 사회 속의 모든 관계를 윤리화하였

---

25) 「在中國從前歷史上有無鄕村自治?」, 『梁漱溟全集』 第5卷, p.588.

다.[26]

양수명은 중국과 서양이 인간관계를 처리하는 태도는 완전히 상반된 것이어서, 서양인은 '자기를 위주로 하며' '경쟁'의 정신이 두드러지나, 중국인은 '상대방을 귀중히 여기며' '양보'의 정신을 강조한다고 생각한다. 이러한 동서문화의 대비는 신문화운동 이래로 끊임없이 지속되었으나 양수명은 결코 귀납적 대비에만 그치지 않았으며, '윤리'의 방향으로부터 발전한 이러한 논의는 그의 이전 저술 시기에 비해 분명히 깊이 들어간 것이라고 할수 있다.

앞에서 양수명이 중국문화의 윤리정신을 '상대방을 존중하는' 것으로 총괄한 과정을 살펴보면서 그의 사상 또한 1930년대 초기에서 중기에 점차 형성되었음을 언급하였다. 이 외에도 예컨대 '이성'을 도덕적 정감으로 여겨 중국 민족의 정신이 곧 '인류의 이성'이라고 주장하였는데, 훗날 『중국문화요의』에서 특히 강조한 이러한 관념은 1930년대 초기에서 중기에 이미 그 형태를 갖추었고 단지 체계를 이루지 못했을 뿐이다.

예를 들어, 1935년에 발표한 『중국문화의 특징은 어디에 있는가』라는 글에서 양수명은 이미 훗날 『중국문화요의』에서 제기한 '요의要義' 곧 "중국문화의 특징은 인류이성의 개발이 이르다는 데 있다"[27]는 요지를 이끌어 냈는데, 그가 말한 이성은 두 가지로 표현된다. 첫째는 '윤리본위'로서, 양수명은 "중국의 구 사회는 개인본위나 사회본위가 아닌 윤리본위이며,…… 중국인의 사회관계는 일종의 윤리 관계로서, 인간은 모두 서로의 관계 속에서

---

26) 「在中國從前歷史上有無鄕村自治?」, 『梁漱溟全集』 第5卷, pp.854~855.
27) 「在中國從前歷史上有無鄕村自治?」, 『梁漱溟全集』 第5卷, p.697.

자신의 정의적 의무를 가지며 상호 간에 상대방을 존중하는 것이다"[28]라고
말한다. 둘째는 '삶의 향상'으로서, 양수명은 중국인은 인도나 서양과 달리
염세적이거나 금욕적이지 않고 삶을 죄악시하지도 않으며, 욕망을 인간 삶
의 근본으로 여겨 물질적인 행복을 추구하지도 않는다. 중국인은 삶을 긍정
하여 인생에서의 '옳음'을 추구하고자 노력하고, 삶의 합리성을 추구하며
삶을 향상시키는 정신을 발양한다[29]고 생각한다. 비록 양수명은 여기에서
무엇이 '삶의 향상'인지를 명확히 설명하지는 않았지만, 그것이 도덕생활에
대한 추구를 가리키는 것은 의심의 여지가 없다. 그러므로 1930년대 초기에
서 중기까지 양수명은 향촌건설의 실천 속에서 중국의 사회구조 및 윤리에
대한 일련의 중요한 인식을 갖게 되었으며, 이러한 인식은 1940년대 말에
『중국문화요의』로 정련되었다고 할 수 있다. 그는 스스로도 『중국문화요의』
는 『향촌건설이론』과 연결하여 쓴 것인데, 전자는 후자에서 고대 중국사회
의 특징을 논한 부분을 '확대하거나 상세히'[30] 쓴 것이라고 말한 바 있다.
사실, 양수명의 이러한 이론 작업은 일종의 중국문화의 '건설'에 대한 성격
도 동시에 지니고 있는 것이다.

양수명이 1930년대 초에 형성한 윤리사상은 곧 유가윤리정신에 대한 그
의 현대적 이해이며, 간단히 말하면 곧 일종의 비개인주의, 비자아중심, 비
권리본위의 윤리 관념인 것이다. 양수명은 이러한 윤리적 태도를 '상대방을
존중하는 것'이라고 총괄하였는데, 이는 매우 명백한 사실이다. 이제 우리
가 질의해야 할 것은, 양수명이 "가정생활의 중요성으로부터 윤리가 출현하

---

28) 「在中國從前歷史上有無鄕村自治?」, 『梁漱溟全集』 第5卷, p.706.
29) 「在中國從前歷史上有無鄕村自治?」, 『梁漱溟全集』 第5卷, p.707.
30) 『梁漱溟全集』 第3卷, p.4.

였다"라고 매번 강조한 이러한 태도는 왜 당시에 비교적 유행하던 '가족본
위'라는 말을 사용하지 않고 '윤리본위'란 말을 사용했는가 하는 것이다.

이 점에 관해 양수명은 훗날 『중국문화요의』에서 명확하게 대답하고 있
다. 이 책에서 그는 우선 중국 사회조직의 실제 생활에서의 가정의 중요성
을 특히 강조하고, 중국인이 가정윤리를 매우 중시하고 있음을 인정하며,
가정생활에 치중하는 것은 중국과 서양이 다른 점이라고 지적하였다. 또한
동시에 다음과 같이 말하고 있다.

> 그렇다면 중국사회는 과연 일관되게 가정본위였는가? 아니다. 그렇지 않
> 다.…… '가족본위'란 말은 적합하지 않으며 또한 중국사회를 충분히 설명할
> 수 없다. 종법사회라야만 가족사회라고 할 수 있는데, 이는 젠크스(옮긴이 주:
> Edward Jenks, 1861~1939)의 『사회통전社會通詮』(A History of Politics)에 보인다. 중국
> 은 일찍이 종법사회를 벗어났다.…… 이때는 '윤리본위'라는 말을 사용해야
> 만 중국사회의 관계를 드러내고 핵심적인 문제에 대답할 수 있다. 만일 '가
> 족본위'라고 하면, 협애하고 한쪽으로 치우칠 우려가 있게 된다.[31]

양수명은, 중국문화 속에서 예부터 전해오는 것은 '천하일가天下一家', '사
해 안은 모두 형제'(四海之內皆兄弟)라는 관념인데 이러한 사상은 종법사회나
가족사회를 훨씬 넘어선 것으로, "만일 가족본위일 뿐이라면 종법제도가 어
떻게 중국민족을 공간적으로 이토록 넓고 시간적으로 이토록 오래 지속시
킬 수 있었겠는가?"[32]라고 생각한다. 중국문화 속에는 이러한 드넓은 의식
이 충만하게 자리 잡고 있으므로, 중국의 윤리는 가정본위라고 할 수 없다.

---

31) 『梁漱溟全集』 第3卷, p.81.
32) 『梁漱溟全集』 第3卷, p.82.

중국문화의 특징은 "중국인은 가정 관계를 널리 확대 발전시켰으며, 윤리로 사회를 조직하였다"[33]라는 것이며, 다시 말해 중국인은 가정 관계에서 끌어올린 윤리로 모든 사회를 조직하였기에 "윤리는 가정을 으뜸으로 중시하고", "윤리는 가정에서 시작해서 가정에서 끝나는 것이며", "사실, 양수명이 말하는 '윤리 관계'란 확실히 가족과 의사擬似가족의 관계를 가리키며, '윤리 사회' 또한 모든 사회적 관계를 가족화한 사회를 가리킨다."[34] 곧 모든 인간관계를 가족 관계로 간주하여 처리하고 대응하는 것이다.

양수명의 유가윤리와 중국문화에 대한 이해는 매우 식견이 높은 것이지만, 현대사회에 있어서 그의 이러한 이른바 '가정에서 시작한다'는 전통윤리 및 그것의 현대적 논의가 공업과 상업을 바탕으로 하는 현대사회의 일반적인 인간관계에도 여전히 적용될 수 있을지에 대해서는 의문이 없을 수 없다. 양수명의 당시의 문화적 신념은 사회주의의 앞날에 대한 낙관과 자본주의의 모순에 대한 비판에서 나온 것이다. 물론 냉전시대가 끝난 후의 세계정세는 비록 사회주의의 설계에 대한 기존의 낙관적 태도가 설 자리를 잃게 하였지만, 이로 인해 자본주의에 대한 윤리적 비판이 가치가 없어진 것은 결코 아니었다. 그러나 냉전이 끝난 후 이성화된 시장경제는 이미 현대성의 기본 요소 및 구조적 조건으로 확실히 공인되었으며, 시장경제와 함께 수반된 현대성의 도덕은 곧 "서양의 개인본위는 자기 자신을 중심으로 하는 일종의 경쟁의 정신"인 것이다.[35] 그러므로 오늘날 양안삼지兩岸三

---

33) 『梁漱溟全集』第3卷.
34) 陳來, 『現代中國哲學的追尋』, p.49.
35) 萬俊人은 『現代性的倫理話語』(黑龍江人民出版社, p.135)에서 다음과 같이 지적하고 있다. "센델(Michael J. Sandel, 1953~)의 말을 빌려 말하면, 현대성의 도덕은 곧 권리에 기초한 도덕으로, 권리의 본질은 개인 주체의 사회에 대한 요구라는 것에서 출발하지

地(옮긴이 주: 중국대륙, 대만, 홍콩, 마카오)의 현대 시장경제가 한 방향으로 발전하고 있는 현실에 직면하여, 우리는 다음과 같은 문제를 생각해 볼 수 있다. 만일 양수명이 아직 살아있다면 그리고 양수명이 귀납한 유가의 윤리정신이 옳은 것이라면, 그와 그가 귀납한 이러한 윤리정신은 자신과 '현대성'의 차이를 어떻게 인식하고 어떻게 '현대성'의 도전에 마주할 것인가? 여전히 다른 현대성을 만들어 낼 필요가 있는 것인가? 또는 어떻게 더욱 폭넓은 합리성을 구축하여 현대성을 규제할 것인가?

6.

현대성의 도덕은 이른바 권리에 기초한 도덕인데, 우리는 여기에서 양수명의 권리와 의무에 대한 논의를 살펴보고자 한다.

양수명은 『중국민족 자구운동의 최후 각오』에서 중국윤리에서의 "돌이켜 나 자신에게서 구한다"는 것과 "그것을 내 안에서 최선을 다한다"는 것의 특징을 논의한 뒤에 다음과 같이 언급하고 있다.

주지하고 있듯이, 데모크라시는 서양인들이 통치자의 억압에 맞서 싸워 얻어낸 것이다. 평등과 자유라고 하는 것은 실로 각자가 개인의 본성과 권리를 추구하는 데서 출발하여 긴장을 유지하려는 것으로, 서로 균형을 이루면서 침범하지 않는 것을 인정하는 것이다. 그러나 수천 년 동안 윤리생활에서 길들여진 인생태도와 잘 길러진 국민성으로부터, 어찌 중국인이 하루아침에 이러한 유희를 이끌어 낼 수 있다고 상상할 수 있겠는가?[36]

_____

만, 개인의 자아 중심 혹은 개인주의의 도덕 가치관을 밀어낸다."

이는 곧, 개인의 본성을 추구하고 개인의 권리를 다투는 것이 서양인들의 가장 기본적인 생활 태도이며, 기타 가치의 추구 예컨대 평등, 자유 등은 모두 개인본성의 추구와 개인권리의 투쟁을 그 기초로 한다는 것을 말한다. 그런데 서양에서의 개인의 본성과 권리에 대한 추구는 서양 중세시대의 집단의 개인에 대한 압박이 과도하였기 때문에 야기된 항쟁이었다. 그러므로 양수명은 중국과 서양의 가장 큰 차이는 개인본위에 대한 상이한 태도에 있으며, 이러한 차이는 양측의 역사문화와 관계가 있다고 여기고 있다.

> 요컨대 우리는 서양에서는 개인본위와 자기위주의 태도를, 중국에서는 '상대방을 존중하는' 윤리적 관념을 곳곳에서 볼 수 있다. 상대방을 존중한다는 것은 곧 상호 관계 속에서 저쪽이 이쪽을 위주로 하는 것인데,…… 확실한 것은, 개인본위에서 출발하면 권리의 관념이 다분하고, 상대방의 뜻을 존중하는 것에서 출발하면 의무의 관념이 다분한 것이다. 아마도 이 두 측면은 각각의 내력이 있을 것이다.[37]

이로부터 머지않아 쓴 다른 글에서 양수명은 다음과 같이 말하고 있다. "서양을 법률제도에 앞서 존재하게 한 사실은 개인주의와 권리 관념이지만, 중국의 가장 큰 사실은 윤리로서, 모든 일은 윤리 관계 속에 있으며 윤리의 의미는 바로 비개인적이고 의무적인 것에 치중하게 한다."[38] "윤리로 말미암아 중국에서는 사람과 사람 간에는 상대하여 맞서는 권리와 평등의 관념을 싹틔울 수 없었으며, 윤리 관계의 추론에 따라 중국에서는 정부와 백성

---

36) 『梁漱溟全集』 第5卷, p.89.
37) 『梁漱溟全集』 第5卷, p.902.
38) 『梁漱溟全集』 第5卷, p.160.

간에는 상대하여 맞서는 상황을 이룰 수가 없었다."39) 양수명의 생각으로
는, 서양은 '자기본위주의'를 위주로 하였기에 상대방을 억압하고 착취하는
태도와 제도를 낳았으며, 중국의 인간관계는 자기를 굽히고 남에게 양보하
는 데에 중점을 두었기에 제도는 조화를 중시하였고, "그러므로 사양(讓)이
라는 글자는 마침내 중국인의 주요한 정신이 되었으며, 서양인의 첫 번째
태도에서 유래한 투쟁의 정신과는 서로 대조를 이루고 있다."40)

또한 양수명은 개인주의와 권리 관념, 이 양자 중에서 권리 관념도 개인
주의를 기초로 하는 것이며 따라서 개인주의야말로 서양인들의 삶의 태도
의 뿌리라고 지적하고 있다.(양수명이 말하는 서양은 근대 서양을 가리키는
것이지 고금을 통틀어 말하는 것이 아니며, 다만 때때로 편의상 그렇게 말
하고 있다.) 그는 또 다음과 같이 말한다.

서양은 개인본위에서 출발하였으며 중국은 윤리본위에서 출발하였다. 예를
들어, 서양인들은 손님을 접대할 때 자기가 주인의 자리에 앉고 손님은 양
편에 앉는데, 이는 자기를 주체로 여기는 것이다. 그러나 중국인들은 어떠
한 경우라도 상대방을 귀중히 여긴다. 서양의 권리 관념은 곧 개인본위에서
나온 것이다. 서양인은 자기의 몫을 주장하므로, 지방자치에 대해 말하자면
모든 공민은 당연히 자기가 가져야 할 몫이 있다. 중국은 윤리본위의 사회
이며 의 관념에서 출발하였으므로, 이러한 의무 관념은 사람과 사람을 한
꾸러미로 꿰어 연결한다. 만일 중국이 권리 관념에서 출발하였다면 더욱 방
만하여 분쟁이 끊이지 않았을 것이며, 한 덩어리로 합해지는 원리가 없었을
것이다.41)

---

39) 『梁漱溟全集』 第5卷, p.160.
40) 『梁漱溟全集』 第5卷, p.94.
41) 『梁漱溟全集』 第5卷, p.536.

양수명의 이러한 견해는 단지 중서문화의 차이에 대한 현상적 역사 진술에만 그치는 것이 아니라, 사실 중국 유가의 가치라는 관점에서 서양의 개인주의와 권리 우선에 대한 불만을 내포하고 있다. 이 외에 그는 1930년대의 상황에서 서양의 개인주의와 이를 바탕으로 하는 권리 관념의 유입은 중국인을 더욱 분쟁에 빠져들게 할 것이므로, 유기적인 단결을 이룰 수 없으며 민족국가의 안정과 통합에 도움이 되지 않는다고 생각한다.

양수명은 모든 윤리학은 심리학을 그 바탕에 두는 것이므로 윤리가 취해야 할 방향은 반드시 어떤 심리의 우선성에 근거해야 한다고 여긴다. 그러므로 심리학과 연계하여 보면, 개인본위는 욕망 중심의 시각과 관련되며 욕망 속에서 인간은 자신만을 볼 뿐 상대방은 보이지 않게 된다. 윤리본위는 인정 중심의 시각과 관련되며 이러한 감정 속에서 상대방을 배려하고 자기를 잊는 것이다.

> 욕망과 감정은 인간이면 늘 가지고 있는 것이지만, 이 둘은 충돌하며 서로 용납하지 않는 것이다. 가정의 혈육 간의 깊은 정으로부터 의무 관념이 생겨났는데 (이 의무 관념은 권리 관념과 서로 대응하는 것이 아니다.) 서양에서는 권리와 의무가 바로 대응하는데, 예를 들어 누군가 내게 빚을 지면 그는 채무를 상환해야 할 의무를 지게 되며, 나는 빚을 독촉할 권리를 갖게 된다. 이러한 의무 관념은 엄격한 것이어서 어쩔 도리가 없으며, 상대방으로부터 나에게 부과되는 것이다. 중국에서의 의무라는 것은 스스로 인식하는 것이지 상대방이 억지로 나에게 요구하는 것이 아니다.[42]

여기에서 우리는, 양수명이 사용한 '의무' 개념은 특수한 의미가 있는데

---

42) 『梁漱溟全集』 第5卷, p.903.

이 '의무'는 윤리 관계에서의 태도이지 권리와 서로 대응하는 일반적으로 말하는 의무가 아니며, 일종의 헌신하는 책임과 유사한 것임을 볼 수 있다. 양수명이 말한 '감정', '윤리', '의무'는 모두 특정한 의미가 있으므로, 이는 우리가 그를 읽어 내고 이해할 때에 주의해야 하는 것이다. 또한, 양수명은 윤리학적 논의에 깊이 들어가지는 않았지만 중서 대비의 틀 속에서 권리−의무라는 두 가지 윤리적 방향의 구별에 대해 명확한 논의를 하였으며, 비권리적 방향으로의 윤리 주장을 펴기도 하였다.

그러므로 그는 훗날 이 점에 대해서 더욱 명확하게 표명하였다.

권리라는 말은 대략 50년 전에 들어온 수입품으로, 영어의 rights를 번역한 것이다. 이 단어의 본의는 '정당하고 합리적인 것'으로서, 우리 중국인들이 애초에 숭상한 것들과 부합한다. 그러나 근본적으로 서로 다른 것이 있으니, 그것은 상대방의 인가 혹은 제3자의 일반적인 공인에서 나오는 것이 아니라, 자기 스스로 말하는 것이다. 예를 들어, 자녀는 부모에게서 교육과 양육의 혜택을 누리는데, 누가 그것을 당연한 것이 아니라고 할 수 있겠는가? 그러나 만일 자녀가 부모에게 "이것은 나의 권리이고", "당신은 당연히 나를 키워야 하며, 당신은 나에게 상당한 교육비를 제공해야 한다"라고 말한다면, (이는 중국인의 입맛에 너무도 맞지 않는다.) 만일 부모가 자녀에게 "나는 너희가 장성하도록 양육해야 한다", "나는 너희에게 교육비를 대야 한다"라고 말한다면, (이것은 입맛에 맞는 것이다.) 또한 부모가 자녀에게 자기의 권리를 주장한다면 이것도 마찬가지로 부당한 것이다.…… 이를 총괄하면, 인간은 모두 자기의 의무를 다하는 것을 우선시하고, 권리는 상대방에게 부여하며, 스스로 주장하지 않는 것인데, 이것이 중국의 윤리사회가 준거하는 신념이다. 곧 서로 간에 각자 자기의 의무를 다할 때 서로의 권리는 자연히 그 속에 있으며, 결코 누락됨이 없고 또한 지체됨이 없다. 사실은

바뀌지 않으나, 정신은 변한다.[43]

사실, 양수명은 정치적 권리를 매우 중시하였으며, 일반적으로는 권리 관념에 전혀 반대하지 않았다. 그러므로 양수명의 주장의 합리적인 면은, 중국문화의 시각에서 볼 때 권리의 요구는 모든 인류의 사회관계의 원칙이 될 수는 없고, 개인이 국가를 상대로 하는 관계에만 적합하며 일반적인 인간의 윤리 관계에는 적합하지 않다는 데에 있다. 바꾸어 말하면, 권리는 당연히 정치학의 범주이어야 하며 윤리학의 근본개념이 되어서는 안 된다. 그러므로 '유가는 어떻게 권리에 대응하는가?'라는 문제에 대해서 양수명은 정치사회적 권리와 경제재산권에 대한 요구에는 찬성하고 있으며, 일반적인 인간관계에 대해서는 개인주의와 권리 관념을 삶의 근본적 태도로 삼는 것에 반대하고 있다고 할 수 있다. 이는 본질적으로 개인주의와 자유주의를 삶의 근본적 태도 및 근본적인 윤리원칙으로 하는 것에 반대하는 것이라고도 할 수 있으며, 그가 주장하는 것은 일종의 유가의 태도 곧 현대 유가의 권리윤리에 대한 태도로 볼 수 있다.

양수명은 유가윤리를 개인본위와 권리본위가 아닌 '상대방을 존중한다'는 태도로 총괄하였는데, 이는 세계윤리와 관련된 논의에서도 참고할 만한 가치가 있다. 그것은 곧 서로 다른 종교 및 문화 전통의 윤리원칙에 대한 종합은 오래된 경전에서만 취해야 하는 것이 아니며, 각각의 전통 내의 현대 철학자들의 총괄 및 이해를 통해서도 도달할 수 있다는 것이다.

양수명은 인권과 관련된 문제에 대해서도 언급하였는데, 그는 1차 세계

---

43) 「中國文化要義」, 『梁漱溟全集』 第3卷, p.93.

대전 후에 유럽 각국의 헌법에서 강조했던 국민의 권리와 의무에 주의를
기울였다.

> 개인은 국가에 대하여, 처음에는 국가가 개입하지 않기를 바랄 뿐이었는데,
> 이 시기에는 적극적으로 책임져 주기를 바라는 것으로 바뀌었다. 그리하여
> 대다수 국가의 신헌법(1919년의 독일헌법을 대표로 한다)은 국민의 소극적 권리 이
> 외에 생존권, 노동권, 피교육권 등의 적극적 권리에 대해서도 규정하였다.
> 또 다른 변화로는, 사회본위의 사상이 대두함으로써 국가가 개입하는 태도
> 를 채택하여 국민의 의무를 가중시켰다. 이리하여 신헌법에서는 어떻게 재
> 산을 운용할지, 어떻게 교육을 받을지, 어떻게 노동에 참여할지, 더 나아가
> 선거에서의 투표 또한 모두 국민의 의무이며 국가는 이러한 의무를 강제해
> 야 한다는 규정을 덧붙이게 되었다. 이 두 가지 변화는 비록 하나의 추세에
> 서 나온 것이었지만, 국가라는 집단은 갈수록 중요하게 되었다.[44]

양수명은 한편으로는 헌법이 규정한 국민의 정치 사회적 권리 외에도
국민의 생존권과 노동권을 확대시키는 것에 대해서 찬성하고 있으며, 또한
이러한 헌법의 변화를 다음과 같이 이해하고 있다. 곧, 국가의 개입을 결코
바라지 않았던 국민들의 소극적인 국가 관념이 국가가 적극적으로 책임지
는 것을 바라는 적극적인 국가 관념으로 바뀐 것이며, 국민이 국가에 대한
의무가 많아지기를 요구했기에 이에 상응하여 국가도 국민이 의무를 져야
한다는 요구를 증가시켰다는 것이다. 이러한 것들로부터 우리는, 양수명이
이러한 권리-의무 관계의 새로운 변화에 대해 찬성하는 태도를 가지고 있
음을 볼 수 있을 것이다. 바꾸어 말하면, 양수명의 국민생존권에 대한 관심

---

44) 『梁漱溟全集』 第3卷, p.89.

및 국가권력에 대한 승인은 모두 그의 유가사회주의 관념과 관련이 있는 듯하며, 고전 자유주의의 권리 관념과는 꽤나 거리가 있는 것이다. 위에서 말한 양수명의 이러한 관념들은 당대의 중국 정치문화에서 여러 유사한 표현을 볼 수 있으며, 유가가치관의 광범위한 영향을 드러내고 있다.

덧붙이는 말

서양의 근대시기 이래로 현대성은 그 구축 과정에서 시종 질의와 비판에 직면하고 있다. 두 차례의 세계대전 이후, 이러한 질의와 비판은 더욱 심화되었으며 기술이성의 통제, 인성의 소외 및 가치이성의 위축에 대한 반성은 현대성 비판의 초점이 되었다. 물론 후현대(post modern)는 현대에 대한 심화와 연속이지만 나아가 기존의 현대성의 이해에 관한 질의이자 비판이다. 레비나스(E. Levinas) 이래로 포스트모더니즘의 철학은 갈수록 '타자'의 문제를 중시하고 있다. 타자(the other)라는 개념은 근대의 '주체' 의식을 겨냥하여 제기된 것으로, 어떤 학자는 심지어 '타자'의 확대가 후현대의 가장 주요한 긍정적 공헌이라고 여기고 있다.

근대의 '주체' 개념은 프랑스 철학자인 데카르트에 기초를 두고 있으며, 후현대의 '타자' 개념도 프랑스 철학자인 레비나스, 들뢰즈(G. Deleuze), 데리다(J. Derrida) 등이 기반을 다진 것이다. 레비나스는 타자를 인정해야만 윤리를 말할 수 있으며, 절대타자에 호소해야만 윤리의 마지막 근거를 확보하게 된다고 생각한다. 윤리학이야말로 제1철학이다. 들뢰즈는 '타자'는 다른 가능세계, 타인의 모습 및 타인의 언어를 포함한다고 지적한다. 후기의 데리다도 레비나스를 받아들여 윤리의 본질은 타자에 대한 아낌없는, 보답을 바라지 않는 '증여'에 있다고 여긴다.…… 사사로움이 없고 보답을 바라지 않는 아낌없음으로 서로 대하는 것, 이 점은 '상호 주체성'에서의 존중 및 교환과는 매우 다른 것이다.[45]

이러한 관점에서 볼 때 양수명의 "상대방을 존중한다"는 윤리관을, 어떤 이는 양수명이 해석한 유가윤리는 주체의식을 부각시키는 것과는 확실히 다르며, 또한 '상호 주체성' 관념과도 그 의미가 다른, 일종의 '타자' 우선을 특징으로 하는 윤리라고 말한다. 양수명은 이러한 윤리 속에서 타자에 대한 인정을 부각시켰을 뿐만 아니라 타자에 대한 정의情誼, 의무 및 존중을 강조하기도 하였는데, 이러한 존중은 교환 의미에서의 존중이 아닌, 바로 '자기를 우선하지 않고' '자기를 희생하며' '마치 자기가 없는 듯'이 '상대방을 존중하는 것이다.' '타자' 개념이 주목하고 있는 의미를 살펴볼 때, 양수명의 윤리사상은 분명히 중요한 의미가 있다.

---

45) 沈淸松, 『對比, 外推與交談』(五南文化事業公司, 2002), pp.11~12.

제16장 '문화열' 운동의 유가호법
― 장대년張岱年 선생의 유학관

    올해는 장대년 선생 탄신 95세를 맞는 해이다. 장대년 선생을 기념하기 위해 나는 장대년 선생의 유학관을 간략하게 소개하고자 한다. 이 점은 과거에 충분한 주목을 받지 못했다.

    장대년 선생은 20세기 후반에서 금세기 초에 이르기까지 가장 권위 있는 중국철학 연구의 대가이다. 1980년대 초엽 이래로 그는 중국문화의 정신은 『역전易傳』에서 말한 "스스로 강건하여 쉼이 없고"(自强不息), "두터운 덕으로 만물을 싣는다"(厚德載物)라고 주장했고, 1980년대의 문화열 속에서 중국문화와 중국철학을 밝히는 많은 문장을 발표했다. 그 논술들은 대부분 유학儒學과 관련이 있다. 그 논점들은 현대유학의 논의를 제대로 이해하는 데 상당히 중요한 의미를 지니며, 장 선생의 학술사상을 연구하는 데 있어서도 중요한 가치를 지닌다. 장대년 선생의 유학에 관한 논술은 매우 광대하고 내용은 매우 풍부하므로, 본문은 그 중에서 일부 주요 내용을 발췌하여 서술함을 미리 밝혀 둔다.

1. 공자의 평가

1980년 장대년 선생은 『공자철학해석孔子哲學解析』을 저술하면서 공자철학사상의 10대 요점을 말하였다. 곧 ① 과거를 기술하지만 과거로 돌아가지 않는다. ② 군주를 존숭하지만 독재를 위주로 하지 않는다. ③ 하늘을 믿지만 귀신은 회의한다. ④ 명命을 말하지만 삶과 죽음을 초탈한다. ⑤ 인지仁智를 내세우고 예악을 통합한다. ⑥ 중용의 길을 걷고 독단과 아집을 질책한다. ⑦ 타고난 지식을 멀리하고 보고 듣는 지식을 중시한다. ⑧ 정명正名을 선양하고 함부로 말하지 않는다. ⑨ 덕성교육을 중시하고 형벌을 가볍게 여긴다. ⑩ 고대경전을 정리하여 새로운 학풍을 연다. 이 요점의 명제들로 볼 때 장 선생은 공자의 여러 문제들에 대한 견해가 두 개의 측면을 포함하므로 이를 변증법적으로 이해할 필요가 있다고 생각했다.[1] 1983년 장 선생은 『공자의 철학사상을 논함』을 저술했다. 80년대 초반 장 선생의 기본 관점은 공자사상에는 적극성도 있고 소극성도 있다는 것이다. 공자는 결코 복고주의자가 아니며, 그는 군주독재에 반대했고 고대문화를 계승하고 정리했으며, 공공생활의 법칙을 다듬는 기초 위에서 보편의의를 지닌 인仁의 학설을 제시하여 중국문화에 뛰어난 공헌을 하였다. 그 후 장 선생은 또 『공자 평가의 문제를 논함』, 『공자철학에 관한 비판적 계승』 등의 글을 쓰면서 공자존숭과 공자비판의 시대는 이미 지나갔고 오늘의 임무는 공자연구와 공자평가라는 점을 반복해서 강조했다.[2] 소위 공자연구나 공자평가는 장 선생이 고대문화에 대한 통합적인 태도가 '석고析古'인 것과 마찬가지로,

---

1) 『張岱年全集』 第5卷(河北人民出版社, 1996), pp.335~350.
2) 『張岱年全集』 第5卷, pp.472·482.

단순한 부정이나 긍정에 반대하고 순수한 해석에도 동의하지 않으며, 그 내용에 대해 변증법적으로 분석할 것을 주장했다. 80년대 후기 이후 장 선생은 공자사상 중의 적극성 내용을 선양할 것을 더욱 중시했다. 장 선생 말년에 강조한 공자의 주요 공헌으로는 적극적이고 낙관적인 실천정신, 도덕가치에 대한 고도의 중시, 역사경험을 중시하는 전통을 개척함, 한민족漢民族 공동의 문화심리적 기초를 세운 것 등이었고,[3] 이로부터 공자사상 중 적극적인 면이 주류임을 긍정하였다.

2. 송명리학의 평가

장 선생은 1981년 이후 『송명리학의 기본성질을 논하다』, 『선진유학과 송명리학』 등 다수의 논문을 발표했고, 이 논문 중에서 중요한 몇 가지 관점을 제기했다. 첫째, 전체적으로 볼 때 송명리학은 그 시대의 생산관계와 상응하고, 그 시대의 봉건사회질서를 옹호하는 작용을 하였다. 그 당시에는 새로운 생산관계가 등장하지 않았으므로 송명리학을 반동이라고 말할 수 없다. 송명시대의 리학理學은 민족단결을 수호하는 작용을 하였다.[4] 둘째, 비록 리학자는 일부 불교와 도교의 영향을 받았지만 기본적으로는 불교와 도교에 반대했고, 공맹의 관점에 의거해 이들이 제시한 문제에 응답했으니, 리학은 공맹지학으로의 복귀이자 발전이다. 리학을 '양으로는 유가, 음으로는 석가'(陽儒陰釋)라고 말하는 것은 정확하지 않다.[5] 셋째, 리학은 상제를 말

---

3) 『張岱年全集』 第6卷(淸華大學出版社, 1995), p.114.
4) 『張岱年全集』 第8卷, p.189.
5) 『張岱年全集』 第6卷, p.326.

하지 않고 사후세계를 논하지 않으므로 종교가 아니다. 당송 이래로 소위 '삼교三敎'의 '교'는 교화의 의미이지 오늘날 말하는 종교가 아니다.[6] 넷째, 일반적인 철학사상사에서는 송명리학을 정주程朱와 육왕陸王의 양대 학파로 나누었는데, 장 선생은 『중국철학대강』에서 처음으로 정주와 육왕 외에 장 재, 왕정상王廷相, 왕부지로 대표되는 기학파氣學派가 있다고 제기했다. 뿐만 아니라 장 선생은 이 세 철학자의 유기론唯氣論 사상에 대해 최초로 체계적 인 연구를 시행하였고, 장재로 대표되는 기학철학의 이해에 분석의 모범을 제공하였으며, 리본론理本論, 심본론心本論, 기본론氣本論 이 삼대 학파의 구분 도 장 선생이 1930년대 이후 일관되게 주장한 것으로서 학계 대다수 학자의 인정을 받았다.[7] 또한 장 선생은 리학理學과 심학心學의 신구 명칭의 차이도 변석辨析하였다.[8]

송명리학의 이해와 인식에 있어서 리학의 리욕지변理欲之辨은 하나의 주 요한 문제이다. 장 선생은, 리학이 '리욕지변'을 말하고 "천리를 보존하고 인욕을 제거하자"(存天理, 去人慾)고 선양함에 따라 많은 논자들이 이를 금욕주 의이고 인성을 부정하였다고 생각했는데, 이는 정확하지 않다고 주장했다. 리욕지변에서 말하는 '욕'은 개인의 사욕을 가리키고 물질적 향유의 추구를 반대하는 것으로서, 이 관점은 인민의 욕구를 배부르게 함을 중시하지 않았 으나 결코 일반적인 욕망의 금지를 주장한 것은 아니다. 따라서 리학은 금 욕주의가 아니라 일종의 절욕주의節慾主義이다. 공자는 '안빈낙도'를 선양했 는데 이는 개인수양의 측면에서 말한 것이고, 인민에 대해서는 공자는 부富

---

6) 『張岱年全集』 第5卷, pp.379~392.
7) 『張岱年全集』 第5卷, p.478.
8) 『張岱年全集』 第8卷, p.190.

를 우선으로 하였고 맹자도 여민동락與民同樂을 제창하였으니, 이는 모두 금욕주의는 아니다. 리학사상가는 '절조節操'를 강조했는데, 정이는 "굶어 죽는 것은 작은 일이지만 절조를 잃는 것은 큰일이다"라고 말했다. 이는 적극적인 면에서는 민족의 정기를 강조한 것으로서 비굴하게 적에게 투항하는 것에 반대한 것이고, 소극적인 면에서는 부녀자의 정절을 선양한 것이다.[9] 장 선생은 만년에 또 이렇게 강조하였다. 대진戴震의 어법은 문제를 간소화한 것이고, 칸트도 엄밀하게 리욕지변을 논한 적이 있으니, 이욕의 문제는 중국이나 서양이나 모두 존재한다. 이익을 탐해서 도의를 저버리고 욕망을 좇아 도리를 등지는 오늘의 현실사회가 유가의 의리지변義利之辯과 리욕지변을 비판하는 것은 과녁 없이 활을 마구 쏘아 대는 것과 같은 이치이다. 사람의 욕망은 무한히 만족될 수 없기 때문에 반드시 절제를 해야 한다. 만약 리욕지변을 부정하고 물욕의 방탕함을 좇아간다면 후환은 불 보듯 뻔하다. 정확한 원칙이라 함은 도의를 따라 이익을 일으키고, 도리를 좇아 욕망을 절제하는 것이다.[10] 장 선생의 리욕지변의 설명은 매우 논리 정연하였으나 애석하게도 당시 문화계, 학술계 인사들은 대부분 선생의 명확한 논지를 간과한 측면이 있다.

장 선생은 또 이렇게 지적했다. 근대인들은 중국 근대문화가 낙후된 원인을 송명리학으로 몰아가고 심지어 리학은 인성을 압살한다고 생각한다. 이 문제는 더 변석할 필요가 있으니, 리학은 덕성과 양지良知를 강조한다. 덕성은 실천이성과 도덕이성이고, 양지는 도덕지식이다. 리학은 덕성과 양지가 선험적이라고 여겼지만 이는 틀린 것이다. 그러나 사람이 도덕이성과

---

9) 『張岱年全集』第6卷, pp.328・349; 第5卷, p.506 참조.
10) 『張岱年全集』第6卷, p.463; 第7卷, pp.312・344・410.

도덕지식을 갖추고 있다는 말은 반드시 긍정되어야 한다. 덕성과 양지를 강조한 학설이 어떻게 인성을 압살할 수 있겠는가? 리학은 이치와 욕망의 대립을 강조하였으나 이치와 욕망의 통일을 간과하였고, 이로 인해 물질생활과 실제문제를 제고하는 면을 간과하게 되었고, 근대과학의 기초를 제공하지 못했으며, 근대민주의 이론을 제공하지 못하게 되었다. 그러나 리학역시 인성을 압살하지 않았고 사상의 자유를 억압하지 않았다.[11] 장 선생에따르면, 송명리학의 기본적인 특징은 공자가 일상의 현실생활 중에 숭고한 도덕이상을 실현했다는 데에 있고, 리학의 역사적 기능은 이중적이어서 한편으로는 민족의 응집력을 증강하고 한편으로는 예교의 강화를 촉진한 것이다.[12]

3. 유가의 중심사상과 유가사상의 특징

장대년 선생은 유학에는 역사적으로 수많은 다양한 학파가 있었고, 유학의 각 학파가 공통으로 인정한 기본적인 관점이 바로 유학의 중심사상이라고 생각했다. 유학의 중심사상에서 가장 주된 것은 곧 인생가치의 관점으로서 다음 내용을 포함한다. 사람의 가치 즉 사람이 물질보다 귀하다는 것을 긍정한다. 또한 현실생활의 가치를 긍정한다. 공자의 생활태도는 현실생활을 긍정하는 지고의 낙관정신으로 표현되었다. 그리고 유가는 도덕가치를 긍정한다. 도덕은 생활하는 데 따라야 할 원칙으로서, 어떤 조건하에서

---

11) 『張岱年全集』第6卷, p.434.
12) 『張岱年全集』第5卷, p.478; 第6卷, p.350.

는 숭고한 도덕이상을 실현하려면 자신의 생명도 희생할 수 있다. 유가는 사람의 가치, 생활의 가치, 도덕의 가치 이 세 가지가 통일되어 있다고 생각했는데, 이것이 곧 유가의 중심사상이다. 이 이론적 논점들은 비록 시대적 한계를 지니지만 확실히 비교적 높은 이론적 가치를 품고 있다.[13]

그는 선진부터 송명시대까지 유가사상의 두드러진 한 특징은 도덕원칙과 실제생활의 통일을 강조한 것이고, 도덕원칙은 일상생활을 떠날 수 없고 일상생활 속에서 반드시 도덕원칙을 체현해야 한다고 생각했으며, 도가와 불교가 현실생활을 떠나 현묘한 이상을 좇는 태도를 비판했다. "광대하고 고명高明하나 일상을 떠나지 않는다"라는 유학자들의 기본적인 주장이라고 말할 수 있다. 송명리학은 도덕적 숭고함과 존엄을 긍정하며, 도덕원칙을 실천함에 인생의 가치가 있다고 보았다. 리학은 현실생활 중에 도덕원칙을 체현함으로써 도덕원칙을 실현함을 인류생활의 귀착점으로 삼을 것을 요구하였으니, 이는 실제로 당시 봉건사회의 등급질서를 유지하는 작용을 하였으나, 반면 정신가치를 중시하는 이론적 의의도 지니고 있다.[14]

장대년 선생에 따르면 중국전통문화의 두드러진 하나의 특징은 곧 '사람'을 중심으로 한다는 것이다. 이것은 유가의 특징으로서 유학은 중국문화전통 속에서 주도적 지위를 점하면서 전통문화의 특징이 되었다. 몇몇 학자들은 서양의 근대시기에 논해진 인문주의, 인도주의, 인본주의와 같은 용어를 사용하여 중국의 유학을 서술하기도 하고, 또 어떤 이들은 이것이 옳지 않다고 생각하기도 한다. 어쨌든 만약 유학이 사람을 본위로 한다고 말하는 점은 마땅히 인정될 수 있다. 사람을 본위로 한다는 것은 사람을 출발점으

---

13) 『張岱年全集』 第6卷, p.295.
14) 『張岱年全集』 第5卷, p.505.

로 삼고 사람의 문제에서 출발하며 또 사람의 문제를 귀착점으로 삼는다는
것이다. 유학사상은 인본주의이고 고대의 인도주의이다.[15] 장 선생의 이 논
단은 오늘날 우리가 중국 고대의 '사람을 근본으로 삼는' 사상을 연구하는
데 있어서 기초를 다진 것이다.

4. 유가의 독립적 인격에 대한 긍정을 선양하다

유가사상을 분석한 평론 중에서 1980년대 장 선생이 가장 중시한 것은
유가의 독립적 인격의 사상이다. 그는 유가는 사람을 본위로 하며 반드시
사람의 자각을 중심으로 한다고 생각했다. 소위 사람의 자각은 최소한 두
가지 함의가 있는데, 첫째는 동류의식으로서 자기와 타인을 동류로 긍정하
는 것이고, 둘째는 개성의 자각으로서 자아를 타인과 다른 자아로 긍정하는
것이다. 이 사상은 공자사상 중에 이미 존재했다. 공자는 금수와 사람의 무
리를 대립시켜, 분명하게 사람의 무리를 동류로 삼고 금수를 이류異類로 간
주했다. 공자가 "본성은 서로 가깝고 습속은 서로 멀다"라고 말한 것은 사
람과 사람을 동류로 인정한 것이다. 공자는 "현자는 세상을 피하고, 다음은
장소를 피하고, 다음은 안색을 피하며, 다음은 말투를 피하라"라고 말했다.
어째서 안색과 말투를 피하라고 했는가? 그것은 자신의 독립된 인격을 갖
추려면 존중 받을 것을 요구하라는 것이다. 『주역』의 고괘蠱卦에 "상구上九
는 왕후를 섬기지 않고, 그 일을 높이 숭상한다"[16]라고 했는데, 이 "왕후를

---

15) 『張岱年全集』 第6卷, p.353.
16) 『周易』, 「蠱卦」, "上九不事王侯, 高尚其事."

섭기지 않는" 사람은 바로 자신의 독립의지를 지키는 자이다. 역대 역사서는 수많은 홀로 실천한 자를 기술하였는데, 이들은 모두 왕과 제후를 섬기지 않고 자신의 지조를 높인 자들로서 독립의지를 지킨 자들이다. 맹자는 사람의 동류의식을 더욱 강조하면서 "그러므로 동류인 자들은 모두 서로 비슷한데, 어찌 유독 사람에 있어서만 그것을 의심하겠는가"[17]라고 말했다. 맹자는 사람의 동일성 중에서 가장 주요한 내용은 도덕의식이라고 생각하였으니, 이는 곧 이치(理)를 사람의 마음에 지닌 동일성으로 삼고, 사람의 자각을 도덕적 자각으로 여긴 것이다. 이처럼 중국 고대유가철학에서는 공자 이후로 독립적 인격의 존중을 강조해 왔음을 알 수 있다. 오늘날 어떤 학자들은 중국 전통 속에는 개인인격의 개념이 수립되지 않았고 개인인격에 대한 인정과 존중이 부족했다고 주장하는데, 이러한 논조는 중국 전통철학에 대한 무지를 드러내는 것에 불과하다.[18]

장 선생은 유가 인문주의가 역사에 끼친 영향은 적극적인 면도 있고 소극적인 면도 있다고 말한다. 적극적인 면은 사회발전의 이익에 부합하고 사회발전을 촉진시킨 측면이고, 소극적인 면은 사회발전의 이익에 부합하지 않고 사회발전을 저해한 측면을 말한다. 유가사상 중에 가장 주목할 점은 바로 인간의 주체성을 선양하고 독립적 인격 수립의 필요성을 강조한 것이다. 이 문제에 대해서는 맹자가 가장 절실하게 밝혔는데, 그는 대장부의 표준적 인격에 대해 이렇게 말했다. "천하의 넓은 집에 거하고 천하의 바른 자리에 서고 천하의 큰 도를 행한다. 뜻을 얻으면 백성과 더불어 나아가고, 뜻을 얻지 못하면 홀로 그 도를 행한다. 부귀도 그를 음란하게 하지

---

17) 『孟子』, 「告子上」, "故凡同類者, 擧相似也, 何獨至於人而疑之?"
18) 『張岱年全集』 第6卷, p.354.

못하고, 빈천도 그를 바꿀 수 없으며, 위세와 무력도 그를 굽히게 할 수 없으니, 이런 자를 대장부라고 말한다."[19] 이는 독립적 인격에 대한 명확한 표현으로서 역사적으로 수많은 지식인에게 적극적인 작용을 하였고 백성이 이상과 정의를 위해서 분투하도록 고취시켰다. 공자는 일찍이 "지사와 인자는 살기 위하여 사람을 해치지 않고, 자신을 희생하여 인仁을 이룬다"라고 말했고, 맹자도 "목숨을 버리고 도의를 취한다"로 말했으니, 이는 모두 자신의 독립적 인격을 지킨 것들로서, 인을 이루고 도의를 취하는 원칙은 민족이 위기를 맞이하고 국가가 재앙에 처했던 시대에 수차례 사기를 진작하고 투지를 굳건히 하고 희생정신을 촉발시키는 거대한 작용을 하였다. 한대 이래로 지식인 중에는 천하를 자신의 소임으로 삼고 선비는 죽일 수 있어도 욕되게 해서는 안 된다는 전통이 존재했으니, 이 역시 인격의 존엄을 지킨 우수한 전통이다. 그러나 다른 한편으로 유가는 군주의 권력을 인정하였으니, 이는 계급제도를 옹호한 것이고, 삼강三綱은 신하, 아내, 자식의 독립적 인격을 약화시키고 부정하였으니, 이로써 심각한 소극적 작용이 생겨났다.[20]

장 선생은 또한 유가의 인격가치의 학설은 도덕학설과 밀접히 결합되어 있으나, 유가의 도덕학설은 특정한 시대성과 계급성을 가지므로 그들이 말한 고상한 인품도 봉건시대 지식인의 고상한 인품일 수밖에 없다고 말했다. 그렇지만 유가는 봉건시대에 부귀를 추구했던 세속적 견해를 벗어나서 사람이면 누구나 자신의 도덕적 깨달음을 드높일 수 있고, 이러한 도덕적 깨

---

19)『孟子』,「滕文公下」, "居天下之廣居, 立天下之正位, 行天下之大道. 得志與民由之, 不得志獨行其道. 富貴不能淫, 貧賤不能移, 威武不能屈, 此之謂大丈夫."
20)『張岱年全集』第6卷, pp.553~554.

달음이야말로 사람이 지니는 가치라는 점을 긍정했으니, 이 점에서 민족정신의 발전에도 중요하고 적극적인 의의를 지닌다.[21]

5. 유가의 가치관 연구

개인과 사회의 관계에 관해서 장 선생은 유가가 개인의 자유를 간과한 것은 하나의 결함이지만 유가는 개인과 개인의 조화로운 관계를 특별히 강조했다고 말했다. 장 선생은 말년에 유가가 말한 인간관계 중의 조화사상을 특히 중시했으며, 이를 독립적 인격과 병립하는 유가학설의 양대 요지로 간주했다.[22] 장 선생은 타인을 긍정하고 존중하며 사람을 사랑하고 존경하는 이러한 원칙은 정확한 것이라고 말했다. 공자가 "남을 세워 주고 남을 이루게 한다"라고 한 말은 먼저 자신의 주체성을 세우고 타인의 주체성을 긍정하는 것으로서, 타인과 나를 함께 중시하는 것이다.[23] 유가는 인륜 관계를 중시했으나 인륜 관계가 독립적 인격을 훼손하지 않는다고 생각했고 인륜원칙을 실행하는 것이 독립적 인격을 완성하는 조건이라고 생각했다.[24]

유가의 도덕개념에 관해서 장 선생은 유가가 말한 인의예지신仁義禮智信은 당시에 특정한 계급성을 가지고 있었지만, 이와 함께 더 근본적인 보편 의미를 지니고 있었다고 말한다. 인仁의 근본 의미는 타인과 자신이 동류라

---

21) 『張岱年全集』 第6卷, p.235.
22) 『張岱年全集』 第7卷, p.388.
23) 『張岱年全集』 第6卷, p.455.
24) 『張岱年全集』 第7卷, p.19.

는 점을 인정하고 일상 속에서 타인에 대해 동정심을 갖는 것이다. 이러한 고대의 인도주의는 폭정에 반대하는 면에서 적극적인 의의를 지닌다. 의義의 근본 의미는 공공이익을 존중하고 타인의 이익을 침범하지 않는 것이며, 사람들의 소유권을 존중하는 의미를 내포하고 사람의 독립적 인격을 존중하는 것도 포괄한다. 예禮의 근본 의미는 사람과 사람이 서로 교류하는 데 있어서 반드시 지켜야 할 규칙이다. 지智의 근본 의미는 시비와 선악을 분별하는 것으로서 사람의 도덕적 각성을 대표한다. 신信의 의미는 타인에게 마땅히 약속을 지켜야 한다는 것이며, 신의와 성실은 사람과 사람 간에 상호 짝을 이루는 기본 원칙이다. 오상五常을 싸잡아서 반동사상으로 매도하는 것은 분석이 결여된 것이다. 유가는 의를 중시하고 사리(利)를 경시했으니, 이는 주로 사람들이 개인의 사리를 위하여 사회의 질서를 파괴하지 말 것을 경고한 것이다. 이렇게 질서를 안정시키는 사상은 통치계급의 이익에 부합한다. 그러나 일정 조건하에서는 사회 전체의 이익에 부합하기도 한다. 사회 전체의 이익은 곧 공공이익으로서, 계급사회일지라도 공동이익은 존재하며, 사회는 이로써 계속 존재하면서 각 계급의 상호 투쟁에 따른 공동 괴멸에 이르지 않을 수 있다. 유가가 중시한 것은 바로 이런 유형의 사회 전체의 이익이다. 이것이 유가가 의를 숭상하는 학설의 가장 중요한 의미이다.[25] 유가는 인애仁愛의 고대 인도주의를 창도하여 정치적으로는 폭압적인 학정을 반대하고 비판했으며 역사적으로는 긍정적인 의미를 갖게 되었다.

장대년 선생은 권리와 민주에 대해서 이렇게 말한다. 선진법가가 "사람 쓰는 것은 육축六畜 쓰는 것과 같다"(『관자』)라고 말하면서 사람을 우마牛馬로

---

25) 『張岱年全集』 第7卷, pp.427~428 참조.

간주한 데 대해 훗날 한대의 유가는 "어찌하여 우마처럼 사람을 쓰겠는가"라고 비판하였다. 유가는 사람을 우마로 본 것을 반대했고, 공자는 당시 마구간에 불이 나자 사람이 다쳤냐고 물었을 뿐 말에 대해 묻지 않았다. 유가는 인권사상을 제시하지 않았다. 단지 사람의 사람에 대한 의무를 말했을 뿐 모든 사람이 각자 권리를 갖는다고 말하지 않았다. 선진유가 중에 칠조씨漆雕氏의 유가는 이러한 사상을 말한 적이 있으나 훗날 큰 영향을 끼치지는 못했다. 유가는 비록 인권을 논하지 않았지만 맹자와 황종희黃宗羲는 민주民主를 말하여 그 이론적 기초를 다졌으니, 바로 맹자가 제시한 '양귀良貴' 관념으로서, 그는 "사람은 모두 자신에게 귀함이 있다"라고 말했는데, 이것이 곧 양귀이다. 양귀의 뜻은 본연의 가치로서, 사람은 태어나면서부터 이 가치를 지니므로 이 가치를 잘 발휘하면 훌륭한 사람이 될 수 있다는 것이다. 맹자가 말한 민주는 사람마다 하늘이 부여한 가치가 있음을 인정한 것으로서, 이는 천부인권설과는 구별된다. 맹자는 주로 도덕적 측면에서 말한 것이고, 서양은 정치적 측면에서 말한 것이다.[26] 장 선생의 유가가치학설에 대한 연구와 논술은 그의 후기 중국철학연구에 있어서 중요한 영역일 뿐 아니라 유가가치의 연구 면에서도 초석을 다지게 되었다.

6. 유가의 역사적 작용과 사상적 결함을 논함

유가가 역사 속에서 끼친 작용에 대해 장 선생은 이렇게 생각했다. 중국문화는 수천 년의 역사 속에서 지속적으로 발전해 왔으며, 어떤 시기에는

---

26) 『張岱年全集』 第6卷, pp.244~245; 第7卷, p.325.

비록 쇠미해지기도 하였으나 결국 다시 부흥하면서 끊이지 않고 연속된 데에는 반드시 그 지속발전의 정신적 지주가 있을 터인데, 그 지주가 바로 중국문화의 기본 정신이다. 중국문화의 기본 정신은 유가철학에서 기원하였고, 유가가 제창한 적극적인 실천과 분투하여 정진하는 사상태도에서 유래하였다. 유가의 『역전』은 "하늘의 운행은 강건하니, 군자는 이로써 자강불식自强不息한다"라고 말했다. 이 사상은 이천 년 넘게 정직한 인사人士가 분발하여 향상되고 노력하여 전진하며 악의 세력에 굴복하지 않고 외래의 압박에 투쟁하는 것을 고취시켰다. 역사적으로 불법적인 권세가에 반대하는 충렬지사, 외래의 침략에 저항하는 민족영웅, 열심히 진리를 탐구하는 학자들은 모두 이 사상의 영향을 깊이 받았다. 그는 또 말하였다. "역사상 유학이 통치사상이 되면서 확실히 사람의 마음을 한데 모으는 작용을 하였는데, 이는 민족의 응집력을 유지하고 강화하는 데 적극적인 작용을 하였다."[27] "그러나 유학사상도 편향된 면이 있으니, 그 중에서 가장 두드러진 점은 유가가 '덕'과 '힘'을 대립시킴으로써 덕과 힘이 밀접한 연계를 볼 수 없었고, 생명력에 대한 교육을 무시하게 된 것이다."[28]

유가문화가 역사상 끼친 작용에 대해서 장대년 선생은 이렇게 말한다. "첫째는 계급사상으로서, 공자로부터 명청대 유가에 이르기까지 그들은 모두 상하귀천을 구분하였고 등급을 구분하였다. 둘째는 인격의식으로서, 유가의 한 특징은 그들이 비록 등급을 구분하였지만 귀천을 막론하고 모두 동류로 여겼으며, 사람은 반드시 사람으로서 대우받아야 하고 독립된 의지와 독립된 인격을 지닌다는 점이다. 셋째는 강건한 관념으로서, 공자부터

---

27) 『張岱年全集』 第6卷, p.299.
28) 『張岱年全集』 第6卷, p.62.

이 강건에 주목하기 시작하였고, 훗날 유가는 강건을 인생의 근본 원칙으로 삼았다. 넷째는 보수성향으로서, 그들은 계승을 강조하고 창조를 중시하지 않았다."[29]

유학은 심각한 결함을 드러냈는데, 예를 들어 등급 구분의 합리성을 인정한 점은 하나의 심각한 결함이다. 이 밖에 사람이 사물보다 귀한 가치를 중시함으로써 관심을 완전히 사람의 문제로만 집중시켰고, 이로 인해 사물에 대한 문제와 연구를 무시하였고 사물에 대한 지식을 폄하했으며 과학발전을 위한 이론적 기초를 제공하지 못했다.[30] 유가는 개인의 사리추구를 반대하고 도덕적 이상을 물질적 이익 위에 두는 것을 강조하였으니, 이는 정신문명의 발전에 적극적인 추진작용이 되었다. 유가는 비록 공공 이익을 배척하지 않았지만 도덕적 이상과 공공 이익의 연계를 중시하지 않았기 때문에 결과적으로 현실에서 이탈되고 공허함에 빠지게 된 것이다.[31]

양한兩漢 이후 유가의 가치관은 통치지위를 점하면서 중국문화의 주도사상이 되었다. 유가는 사람의 가치를 긍정하고 도덕의 중요성을 강조했으니, 이는 봉건시대 정신문명의 발전에 지대한 작용을 하였다. 그러나 도의와 이익의 관계, 덕성과 힘의 관계 문제에서 유가, 그 중에서도 특히 송명리학의 견해는 심각한 편향성을 띠었다. 동중서, 이정과 주희, 육구연과 왕수인은 공리公利와 사리私利의 구별을 간과하고 도의만 강조하면서 현실과 유리된 경향을 갖게 되었다. 유가는 도덕적 존귀함을 강조하고 "그 뜻을 꺾지 않고, 그 몸을 더럽히지 않는" 지사와 인자를 높이 찬양하였으니, 이는 중화

---

29) 『張岱年全集』 第6卷, p.446.
30) 『張岱年全集』 第6卷, p.300.
31) 『張岱年文集』 第6卷, p.361.

민족의 성장과 발전에 분명 적극적인 작용을 하였으나 물질적 이익을 무시하게 되면서 그 도덕적 이상은 공허한 설교로 변모된 것이다.[32]

7. 유학에 대한 그릇된 관념의 수정

장대년 선생은 80년대 문화열 중에 유행했던 유가에 대한 그릇된 견해를 일일이 바로잡았다. 당시 다루어졌던 견해들은 상당히 광범위했고, 문화열 당시 토론된 '반전통사조'의 유가에 대한 주요 논점은 모두 장 선생에 의해 변증되고 수정되었다. 아래 몇 가지 사례를 들어보자.

어떤 이는 유학이 전제제도 위에서 수립되었다고 말한다. 장대년 선생은 이에 대해 말하였다. "전제제도는 진시황 때 처음 수립되었고, 선진의 공맹사상은 결코 전제제도 위에서 수립된 것이 아니다. 공자는 '군주가 불선함에도 감히 어기지 않는다'는 군주독재에 반대했고, 맹자도 '백성은 귀하다'는 학설을 제시했으니, 이는 모두 군주전제를 드높인 것이 아니다. 유가는 군주전제와 개인독재를 제창하지 않았다. 송명리학자는 항상 '군주의 잘못된 마음을 바로잡는다'고 말했고, 집권자의 독재를 비판했다. 리학의 왕패지변王覇之辯도 현실 중의 전제제도에 결코 찬동하지 않음을 논한 것이다."[33]

어떤 이는 중국 전통철학 중에는 '인간'의 관념이 부재하며 인간의 인간됨을 알지 못한다고 생각한다. 장 선생은 이 관점에 대해 여러 차례 비판하

---

32) 『張岱年文集』 第6卷, p.82.
33) 『張岱年文集』 第6卷, pp.303·348.

면서, 이는 매우 황당한 것이며, 이러한 관점은 식민지적 민족비하 심리에서 나오지 않았으면 역사적 사실에 대한 무지에서 나온 것이라고 주장했다. 중국 고대유가는 확실히 참된 인간의 관념을 구비했으며 인간의 독립적 인격을 긍정하는 사상이 있었으니, 중국 전통철학은 이미 인간에 대한 참된 자각에 도달해 있었다.[34]

어떤 이는 중국 전통문화는 인간의 존엄을 폄하하고 사람의 독립적 인격을 부정한다고 생각한다. 장 선생은 이에 대해 고대 철학 속에서 공자와 맹자는 모두 사람의 독립적 인격을 긍정했고 인간의 존엄을 중시했고 사람은 저마다 내재적 가치를 지니고 있음을 긍정했으며, 도가도 개인의 자유도 긍정했다고 주장했다.[35] 또 어떤 이는 유학학설은 인성을 억누른다고 생각했는데, 장 선생은 이에 대해 맹자로 대표되는 유가는 인간의 사회성을 강조했으며 사람의 자연성을 부정하지 않았다고 말했다. 유가는 사람의 사회성을 발전시켜야 한다고 주장했으므로 이를 사람의 인성을 억눌렀다고 말해서는 안 된다.[36]

어떤 이는 유가학설은 자아발현이나 자아실현이 아니고 자신을 부정하는 비아非我의 발현으로서, 유가가 말한 것은 자기억제와 자아부정에 불과하며, 송명리학은 인성의 부정을 극한까지 끌어올린 것이라고 주장한다. 장 대년 선생은 이에 대해 이렇게 말한다. "공자가 인仁을 논한 것 중에 가장 중요한 조목은 '나를 세우려면 남을 먼저 세우고, 나를 이루려면 남을 먼저 이루게 한다'이다. 이는 인의 출발점이다. 공자는 또 '삼군은 능히 그 장수

---

34) 『張岱年全集』 第6卷, pp.404・411・446; 第7卷, pp.11・22・56.
35) 위의 책, p.157.
36) 『張岱年全集』 第6卷, pp.404・411・446; 第7卷, p.555.

를 빼앗을 수 있지만, 필부의 그 뜻을 빼앗을 수는 없다'라고 말했는데, 이
는 사람은 누구나 독립적 의지를 지녔음을 인정한 것이고 타인과 내가 모두
독립적 인격을 가졌음을 긍정한 것이다. 맹자 역시 사람은 모두 박탈할 수
없는 천부적 가치가 있다고 생각했다."37)

장 선생은 일관되게 유가전통과 전제주의를 동일시하는 논법에 반대하
였고, 유가학설은 군주정체君主政體와 등급제도를 옹호한 측면이 있지만, 또
한편으로는 인민을 중시하고 독립의 의지와 인격의 존엄을 선양한 측면이
있다는 입장을 견지했다. 그에 따르면, 마르크스는 "군주정체君主政體의 원칙
은 결국 사람을 경시하고 사람을 멸시하여 사람이 사람 되지 못하게 하는
것이다"라고 말했다. 어떤 이는 유학의 본질이 "사람이 사람 되지 못하게
하는 것"이라고 여기는데, 이는 사실 큰 오해이다. 유가는 교육자로서, 그의
관심은 사람이 사람 되도록 하는 것에 있다. 사람의 독립적 의지와 독립적
인격을 긍정하고 사람의 주체적 의식을 고양하는 것이야말로 유가 교육사
상의 핵심이다. 전제주의와 유가전통을 동일시해서는 안 된다.38)

끝으로, 유학과 현대화 문제에 관해 많은 논자들이 중국 근대시기의 낙
후된 원인을 전적으로 유학으로 귀결시키려는 것에 대해 장 선생은 이렇게
생각했다. 유학은 소극적이고 보수적인 면도 있지만 적극적이고 진보적인
면도 있으므로, 중국이 낙후된 원인을 확정적으로 유학으로 귀결짓는 것은
역사적 사실에 부합하지 않으며, 중국이 낙후된 근본적인 원인은 명청시대
중앙집권의 군주전제제도가 전에 없이 강화된 데 있다.39) 1990년대, 장 선

---

37) 『張岱年全集』 第6卷, p.302.
38) 『張岱年全集』 第7卷, p.10; 第8卷, p.126; 第6卷, p.348 참고.
39) 『張岱年全集』 第6卷, p.426.

생은 2차 세계대전 후 동아시아 지역의 실제 상황은 유가사상이 경제발전의 장애물이 아니라 조력자라는 것을 증명했다고 생각했다. 유가는 도덕을 중시하고, 교육을 중시하는 사상이며 조화를 귀하게 여기는 사상으로서, 동아시아 지역에서 경제발전에 적극적인 작용을 끼쳤다.[40] 장 선생의 유학관은 그의 문화관의 일부분으로서 그의 전통문화에 대한 기본적인 관점과 태도를 잘 보여 준다. 이러한 태도는 그 기본 방법론에서 '석고析古'의 입장을 드러낸 것으로, 이 석고의 태도는 변증법적 분석방법을 도입했다. 이러한 배경에서 그는 유가사상을 분석하면서 유가사상의 적극적인 역사작용과 보편적인 이론가치를 충분히 긍정하였고, 또한 유가사상의 역사적 한계와 사상적 결함을 명확히 제시하였다. 장 선생의 이상의 논술로 볼 때, 그가 유가사상을 논하는 방법은 이중적인 분석입장을 취한 것으로서, 이는 결코 장점과 단점에 대해 '각각 곤장 오십 대를 때린 것'이 아니라 유가사상의 역사적 작용과 이론의 의의에 대해 주체적 입장에서 명확하게 긍정한 것이다. 유가가 등급제도의 질서를 인정하였음을 지적한 것 등, 장 선생이 유가사상에 대해 논한 일련의 비판은 역사적 사실에 부합하고, 또한 장 선생의 불합리한 현실에 대한 비판의식도 잘 포함하고 있음을 볼 수 있다.

이상의 서술 내용으로 볼 때 장 선생의 문화관은 추상적인 일반적 구호가 아니라 이론적 분석과 밝힘이고 동시에 문화적 실천에 따른 적극적 참여이다. 그는 1980년대 이래의 문화토론 중에 유가와 관련되어 유행했던 각종 오해와 불합리한 관점에 대해 폭넓게 논평하고 수정하였으며, 심지어는 곳곳에서 팽팽하게 대립하고 논박하였다. 우리는 장 선생이 '유학부흥론'에

---

40) 『張岱年全集』 第7卷, p.518.

결코 찬성하지 않았음을 잘 알고 있다. 그는 스스로 본인이 '신유가'가 아니라고 명확하게 말했으며 일관되게 유학의 시대적이고 계급적인 한계를 분명히 말했다. 그러나 1980~1990년대 문화논쟁 중에 유가사상의 장점과 현대적 의의를 정확히 인식하는 것을 촉진하는 방면과 유학과 관련된 각종 인식적인 오류를 반박하고 정리하는 방면에서, 장 선생이 이룩한 중요한 공헌은 타의 추종을 불허한다. 심지어 우리는 1980년대 후반 이후의 중국문화사조 중에서 장 선생이 실제로 유학의 수호자 역할을 했다고 말할 수 있다. 이 점을 제대로 이해하는 것은 20세기 후반의 문화토론과 장 선생의 문화토론 중의 역할과 작용 그리고 장 선생 말년의 사상적 특징을 두루 인식하는 데 있어서 매우 중요하다.

제17장 20세기의 유학 연구와 유학의 발전

　본문에서 논하려는 20세기 유학의 연구는 지난 세기 유학연구의 성과를 정리·열거하거나, 20세기 유학연구의 방법을 총정리하거나, 또는 100년에 걸친 유학연구의 성취와 결함을 서술하려는 것이 아니다. 나는 유학의 학술연구를 하나의 문제로 삼고 유학의 현대적 발전을 주체로 하여 어떻게 학술연구가 20세기 유학의 기조가 되었는가를 탐구하고, 20세기 유학의 학술연구가 유학이 현대사회에서 생존하고 발전하는 데 어떤 의의를 가지고 작용하며 어떤 한계를 가지는지 등을 토론하며, 이로부터 현대유학이 전통유학과 다른 특색이 무엇인지 그리고 이 특색이 형성되게 된 역사적 환경과 제도적 조건을 논하려고 한다. 다행인 것은 오랫동안 이미 많은 학자들이 이 문제에 대해 다양하고 심도 있는 관찰과 사고를 진행하였으니, 우리는 이 관찰과 사고를 회고하는 기초 위에서 한 걸음 더 나아간 견해를 제시하고자 한다.

1. 문화의 위기

　20세기 유학의 특색을 제대로 이해하려면, 20세기 유학의 발생 배경과 직면하였던 도전 그리고 담당했던 사명을 이해해야 한다. 이러한 과정 속에서 우리는 비로소 유학에 관한 학술연구가 현대유학에 대해 지니는 의의를 헤아릴 수 있을 것이다.

주지하다시피, 아편전쟁 이후 중국은 시나브로 미증유의 전면적인 위기 상황에 빠져들었다. 이 전면적인 위기는 근본적으로 서양의 도전에서 비롯되었다. 서양 근대문화와 서양 제국주의가 아시아에서 침략을 확장하여 해묵은 중화문명과 방대한 중화제국의 군사, 정치, 과학, 공업, 교육 등 제 분야에 커다란 충격을 주었으며, 이에 만청시대의 잇따른 근대화 개혁을 촉발시켰다.

내가 일찍이 근대유교의 흥망사에서 말한 바와 같이, 낡은 전통의 중국 문명은 제국주의의 대포와 함대 앞에 여지없이 패배하여 변혁의 길로 내몰렸다. 양무운동에서 무술변법을 거치면서 근대 자연과학과 공예제조는 이미 도입되기 시작하였고, 근대 서양합리주의의 정치제도도 선구적 지식인들에 소개되었으며, 청 정부도 점차 개혁을 시행하기 시작했다. 청일전쟁의 좌절은 유교 중국의 위기를 더욱 가중시켰다. 19세기 말, 유학이 처한 상황 속에서 유학의 지식체계와 정치제도는 거대한 도전을 받게 되었다.

양무운동 후기의 유신파는 각지에서 이미 신식학당을 설립하였고, 구식 학숙學塾 중에서도 교과과정에 이미 신구 교과목이 병존하기 시작했다. 1899년 청 조정은 팔고와 시부 폐지를 명령하는 조서를 내렸고, 1901년 청 정부는 「흥학조서」를 반포하여 정식으로 전국에 학당을 개설할 것을 요구하였으니, 이는 전통적 과거제의 시행과 유생의 구식 교육체계에 근본적인 도전이 되었다. 1899년부터 각지의 서원이 점차 학당으로 개조되었고 1905년에 이르자 전통적인 '유학'은 거의 형태를 감추게 되었다. 더 결정적인 것은

1905년 청 정부가 정식으로 과거제도의 폐지를 결정하였고, 모든 학교에서 경학과 수신의 과목만 남겨 두고 자연과학을 가르치도록 규정하였다. 법률과 현실의 영역을 막론하고 유학은 전통교육에서의 지위가 완전히 붕괴된 것이다.

신해혁명이 일어나고 그 후 채 몇 년이 지나지 않아 유학은 정치와 교육 분야에서 완전히 퇴출되었고, 유학의 전적典籍도 더 이상 이데올로기와 국가제도의 기초가 될 수 없었다. 신문화운동은 신해혁명 전후로 유학을 몰아내었던 운동을 윤리와 정신영역까지 확대시킨 것이었다. 과거제 폐지에서 신문화운동에 이르는 불과 십수 년의 세월 속에서 유학은 현대 중국문화의 구도에서 완전히 퇴출되었고, 중심부에서 주변부로 쪼그라들었다. 20세기 초의 이십여 년 동안, 유교문화는 완전히 해체되었다.[1]

일반적으로 근대중국의 위기는 주로 서양 제국주의의 침략으로 인해 형성된 민족적 위기로 생각한다. 1950년대 이후의 중국연구 중 중국이 19세기 중엽 이래로 직면했던 위기는 사회문화적 측면에서 '현대화의 위기'이자, 외세의 강력한 압박 아래에서 발생한 전통사회에서 근대사회로의 점진적 전환으로 인식되었다. 그러나 유가사상가들은 중국이 근대 이후 직면했던 위기가 반드시 문화적 측면에서 이해되어야 함을 강조하였는데, 하린賀麟은 일찍이 이렇게 말했다.

중국의 근 백 년에 걸친 위기는 근본적으로 하나의 문화적 위기이다. 문화적으로 조정에 실패했기 때문에 새로운 문화적 추세에 대응할 수 없었다. 중국 근대시기 정치군사상의 국치는 아편전쟁 때부터 시작되었다고 말할

---

1) 陳來, 『傳統與現代』(北京大學出版社, 2006), pp.84~87 참고.

수 있지만, 중국의 학술문화상의 국치는 아편전쟁 이전에 시작되었다. 유가
사상이 정식으로 중국 청년들에 의해 맹렬한 반대에 부딪친 것은 신문화운
동에서 기인했다고 말할 수 있지만, 유가사상이 침체되고 경직되고 생기를
잃고 공맹의 정신을 상실하고 신문화의 요구에 대응하는 데 있어 무기력하
게 된 것은 5·4운동 이전부터 이미 그 부패가 진행되었다. 유가사상이 중국
문화생활 면에서 자주권을 상실하고 생기를 상실한 것이야말로 중화민족의
가장 큰 위기이다.[2]

중국이 근대 이래로 새로운 추세에 대응하지 못하고 외국열강의 압박
아래 번번이 실패하게 된 내재적 원인은 이 시대의 유가사상이 중국의 정신
이자 사상의 근본임에도 경직되고 정체되어 새로운 생명력을 발산하지 못
했기 때문이다. 하린과 같이 내재적 사상으로 근대역사를 이해하는 입장도
일리가 없지는 않다. 일본의 근대적 경험이 증명하듯이, 서양문명과 제국주
의의 압박에 직면하여 적극적으로 개혁을 일으키고, 유가사상이 시대와 보
조를 맞추어 개혁을 추진하면, 민족의 위기를 해결하고 현대화의 진전을
촉진할 수 있을 것이다.

서양의 대포와 함대는 동양의 방어선을 무너뜨리는 선봉이자 앞잡이가
되었으나, 중국으로서 말하자면 진정으로 심각한 위기는 군사적인 약세나
실패가 아니라 서양문명의 전면적인 도전이었다. 13세기와 14세기에 걸친
몽골의 정예기병도 대적하기 어려웠으나, 그들의 군사적 우세가 곧 문명의
우세를 대표하는 것은 아니었다. 그러나 중국이 아편전쟁 이후로 경험한
서양의 충격은 단순히 군사기술상의 우월에 국한되지 않았고, 전면적인 패

---

2) 賀麟, 「儒家思想的新展開」, 『文化與人生』(商務印書館, 1988), p.5.

퇴를 거듭하면서 중국인들은 점차 자기문명에 대한 자신감을 상실하였으며, 심리적으로 서양문화에 정복당하게 되었다. 이런 의미에서 서양문화의 도전은 근본적인 것으로 인식되었고, 서양문화의 도전을 어떻게 수용하고 대응해야 하는가가 위기를 해소하는 가장 근본적인 문제가 되었다.

하린이 문화의 위기를 단지 청대 유가사상의 침체와 경직 탓으로 돌린 것은 전면적이지 않다. 문화 관념의 측면에서 볼 때 당시 지식인들은 중서문화에 대해 정확하게 균형 감각을 찾지 못했으니, 이것이 문화적 위기를 불러온 중요한 원인 중의 하나였다. 사실상 근대 중서문화의 문제토론 중에서 중국의 문화전통을 비판하는 목소리가 우세를 점한 것은 당시 유행했던 관념 속에 깃든 적지 않은 미망적 사유에서 기인하였다. 계몽주의의 시각을 넘어서서 중국문화의 가치를 밝히고 중국문화의 자신감을 옹호하려면 반드시 학술상에서 변석辨析을 해야 하는데, 이는 문화적 위기를 해결하는 중요한 방면이자 민족의 문화생명을 소통케 하는 근본적 관건이다. 문화관의 문제는 반드시 문화관의 분석과 논변을 통해 해결해야 한다. 문화관의 문제가 해결되지 않으면 사상적 재구축이나 역사적 연구는 기초가 부실해질 수밖에 없다. 문화적 위기는 지식인의 관념에서 비롯된 것이지 일반 민중에서 유래된 것이 아니므로, 지식인을 대상으로 하는 문화적 변석은 이 시대에 유학의 주요 전쟁터가 되었다. 이 방면에서는 양수명의 문화철학 관련 저작이 가장 대표적이라고 할 수 있다.

하린은 다음과 같이 말했다.

서양의 문화와 학술이 대거 무작위로 수입되면서 유가사상은 새로운 발전의 큰 동력을 얻게 되었다. 표면적으로 서양문화의 수입은 마치 유가를 대체하고 유가를 무너뜨려서 몰락하게 하고 가라앉게 만드는 기운처럼 보인다. 그러나 인도문화가 수입되면서 역사 속에서 일찍이 신유가운동이 전개되었던 것과 마찬가지로, 의심할 바 없이 서양문화의 수입은 장차 유가사상의 새로운 전개를 크게 촉진시킬 것이다. 서양문화의 수입은 유가사상에 큰 시험을 주었으니, 이는 생사존망의 큰 시험이고 커다란 고비이다. 만약 유가사상이 서양문화를 능히 파악하고 흡수하고 융합하고 전화轉化함으로써 자신을 충실하게 하고 발전시킬 수 있다면, 유가사상은 생존하고 부활하여 새롭게 발전할 것이다.[3]

따라서 문화적 위기의 극복과 해소는 서양문화를 거절하는 것이 아니다. 사실상 서양문화를 거절하는 것은 불가능하다. 중국문화의 위기는, 사상문화 방면에서는 주로 유가문화의 위기로서, 서양문화가 대거 유입되면서 유가사상의 생사존망에 큰 시련을 주었다. 이를 바꾸어 말하면, 유가문화의 위기와 그 해소는 서양문화의 수입에 직면하여 서양문화에 대한 이해, 흡수, 융합 및 전환의 과정을 의미하는 것이다. 이러한 과정을 거친 기반 위에서야 비로소 유가사상은 현대에서 생존하고 부흥하고 발전할 수 있으니, 이는 마치 송명리학이 불교를 흡수하고 융합하여 새로운 형태의 유학을 발전시킨 것과 같다. 오직 문화적으로 서양학술을 양기揚棄해야만 유학은 현대에서 생존할 수 있다. 문화적으로 서양을 융합하고 전환하는 것은 20세기 이래로 유가의 존망이 걸린 근본적인 사명이 되었다. 풍우란의 신리학新理學이 수행한 작업도 이런 유형의 작업이었다.

이 '서양문화의 전환'을 하린은 '서양문화의 유화儒化'라고 불렀다. 그는 이렇게 말했다.

---

3) 賀麟, 「儒家思想的新展開」, 『文化與人生』, p.6.

민족으로서 말하자면, 중화민족은 자유롭고 자주적이며 이성과 정신을 갖춘 민족으로서, 조상들의 유산을 계승하여 문화적 위기를 대처할 수 있는 민족이다.…… 만약 중화민족이 유가사상 또는 민족정신을 주체로 삼아 서양문화를 유화儒化하고 화화華化할 수 없다면, 중국은 장차 문화상의 자주권을 잃고 문화적 식민지로 빠져들 것이며, 각종 다른 사상과 여러 국가와 민족의 문화가 무분별하게 중국에 수입되어 저마다 시장에 투매하고 정복을 펼치는데도 유가사상으로 돌아가지도 못하고 외래사상을 융해하여 한데 통관하지 못한다면, 우리가 어찌 철학의 갈라지고 혼잡해진 사상을 다스려 하나의 근원으로 귀결시키고 공동으로 힘써서 새로운 국가와 새로운 문화를 세우는 책임을 짊어질 수 있겠는가?…… 유가사상의 새로운 전개는 서양문화가 대규모로 들어온 후 자주적인 문화를 요구하는 것이고, 문화적 자주는 바로 문화적으로 빼앗긴 영토를 수복하고 문화의 독립과 자주를 쟁취하는 것이다.[4]

소위 유화儒化와 전환은 마치 송명리학이 불교를 흡수하고 전환한 것과 마찬가지로 유가사상을 주체로 하여 서양문화를 흡수하고, 흡수한 서양문화의 요소를 융화하고 개조하여 자기 사상의 일부분으로 만들며, 유가사상으로 외래사상의 요소를 통관統貫하여 자주적으로 새로운 현대유학을 재구축하는 것이다. 웅십력의 새로운 역학철학은 이 방면에서 그 공헌이 가장 두드러졌다.

이러한 유학의 재구축은 본질적으로 학술의 연구와 발전이다. 이로써 유학의 학술발전은 이 시대의 가장 중요한 작업이 된다. 이런 이유로 인해 하린은 '학술치국學術治國'의 구호를 내세워 본인의 학술작업이 지닌 중요성

---

4) 賀麟, 「儒家思想的新展開」, 『文化與人生』, p.7.

을 드러냈다.

솔직히 말해서 중국이 백년 이래로 이민족의 침략을 받고 국세가 기울었던 근본적 원인은 학술문화가 그들보다 못한 데서 기인한다. 중국이 나라를 부흥시킬 수 있는 희망 역시 중화민족이 문화적 우월감과 학술적 배양을 갖춘 민족이기 때문이다.…… 이렇게 볼 때 우리의 항전에 있어서 참된 최후의 승리는 반드시 문화학술의 승리이다. 우리가 진정으로 완성해야 할 건국은 새로운 문화, 새로운 학술 방면의 연구, 파악, 창조, 응용 위에서 수립되어야 한다. 다시 말해 반드시 학술의 건국이어야 한다.…… 나는 '학치學治' 또는 '학술치국'의 관념으로써 무력을 신봉하고 군권君權을 모든 것 위에 두는 '역치力治'주의를 대체할 것을 말한다.…… 나는 '학치'를 내세워 신불해나 한비자식의 공리주의나 부국강병의 법치를 대체할 것을 말한다.…… 나는 '학치'로써 덕치주의를 보완할 것을 말한다.[5]

이는 학술이 중화민족의 부흥에 끼치는 중요한 의의를 가장 명확하게 제시한 논법이다. 그가 보기에 중화민족의 부흥은 중국문화의 부흥이고, 중국문화의 부흥은 유가사상의 부흥이며, 유가사상의 부흥에서 가장 힘써야 할 것은 바로 학술의 수립이다. 이로써 학술의 수립은 이 시대 유학의 근본적인 사명이 되었고, 학술유학도 이 시대 유학발전의 특색이 되었다.

2. 정신의 상실

앞서 말한 바와 같이 19세기 후기 이래로 중국문화는 전에 없던 위기와

---

5) 賀麟, 「抗戰建國與學術建國」, 『文化與人生』, p.21.

곤경에 직면하였고, 이 위기는 총체적으로 중국이 민족국가로서 맞닥뜨린 위기에서 기인하였다. 문화적으로 유가의 사상체계가 경험한 위기는 중국문화의 각 분야 중에서 가장 두드러졌으니, 일반적으로 말하는 중국문화의 위기는 사실상 유가의 사상문화적 위기였다. 문화 위기의 총체적 국면 속에서 유학의 학술발전은 어떤 과제를 내세워 부흥을 이룩할 것인가? 당연히 이 문제에 대한 현대유학의 견해는 완전히 일치하지 않는다.

20세기의 70년대, 당대신유가가 아직 특별히 주목을 받지 않았던 시기에 장호張灝는 『신유가와 당대중국의 사상 위기』를 저술하였다. 그는, 단순히 민족위기, 문화정체성 또는 현대화의 시각에서 중국문화가 직면한 위기를 이해해서는 안 되며, 반드시 '정신'적 측면에서 위기의 특질을 이해해야 한다고 생각했다.

그는 사상사가의 입장에서 신유학사조가 출현한 배경을 밝히고자 했다. 그는 "신유가는 1949년에 돌연히 사상계에 등장한 것이 아니라 5·4시대부터 오랫동안 발전해 온 하나의 추세이다"[6]라고 말했고, "신유가는 사상적 위기에 대한 응답이다"[7]라고 주장했다.

장호에 따르면, 서양문화가 전래된 후 각종 새로운 학문이 벌떼처럼 일어나서 "전통가치성향의 상징은 나날이 쇠약해지고, 이에 따라 중국인은 심각한 '정신상실'의 상태에 빠지게 되었으니, 이는 중고시대 불교가 중원에 전래되었을 적에는 없던 것들이다."[8]

이러한 '상실'을 그는 세 층차로 분석하였다. 첫째는 '도덕상실'로서, 이

---

6) 張灝, 「新儒家與當代中國的思想危機」, 『當代新儒家』(三聯書店, 1989), p.54.
7) 張灝, 「新儒家與當代中國的思想危機」, 『當代新儒家』, p.57.
8) 張灝, 「新儒家與當代中國的思想危機」, 『當代新儒家』, p.58.

는 5·4시대 급진주의자가 모든 전통가치를 재평가하여 도덕상에서 전통구습을 타파하고 자신의 도덕가치의 전통을 파괴하고 부정함으로써 도덕이 상실된 보편적 심리를 조성한 것을 말한다.[9] 둘째는 '존재상실'로서, 이는 전통적 종교신앙이 이미 파괴됨에 따라 인간의 고통, 사망, 운명 중에 형성된 불안감이 상징적인 보호막을 상실할 때, 인간은 존재에 대해 곤경과 고통을 느끼게 됨을 말한다. 셋째는 '형이상학의 상실'로서, 이는 과학의 전파가 인간 본연의 세계관과 우주관에 충격을 줌에 따라, 사람은 세계의 궁극적 원인과 세계에 대한 통일적 이해 등에 해답을 찾지 못하게 되고 전통철학을 저버리게 되면서, 인간의 물리세계 이외의 세계에 대한 이해와 형이상학적 세계관에 대한 갈망을 만족시킬 수 없게 됨을 말한다.[10]

따라서 장호는 다음과 같이 말하였다.

현대 중국에서 정신상실의 특색은 도덕상실, 존재상실 그리고 형이상학의 상실로서, 이 셋은 동시에 존재하고 하나만 개별적으로 출현하지 않는다. 현대 중국에 놓인 의미적 위기의 저변에는 이 세 가지 상실이 응축되어 있다. 오직 이 배경하에서만 제대로 파악할 수 있다. 신유가의 학자들은 많은 영역에서 자신을 전통에 결부시킨다. 그들의 사상은 대부분 '의미의 추구'로 간주되며, 정신적 상실을 극복하려고 한다. 정신상실은 중국지식인 중에 다수의 민감한 영혼들이 실감하는 문제이다.[11]

'정신상실'의 논법은 장호가 보다 더 내재적인 측면에서 근대 이후 중국

---

9) 張灝, 「新儒家與當代中國的思想危機」, 『當代新儒家』, p.59.
10) 張灝, 「新儒家與當代中國的思想危機」, 『當代新儒家』, p.60.
11) 張灝, 「新儒家與當代中國的思想危機」, 『當代新儒家』, p.60.

문화의 위기를 설명하였음을 잘 보여 준다. 이는 해외 신유가의 학술적 관심 속에서 더욱 잘 정리되었다. 다시 말해서 당대신유가의 시각에서 그의 사상을 살펴보면, 중국문화의 위기 중에 가장 심각한 것은 정신적 위기 즉 도덕심리, 존재불안 및 철학세계관의 상실이다. 이 세 항목은 사실상 모두 철학의 상실이라고 말할 수 있다. 이 위기를 해소하려면 반드시 철학의 영역에서 이 상실들을 일소하고 전환시켜 철학적으로 새로운 발전을 이루어야 한다. 바꾸어 말하면, 이러한 위기에 대한 철학적 대응은 이 시대 유가의 가장 근본적인 작업이다. 이 작업은 유가전통에 있어서 중요할 뿐만 아니라 현대 중국인의 정신상실을 해소하는 데에도 중요하다.

신유가로서 유학의 위기와 곤경에 대응하는 내재적 통로를 설파했던 장호의 논법은 신유가의 대표적 인물들에 의해 검증을 받았다. 장군매張君勱는 1933년에 『민족부흥의 학술적 기초』를 써서 학술기초의 중요성을 강조하였다. 그 후 그는 '중국현대화와 유가사상의 부흥'을 강연하면서 "현대화 과정은 내재적 사상에서부터 착수해야지 외부로부터 시작해서는 안 된다는 점을 명시한다"[12]라고 말했다.

이와 같은 학술의 중요성은 당대신유가가 일관되게 긍정하고 강조한 것이다. 모종삼牟宗三은 "학술문화적인 영향을 정치 및 사회활동과 대조해 보면 '허층虛層'적인 영향에 속한다. 그러나 '허로써 실實을 조정한다'는 말도 있듯이, 그 영향은 매우 넓고 깊다. 그래서 우리는 이것을 '결정적인 영향'이라고 말하며, 이를 경시해서도 안 되고 시급하지 않은 임무로 여겨서도 안 된다"[13]라고 말했다.

---

12) 張君勱, 「中國現代化與儒家思想復興」, 『當代新儒家』, p.150.
13) 牟宗三, 「客觀的了解與中國文化之再造」, 『當代新儒學論文集—總論篇』, p.3.

이상의 서술에서 알 수 있듯이 우리가 말한 20세기 유학의 '학술연구'는 두 가지의 기본적 의미를 갖는다. 하나는 전통유학의 학술연구로서, 유학의 역사적 변천의 맥락을 파악하고, 유학 이론체계의 내재적 구조를 정리하고, 유학개념의 의의와 변천을 정리하고, 역대로 유학과 사회 및 제도의 관계를 연구하고, 유학의 사상적 특질과 가치 방향을 명료히 하는 것 등이다. 다른 하나는 유가사상의 이론수립과 발전으로서, 20세기에 시대와 사회의 변화, 조정, 도전에 직면하여 시대상황에 부합하는 유가사상을 새롭게 전개하고, 새롭게 서양문화를 흡수한 유가철학과 새롭게 민족정신을 발양하는 유가철학을 선보이고, 유가의 입장에서 세계와 인류가 처한 보편적 문제에 대해 방향을 제시하는 철학을 제시할 것 등을 말한다. 역사연구와 사상이론의 수립은 모두 학술적인 건설이다. 역사연구가 있었기 때문에 전통사상과 그 발전의 전체대용全體大用을 이해할 수 있었고, 사상수립이 있었기 때문에 전통이 시대와 결합하여 새롭게 전개될 수 있었으며, 유가사상의 전승과 발전은 근본과 일신日新이 있을 수 있었다. 당대신유가 중 당군의唐君毅와 모종삼은 이 방면의 업적에서 모범적인 의의를 지닌다.

3. 인류의 소외

장호가 현대유학은 '형이상학'과 내재적 정신의 영역에서 현대의 도전인 합리성에 대응해야 한다고 강조한 것과 달리, 여영시余英時는 유학이 전통체제로부터 이탈된 후에 나타난 무중력 상태와 인류일상과 점차 괴리되는 현실에 주목했다.

장호가 말한 도덕상실은 인류일상의 도덕규범 측면을 강조한 것이 아니라 오히려 이것이 존재상실, 형이상학의 상실과 함께 내재적 의식위기의 일부분이 되었다는 것이다. 이는 유학이 해체된 후 20세기 중국사회는 가치를 상실했고, 사회는 전통가치의 지지가 결핍되어 혼란상태에 처한 사실을 간과했다. 역사학자로서 여영시는 사상과 사회의 관계에 주목하여, 이 각도에서 여러 차례 '형이하학' 및 외재적 사회 영역 중의 20세기 유학의 곤경을 관찰하였다. 그에 따르면 현대의 유학(주로 당대신유가를 말함)은 이미 생활의 기반이 없어졌다. 철학을 경로로 한 현대유학의 중건은 그 가치를 의심할 바 없지만, 철학화된 현대유학이 일반적인 인류일상과 실제적으로 연결되기는 매우 어렵다.[14] 분명 그는 이 점을 현대유학과 전통유학의 주요 차이로 간주했고, 이를 현대유학의 근본적인 곤경으로 보았다. 그는 말한다.

유가의 가치는 반드시 '인류일상' 속에서 실현되어야 하며 단지 하나의 학원식 도덕학설이나 종교철학이 되어서는 안 된다. 이런 의미에서 유학은 전통 속에서 확실히 중국인의 생활방식으로 체현되었고, 이 생활방식은 잘 짜인 사회구조에 의지해 있었다. 20세기 이후 전통적 사회구조가 해체되고 생활방식도 그에 따라 근본적인 변화가 생겼다.…… 한편으로 유학은 나날이 지식인의 논설로 변해 갔고, 다른 한편으로 유가의 가치도 현대의 '인류일상'과 점점 더 소원해졌다.[15]

여기서 말하는 생활방식은 제도화된 생활방식으로 칭해지기도 한다. 여영시가 여기서 유학의 현주소에 대해 논한 말은 의심할 수도 회피할 수도

---

14) 余英時, 「序」, 『現代儒學論』(上海人民出版社, 1998), p.5.
15) 余英時, 「序」, 『現代儒學論』, pp.5~6.

없는 사실이다. 그의 분석에 따르면, 전통유학이 낳은 작용은 크게 세 고리 즉, 도덕학설―생활일상―사회구조가 있는데, 이 세 고리의 관계는 곧 도덕학설은 생활방식으로 체현되고, 생활방식은 사회구조에 의지한다. 전통사회에서 이들은 유기적으로 한 몸을 이룬다. 그에 따르면 근대 이후 중국의 사회적 변천은 사회구조를 해체시키고 일상생활을 변화시켰으며 유학학설의 학원화를 불러왔다. 이런 학설로는 일상생활에 파고들 수 없고 사회구조와의 유대가 단절되어 의지할 데 없는 사물이 되어 버리고 마니, 이것이 바로 그가 말한 '떠돌이 혼령'(游魂) 상태이다. 분명히 그는 이 점을 현대유학의 근본적 곤경이자 도전으로 보았다. 그는 말한다.

> 오늘날의 문제인즉슨, 현대유학이 그 본래적 전통인 '실천'적 성격을 바꾸어서 단지 하나의 '논설'에 머물게 할 것인가? 아니면 과거의 전통을 계승하여 '인륜일상' 속에서 규범적인 작용을 발휘할 것인가? 이다. 전자에 속하면 유학은 '떠돌이 혼령'으로서 오늘날의 운명을 맞게 되고, 후자에 속하면 어떻게 유가의 가치와 현대 사회구조 간에 제도적 관계를 새롭게 수립할 것인가의 문제가 쉽게 해결할 수 없는 난제가 될 것이다. 유가는 조직을 갖춘 종교도 아니고, 전문적인 선교사도 없다. 또한 현대사회에서 가정에서 학교에 이르기까지 유가교육은 의탁할 곳이 없다. 일부 지식인의 현대유학에 관한 논설이 설령 매우 정미하고 오묘하다 한들 어떻게 일반인에게 제대로 전달될 수 있겠는가?[16]

여기서 말하는 실천은 단지 유학자의 개인적 수양공부를 신봉하는 것이 아니라 실제로는 유가가치의 사회적 교화와 그것이 민심에 깊숙이 파고드

---

16) 余英時, 「序」, 『現代儒學論』, p.6.

는 결과를 가리킨다. 떠돌이 혼령에 만족하는 것도 현대유학의 한 선택으로 서 단지 학원화된 철학논설에 머무는 것이다. 그러나 여영시가 보기에 이는 유학전통의 기본적인 성격을 상실한 것이다. 만약 유학이 떠돌이 혼령에 만족하지 않는다면, 그 '혼령'은 낡은 사회구조와의 연계를 끊어버린 후에 현대사회의 '체'에 올라타야 하는데, 이는 현대사회구조와 제도적 관계를 새롭게 수립하는 것을 의미하지만, 이 역시 여영시가 보기에는 그다지 가능 성이 높지 않다. 따라서 여영시의 분석은 이 중에 깃든 양대 곤경을 드러내 려는 의도임이 분명해 보인다.

그러나 만약 여영시의 세 요소의 구조로서 보면 현대의 사회구조와 제 도적 관계를 수립할 수 없으므로, 단지 세 번째 고리를 끊게 되는데, 이 단 절은 앞의 두 고리 간의 연결을 동시에 끊어버리는 것을 의미하지는 않는 다. 다시 말해 세 번째 고리를 잃어버려도 유가의 학설과 가치는 중국인의 생활 즉 인륜일상에 여전히 영향을 줄 수 있다. 그의 문제는 다만 만약 현대 유가학설이 학원식의 심오한 철학에 불과하다면, 일반인에게 전수될 수 없 고, 일반인도 받아들일 수 없음을 말한 것이다. 사실상 고대사회가 일반인 에게 전수한 것은 유가의 심오한 의리가 아니라 일반적인 가치였다. 따라서 현대사회의 유가가치가 정묘하고 심오한 형식으로 등장하지 않고 적당한 전파수단을 통해 자연스럽게 보통사람에게 전달될 수도 있을 것이다. 이는 전파의 각도에서 바라본 것이다. 그리고 유학 중의 심오한 의리는 부분적으 로 중요한 의미를 지니는데, 송명리학이 만약 정묘한 의리체계를 발전시키 지 않았다면 불교의 도전에 대응할 수 없었을 것이고 문화의 주도적 지위를 다시 차지하지 못했을 것이다. 현대유학이 만약 서양철학을 흡수하여 자신 의 철학적 수준을 끌어올리지 않았다면, 전체적인 면과 근본적인 면에서 서양문화의 도전에 대응하여 유학의 생명적 기반을 공고히 할 수 없었을 것이다. 이것이 바로 우리가 앞선 두 절에서 강조하여 말한 것이다. 이런 이유로 유술선劉述先은 여영시와는 달리, 유학은 하나의 완벽한 사상문화체계로서 단지 하나의 세속적 윤리만 제공하는 것이 아니고 동시에 하나의 정신적 전통으로서 초월에서 내재에 이르고 본체에서 경계境界에 이르는 철학사상체계를 포괄한다17)고 주장한다. 다만 역사학자는 이러한 철학체계의 학술적 의의를 그다지 내세우거나 강조하지 않았다.

여영시는 유가가치와 현대사회구조 간에는 제도적 관계가 새롭게 수립될 수 있다고 생각하지 않았으나, 유학이 생활에 영향을 줄 수는 있다고 생각했다. 그는 말하기를, "우리가 얻을 수 있는 기본적 견해는 곧 유가의 현대적 출로가 일상적 인생화(日常人生化)에 있다는 것이다. 오직 이것만이 유가가 체제의 논의를 피하면서 정신가치 영역의 영향력을 새롭게 다질 수 있는 것이다"18)라고 하였다. 무엇이 일상적 인생화인가에 대해서 여영시는 구체적인 설명을 하지 않았지만, 명청대 유학이 "군주의 신임을 얻어 도를 행한다"를 버리고 "보통 백성이 일상적 인생 중에 수신하고 제가하는 것에 치중한다"로 전환할 것을 방향으로 삼고, 정교분리와 공사구분에 의거하여 "일상적 인생화로서의 현대 유가는 단지 사적인 영역에서 그 실현을 추구할 수 있다"19)라고 주장했다. 이 사상적 추론에 의하면, 유학이 철학논설에 머물지 않고 학원화된 강학에 그치지 않으며 유학의 전파를 백성의 생활일상으로 새롭게 전환한다면, 유학도 오늘날 여전히 그 출로가 있을 것이다.

---

17) 劉述先, 「當代儒學精神性之傳承與開拓」, 『當代儒學與精神性』(香港浸會大學 編, 廣西師範大學 出版社, 2009), p.8에 실림.
18) 余英時, 『現代儒學論』, p.244.
19) 余英時, 『現代儒學論』, p.248.

여영시의 담론을 다른 각도에서 보면 유학의 교화적 곤경과 출로의 문제를 말한 것이라고 할 수 있다. 그가 제기한 문제는 여전히 논의의 여지를 갖는데, 바로 이러한 도덕학설−생활일상−사회구조의 삼자를 현대사회에서 어떻게 안배할 것인가의 문제이다. 세 번째 고리에 관해서 우리가 던지는 질문은, 유가의 사상과 가치는 정녕 현대체제와 결합될 수 없는가? 설령 유가사상과 가치가 현대체제와 결합될 수 없을지라도, 이것들이 일상생활에 전파될 수 있는 가능성과 조건은 무엇인가? 이다. 만약 유가사상과 가치가 정녕 현대적 체계와 결합될 수 없더라도 유학과 그 가치가 여전히 생활일상 속에 전파되고 작용한다면, 적어도 유학은 두 개의 고리에서 일탈된 떠돌이 혼령이 아니라고 말할 수 있다. 유학전통이 문화심리구조의 존재가 되고 그것이 떠돌이 혼령설에 끼치게 될 도전에 대해서는 여기서 거론하지 않기로 한다.

4. 대학과 강학

유가학설과 직접 연관되는 것은 강학講學이다. 여영시는 말한다.

전통시대에는 도처에 유가 '강학'의 장소가 있었는데, 서원, 사숙, 명륜당 등의 장소에 국한되지 않았고, 심지어 조정에도 경연經筵 강좌가 있었다. 오늘의 유학은 마치 대학 내 철학과에만 존재하는 것 같지만, 또한 철학과마다 유학이 있는 것도 아니다. 이 밖에 소소한 유학 사군社群이 있으나 이들 역시 주로 대학제도 안에 종속되어 있다. 그렇다면 유학의 미래는 대학 강단과 소수의 강론에만 내맡겨야 하는가? 이러한 유학이 할 수 있는 가장 큰 성취는 무엇인가?[20])

　대학의 강단과 연구는 학술연구의 중요한 장소로서, 20세기 유학의 근본 사명으로 말하자면 대학의 학술연구는 특별한 중요성을 지닌다.
　그렇다면 전통제도가 해체된 후에도 유학이 계속 존재하고 발전하려면 어떻게 새로운 제도적 조건과의 결합을 꾀해야 하는가? 사실상 근대 이래로 유학의 존속이 현대의 제도적 조건과 관련을 갖지만, 유학의 핵심 영역 즉 철학사상으로 말하자면 그 존속은 주로 강학과 전승에 의지해 왔다. 이러한 차원에서 말하자면, 유학과 사회제도의 관계를 중건하는 논의에서 대학의 작용은 마땅히 긍정될 수 있다. 세계역사에서 볼 때 근대 사회와 제도의 변천이 철학에 끼친 가장 큰 영향은 철학의 주요 무대가 근대적 의미의 대학으로 이동하였고 대학을 위주로 한 현대식 교육과 과학연구 체제 속에 편입되어, 이로부터 학과 중심의 지식성 철학연구와 철학교육이 크게 발전되었다는 점이다. 사실상 칸트 이후 서양철학자들은 거의 대부분 대학을 강학과 저술의 의지처로 삼았다. 따라서 20세기 중국철학자 중에 학원체제에 불만이 있거나 학원으로부터 유리된 경향을 지닌 자들이 있을지라도 절대 다수의 철학자와 철학연구자들은 대학과의 관계를 끊을 수 없었을 것이다. 왜냐하면 대학은 이미 현대사회가 철학의 기초 교육과 철학이론의 연구 환경을 제공하는 기본 체제가 되었기 때문이다. 철학과 대학의 이처럼 긴밀한 관계는 수천 년의 중국역사 속에서는 이례적인 일이다. 이로부터 형성된 추세와 결과는 바로 철학이 대학분과 중의 하나가 되어 근대교육체제 속에

---

20) 余英時, 「現代儒學的困境」, 『現代儒學論』, p.234에 실림.

서 안정적인 한 자리를 차지하고, 철학자도 전문화된 철학교수가 되었다는 사실이다. 20세기 중국철학자는 그들의 철학연구 작업과 그들의 철학체계의 수립을 대부분 대학 내에서 실행하였다. 학원 바깥 체제의 성향이 가장 두드러진 현대유가였던 양수명과 웅십력조차 그들의 명저 『동서문화와 그 철학』과 『신유식론』을 북경대학 철학과 재임 기간에 완성하였다. 그러므로 대학이 오늘날 유가철학의 생존기지가 될 수 있다는 것은 의심할 필요가 없다. 다만 이러한 존재방식과 영향력은 근세유학이 보편적 체제의 지지 하에 광대하고 심원하게 존재했던 것과는 견주기 어렵다. 여영시의 문제제기 즉 "유학의 미래는 대학 강단과 소수의 강론에만 의존해야 하는가"에 대한 우리의 대답은 곧 현대유학은 응당 대학을 체제조건으로 삼아 자기발전의 부분적 기초로 삼아야 한다는 것이다. 여기서 말하는 부분이란 유학의 미래를 부분적으로 대학에 맡길 수는 있지만 완전히 대학 강단에 의탁하지는 않는다는 뜻이다.[21]

대학을 현대적 체제의 기초로 삼는 근본적인 이유는 학술연구가 현대유학의 발전에서 차지하는 위상 때문이다. 앞서 말했듯이 서양문화의 도전에 대응하고 사회적 변화에 적응한 새로운 유학사상을 중건하며 유학전통을 정리하고 통합하여 유가사상의 부흥과 새로운 전개를 이끌어 내는 것은 20세기 유학의 근본 과제이다. 이 과제는 하나같이 학술연구로서 담당할 수 있으므로 대학은 현대사회에서 학술연구를 진행할 수 있는 최적의 제도 조건이다.

오늘날 대학은 지식 연구와 교육을 위주로 하는데, 이는 유학의 교육과

---

21) 대학 내 철학과의 강단도 모두 유학을 내용으로 하는 것은 아니다. 이 점에서 고대시기 유학을 위주로 했던 강단과는 비교될 수 없다.

완전히 같지는 않다. 그러나 전통유학에 대해 말하자면, 그 속에도 많은 학술적이고 지식적인 연구 요소가 포함되어 있었고, 한당 경학과 송명대 경학 중에도 이런 유형의 연구가 많았다. 리학의 경우에도 주자학 전통에 포함된 학술성 저술이 적지 않았다. 청대의 양명학에도 고증학적 성격의 저작들이 존재했다. 송명리학의 사상적 저술은 주로 사대부 계층을 겨냥한 것들이다. 이런 각도에서 볼 때 현대교육과 과학체제 속의 유학연구는 고대유학이 본래 지녔던 학술연구의 전통과 연속선상에 있다. 또한 고대의 관사官私 교육체제는 국학, 주현학州縣學에서 서원에 이르기까지 본래 유학이 강학하고 계승하고 발전했던 기지 중의 하나였다. 철학으로서의 유학을 말하자면, 대학 내의 인문학과(철학, 역사, 중문)는 현대지식인에게 유학연구를 행하는 기본 장소를 제공하였으니, 이는 유학이 현대체제 속에서 계승 발전할 수 있는 하나의 조건이 되었다. 이로써 대학이 유학에 끼치는 작용은 비록 제한적이지만 마땅히 긍정될 만하다. 게다가 대학의 유학연구는 학술적 지식적 연구이고 또한 사회를 향해 문화와 도덕적 사고를 발산하는 작용도 포함한다. 다만 대학이 수용한 유학의 연구와 계승은 유학의 전부는 아니다. 왜냐하면 '철학으로서의 유학'은 유학의 전부가 아니기 때문이다. 일부 논자들은 이런 이유로 유학의 학술연구를 반대하는데, 이 또한 이상한 일은 아니다. 유학은 역사상 광대한 전통을 포함한다. 유학전통 중에는 지식주의도 있고 반지식주의도 있다. 명대의 민간유학자 안균顔鈞(山農)과 한정韓貞 등은 경전 연구와 의리논쟁에 반대하고 오직 지방의 교화에 관심을 기울였는데, 이는 모두 역사상 등장했던 사례들이다.

    사실 내가 보기에 한국, 일본, 대만 지역의 대학 및 연구소의 유학연구와 비교할 때 중국의 유학연구는 많기보다는 턱없이 부족하니, 학술적 수준과 연구의 시야 모두 향상되어야 한다. 오늘의 지식인은 이천여 년간 지속된 유학에 대해 그것과 사회 및 제도 간의 상호작용을 포함한 내용을 심도 있고 세밀하게 연구해야만, 그 위대한 전통과 결함을 제대로 이해할 수 있고, 중국문화의 미래발전에 대한 진정한 문화자각을 지니게 되며, 세계적 범주 속의 유학연구의 도전에 대응할 수 있을 것이다. 대학과 연구소의 청년학자들은 마땅히 이에 대해 더 많은 책임을 담당해야만 전에 없던 이 시대에 부끄럽지 않을 것이다. 유학의 발전에 대해 말하자면, 이 시대에 진정 필요한 것은 학술 면에서나 실천 면에서나 침착하고 신중하게 노력하는 것일 뿐 조급하게 선전하거나 떠벌리는 것이 아니다.

그러므로 문제의 본질은, 어떻게 현대의 대학체제 속에서 유학연구를 바라볼 것인가에 있지 않고, 마땅히 명청대 이래 유학이 일상생활과 결합하여 발전한 경험을 거쳐 당대의 시장경제 전환시대에 전통적 도덕문화 자원에 대한 수요를 실감하면서, 사람들이 점점 더 유학은 단지 대학 강단과 서재에만 머무를 수 없고 '철학으로서의 유학'에만 그쳐서도 안 되며 반드시 사회생활의 실천과 결합해야 하고 동시에 '문화로서의 유학'을 발전시켜서 유학을 국민교육과 인생실천에 참여하도록 함을 인식하는 것에 있다. 이것은 사실 유학과 그 현대적 운명에 관심을 갖는 인사들의 공통된 인식이다. 이 문제 속에서 우리는 고대시기 주희와 육구연이 대립했던 교훈을 상기해야 한다. 그들의 존덕성尊德性과 도문학道問學은 마치 마차의 두 바퀴나 새의 두 날개와 같아서 한쪽을 내버릴 수 없다. 이것이 바로 유학의 정체整體적 성격이고, 유자 개인에 대한 요구이다.

5. 교육과 교화

유학이 현대사회 중에서 대학과 결합될 뿐만 아니라 더 광범위한 교육 영역, 예를 들어 초·중학교육, 사회문화교육 등과 결합되면서, 유학의 가치 교육적 기능은 교육체제를 통해 발휘될 수 있고 또한 현대매체와의 결합을 통해 실현될 수 있다. 더 넓게 보면 이것은 각종 사회문화단체와 공익단체를 통해 그 기능을 발휘한다. 그러나 이 모든 것은 일정한 전제를 필요로 하는데, 바로 교육종지의 확정, 국가문화정책의 긍정, 문화학술적 분위기의 변화이다.

현대사회에서 유학의 존재는 가능한 한 교육을 그 기지로 삼고, 유가경전의 요소를 초등·중학교에 들여와 유가사상과 가치를 교육의 경로를 통해 청소년들의 마음에 심어 주는 것이다. 사실상 최근 30년의 중국의 교육과정에서 고전교육의 방식을 통해 이 점은 이미 실현되었으나 두드러지지 않았고 전면적이지 않았다. 가장 심각한 점은, 유가문화의 가치가 초등학교와 중학교에서 덕성교육의 기본 내용이 되도록 확정하고 보장할 수 있는 고정화된 제도적 형식이 결핍되었다는 사실이다.

사회교화의 경로는 전통사회에서 고정된 적이 없었으니, 현대사회는 더욱 그러할 것이다. 학원 바깥의 문화교육과 경전교육은 최근 몇 년 동안 유행하기 시작했으니 마땅히 사회적 지지를 받아야 한다. 각종 경전낭독 활동과 경전낭독을 종지로 한 조직을 격려하고, 국민들로 하여금 어릴 때부터 유학을 포함한 경전을 존중하는 마음을 배양하고, 유가문화의 가치적 자원에 익숙하게 하며, 전통가치와 현대생활의 결합을 창도하고, 인륜일상의 새로운 형식을 촉진하는 등의 이 모든 것은 적극적 의의를 풍성하게 지닌 사회적 교화이다. 정부와 사회는 유가가치를 실천한 여러 모범적인 인물과 사례를 표창하고, 각종 문예형식이 중국문화의 가치를 제대로 표현하고 중국문화의 정신을 잘 발양하도록 격려해야 한다.

최근 중국 각지에서 많은 민간서원이 출현하였는데, 대다수가 유학을 중심으로 한 중국문화를 주요 학습내용으로 하고, 그 대상은 주로 성인들이다. 성인의 국학교육은 현재 도처에서 막 생겨나고 있고, 각종 국학반은 시기가 다양하고 중점도 다르지만 모두 전통문화의 지식, 지혜 그리고 가치를 보급하고 있다. 특히 기업관리자를 대상으로 하는 국학반과 국학강좌는 전통가치와 현대 기업 관리의 결합에 주안점을 두어서, 비록 그 출발점이 대부분 도구이성적이지만 문화 침투의 힘은 종종 예상을 훨씬 뛰어넘어, 사람들이 전통문화 속에서 발견한 귀속감은 중국문화의 정체성을 강화할 뿐 아니라 개인의 안신입명安身立命적 기초도 찾아내게 된다. 최근 몇 년 동안 많은 공익단체가 생겨나서 유학을 지도사상으로 삼고 새벽낭송과 같은 각종 경전학습과 실천을 시행하였으며 지원자들이 유가의 가치를 실천할 것을 호소하고 선도하였다. TV 방송국과 기타 현대적 매체들은 최근 들어 전통문화를 보급하고 고대전적과 현대생활의 결합을 추동하는 방면에서 눈부신 작용을 발휘하였으니, TV를 대표로 하는 현대매체도 유학의 교화와 전파의 전달체가 될 수 있음을 잘 보여 주었다. 당연히 이것은 매체지식인의 문화적 자각을 조건으로 한다.

이러한 사회문화적 활동 속에서 우리는 유학의 문화가 사회 각층에서 부활하고 있다는 것을 쉽게 목도한다. 중국 고대문화의 보고는 이미 시나브로 현대인의 대인 관계, 처세술, 자기조율의 주요한 자원이 되어서, 기타 외래의 문화 및 종교와 비교할 때 사회적 인심을 안정시키는 방면에서 유가문화가 제공한 생활규범, 덕행가치와 문화귀속감은 기타 문화요소가 대신할 수 없는 작용을 하였다. 수천 년의 전통 유가문화는 마음의 자양, 정서적 위안, 정신적 승화 그리고 인문교양의 증가 방면에서 현대 시장경제사회 속의 중국인에게 중요한 정신적 자원을 제공하였고, 심령안정, 정신승화, 사회화해 등의 인륜일상 방면에서 중요하고 적극적인 작용을 하였다.

이러한 문화활동과 문화사업은 대만에서 다양하게 전개되었고, 그 중 일부는 중국대륙에 영향을 끼쳤다. 예를 들어 아동 독경운동은 가장 친숙한 사례이다. 채인후蔡仁厚는 말한다.

> 어떤 이는 말하기를 당대신유가는 말만 많이 하고 실천은 매우 적다고 한다. 나는 이 말이 일리가 있다고 말하고 싶다.…… 5년 전 나는 제4차 당대신유가 국제학술회의에서 한 편의 짧은 글을 쓴 적이 있는데, 글 속에서 나는 우리 모두 각자 처한 곳에서 한마음으로 선인의 정신을 이어받아 자신의 뜻과 특기를 가지고 아래 몇 가지 사업을 시행하자고 호소했다. 첫째, 경전 류의 문헌을 잘 정리하자. 둘째, 전문가의 특정 주제를 연구하자. 셋째, 중서 中西 주류사상을 강론하자. 넷째, 문화의식을 일깨우자. 다섯째, 문화사업을 실현하자. 최근 몇 년간 우리는 문화강좌, 학술회의, 서적출판, 저널발행, 아동독경 등을 실시하였다. 이것들은 모두 매우 훌륭하지만, 이 밖에 실천할 수 있는 다른 사업들이 있다. 예를 들어 인륜일상 중의 생활예의 실천, 생활환경의 경영, 풍속습관의 개선 등이 그것이다.[22]

문화사업은 우리가 여기서 말한 사회문화적 실천을 포함한다. 채인후의 이 논법은 유학의 현대적 문화실천에 대한 대만 당대신유가의 폭넓은 인식

---

22) 蔡仁厚, 「新儒三統的實踐問題」, 『新儒家與新世紀』(學生書局, 2005), p.50.

을 대표한다.

유학이 현대사회에서 그 문화가치를 전파하는 경로는 매우 다양하고, 전파하는 방식은 저마다 유학의 현대적 생존루트를 잘 드러낸다. 이러한 차원에서 전파와 체제는 양분될 수 없다. 만약 반드시 체제화의 각도에서 현대유학의 생존을 바라봐야 한다면, 전통사회와는 달리 유학과 현대체제의 결합은 '분산적'이고 '느슨하다'고 말할 수 있다. 이것이 바로 현대유학과 사회의 상관적 특징이다.

앞서 말했듯이, 오늘날 공사公私 도덕교육에 대한 관장은 고정된 제도의 형식이 결여되어 있다. 이 고정화된 제도형식을 나는 '교육종지教育宗旨'라고 말한다. 양계초는 1902년에 『교육의 종지를 세워야 함을 논함』을 썼고, 일본 근대전환기의 발전경험을 수용하여 국가교육의 종지를 세울 것을 호소했다.[23] 1904년, 청 정부는 「주정학당장정」에서 정부의 교육입학종지를 개술하였다. 1906년, 청 정부는 정식으로 「교육종지」를 반포해서 한편으로는 고유 가치를 견지하고 한편으로는 새로운 가치를 창도했다. 1912년, 중화민국은 「교육종지」를 반포하고 채원배의 의견을 받아들여 기존에 충효가치를 내세웠던 것을 삭제하고 미감교육美感教育으로써 도덕을 완성할 것을 강조했다. 1916년, 원세개袁世凱가 반포한 「교육종지」는 애국을 부각시키고 나머지는 청 정부의 교육요구 수준으로 회귀했다. 1949년 이후로 중국 정부는 더 이상 '교육종지'의 형식을 빌려 어떤 사회적 가치로써 국민을 배양할 것인가에 대해 확정짓지 않았다. 오늘날 우리가 마땅히 고려해야 할 것은 교육종지 또는 그와 유사한 형식에 기초하고 정부의 권위를 빌려서 중국문화의

---

23) 흥미로운 사실은 淸華國學院의 4대 교수 중 또 다른 한 명인 왕국유도 1903년에 『新教育之宗旨』를 썼다.

전통가치를 국민덕행을 배양하는 기준으로 삼을 것을 확정하는 것이다. (이는 기타 현대생활의 가치를 배척하지 않는다.) 이 종지가 있게 되면 학교교육과 사회의 교화활동은 비로소 근본적인 계도와 근거가 있게 되며, 유학과 사회 간의 분산적이고 느슨한 관계도 무형의 버팀목을 얻게 될 것이다.

어떤 이가 '현대유자現代儒者'인가를 정의하기는 어렵다. 그러나 그가 '유가적 정감을 갖춘 학자'라는 점에서는 논란이 적을 것이다. 유가적 정감을 지닌 학자와 순수한 유가철학의 연구자 사이에는 중요한 차이가 있으니, 바로 역사문화에 대한 깊은 관심이 있는가 없는가에 달려 있다. 이러한 역사문화에 대한 관심은 주로 중국문화와 유학에 대한 온정적인 경의와 동정적인 이해이고, 중국문화와 유학이 압제를 당한 것에 대한 울분을 마음속에 지니며, 유학의 전도와 발전에 관심을 기울이는 것이다. 유가적 정감을 지닌 학자는 전문적인 연구 외에 역사문화에 대해 우환과 관심을 드러낼 수밖에 없으니, 이는 억누를 수 없는 것이다. 특히 20세기의 중국적 상황 속에서 유가와 중국문화는 시종 경멸당하고 비판받았던 힘든 처지를 경험했다. 유가의 문화가치를 인정하고 받아들인 학자라면, 그가 의식을 했든지 안 했든지 간에 모두가 분연히 떨쳐 일어나 유학에 닥친 각종 불합리한 압제에 대해 이성적으로 대응해야 한다. 중국과 양안 세 지역 유학자들의 문화정감은 민족문화의 보위와 민족문화의 생명에 대한 비통한 외침으로 드러나고, 사회문화에 대한 강렬한 가치적 관심과 도덕적 관심으로 나타난다. 그러나 유학이 학문과 수양의 기초가 없고 단지 문화와 도덕상의 관심만 있다면 진정한 유학자가 될 수 없다. 20세기 신유가의 대부분이 중국철학사 및 유학사상사에 대한 정밀한 연구를 학술적 기초로 삼은 것은 결코 우연이 아니다. 이는 이 시대가 서양철학의 충격과 현대문화의 도전에 직면하여, 학술

과 이론상에서 유학을 정리하고 재구축해야만 철학사상의 지평에서 바로
설 수 있고 논쟁의 상대방에게 존중받을 수 있고 다른 사상계와 합리적으로
상호작용함을 형성할 수 있으며, 또한 지식인을 설득하고 사회대중의 신뢰
를 얻을 수 있고 문화적 분위기를 쇄신하여 유학의 전면적인 부흥에 견실한
기초를 놓을 수 있음을 역설하는 것이다.

제18장 진정한 세계문화를 향하여
— 세계화 시대의 다원보편성

고대유가의 역사철학에서는 종종 '리理—세勢'의 분석틀을 이용하여 역사를 고찰했다. 소위 '세'는 현실의 추세를 말하고, 소위 '리'는 규율, 원칙, 이상을 말한다. 세는 흔히 현실성, 필연성과 관련되고, 리는 주로 합리성과 연계되어 말해진다. 이 둘은 분리되기도 하고 결합되기도 한다. 역사 발전의 현실을 떠나 공허하게 이상과 정의를 논하면, 역사의 변방으로 밀려난다. 그러나 만약 '리세합일理勢合—'을 무조건적인 것으로 여긴다면, '현실적인 것은 모두 합리적이다'라는 것을 의미하므로, 우리는 역사와 현대에 대한 비판과 지도역량을 상실하고 인간의 역사에 대한 능동적 참여와 개조를 말살하게 될 것이다. 따라서 본래적 취지에서 말하자면, '리—세' 분석의 등장은 인간의 역사 발전 추세에 대한 분명한 인식을 강조하고, 더 나아가 인간 및 인간의 도덕이상이 역사에 대해 비판하고 개조하는 기능을 강조하기 위함이다. 과거 사람들은 항상 "역사의 조류는 막을 수 없다"라고 말했는데, 이 역사의 조류가 바로 세이다. 세 또는 역사의 조류는 역사의 필연성을 지니지만, 그 전부가 다 합리적인 것은 아니며 계도할 수 없는 것도 아니다. 그러나 역사의 대세를 고려하지 않고 거꾸로 나아가고 역사의 조류에 역행하여 행한다면, 반드시 실패하고 말 것이다. 합리적인 태도는 '리와 세를 함께 고려하는 것'이다. 본문은 이러한 입장에서 세계화의 문제를 분석하고자 한다.

1. 역사의 종말과 역사의 시작

1980년대 말에서 1990년대 초 무렵, 냉전은 종식되었고, 프랜시스 후쿠야마는 역사의 '종말'을 선언하기에 이르렀다. 이와 동시에 '세계화'라는 용어가 때맞추어 부상하면서, 마치 새로운 역사의 '개시'를 선포한 것처럼 보였다. 실제로 이 두 사건은 분명히 관련이 있다. 냉전이 종식된 이후 현대 시장경제체제는 마침내 천하통일이 되었고, 많은 정치가들은 정치체제가 전지구적 차원에서 통합되는 경관을 목도하였다. 이런 의미에서 냉전종식은 확실히 '세계화' 관념이 유행하게 된 기초가 되었고, 이런 의미에서의 세계화는 세계체제가 '분할'에서 '통합'되는 변화를 말한다.

세계화 관념을 유행시킨 또 다른 동력은 신기술 혁명에서 기인하였다. 20세기, 80년대의 컴퓨터 사용은 전 세계로 확산되었고, 90년대에 발달하기 시작한 인터넷 기술과 응용은 현대세계의 교류방식을 근본적으로 바꾸어 놓았다. 정보기술의 부단한 변신은 잇따른 혁명적 변화를 불러왔고, 현대 통신기술과 금융 및 무역수단의 전산망은 날로 새로워졌으며, 각종 정보는 엄청난 규모와 속도로 국제적으로 이동하였고, 사람이 경험하는 시공간은 과거에 비해 크게 축소되었으며, 정보시대는 더 빠른 속도로 세계를 일체화하였다. 이 세계의 각 지역은 과거 어떤 때보다도 세계의 타 지역을 잘 이해하게 되었고, 세계의 타 지역도 과거 어느 때보다도 각 지역을 더욱 잘 이해할 수 있게 되었다. 정보시대는 과거의 '중심'과 '변방' 간의 거리를 신속하게 축소시켰다.[1]

정치 및 기술적 요인으로 이처럼 변모한 오늘의 세계 속에서 자본은 지구상에서 자유롭게 이동하고 증식함에 있어 전혀 장애가 없게 되었다.[2] 19세기 이후 조성된 생산의 세계분업과 상품의 세계시장은 새로운 단계에서 더 깊고 긴밀하게 각국의 경제생산과 소비를 연결시켰고 이로부터 각 지역의 인민도 더 긴밀히 연계시켰다. 경제의 세계화는 이미 명백한 현실이 되었다. 이러한 형세 속에서 1992년에 유엔 사무총장인 갈리(Boutros Ghali)는 "최초로 진정한 세계화 시대가 도래하였다"라고 선포했다.

이상 언급한 세 분야는 오늘날 세계화의 커다란 '세(勢)'를 구성한다. 그 내용은 세계경제의 일체화와 정보의 연결망이 세계 각 지역을 하나의 정체 整體로 연결하여, 현재 세계에서 어떠한 국가의 경제, 기술, 정치의 발전도 이 세계의 그물망을 벗어날 수 없다는 것이다. 오늘의 세계에서 문을 걸어 잠그거나 세계와 고립되어 발전하는 그 어떠한 노력도 헛수고일 뿐이며 반드시 실패할 것이다.

오늘날 경제 및 기술의 세계화와 이로부터 동반된 사람들의 정치민주화 시행의 요구에 직면하여, 우리는 반드시 '전면적 수용'의 태도로써 세계와의 연계와 교류를 강화하고, 과학기술문명의 진보를 가속화하며, 현대 기업

---

1) 맥루한(Marshall McLuhan)은 1960년대에 정보통신의 발전을 근거로 '지구촌'(global village)이라는 표현을 제시하였는데, 오늘날 세계화 논법의 기원으로 공인되었다.
2) 아시아 금융위기 때 갤브레이스(John Kenneth Galbraith)는 뉴스 인터뷰에서, 미국인이 세계화라는 개념을 고안했는데 그 목적은 그들의 해외투자가 우대 받고 자본의 국제 유동을 촉진하려는 데에 있었다고 언급했다. 『全球化話語』(上海三聯書店, 2002), p.207.

제도와 그 관리체계의 학습을 서두르고, 정치문화의 부단한 진보를 추진해야 하며, 민족국가의 근본 이익에 입각하여 세계화의 기회를 충분히 활용하고, 이익을 따르고 해악을 피하고 생산력을 크게 발전시켜야 하며, 세계화에 힘입어 현대화를 촉진하고, 세계화의 조류에 적극적으로 동참하여 세계의 발전과 조류에 적응하는 사회를 건설하고 중화민족의 위대한 부흥을 촉진해야 한다.

이상의 내용은 우리의 세계화에 대한 기본적인 태도이다. 그러나 이것이 본문의 중점은 아니다. 본문의 중점은 세계화의 운동인 '세(勢)'를 주목하고, 그 중의 '이치'를 분석하는 것이며, 그 중에서 특히 세계화 운동의 문화적 방향에 주목하여, 그로부터 우리가 세계화 운동의 참여자가 되게 하고, 언제나 세계화 운동에 대한 명료한 분석을 유지하게 하며, 참여하는 여정에서 동양적 역량을 발휘케 하고, 세계화 운동이 더 이상적인 방향으로 발전하도록 매진하는 것이다.

2. '세계화'의 과정: 보편적 교류와 상호 의존

만약 역사의 시야를 넓혀서 최근 들어온 소위 '세계화'의 진전을 근대 세계역사의 발전에 놓고, 세계 '현대화' 운동의 전개 과정에 놓고 보면, 세계화는 사실상 세계사적인 현대화 발전의 새로운 단계이고, 세계 각 지역을 하나로 연결시키는 과정의 새로운 단계이며, 전지구적 자본주의 발전의 새로운 단계라고 말할 수 있다.3) 이런 의미에서 '세계화'라는 이 용어의 논의

---

3) 롤런드 로버트슨(Roland Robertson)은 세계화의 초기 단계는 15세기 초의 유럽으로 거

는 비록 90년대에 개시되었지만, 세계화 추세의 분석은 적어도 마르크스와 엥겔스가 19세기 중엽에 구축한 '세계역사'의 이론까지 소급할 수 있다.[4]

세계화는 이미 하나의 해석의 주제가 되었고, 이로부터 파생된 각종 해석은 인류사회의 실천의 다양한 영역을 포괄한다는 점을 인정해야 한다. 따라서 만약 20세기의 90년대 이래 홍기하고 유행한 세계화 개념, 즉 냉전 종식 이후의 정보기술혁명을 기초로 한 세계의 새로운 발전시기를 협의의 세계화 개념으로 간주한다면, 세계화 운동의 특질을 사고하고 응답하기 위해서는 반드시 광의의 세계화 개념, 즉 19세기 이래로 세계적인 교류와 연계가 심화되었던 이론적 사고로 돌아가야 한다. 그 중에 가장 중요한 것이 바로 마르크스의 '세계화' 사상이다.

마르크스는 일찍이 『독일 이데올로기』에서, 민족 간의 교류가 봉쇄되었던 상태가 점차 사라지고, 인간의 존재는 더 이상 '지역적인 존재'가 아닌 '세계역사적인 존재'가 되어 갔으며, '역사'는 점점 더 '세계역사'가 되었다고 말했다. 이전의 '역사'는 단지 세계 각지의 인민들이 상호 교류가 없거나 교류가 극히 제한되었던 역사였고, 이 시기의 세계는 진정으로 일체화된 세계로서 존재하지 않았으니, 즉 긴밀하게 연결되고 교류하는 통일적 세계가 존재하지 않았으며, 이로부터 밀접하게 연계되고 교류하는 통일적인 세계의 역사도 존재하지 않았다는 것이다. 이렇게 긴밀하게 연계되고 교류하는 통일된 세계의 역사를 마르크스는 '세계역사'라고 불렀다. 따라서 과거

슬러 올라갈 수 있다고 생각한다. 그의 논문 「爲全球化定位: 全球化作爲中心槪念」(『全球化話語』, 上海三聯書店, 2002), p.14를 참고할 것. 또한 그의 저서 『全球化: 社會理論和全球文化』(梁光嚴 譯, 上海人民出版社, 2002)도 참고할 것.

4) 豊子義 · 楊學功 著, 『馬克斯"世界歷史"理論與全球化』(人民出版社, 2002). 이 글에서 인용한 마르크스 문헌은 모두 이 책에서 재인용하였으며, 아래에서는 다시 주를 달지 않는다.

에 교류가 발달하지 않았던 '역사'와는 대조적으로, '세계역사'는 세계 각 지역이 하나로 연결되어 생존하는 역사이다. 마르크스가 보기에 근대의 모든 역사 발전은 바로 과거 상호 교류가 부족했던 '역사'가 보편적 교류의 '세계역사'로 향하는 과정이었다. 그는, "역사는 세계역사를 향해 변화한다"는 말은 추상적이지 않고 경험적 사실로써 설명될 수 있으며, "만약 영국이 하나의 기계를 발명하여, 그것이 인도와 중국의 수많은 노동자의 밥그릇을 빼앗고, 그 국가들의 모든 생존방식을 뒤바꾼다면, 이 발명이 곧 세계역사적인 사실이 되는 것이다"[5]라고 말하였다.

기술발명은 홀로 이러한 결과를 낳을 수 없다. 이것의 혁명적 작용은 세계시장의 형성과 함께 연결된다는 것이다. "자산계급은 세계시장을 개척하여 모든 국가의 생산과 소비를 전지구화하였다.…… 신공업의 수립은 이미 모든 문명민족의 생명과 유관한 문제가 되었다. 이 공업이 가공한 것은 본지의 원료가 아니라 매우 요원한 지역에서 온 연료이고, 그들의 생산품은 본국의 소비뿐만 아니라 세계 각지의 소비에도 제공된다. 이전에 본국의 생산품에 의지해 충족되었던 수요는 새롭고 요원한 국가 및 지역의 상품에 의지한 수요로 대체되었다. 과거에 그 지역과 민족이 자급자족하고 쇄국정책을 행했던 상태는 각 민족과 각 지역이 상호 교류하고 각 영역이 상호 의존하는 것으로 대체되었다."[6] 마르크스는 이러한 세계역사적 변화의 본질을 "전 인류가 상호 의존을 기초로 하는 보편적 교류이다"[7]라고 밝혔다.

이로써 알 수 있듯이, 마르크스가 19세기 중엽에 밝힌 '세계적 성격'의

---

5) 『馬克思恩格斯選集』 第1卷, pp.88~89.
6) 『馬克思恩格斯選集』 第1卷, p.273.
7) 『馬克思恩格斯選集』 第1卷, p.273.

발전과 우리가 오늘날 직면한 세계화 발전은 본질상 일치하며, 그 요점은 이 시대의 세계 각 국가와 국민의 '보편적 교류'와 '상호 의존'이다.[8] 그러나 마르크스는 스스로 '세계화'의 어법을 사용하지 않았고, '세계역사', '세계역사성'이란 개념을 더 많이 사용함으로써 역사의 세계화와 교류의 세계화를 제시했다. 이런 의미에서 마르크스는 본인 스스로 '세계화' 개념의 수용에 더욱 경도되어 있었다. 마르크스의 시각에서 볼 때 19세기의 '세계화'부터 오늘날의 '세계화'에 이르기까지 그 본질은 모두 '전 인류의 보편적 교류와 상호 의존'이다. 이로써 볼 때, 오늘날의 세계화는 '전 세계의 보편적 교류와 상호 의존의 전면적 확대이자 심화'라고 말할 수 있다.

3. '세계화'의 추세와 구조

이러한 고찰 속에서 세계화는 사실 마르크스가 말한 자본의 '세계화'의 새로운 발전단계이자 형식임을 알 수 있다. 역사적으로 볼 때, 근대유럽의 상업과 무역의 번영은 자발적으로 세계시장을 일으킬 수는 없었고 다만 세계시장을 요구할 수 있을 뿐이었다. 신대륙의 발견과 신항로의 개척 그리고 대공업과 상업혁명도 자발적으로 세계시장을 일으킬 수는 없었다. 식민주의와 제국주의가 대포와 함대를 동원해 무력으로 비서방세계의 문을 열고, 이 국가들이 근대문명에 편입되도록 강압하면서 세계시장의 형성을 재촉하

---

8) 현대 학자들의 세계화에 대한 이해는 여전히 마르크스와 비슷하며, "세계화는 이렇듯 전 지구적인 사회관계의 강화로 정의될 수 있는데, 이러한 연결은 한 지역에서 발생한 일이 아주 먼 지역에서 발생한 일에 의해 영향을 받는 방식으로 서로 아주 멀리 떨어진 지역을 연결하게 된다."(『全球化話語』, p.107.)

였으니, 이것이 바로 최초의 세계화 운동이다. 이로 인해 세계화 시장이 형성되었고 동시에 세계적인 종속 관계도 탄생하였으니, 이것이 바로 마르크스가 "이것은 농촌을 도시에 종속시키는 것과 마찬가지로 미개화국가를 문명국가에 종속시키고, 농민의 민족을 자본계급의 민족에 종속시키며, 동양을 서양에 종속시켰다"라고 말한 것이다.[9] 우리가 오늘날 당면한 세계화도 이러한 세계역사적인 종속구조와 권력 관계를 강화하고 있다.

마르크스가 말한 '종속'현상은 현상적으로 수세기 동안 전지구적인 교류 속에서 전개된 역사적 특징이고, 근대역사의 커다란 추세이다. 역사의 현실은 항상 '세勢'를 통해서 발전하였다. 그러나 '세'는 역사의 현실로서, 현실성은 합리성과 동일하지 않다. 현실은 대립적 통일로서, 종종 합리성과 비합리성을 동시에 내포한다. 백여 년에 걸친 세계역사의 발전과정은 역사적으로 형성된 '종속'구조 속에서 실현되었다. 이 종속구조를 세계화로써 말하면, 그 근본적 특징은 바로 "동양은 서양에 속한다"이다. 따라서 세계화이든 전지구화이든 간에 이는 추상적이었던 적이 없었고, 특수한 역사조건과 일정한 권력 관계와 특정한 이익충돌의 국면 중에 발생하고 진행되었다. 마르크스가 말한 4대 '종속'은 바로 이러한 역사적 현실을 말한다.

'세계화'는 이미 우리시대에 사용빈도가 가장 높은 융복합성 용어가 되었다. 그러나 '세계화'의 정의는 각양각색이고 하나로 수렴되지 않았다. '세계화'와 관련된 제 학설 중에서 '경제세계화'의 사용이 가장 광범위하다. 이런 차원에서 "세계화는 각종 생산요소나 자원이 전지구적인 범위 내에서 자유롭게 유동하면서, 생산요소나 자원이 전지구적 범위 속에서 가장 좋게

---

9) 『馬克思恩格斯選集』 第1卷, pp. 266~277.

배치되도록 실현하는 것이다." 이것이 사람들에 의해 자주 인용되는 정의이다. 여기서 말한 자유로움, 전지구적 등은 모두 민족국가의 단위와 대조되어 말해진 것이다.

그러나 세계화는 하나의 역사적 과정으로서 특정한 종속 관계와 민족국가의 이익충돌의 국면 속에서 전개된다. 실제로 역사적으로 발생한 세계화는 신자유주의가 표방한 것처럼 그렇게 자유롭지 않았다. 자원, 기술, 관리의 유동은 본질상 모두 자본의 유동이다. 시장경제가 일체화된 현대세계에서 생산요소의 유동은 과거 그 어떤 시대보다도 빨라졌고, 유동의 규모도 세계 각 지역에 두루 미친다. 그러나 노동력의 자유로운 이동은 민족국가의 비자제도하에서 지금까지 하나의 공상에 불과했고, 세계화 시대에 선진국들의 이민노동력에 대한 배척은 점점 더 커져만 간다. 에너지의 유동은 미국 패권주의의 전지구적인 감시와 통제를 받고 있다. 미국은 중동 등의 석유자원을 통제할 뿐만 아니라 전지구적인 해상통제권으로써 해상의 석유운반을 통제하고 있다. 중국은 이미 WTO에 가입했지만, 중국 상품의 수입허가는 끊임없이 구미의 압박을 받고, 미국과 유럽은 무역보수주의 정책을 포기하지 않음으로써 자국의 이익을 보호하려 든다. 군수산업 물품의 무역은 더욱 그러하여, 이스라엘과 중국 간의 무역은 시종 미국의 방해를 받는다. 서방선진국은 세계화가 자국의 국가이익을 저해하는 것을 허락한 적이 없으며, 민족국가의 이익은 여기서 언제나 '그 현장 안에' 있다. 만약 서방국가가 어떤 지역에서는 민족국가를 강조하지 않는다고 말한다면, 분명 또다른 지역조직 또는 국제조직이 그들의 집단이익을 대표할 것이다. 소위 세계화의 자유는 기존의 국제 정치경제질서 속에서 발전하며, 이 국제 정치경제질서는 서방국가들이 규칙을 제정한다. 이 질서의 프레임은 서방선진국의 이로움을 기본 원칙으로 삼는다. 자본과 기타 생산요소의 유동은 이 패턴을 건드리지 않고 총체적으로 선진국의 기득권을 삭감하지 않는 전제 하에서만, 비로소 '자유'가 가능해진다. 따라서 전 세계 모든 국가가 다 수혜를 받지 않은 것은 바로 이 때문이며, 사람들이 목도한 세계화의 결과는 대체로 "자본은 세계로 퍼져가고, 이윤은 서양으로 흘러간다." 모든 액체가 위치에너지의 작용으로 위에서 아래로 흐르듯이, 생산요소의 자유로운 유동 역시 현실적인 종속 관계 속에서 작동된다. 1997년 아시아 금융위기는 사람들에게 세계화의 확산이 모든 국가의 수혜를 유발하지 않으며 개발도상국은 쉽사리 피해자가 될 수 있음을 일깨워 주었다. 2001년 9·11 사태는 미국 국가안전정책의 변화를 불러왔고, '포스트-민족국가'와 '포스트-주권국가'의 도래가 요원하다는 것을 잘 보여 주었다. 사실상 미국이 세계화를 추동하고 주도하면서 미국과 서방선진국의 생산방식 및 이에 상응하는 경제 관계의 세계화는 철저하게 미국이 주도하는 세계경제질서를 재편했을 뿐 아니라, 미국과 기타 서방선진국의 정치적 가치와 정치제도를 전지구화함으로써 "동양을 서양에 종속"시켰다. 1990년대 세계는 결코 하나의 단일한 정체整體가 되지 않았고, 대립적인 종족과 종교의 충돌은 여전히 존재했으며, 민족국가는 여전히 다국적기업보다 더 힘이 있었고, 평화는 전쟁과 충돌에 비해 그 시대의 특징이 될 수 없었다.

그러나 이러한 현실의 직시로 인해 세계화의 거부를 주장하는 것은 결코 아니다. 우리는 더욱 냉정하게 백 년 이래의 역사적 대세를 이해하고, 세계화가 우리에게 가져다준 장점과 그 성향이 가져다준 위험성을 이해해야 한다. 이와 동시에 우리는 세계화가 지닌 양면성을 인식하고, 세계화가 우리에게 전 세계가 창조한 최신의 문명성과를 따라잡고 참여하고 공유하는 기회를 제공했다는 점을 분명하게 인식해야 한다.

자본에는 조국이 없다. 세계화 시대에 다국적기업의 활약은 이 점을 분명히 증명하고 있다.[10] 자본의 본성은 이윤의 추구이다. 따라서 자본은 언제나 저가노동력과의 결합을 모색한다. 19세기 서방 신흥 자본주의국가는 '저가 상품'에 의지해 동양 만리장성의 대포를 궤멸시켰고, 20세기 60년대 이후의 자본주의 발전은 다국적기업의 자본투자가 제3세계 지역을 향해 뻗어나간 것이 특징이었다. 자본이 제3세계에 진출한 것은 당연히 이윤을 위한 것이었으나, 이와 동시에 개발도상국의 자본부족에 자금출처를 제공하였고, 현지 노동력에게 취업의 기회를 주었으며, 이 국가들이 제조한 상품을 위해 국제시장을 개통하였고, 현지의 기술, 시장, 관리의 국제화에 조건을 조성하였다. 이로부터 개발도상국은 세계화의 노동 분업에 적극 참여하고, 선진문명과 연계함을 통해 자기성장을 촉진하며, 생산력 발전을 꾀하는 기회를 얻게 되었다. 다국적 자본의 활발한 유동은 후발국가들이 공업화의 경쟁에 진입하는 데 기회를 제공하였으니, 이는 민족국가들이 홀로 달성하기는 어려운 것들이다.

그러나 적극적으로 세계화 과정에 참여할 것인가를 결정하는 정책과 발전전략 상에서, 민족국가의 역할은 소멸되지 않을 것이며, 세계화 과정 중에 중요한 작용을 할 것이다.

---

10) 로버트 콕스(Robert Cox)는 "다국적기업과 은행이 세계화의 주요 매개체"라고 말하고 있다. 그의 논문 「從不同的角度透視全球化」(『全球化話語』, p.19)를 참고할 것

4. 문화세계화: '서구화'를 '세계화'로 바꾸다

본문의 중점은 세계화의 경제, 기술, 정치의 방면을 토론하는 것에 있지 않고, 문화 즉 세계화 시대의 문화 관계를 다루는 데 있다. 세계화의 역할로서 볼 때, 경제와 문화는 구분해서 논할 수 있다.[11] 경제세계화의 조류가 지구촌을 휩쓸었다는 점에서는 제3세계도 별다른 이론이 없지만, 문화적인 면에서는 본토성, 민족성, 지방특색을 강조하는 함성이 나날이 높아지고 있고, 이 함성은 비서방국가뿐 아니라 유럽에서도 등장하고 있다.[12] 중국 고대의 리기론理氣論 중에는 소위 '기는 강하고 리는 약하다'(氣强理弱), '리로써 세에 대항하자'(以理抗勢) 등의 어법이 있었다. 만약 '기'와 '세'가 현실성과 필연성을 나타내는 개념이라면, '리'는 합리성을 나타내는 개념이다. 이러한 관점에서 세계화의 문제를 보면, 세계경제의 영역에서는 기가 강하고 리는 약한 반면, 세계문화의 영역에서는 리로써 세에 대항한다고 말할 수 있다. 이념이 현실을 인도하는 작용은 문화의 영역에서 훨씬 두드러진다.

문화의 각도에서 19세기 이후의 세계 각 민족의 역사가 밀접하게 연결된 측면을 사유하고, 세계 각지의 문화가 소통, 융합되는 과정 즉 문화의 각도에서 세계화의 과정과 특징을 되짚어 본 자로는 롤런드 로버트슨(Roland Robertson)이 대표적이다. 최근까지 그는 이미 많은 관련 이론을 제시했다.

그럼에도 불구하고 우리는 먼저 마르크스로 돌아가 보자.

---

11) 롤런드 로버트슨(Roland Robertson)도 세계 체제의 정치적, 경제적인 확장은 문화와는 결코 대칭 관계를 이루지 않는다고 생각한다. 『全球化理論譜係』(湖南人民出版社, 2002), p.126을 참고할 것.
12) 레슬리 스클레어(Leslie Sklair)는 "자국 문화가 세계화의 물결에 저항하자는 경쟁적인 호소는 이미 전 세계적으로 자신을 사회학, 문화 및 정치 연구의 도정으로 끌어올렸다" 라고 말한다. 그의 논문 「相互競爭中的多種全球化槪念」(『全球化話語』), p.41 참고.

…… 과거 그 지역 민족의 자급자족과 봉쇄주의의 상태는 각 민족의 제 방
면의 상호 교류와 상호 의존에 의해 대체되었다. 물질의 생산이 이러하였고
정신의 생산도 이러하였다. 각 민족의 정신상품은 공공의 재산이 되었고,
민족의 편협성과 국지성은 날이 갈수록 불가능해졌다. 이로써 여러 민족과
지역의 문학은 일종의 세계문학이 되어 갔다.[13]

여기서 '민족의 편협성과 국지성'은 동양에 국한된 것이 아니라 서양에
도 똑같이 적용된다. 분명히 마르크스는 문화 방면에서 결코 "동양이 서양
에 종속된다"고 주장하지 않았고, "각 민족의 정신상품은 공공의 재산이 된
다", "많은 민족과 지역의 문학은 세계 문학이 된다"는 점을 긍정했다. 이
관점은 문학만을 가리키지 않고 마르크스의 전체 인문학의 영역에서 세계
화의 관점을 대표한다. 이러한 입장에서 보면 세계문학, 세계역사학, 세계
철학은 각 지역과 각 민족의 특색을 포함하고, 단일지역과 단일민족에 국한
된 문화범주를 초월하므로, 결코 유럽의 패턴과 특색으로써 일체 민족과
지역의 문화를 아우를 수 없다.

철학으로 말하자면, 세계화 시대에는 반드시 근대 이래로 있어 온 서양
중심주의적 문화 이해를 바꾸어야 한다. 오직 서양의 철학만이 진정한 철학
이라는 관점은 이미 200년간 동서양문화가 빈번하게 교류하고 보편적으로
왕래한 경험을 지닌 관점에 비해 낙후된 것이다. 세계화 시대에 우리는 마
땅히 철학을 문화로서 이해해야 한다. 다시 말해 '철학'은 하나의 '보편'이
다. 이는 '가족'과 유사한 개념으로서, 서양, 인도, 중국의 문명이 저마다 우
주와 인생에 관해 이론적으로 사고한 것이고, 세계 각 민족의 우주와 인생

---

13) 「共産黨宣言」, 『馬克思恩格斯選集』第1卷(人民出版社, 2001), p.276.

에 대한 이론적 사고의 총칭이다. 이런 차원에서 서양철학은 단지 철학 중의 하나의 '특수', 하나의 사례에 불과할 뿐, 철학의 기준은 아니다. 따라서 '철학'이라는 이 용어는 서양전통의 특수한 의미 속의 개념이 아니라 세계의 다원문화가 지닌 포용성이 풍부한 보편적 개념이다.

중국철학은 비록 그 범주가 서양철학과 다르고, 그 문제의 접근도 서양철학과 다르지만, 이 사실들은 이것이 중국의 철학이 되는 것을 방해하지 않을 뿐 아니라, 철학이 보편과 특수의 통일임을 잘 드러내고 있다. 따라서 오늘날 비서양철학자의 중요한 업무 중의 하나는 광의의 철학 관념을 발전시켜 세계적 범위로 확대하고, '철학'이란 이 개념이해에 녹아든 서양 중심적 입장을 해체하는 것이다. 그래야만 진정으로 트랜스 문화적인 철학적 대화를 촉진할 수 있고, 21세기 인류의 철학적 지혜를 일구어 낼 수 있다. 만약 미래의 철학적 이해가 예나 다름없이 유럽전통 또는 더 협소한 '영미 분석' 전통의 제약을 받는다면, 철학의 인문적 지혜와 가치의 계도는 구현될 수 없으며, 21세기 인류의 전도는 20세기보다 더 나을 것이 없을 것이다.[14)]

세계화라는 단어를 만약 동사로 삼는다면, 그것은 어떤 한 원소가 전세계 각지로 확산되고 유행하고 수용되는 것을 가리킨다. 이런 의미에서 세계화는 주어를 지니는데, 예를 들어 '시장경제의 세계화'에서 주어는 시장경제이고, '미국문화의 세계화'에서 주어는 미국문화이다. 그러나 사실상 수많은 정치가, 매체, 학자들이 세계화라는 이 단어를 사용하지만, 대다수는 이렇게 주어가 있는 세계화의 이해에 찬성하지 않는다. 문화적으로 보면

---

14) 陳來, 『現代中國哲學的追尋』(人民出版社, 2001), p.359를 참고할 것.

그 이유가 매우 명료해지는데, 왜냐하면 주어를 지닌 세계화는 일원적이어서, 단일적 사물을 가져다가 전 세계의 문화다양성을 동화시키고 덮어버리고 대체하는 것을 의미하며, 동질화하고 단일화하고 평면화함을 의미하니, 이는 문화적 차원에서 극도로 해롭다. 이 밖에 주어를 지닌 세계화는 흔히 서방화로 인식되며, 심지어 미국의 정치경제체제, 미국의 가치관, 미국의 이데올로기를 그 주어로 삼게 되니, 이는 필연적으로 세계 각 지역의 민족 정체성 및 문화전통과 긴장을 불러일으킬 것이다. 현실세계의 세계화 과정은 확실히 이러한 추세와 경향을 지니며, 특히 미국이 주도하고 추동하는 세계화는 시종 이와 같은 방향으로 힘써 내달렸다. 이러한 점들은 당연히 유럽과 아시아 등 여러 국가 국민의 '문화제국주의'에 대한 경각과 질의를 받는다.[15] 이런 입장에서 더 많은 이들은 문화세계화를 지구촌의 각 문화들이 "서로 침투하고 상호 융합하는" 과정으로 인식하고, 심지어 세계화를 일종의 복잡한 융화의 과정으로 간주한다.[16] 이러한 세계화 개념은 보다 더 전지구적인 상태를 대표하고, 어떤 단일한 중심이 있어 다른 것들을 죄다 동질화하는 것은 아니다. 세계화 이 단어는 하나의 성질이자 상태로서, 즉 세계화는 전지구적 상태로 이해되므로 여기에 주어는 필요치 않다. 이러한 시대와 어울리기 위해선 새롭고 다원성이 풍부한 전지구적인 문화개념과 문화이해를 발전시켜 나가야 한다.

끝으로, 세계화와 본토화는 실천적 측면에서 상호 보완적이다. 소위 '전지구적 본토화'(glocalization)가 바로 그러한 것이다. 이런 측면에서 볼 때 세계

---

15) 喬納森·弗里德曼(Jonathan Friedman), 『文化認同與全球性過程』(商務印書館, 2003), p.294.
16) 讓·內德文·皮特斯(Jan Nederveen Pieterse), 「作爲雜和的全球化」, 『全球化話語』(上海三聯書店, 2002), p.103.

화는 당연히 다주어多主語적이다. 이로부터 복수複數의 세계화가 형성되고, 수많은 세계화의 노력이 서로 경쟁하고 상호 영향을 주면서, 다 함께 세계화 시대에 큰 교류의 풍성한 장을 만든다. 이러한 의미에서 세계화는 하나의 경쟁적 무대이자 일종의 기술적 메커니즘으로서, 어떠한 사물이든 오늘날 세계의 기술 매커니즘의 도움을 받아 자기가 추구하는 것을 세계화할 수 있다.

5. 가치의 다원보편성

세계화는 동양문명에게 새로운 기회를 가져다주었고, 근본적으로 300년 넘게 지속된 동서양의 문화불균형 상태를 바꾸어 놓았다. 따라서 우리는 세계화를 단지 하나의 외재적이고 객관적인 과정으로 간주해서는 안 되고, 능히 참여하고 선택하고 바꿀 수 있는 실천적인 과정으로 간주해야 한다. 이는 문화정체성의 문제로까지 연관된다. 중국에서 문화정체성의 문제는 항상 과거와 현재, 동양과 서양의 분쟁과 관련되어 있다.

세계화에 의해 다루어진 과거와 현재, 동양과 서양의 문제는 단지 방식과 각도가 다를 뿐, 세계화 논의, 현대화 논의와 유사하다. 예를 들면 중국 근대화 초기의 계몽운동 중에는 서양과 동양의 대결이 있었고, 현대화 이론 중에는 전통과 현대의 대결이 있었으며, 세계화 논설 중에는 세계화와 지방화의 대결이 있었다. 이는 시종 하나의 근본적 문제와 연관되어 있었으니, 바로 현대화 시대에 전통의 운명은 어떠한가, 어떻게 전통을 대할 것인가, 어떻게 문화정체성을 다룰 것인가 등의 문제였다. 우리가 여기서 말하는 지방적 전통은 흔히 문화인류학에서 다루는 부락이나 소지역으로서의 지방이 아니라, 비서방의 대문명 전통 예를 들어 인도문명, 중국문명, 아랍문명을 가리킨다. 세계화는 이미 하나의 취향을 드러내었고, 이 문제를 더욱 첨예하게 만들었으니, 이는 곧 오늘날 전지구화된 세계는 그 누군가가 경제정치적으로 힘이 있으면, 바로 그들의 문화가 기타 문화와 문명의 창조를 지배할 수 있다는 것이다.

이 밖에 경제세계화의 논리가 가장 설득력이 있기 때문에, 이런 의미에서 볼 때 세계화에서 두드러지는 것은 항상 도구이성의 전지구적 발전이다. 또한 이 때문에 세계화가 접하는 문제는 현대화 운동과 마찬가지로 도구이성과 가치이성의 불균형 문제이다. 독일의 저명한 정치가 슈미트(Helmut Schmidt)는 비세계화는 도덕적 퇴보의 문제를 동반할 수 있으므로 반드시 주시해야 한다고 말했다.

철학적으로 말할 때 하나의 사물이나 요소가 어떤 역사과정 속에서 세계화된다는 것은 그 사물이나 요소가 자체로 보편화될 수 있는 특질을 지녔으며, 그 특질이 바깥으로 실현된 것을 의미한다. 초기 현대화의 과정은 역사적으로 현대화의 특징으로 드러났기 때문에, 베버에서 파슨스까지 모두 윤리 면에서 서양문화를 보편주의로 간주하였고, 동양문화를 특수주의로 간주했으니, 이는 오직 서양문화와 그 가치만이 보편성을 지니고 보편화될 수 있으며, 동양문화와 그 가치는 특수성만을 지니므로 보편화될 수 없다는 것을 의미했다. 이로부터 동서양 가치의 관계는 '보편주의'와 '특수주의'의 대립으로 제조되었다. 이 관점을 세계화에 응용하면 곧 '서양'으로써 세계를 '변화'시켜 '전지구화'를 실현하는 것을 의미한다. 여기서 세계화의 논의는 현대화의 논의와 맞물려 있다. '현대화'는 고대에서 현대로 진입할 것을 요구하고, 옛것은 지나가고 새것이 도래하는 것을 말하므로, '과거와 오늘'의 모순이 부각된다. 반면 '세계화'는 사해四海의 어느 곳에 놓아도 모두 들어맞고, 사방과 상하를 말하므로, '동과 서'의 모순이 부각된다. 1960년대 현대화의 논자들은 '전통과 현대'의 대립을 부각시킴으로써 후발전국가와 지역은 전통적 문화가치를 버리고 현대화를 끌어안아야 한다고 말했다. 1990년대 세계주의자들은 '세계와 지방'의 대립을 강조하면서 세계성으로 지방성을 덮어야 한다고 말했다. 이로써 알 수 있듯이 현대화에서 세계화에 이르기까지 동서고금의 문제는 줄곧 문화라는 핵심 문제였다. 유가사상의 입장에서 말하자면, 현대화 이론에 대해 우리는 고대의 지혜가 여전히 현대적 의미를 지닌다는 점을 강조한다. 세계주의에 대해서도 우리는 동양의 지혜가 마찬가지로 보편적 가치를 지닌다는 점을 강조한다. 사실 이 두 방향성은 모두 문화전통 특히 비서구문화전통의 보편적 의미와 영구적 가치를 강조한 것으로서, 다만 그 강조점이 하나는 시간에 다른 하나는 공간에 치우쳐 있을 뿐이다.

먼저 만약 우리가 지방성이란 이 개념을 빌린다면 알 수 있듯이, 인류가 어떠한 공업기술 시대에 살든지 간에 사람의 가장 직접적인 생활질서는 지방성이며, 사람은 현대화된 생활 외에 도덕생활을 요구하고 정신생활을 요구하며 마음의 대화를 요구하고, 도덕질서는 모두 지방문화에서 떠맡으며, 종교신앙도 지방문화가 담당한다. 과거에서 현재까지 나아가 먼 미래에도 세계종교가 일체 지방종교를 대체하여 지구촌 인류의 공동 종교가 될 수는 없을 것이다. 다원화의 도덕체계와 종교체제는 전 세계의 현실로서, 수백 년이 지난 먼 미래에도 뒤바뀔 가능성은 거의 없다. 이 밖에 지방문화도 보편성이 있고 보편화될 수 있으니, 불교가 그 예이다. 불교는 세계종교에 속하지만 여전히 지방성을 지니며, 유교 역시 그러하다. 따라서 세계화와 지방화는 완전히 양분되는 관계가 아니라 상호 침투적이다. 사실상 불교이든 유교이든 역사상 이미 순수한 지방문화는 아니며, 부단히 전파의 가능성을 따라 확산되면서, 먼저 동아시아에서 세계성을 취득했고, 근대에는 더 큰 세계성을 향해 전개되었다. 이러한 전파의 확대는 동양의 불교와 유교가 보편화될 수 있는 성질을 지니며, 그 내용은 보편적 의의를 지닌다는 점을 반영한다.

따라서 우리는 반드시 '다원적 보편성'의 관념을 수립해야 한다. 미국의 사회학자 로버트슨은 『세계화: 사회이론과 세계문화』 중에서 '보편주의의 특수화'와 '특수주의의 보편화'는 세계화의 상보적인 이중적 진행과정이라고 말했다. 보편주의의 특수화는 우리가 항상 말하는 '보편진리와 현지의 구체적 실재와의 결합'으로서, 이 보편주의는 서양이 먼저 발전시킨 현대 경제·정치 체제, 관리체계와 기본 가치를 가리키고, '세계적 지방화'로 불리기도 한다. 특수주의의 보편화는 특수성의 가치와 정체성이 점점 더 세계적 보편성을 지니게 되어, 각 민족군체와 본토군체가 각종 특수적 형식의 본질주의를 버리고 개방적으로 세계화의 과정에 융합되면, 그 민족문화와 지방지식도 마찬가지로 세계화의 보편의의를 획득할 수 있다. 이것이 '지방적 세계화'이다.[17] 로버트슨의 이 논리는 매우 의미 있지만, 동양문명의 보편성을 긍정하는 점에서는 부족하다. 우리가 보기에 이런 부류의 보편과 특수는 단지 시간적 차이만 있을 뿐이다. 서양은 비교적 일찍 자신을 보편으로 실현해 내었고, 동양은 자신의 지방성을 보편성의 시작으로 실현해

---

17) 『全球化理論譜系』, p.131 참고.

내었지만, 정신가치의 내재적 보편성은 결코 외재적 실현의 수준에 의해 결정되지 않는다. 우리가 보기에, 동서양의 정신문명과 가치는 모두 내재적으로 보편성을 담지한다. 이를 '내재적 보편성'이라고 부른다. 그리고 내재적 보편성의 실현성 여부는 많은 외재적이고 역사적인 조건을 필요로 하면서 실현되는데, 이를 '실현적 보편성'이라 부른다.

따라서 정신과 가치 측면에서 반드시 동서양의 각 문명은 모두 보편성을 지니고, 모두 보편주의이며, 그들 사이에는 단지 서로 차이가 있을 뿐이고, 각자 다른 역사시대에 실현되어진 수준이 다를 뿐이니, 이것이 바로 다원적 보편성이다.[18] 정의, 자유, 권리, 이성적 개성은 모두 보편주의적 가치이고, 인애仁愛, 평등, 책임, 동정, 공동체도 보편주의적 가치이다.[19] 양수명이 초기에 『동서문화와 그 철학』에서 힘써 제창한 것이 바로 이 이론이다. 오늘날, 세계화 중의 다원적 보편성의 관념을 수립해야만 전 세계 모든 문화형태가 상대화되고 평등화될 수 있다.[20] 이런 차원에서 세계화의 제1단계에서는 문화의 변천이 서양화의 특징을 띠었다면, 제2단계에서는 서양은 서양으로 회귀하고, 서양문화는 동양문화와 대등한 상대적 지위로 돌아가게끔 해야 할 것이다. 이런 의미에서 서양다원주의의 입장에서 강조된 '승

---

18) 林端은 사회학적 시각에서 베버-파슨스가 만든 보편주의와 특수주의의 대립에 대해 질의하면서, 유가윤리는 일종의 '맥락화된 보편주의'라고 여긴다. 그의 논문 「全球化下的儒家倫理」(林端, 『儒家倫理與法律文化』, 中國政法大學出版社, 2002, p.187에 실림)를 참고할 것.

19) 두유명은 하버드대학의 '유가 인문주의' 수업에서 이 두 항목의 가치 경중에 대한 설문조사를 한 바 있다. 그에 따르면, 10년 전 학생들의 선택과 지금 학생들의 선택에는 큰 변화를 보이는데, 지금은 공익이 자유보다 중요하며, 동정이 이성보다 중요하다고 생각한다는 학생들이 갈수록 늘고 있다고 한다. 두 종류의 가치에 관한 분석은 그의 논문 두 편, 「全球化與多樣性」(『全球化與文明對話』, 江蘇教育出版社, 2005)과 「儒家傳統與啓蒙心態」(江蘇教育出版社, 2005)를 참조할 것.

20) 『全球化理論譜系』, p.129를 참조할 것.

인된 정치'와 대조되는[21] 세계화의 문화 관계적 측면에서 우리는 '승인된 문화'를 강조한다. 이것은 곧 문화와 문명의 다원보편성을 강조하고, 이러한 원칙으로써 서로 다른 문화와 문명의 관계를 다루는 것이다. 이러한 입장은 전지구적 문화다원주의의 입장으로서, 세계문화 관계에서 탈중심화와 다중심화多中心化 즉 전지구적 다원문화주의를 주장하는 것이다. 철학적으로 말하자면, 과거에는 습관적으로 보편성은 일원적이고, 다원성은 특수성을 의미한다고 생각했다. 사실 다원성은 반드시 필연적일 필요는 없다. 다원적인 보편성이 과연 가능한가 그리고 어떻게 가능한가는 세계화 시대에 철학적 사고의 한 주제가 되었다.

유가철학으로 돌아가서 보면, 세계화의 문제에 대해 이미 학자들은 리학의 '리일분수'를 들어 동서양의 종교전통은 모두 보편적 진리의 개별적 표현 형태이고, 그것들은 각자 그 가치를 지니고 일치되는 가능성을 공유하며, 이로써 문명의 대화를 촉진하므로, 이는 매우 가치가 있다고 말하였다.[22] 이에 대해 내가 보충하려는 내용은 유가철학의 시각에서 볼 때 세 가지 측면에서 말할 수 있다. 첫째는 "기가 하나이면 리도 하나이고, 기가 만 개이면 리도 만개이다"라는 사상으로서, 여기서 기는 문명실체(지방, 지역)이고, 리는 가치체계로 해석될 수 있다. 각각의 특수한 문명실체는 저마다 자신의 가치체계를 지니는데, 모든 문명실체의 가치는 리理이고 각자 독특성을 지니며 보편성을 갖는다. 둘째는 '화이부동和而不同'의 사상으로서, 지구촌의 서로 다른 문명, 종교의 관계는 마땅히 조화로워야하며 획일적이지 않다. 화和는 다양성, 다원성, 차별성의 공존이며, 동同은 단일성, 동질성, 일

---

21) 查爾斯·泰勒(Charles Taylor), 「承認的政治」, 『文化與公共性』(三聯書店, 1998) 참고.
22) 劉述先, 『全球倫理與宗教對話』(臺北: 立緒文化公司, 2001).

제18장 진정한 세계문화를 향하여 | 429

원성을 말한다. 이것이야말로 오늘날 가장 이상적인 지구촌의 문화적 관계이다. 셋째는 '리일분수' 즉 차이 속에서 일치를 추구하는 것으로서, 지구촌 인류의 공동의 이상을 위해 노력해야 한다.

주희는 『사서집주』에서 '리세의 당연'(理勢之當然)과 '리세의 필연'(理勢之必然)을 논하였다. 이 관점으로써 말하자면 세계화는 '자연스러운 세'이다. 그러나 사람은 능히 그리고 마땅히 "이 자연스러운 세에 순응하면서 동시에 그것을 이끌어야 한다." 이렇게 해야만 비로소 리와 기를 결합할 수 있고, 리세의 자연과 리세의 당연을 결합할 수 있으며, 역사는 인간의 이상적 방향으로 나아갈 수 있다.

찾아보기

432

지은이 **진래陳來**

1952년 북경에서 태어났다. 1985년 북경대학 철학과에서 철학박사학위를 받았다. 그 후 북경대학 철학과 교수를 역임하였고, 현재는 중국 청화대학 국학연구원 원장과 청화대학 철학과 교수 및 박사지도교수로 있다. 중국철학사학회 회장, 주희연구회 회장, 풍우란연구회 회장, 중화주자학회 회장 등을 맡고 있다. 중국에서 철학 분야로는 방립천方立天, 탕일개湯一介 선생에 이어 세 번째로 국가 원사院士급에 해당하는 중앙문사관中央文史館 관원에 추대되었다. 주요 저서로는 『주희의 철학』, 『송명성리학』, 『양명철학』, 『중국고대사상문화의 세계』, 『공자와 현대세계』, 『전통과 현대』, 『고대종교와 윤리—유가사상의 기원』, 『동아유학구론』, 『주자서신편년고증』 외 다수가 있다.

옮긴이 **강진석姜眞碩**

한국외대 중국어과와 철학과를 졸업했다. 중국 북경대학에서 진래 교수의 지도 아래 「주자체용론연구」로 철학박사학위를 받았다. 현재 한국외국어대학교 중국어대학 중국외교통상학부 교수로 재직 중이다. 한국중국학회, 중국학연구회, 중국현대철학연구회에서 주로 활동하고 있으며, 대학에서 '중국철학의 이해', '중국정치사상사' 등을 강의하고 있다. 저서로는 『체용철학』, 『중국의 문화코드』, 『중화전통과 현대중국』(공저), 『현대신유학과 중국특색의 사회주의』(공저), 『주자학의 형성과 전개』(공저), 『중국 속의 중국: G2 시대』(공저) 외 다수가 있다.

◀ 예문서원의 책들 ▶

원전총서

박세당의 노자 (新註道德經) 박세당 지음, 김학목 옮김, 312쪽, 13,000원
율곡 이이의 노자 (醇言) 이이 지음, 김학목 옮김, 152쪽, 8,000원
홍석주의 노자 (訂老) 홍석주 지음, 김학목 옮김, 320쪽, 14,000원
북계자의 (北溪字義) 陳淳 지음, 김충열 감수, 김영민 옮김, 295쪽, 12,000원
주자가례 (朱子家禮) 朱熹 지음, 임민혁 옮김, 496쪽, 20,000원
서경잡기 (西京雜記) 劉歆 지음, 葛洪 엮음, 김장환 옮김, 416쪽, 18,000원
열선전 (列仙傳) 劉向 지음, 김장환 옮김, 392쪽, 15,000원
열녀전 (列女傳) 劉向 지음, 이숙인 옮김, 447쪽, 16,000원
선가귀감 (禪家龜鑑) 청허휴정 지음, 박재양 · 배규범 옮김, 584쪽, 23,000원
공자성적도 (孔子聖蹟圖) 김기주 · 황지원 · 이기훈 역주, 254쪽, 10,000원
천지서상지 (天地瑞祥志) 김용천 · 최현화 역주, 384쪽, 20,000원
참동고 (參同攷) 徐命庸 지음, 이봉호 역주, 384쪽, 23,000원
박세당의 장자, 남화경주해산보 내편 (南華經註解刪補 內篇) 박세당 지음, 전현미 역주, 560쪽, 39,000원
초원담노 (椒園談老) 이충익 지음, 김윤경 옮김, 248쪽, 20,000원
여암 신경준의 장자 (文章準則 莊子選) 申景濬 지음, 김남형 역주, 232쪽, 20,000원

퇴계원전총서

고경중마방古鏡重磨方 — 퇴계 선생의 마음공부 이황 편저, 박상주 역해, 204쪽, 12,000원
활인심방活人心方 — 퇴계 선생의 마음으로 하는 몸공부 이황 편저, 이윤희 역해, 308쪽, 16,000원
이자수어李子粹語 퇴계 이황 지음, 성호 이익 · 순암 안정복 엮음, 이광호 옮김, 512쪽, 30,000원

연구총서

논쟁으로 보는 중국철학 중국철학연구회 지음, 352쪽, 8,000원
논쟁으로 보는 한국철학 한국철학사상연구회 지음, 326쪽, 10,000원
중국철학과 인식의 문제 (中國古代哲學問題發展史) 方立天 지음, 이기훈 옮김, 208쪽, 6,000원
중국철학과 인성의 문제 (中國古代哲學問題發展史) 方立天 지음, 박경환 옮김, 191쪽, 6,800원
역사 속의 중국철학 중국철학회 지음, 448쪽, 15,000원
공자의 철학 (孔孟荀哲學) 蔡仁厚 지음, 천병돈 옮김, 240쪽, 8,500원
맹자의 철학 (孔孟荀哲學) 蔡仁厚 지음, 천병돈 옮김, 224쪽, 8,000원
순자의 철학 (孔孟荀哲學) 蔡仁厚 지음, 천병돈 옮김, 272쪽, 10,000원
유학은 어떻게 현실과 만났는가 — 선진 유학과 한대 경학 박원재 지음, 218쪽, 7,500원
역사 속에 살아있는 중국 사상 (中國歷史に生きる思想) 시게자와 도시로 지음, 이혜경 옮김, 272쪽, 10,000원
덕치, 인치, 법치 — 노자, 공자, 한비자의 정치 사상 신동준 지음, 488쪽, 20,000원
리의 철학 (中國哲學範疇精髓叢書 — 理) 張立文 주편, 안유경 옮김, 524쪽, 25,000원
기의 철학 (中國哲學範疇精髓叢書 — 氣) 張立文 주편, 김교빈 외 옮김, 572쪽, 27,000원
동양 천문사상, 하늘의 역사 김일권 지음, 480쪽, 24,000원
동양 천문사상, 인간의 역사 김일권 지음, 544쪽, 27,000원
공부론 임수무 외 지음, 544쪽, 27,000원
유학사상과 생태학 (Confucianism and Ecology) Mary Evelyn Tucker · John Berthrong 엮음, 오정선 옮김, 448쪽, 27,000원
공자뢰, 공자는 이렇게 말했다 안재호 지음, 232쪽, 12,000원
중국중세철학사 (Geschichte der Mittelalterischen Chinesischen Philosophie) Alfred Forke 지음, 최해숙 옮김, 568쪽, 40,000원
북송 초기의 삼교회통론 김경수 지음, 352쪽, 26,000원
죽간 · 목간 · 백서, 중국 고대 간백자료의 세계 1 이승률 지음, 576쪽, 40,000원
중국근대철학사(Geschichte der Neueren Chinesischen Philosophie) Alfred Forke 지음, 최해숙 옮김, 936쪽, 65,000원
리학 심학 논쟁, 연원과 전개 그리고 득실을 논하다 황갑연 지음, 416쪽, 32,000원

강의총서

김충열 교수의 노자강의 김충열 지음, 434쪽, 20,000원
김충열 교수의 중용대강의 김충열 지음, 448쪽, 23,000원
모종삼 교수의 중국철학강의 牟宗三 지음, 김병채 외 옮김, 320쪽, 19,000원
송석구 교수의 율곡철학 강의 송석구 지음, 312쪽, 29,000원
송석구 교수의 불교와 유교 강의 송석구 지음, 440쪽, 39,000원

역학총서

주역철학사 (周易研究史) 廖名春・康學偉・梁韋弦 지음, 심경호 옮김, 944쪽, 45,000원
송재국 교수의 주역 풀이 송재국 지음, 380쪽, 10,000원
송재국 교수의 역학담론 — 하늘의 빛 正易, 땅의 소리 周易 송재국 지음, 536쪽, 32,000원
소강절의 선천역학 高懷民 지음, 곽신환 옮김, 368쪽, 23,000원
다산 정약용의『주역사전』, 기호학으로 읽다 방인 지음, 704쪽, 50,000원

한국철학총서

조선 유학의 학파들 한국사상사연구회 편저, 688쪽, 24,000원
퇴계의 생애와 학문 이상은 지음, 248쪽, 7,800원
조선유학의 개념들 한국사상사연구회 지음, 648쪽, 26,000원
유교개혁사상과 이병헌 금장태 지음, 336쪽, 17,000원
남명학파와 영남우도의 사림 박병련 외 지음, 464쪽, 23,000원
쉽게 읽는 퇴계의 성학십도 최재목 지음, 152쪽, 7,000원
홍대용의 실학과 18세기 북학사상 김문용 지음, 288쪽, 12,000원
남명 조식의 학문과 선비정신 김충열 지음, 512쪽, 26,000원
명재 윤증의 학문연원과 가학 충남대학교 유학연구소 편, 320쪽, 17,000원
조선유학의 주역사상 금장태 지음, 320쪽, 16,000원
한국유학의 악론 금장태 지음, 240쪽, 13,000원
심경부주와 조선유학 홍원식 외 지음, 328쪽, 20,000원
퇴계가 우리에게 이윤희 지음, 368쪽, 18,000원
조선의 유학자들, 켄타우로스를 상상하며 理와 氣를 논하다 이향준 지음, 400쪽, 25,000원
퇴계 이황의 철학 윤사순 지음, 320쪽, 24,000원
조선유학과 소강절 철학 곽신환 지음, 416쪽, 32,000원
되짚어 본 한국사상사 최영성 지음, 632쪽, 47,000원
한국 성리학 속의 심학 김세정 지음, 400쪽, 32,000원

성리총서

송명성리학 (宋明理學) 陳來 지음, 안재호 옮김, 590쪽, 17,000원
주희의 철학 (朱熹哲學研究) 陳來 지음, 이종란 외 옮김, 544쪽, 22,000원
양명 철학 (有無之境—王陽明哲學的精神) 陳來 지음, 전병욱 옮김, 752쪽, 30,000원
정명도의 철학 (程明道思想研究) 張德麟 지음, 박상리・이경남・정성희 옮김, 272쪽, 15,000원
송명유학사상사 (宋明時代儒學思想の研究) 구스모토 마사쓰구(楠本正繼) 지음, 김병화・이혜경 옮김, 602쪽, 30,000원
북송도학사 (道學の形成) 쓰치다 겐지로(土田健次郎) 지음, 성현창 옮김, 640쪽, 32,000원
성리학의 개념들 (理學範疇系統) 蒙培元 지음, 홍원식・황지원・이기훈・이상호 옮김, 880쪽, 45,000원
역사 속의 성리학 (Neo-Confucianism in History) Peter K. Bol 지음, 김영민 옮김, 488쪽, 28,000원
주자어류선집 (朱子語類抄) 미우라 구니오(三浦國雄) 지음, 이승연 옮김, 504쪽, 30,000원

불교(카르마)총서

학파로 보는 인도 사상 S. C. Chatterjee・D. M. Datta 지음, 김형준 옮김, 424쪽, 13,000원
유식무경, 유식 불교에서의 인식과 존재 한자경 지음, 208쪽, 7,000원
박성배 교수의 불교철학강의: 깨침과 깨달음 박성배 지음, 윤원철 옮김, 313쪽, 9,800원
불교 철학의 전개, 인도에서 한국까지 한자경 지음, 252쪽, 9,000원
인물로 보는 한국의 불교사상 한국불교원전연구회 지음, 388쪽, 20,000원
은정희 교수의 대승기신론 강의 은정희 지음, 184쪽, 10,000원
비구니와 한국 문학 이향순 지음, 320쪽, 16,000원
불교철학과 현대윤리의 만남 한자경 지음, 304쪽, 18,000원
유식삼심송과 유식불교 김명우 지음, 280쪽, 17,000원
유식불교,『유식이십론』을 읽다 효도 가즈오 지음, 김명우・이상우 옮김, 288쪽, 18,000원
불교인식론 S. R. Bhatt & Anu Mehrotra 지음, 권서용・원철・유리 옮김, 288쪽, 22,000원
불교에서의 죽음 이후, 중음세계와 육도윤회 허암 지음, 232쪽, 17,000원

한의학총서

한의학, 보약을 말하다 — 이론과 활용의 비밀 김광중・하근호 지음, 280쪽, 15,000원

동양문화산책

주역산책(易學漫步) 朱伯崑 외 지음, 김학권 옮김, 260쪽, 7,800원
동양을 위하여, 동양을 넘어서 홍원식 외 지음, 264쪽, 8,000원
서원, 한국사상의 숨결을 찾아서 안동대학교 안동문화연구소 지음, 344쪽, 10,000원
안동 풍수 기행, 와혈의 땅과 인물 이완규 지음, 256쪽, 7,500원
안동 풍수 기행, 돌혈의 땅과 인물 이완규 지음, 328쪽, 9,500원
영양 주실마을 안동대학교 안동문화연구소 지음, 332쪽, 9,800원
예천 금당실·맛질 마을 — 정감록이 꼽은 길지 안동대학교 안동문화연구소 지음, 284쪽, 10,000원
터를 안고 仁을 펴다 — 퇴계가 굽어보는 하계마을 안동대학교 안동문화연구소 지음, 360쪽, 13,000원
안동 가일 마을 — 풍산들가에 의연히 서다 안동대학교 안동문화연구소 지음, 344쪽, 13,000원
중국 속에 일떠서는 한민족 — 한겨레신문 차한필 기자의 중국 동포사회 리포트 차한필 지음, 336쪽, 15,000원
신간도견문록 박진관 글·사진, 504쪽, 20,000원
선양과 세습 사라 알란 지음, 오만종 옮김, 318쪽, 17,000원
문경 산북의 마을들 — 서중리, 대상리, 대하리, 김룡리 안동대학교 안동문화연구소 지음, 376쪽, 18,000원
안동 원촌마을 — 선비들의 이상향 안동대학교 안동문화연구소 지음, 288쪽, 16,000원
안동 부포마을 — 물 위로 되살려 낸 천년의 영화 안동대학교 안동문화연구소 지음, 440쪽, 23,000원
독립운동의 큰 울림, 안동 전통마을 김희곤 지음, 384쪽, 26,000원

일본사상총서

도쿠가와 시대의 철학사상(德川思想小史) 미나모토 료엔 지음, 박규태·이용수 옮김, 260쪽, 8,500원
일본인은 왜 종교가 없다고 말하는가(日本人はなぜ 無宗敎なのか) 아마 도시마로 지음, 정형 옮김, 208쪽, 6,500원
일본사상이야기 40(日本がわかる思想入門) 나가오 다케시 지음, 박규태 옮김, 312쪽, 9,500원
일본도덕사상사(日本道德思想史) 이에나가 사부로 지음, 세키네 히데유키·윤종갑 옮김, 328쪽, 13,000원
천황의 나라 일본 — 일본의 역사와 천황제(天皇制と民衆) 고토 야스시 지음, 이남희 옮김, 312쪽, 13,000원
주자학과 근세일본사회(近世日本社會と宋學) 와타나베 히로시 지음, 박홍규 옮김, 304쪽, 16,000원

노장총서

不二 사상으로 읽는 노자 — 서양철학자의 노자 읽기 이찬훈 지음, 304쪽, 12,000원
김항배 교수의 노자철학 이해 김항배 지음, 280쪽, 15,000원
서양, 도교를 만나다 J. J. Clarke 지음, 조현숙 옮김, 472쪽, 36,000원
중국 도교사 — 신선을 꿈꾼 사람들의 이야기 牟鐘鑒 지음, 이봉호 옮김, 352쪽, 28,000원

남명학연구총서

남명사상의 재조명 남명학연구원 엮음, 384쪽, 22,000원
남명학파 연구의 신지평 남명학연구원 엮음, 448쪽, 26,000원
덕계 오건과 수우당 최영경 남명학연구원 엮음, 400쪽, 24,000원
내암 정인홍 남명학연구원 엮음, 448쪽, 27,000원
한강 정구 남명학연구원 엮음, 560쪽, 32,000원
동강 김우옹 남명학연구원 엮음, 360쪽, 26,000원
망우당 곽재우 남명학연구원 엮음, 440쪽, 33,000원
부사 성여신 남명학연구원 엮음, 352쪽, 28,000원

예문동양사상연구원총서

한국의 사상가 10人—원효 예문동양사상연구원/고영섭 편저, 572쪽, 23,000원
한국의 사상가 10人—의천 예문동양사상연구원/이병욱 편저, 464쪽, 20,000원
한국의 사상가 10人—지눌 예문동양사상연구원/이덕진 편저, 644쪽, 26,000원
한국의 사상가 10人—퇴계 이황 예문동양사상연구원/윤사순 편저, 464쪽, 20,000원
한국의 사상가 10人—남명 조식 예문동양사상연구원/오이환 편저, 576쪽, 23,000원
한국의 사상가 10人—율곡 이이 예문동양사상연구원/황의동 편저, 600쪽, 25,000원
한국의 사상가 10人—하곡 정제두 예문동양사상연구원/김교빈 편저, 432쪽, 22,000원
한국의 사상가 10人—다산 정약용 예문동양사상연구원/박홍식 편저, 572쪽, 29,000원
한국의 사상가 10人—혜강 최한기 예문동양사상연구원/김용헌 편저, 520쪽, 26,000원
한국의 사상가 10人—수운 최제우 예문동양사상연구원/오문환 편저, 464쪽, 23,000원

인물사상총서

한주 이진상의 생애와 사상 홍원식 지음, 288쪽, 15,000원
범부 김정설의 국민윤리론 우기정 지음, 280쪽, 20,000원

민연총서 — 한국사상

자료와 해설, 한국의 철학사상 고려대 민족문화연구원 한국사상연구소 편, 880쪽, 34,000원
여헌 장현광의 학문 세계, 우주와 인간 고려대 민족문화연구원 한국사상연구소 편, 424쪽, 20,000원
퇴옹 성철의 깨달음과 수행 — 성철의 선사상과 불교사적 위치 조성택 편, 432쪽, 23,000원
여헌 장현광의 학문 세계 2, 자연과 인간 고려대 민족문화연구원 한국사상연구소 편, 432쪽, 25,000원
여헌 장현광의 학문 세계 3, 태극론의 전개 고려대 민족문화연구원 한국사상연구소 편, 400쪽, 24,000원
역주와 해설 성학십도 고려대 민족문화연구원 한국사상연구소 편, 328쪽, 20,000원
여헌 장현광의 학문 세계 4, 여헌학의 전망과 계승 고려대학교 민족문화연구원 편, 384쪽, 30,000원

경북의 종가문화

사당을 세운 뜻은, 고령 점필재 김종직 종가 정경주 지음, 203쪽, 15,000원
지금도 「어부가」가 귓전에 들려오는 듯, 안동 농암 이현보 종가 김서령 지음, 225쪽, 17,000원
종가의 멋과 맛이 넘쳐 나는 곳, 봉화 충재 권벌 종가 한필원 지음, 193쪽, 15,000원
한 점 부끄럼 없는 삶을 살다, 경주 회재 이언적 종가 이수환 지음, 178쪽, 14,000원
영남의 큰집, 안동 퇴계 이황 종가 정우락 지음, 227쪽, 17,000원
마르지 않는 효제의 샘물, 상주 소재 노수신 종가 이종호 지음, 303쪽, 22,000원
의리와 충절의 400년, 안동 학봉 김성일 종가 이해영 지음, 199쪽, 15,000원
충효당 높은 마루, 안동 서애 류성룡 종가 이세동 지음, 210쪽, 16,000원
낙중 지역 강안학을 열다, 성주 한강 정구 종가 김학수 지음, 180쪽, 14,000원
모원당 회화나무, 구미 여헌 장현광 종가 이종문 지음, 195쪽, 15,000원
보물은 오직 청백뿐, 안동 보백당 김계행 종가 최은주 지음, 160쪽, 15,000원
은둔과 화순의 선비들, 영주 송설헌 장말손 종가 정순우 지음, 176쪽, 16,000원
처마 끝 소나무에 갈무리한 세월, 경주 송재 손소 종가 황위주 지음, 256쪽, 23,000원
양대 문형과 직신의 가문, 문경 허백정 홍귀달 종가 홍원식 지음, 184쪽, 17,000원
어질고도 청빈한 마음이 이어진 집, 예천 약포 정탁 종가 김낙진 지음, 208쪽, 19,000원
임란의병의 힘, 영천 호수 정세아 종가 우인수 지음, 192쪽, 17,000원
영남을 넘어, 상주 우복 정경세 종가 정우락 지음, 264쪽, 23,000원
선비의 삶, 영덕 갈암 이현일 종가 장윤수 지음, 224쪽, 20,000원
청빈과 지조로 지켜 온 300년 세월, 안동 대산 이상정 종가 김순석 지음, 192쪽, 18,000원
독서종자 높은 뜻, 성주 응와 이원조 종가 이세동 지음, 216쪽, 20,000원
오천칠군자의 향기 서린, 안동 후조당 김부필 종가 김용만 지음, 256쪽, 24,000원
마음이 머무는 자리, 성주 동강 김우옹 종가 정병호 지음, 184쪽, 18,000원
문무의 길, 영덕 청신재 박의장 종가 우인수 지음, 216쪽, 20,000원
형제애의 본보기, 상주 창석 이준 종가 서정화 지음, 176쪽, 17,000원
경주 남쪽의 대종가, 경주 잠와 최진립 종가 손숙경 지음, 208쪽, 20,000원
변화하는 시대정신의 구현, 의성 자암 이민환 종가 이시활 지음, 248쪽, 23,000원
무로 빚고 문으로 다듬은 충효와 예학의 명가, 김천 정양공 이숙기 종가 김학수, 184쪽, 18,000원
청백정신과 팔련오계로 빛나는, 안동 허백당 김양진 종가 배영동, 272쪽, 27,000원
학문과 충절이 어우러진, 영천 지산 조호익 종가 박학래, 216쪽, 21,000원
영남 남인의 정치 중심 돌밭, 칠곡 귀암 이원정 종가 박인호, 208쪽, 21,000원
거문고에 새긴 외금내고, 청도 탁영 김일손 종가 강정화, 240쪽, 24,000원
대를 이은 문장과 절의, 울진 해월 황여일 종가 오용원, 200쪽, 20,000원
처사의 삶, 안동 경당 장흥효 종가 장윤수, 240쪽, 24,000원
대의와 지족의 표상, 영양 옥천 조덕린 종가 백순철, 152쪽, 15,000원

기타

다산 정약용의 편지글 이용형 지음, 312쪽, 20,000원
유교와 칸트 李明輝 지음, 김기주·이기훈 옮김, 288쪽, 20,000원
유가 전통과 과학 김영식 지음, 320쪽, 24,000원
유가철학의 덕과 덕성치유 최연자·최영찬 지음, 432쪽, 30,000원
한시, 슬픈 감성으로 가을을 읊다 권명숙 지음, 232쪽, 17,000원